# INTRODUCCIÓN AL DERECHO MEXICANO.

## Temas selectos.

Sergio Fabián Pérez Sevilla.

**INTRODUCCIÓN AL DERECHO MEXICANO
TEMAS SELECTOS**

Primera edición, agosto 2023.

Guadalajara, Jalisco, México.

# INDICE

Introducción

Proceso electoral y partidos políticos
Fiscalización y resolución de controversias electorales

Sistema de seguridad social en México
Derechos y obligaciones de los asegurados
Beneficios y prestaciones del seguro social
Administración y financiamiento de la seguridad social

Conceptos básicos de propiedad intelectual
Derechos de autor y Derechos conexos
Marcas y patentes
Protección y defensa de la propiedad intelectual

Marco legal de la salud en México
Derechos y obligaciones de los pacientes
Responsabilidad médica y bioética
Regulación de medicamentos y servicios de salud

Marco jurídico de la tecnología en México
Protección de datos personales y privacidad
Ciberdelitos y delitos informáticos
Contratos electrónicos y comercio electrónico

Marco legal de la educación en México
Derechos y obligaciones en el ámbito educativo
Autonomía universitaria y educación superior
Políticas educativas y calidad de la educación

Funciones y responsabilidades del notario
Documentos notariales y escrituración
Testamentos y sucesiones
Fe pública y legalización de documentos

Marco legal del sistema tributario mexicano
Obligaciones fiscales de los contribuyentes
Procedimiento de fiscalización y sanciones tributarias
Recursos y medios de defensa en materia fiscal

# Introducción

El Derecho Mexicano es un sistema jurídico complejo y diverso que se ha desarrollado a lo largo de la historia de México. Está basado en una mezcla de influencias indígenas, españolas y francesas, y se rige por una serie de principios y conceptos fundamentales que le dan forma y sustento. En este texto, exploraremos algunos de los conceptos más importantes del Derecho Mexicano, analizando su significado y relevancia en el contexto jurídico del país.

1. Constitución

La Constitución es el documento fundamental que establece los principios y Derechos básicos del sistema legal mexicano. La Constitución de 1917 es la carta magna actual de México y ha sufrido diversas modificaciones a lo largo del tiempo. Establece la organización del Estado mexicano, los Derechos y deberes de los ciudadanos, así como los principios rectores de la política nacional.

2. Estado de Derecho

El Estado de Derecho es un principio fundamental en el sistema jurídico mexicano. Implica que todas las acciones y decisiones del gobierno y los ciudadanos deben sujetarse a las leyes establecidas. Esto garantiza la igualdad ante la ley, la seguridad jurídica y la protección de los Derechos individuales.

3. División de Poderes

El sistema legal mexicano se basa en la división de poderes, inspirada en la teoría de Montesquieu. Los tres poderes son: el Ejecutivo, encabezado por el Presidente de la República; el Legislativo, representado por el Congreso de la Unión; y el Judicial, encabezado por la Suprema Corte de Justicia de la Nación. Cada poder tiene funciones y responsabilidades específicas para garantizar el equilibrio y la separación de poderes.

4.   Derechos Humanos

Los Derechos Humanos son inherentes a todas las personas y están protegidos por la Constitución y los tratados internacionales suscritos por México. Estos Derechos incluyen la vida, la libertad, la igualdad, la dignidad, la no discriminación, entre otros. El sistema jurídico mexicano reconoce y protege estos Derechos como una garantía fundamental para todos los ciudadanos.

5.   Justicia

La justicia es un concepto esencial en el Derecho Mexicano. Busca asegurar que todos los ciudadanos sean tratados de manera equitativa y reciban un juicio justo. El sistema de justicia mexicano está compuesto por diversas instituciones, entre las que destacan los tribunales y la Fiscalía General de la República. Estas instituciones tienen la responsabilidad de investigar, juzgar y sancionar a quienes infringen la ley.

6.   Legalidad

El principio de legalidad establece que ninguna persona puede ser sancionada sino en virtud de una ley preexistente que así lo establezca. Esto significa que ninguna autoridad puede ejercer el poder de manera arbitraria o discrecional. El principio de legalidad garantiza la seguridad jurídica y el respeto a los Derechos de los ciudadanos.

7.   Amparo

El amparo es un recurso legal que permite a los individuos proteger sus Derechos fundamentales cuando consideran que han sido violados por alguna autoridad. Es un medio de control constitucional que busca asegurar el respeto a la Constitución y los tratados internacionales. El amparo es un recurso importante en el sistema jurídico mexicano y es conocido como una vía de defensa efectiva para la protección de los Derechos Humanos.

8.   Federalismo

El sistema político mexicano se basa en un modelo federal, lo que implica una distribución de poderes y competencias entre el gobierno federal y los estados. El federalismo busca garantizar la autonomía de los estados y promover el equilibrio y la coordinación entre las diferentes entidades federativas.

9.   Derecho Penal

El Derecho Penal mexicano establece las normas y sanciones para los delitos cometidos en el país. Está basado en el principio de culpabilidad, que establece que solo se puede sancionar a una persona si se demuestra su responsabilidad en la comisión de un delito. Además, el sistema penal mexicano reconoce el Derecho a la defensa y prohíbe la tortura y los tratos inhumanos o degradantes.

## 10. Derecho Civil

El Derecho Civil regula las relaciones entre los individuos en el ámbito privado. Incluye aspectos como el matrimonio, el divorcio, la propiedad, los contratos y las obligaciones. El Código Civil Federal y los códigos civiles estatales establecen las normas y regulaciones aplicables en estas áreas.

## 11. Derecho Laboral

El Derecho Laboral en México protege los Derechos de los trabajadores y establece las condiciones de trabajo justas y equitativas. Regula aspectos como los salarios, las jornadas laborales, las prestaciones y la seguridad social. El sistema laboral mexicano también prevé la creación de sindicatos y la negociación colectiva.

## 12. Derecho Administrativo

El Derecho Administrativo regula la organización y el funcionamiento de la administración pública en México. Establece las normas y procedimientos que deben seguir las autoridades administrativas al tomar decisiones y ejercer sus funciones. También regula las relaciones entre el gobierno y los ciudadanos en el ámbito administrativo.

Los conceptos fundamentales del Derecho Mexicano reflejan los principios y valores que sustentan el sistema legal del país. Estos conceptos, como la Constitución, el Estado de Derecho, los Derechos Humanos y la justicia, son la base del ordenamiento jurídico mexicano y buscan garantizar la igualdad, la seguridad jurídica y el respeto a los Derechos de todos los ciudadanos. El entendimiento y la aplicación adecuada de estos conceptos son esenciales para el correcto funcionamiento del sistema jurídico mexicano y para promover una sociedad justa y equitativa.

# Capítulo 1:

## Conceptos Fundamentales
## del Derecho Mexicano

## Definición y naturaleza del Derecho

El Derecho es un concepto fundamental en la sociedad humana que se refiere al conjunto de normas y reglas que regulan la convivencia entre las personas y establecen los Derechos y obligaciones de los individuos. Es una disciplina que tiene como objetivo principal la búsqueda de la justicia y el orden social.

El Derecho puede ser definido desde diferentes perspectivas, pero en general se entiende como un sistema de normas que regulan la conducta humana y establecen los mecanismos para solucionar los conflictos que puedan surgir. Estas normas son creadas por autoridades legítimas, como el legislador o el poder judicial, y tienen carácter obligatorio para todos los individuos dentro de un determinado territorio y en un tiempo específico.

La naturaleza del Derecho puede ser entendida desde diferentes corrientes filosóficas y teorías jurídicas. A continuación, se presentan algunas de las principales concepciones sobre la naturaleza del Derecho:

**Derecho como norma:** Desde esta perspectiva, el Derecho es concebido como un conjunto de normas que regulan la conducta humana. Estas normas establecen Derechos y deberes para los individuos y proporcionan un marco legal para la convivencia en sociedad. El Derecho como norma se caracteriza por ser objetivo, general y abstracto.

**Derecho como justicia:** Según esta concepción, el Derecho tiene como finalidad alcanzar la justicia en las relaciones humanas. Se entiende que el Derecho debe ser un instrumento para distribuir equitativamente los bienes y garantizar la igualdad de oportunidades para todos los miembros de la sociedad.

**Derecho como sistema social:** Esta visión considera al Derecho como un sistema complejo y dinámico que está interrelacionado con otros aspectos de la sociedad, como la economía, la política y la cultura. El Derecho se ve como un producto social y su aplicación está influenciada por factores sociales y contextuales.

1

**Derecho como herramienta de control social:** Según esta concepción, el Derecho tiene como función principal el control social y la regulación de la conducta humana. Se considera que el Derecho establece normas y sanciones para prevenir conductas perjudiciales y mantener el orden en la sociedad.

Es importante destacar que la naturaleza del Derecho puede variar dependiendo del sistema jurídico de cada país y de las diferentes teorías y corrientes de pensamientos jurídicos existentes. El Derecho es una disciplina en constante evolución y reflexión, y su comprensión y estudio son fundamentales para la organización y funcionamiento de la sociedad.

### Fuentes del Derecho Mexicano

Las fuentes del Derecho Mexicano son los fundamentos a partir de los cuales se crea, interpreta y aplica el sistema jurídico en México. Estas fuentes son las que otorgan validez y autoridad a las normas jurídicas y establecen los mecanismos para su producción y aplicación. A continuación, se presentan las principales fuentes del Derecho Mexicano:

1. **Constitución:** La Constitución Política de los Estados Unidos Mexicanos es la norma suprema del país. Establece los principios fundamentales, los derechos y las obligaciones de los ciudadanos, así como la estructura y el funcionamiento del gobierno. Todas las demás leyes y normas deben estar en consonancia con la Constitución para ser válidas.
2. **Tratados Internacionales:** Los tratados internacionales suscritos y ratificados por México también constituyen fuentes del Derecho Mexicano. De acuerdo con la Constitución, los tratados internacionales celebrados por el Estado mexicano son parte integral del orden jurídico nacional y tienen jerarquía similar a las leyes federales.
3. **Leyes Federales y Estatales:** Las leyes son normas generales y abstractas creadas por el poder legislativo. En México, existe una división de competencias entre la federación y los estados, por lo que existen leyes federales y leyes estatales. Las leyes federales son aplicables en todo el territorio nacional, mientras que las leyes estatales se aplican dentro de cada estado.
4. **Reglamentos:** Los reglamentos son normas jurídicas de carácter secundario que tienen como finalidad desarrollar y complementar las leyes. Son emitidos por el poder ejecutivo y su objetivo es establecer los procedimientos y las especificaciones técnicas para la aplicación de las leyes.

5. **Jurisprudencia:** La jurisprudencia se refiere a las decisiones reiteradas y uniformes de los tribunales, en especial de la Suprema Corte de Justicia de la Nación. La jurisprudencia se utiliza para interpretar y aplicar las leyes en casos similares y establece precedentes que deben ser seguidos por los jueces inferiores.

6. **Costumbre:** La costumbre es una fuente de derecho reconocida en México, especialmente en comunidades indígenas y rurales. Para que una costumbre sea considerada jurídicamente vinculante, debe cumplir con ciertos requisitos, como ser generalmente aceptada, constante, antigua y de obligatorio cumplimiento.

7. **Doctrina:** La doctrina legal, es decir, los estudios, análisis y opiniones de expertos en derecho, también es una fuente del Derecho Mexicano. Aunque no tiene carácter vinculante, la doctrina puede ser considerada por los jueces al interpretar y aplicar las normas jurídicas.

Es importante destacar que estas fuentes del Derecho Mexicano pueden interactuar entre sí y ser utilizadas en conjunto para la resolución de casos y la creación de nuevas normas. El sistema jurídico mexicano se basa en la primacía de la Constitución y en la jerarquía de las leyes, pero también reconoce la importancia de otras fuentes para garantizar un sistema legal completo y actualizado.

## Sistema Jurídico Mexicano

El sistema jurídico mexicano es el conjunto de normas, instituciones y principios que regulan las relaciones entre las personas y el Estado en México. Está basado en una combinación de influencias históricas y jurídicas que han moldeado su evolución a lo largo del tiempo. El sistema jurídico mexicano se caracteriza por su diversidad, su jerarquía normativa y su búsqueda de justicia y equidad.

### Antecedentes históricos

El sistema jurídico mexicano tiene sus raíces en una rica historia que abarca diferentes periodos y civilizaciones. Antes de la llegada de los españoles, México estaba habitado por civilizaciones indígenas como los aztecas, mayas y zapotecas, que tenían sus propios sistemas normativos y de justicia. Estos sistemas se basaban en la tradición oral, la costumbre y la organización comunitaria.

Sin embargo, con la conquista de México por parte de los españoles en el siglo XVI, se introdujo el sistema jurídico español, basado en el derecho romano y el derecho canónico. Durante la etapa colonial, se estableció un sistema legal que se aplicaba principalmente a la población indígena, conocido como el "derecho de indias". Este sistema fue impuesto por la corona española y establecía un marco legal jerárquico y discriminatorio.

Con la independencia de México en 1821, se inició un proceso de construcción de un sistema jurídico propio. Se promulgó la primera Constitución en 1824, que estableció los principios fundamentales del nuevo Estado mexicano y sentó las bases para la organización del sistema jurídico.

Características del sistema jurídico mexicano

El sistema jurídico mexicano presenta varias características distintivas:

a) Jerarquía normativa: En México, existe una jerarquía de leyes que establece la prevalencia de las normas en caso de conflictos. En la cúspide se encuentra la Constitución, seguida de las leyes federales y estatales, los reglamentos y otras disposiciones de menor rango.

b) Pluralismo jurídico: México es un país multicultural y plurinacional, con una amplia diversidad étnica y cultural. Esto se refleja en el sistema jurídico, que reconoce y respeta los derechos de los pueblos indígenas y su derecho consuetudinario, en consonancia con la Constitución y los tratados internacionales.

c) Sistema de derecho continental: México sigue el sistema de derecho continental, también conocido como sistema romano-germánico. Este sistema se caracteriza por la existencia de un código civil y un código penal, y por la importancia de la legislación como fuente principal del derecho.

d) Supremacía constitucional: La Constitución Política de los Estados Unidos Mexicanos es la norma suprema del país y tiene primacía sobre todas las demás leyes y normas. Establece los principios fundamentales, los derechos y las obligaciones de los ciudadanos, así como la estructura y el funcionamiento del gobierno.

e) Sistema adversarial: El sistema jurídico mexicano sigue un modelo de justicia adversarial, en el que las partes en un conflicto tienen la responsabilidad de presentar sus argumentos y pruebas ante un tribunal imparcial. Este sistema busca garantizar un juicio justo y equitativo, promoviendo la oralidad, la confrontación de pruebas y la igualdad de armas entre las partes.

Organización del sistema jurídico

El sistema jurídico mexicano se organiza en diferentes ramas del derecho, cada una con sus propias normas y principios. Algunas de las ramas más importantes son:

a) Derecho constitucional: Se encarga de estudiar y regular la organización y el funcionamiento del Estado, así como los derechos fundamentales de los ciudadanos.

b) Derecho civil: Regula las relaciones entre particulares, como contratos, propiedad, sucesiones y obligaciones.

c) Derecho penal: Establece los delitos y las sanciones correspondientes, así como los principios y garantías del proceso penal.

d) Derecho administrativo: Regula la organización y el funcionamiento de la administración pública, así como las relaciones entre el Estado y los ciudadanos.

e) Derecho laboral: Protege los derechos de los trabajadores y regula las relaciones laborales entre empleadores y empleados.

f) Derecho mercantil: Regula las actividades comerciales y las relaciones entre los comerciantes.

g) Derecho internacional: Establece las normas y principios que rigen las relaciones entre México y otros países.

## Sistema de justicia

El sistema de justicia en México está compuesto por diferentes órganos y procedimientos encargados de la administración de justicia. Algunos de los elementos clave del sistema de justicia son:

a) Poder Judicial: El Poder Judicial es el encargado de administrar justicia en el país. Está conformado por diversos tribunales, encabezados por la Suprema Corte de Justicia de la Nación, que es la máxima autoridad judicial en México.

b) Ministerio Público: El Ministerio Público es la institución encargada de la investigación y persecución de los delitos. Su función principal es promover la acción penal y representar los intereses de la sociedad.

c) Abogacía: Los abogados desempeñan un papel fundamental en el sistema de justicia, representando a las partes en los litigios y proporcionando asesoría legal a los ciudadanos.

d) Mediación y conciliación: El sistema de justicia mexicano también promueve la resolución alternativa de conflictos, a través de mecanismos como la mediación y la conciliación, con el objetivo de buscar soluciones pacíficas y evitar la litigación.

5

e) Acceso a la justicia: El acceso a la justicia es un principio fundamental en el sistema jurídico mexicano. Se busca garantizar que todas las personas tengan igualdad de oportunidades para hacer valer sus derechos y obtener una respuesta justa y equitativa.

En conclusión, el sistema jurídico mexicano es el resultado de una mezcla de influencias históricas y jurídicas, que ha evolucionado a lo largo del tiempo. Se caracteriza por su jerarquía normativa, su diversidad cultural y su búsqueda de justicia y equidad. Las fuentes del Derecho Mexicano, como la Constitución, las leyes, la jurisprudencia y la costumbre, son los pilares sobre los cuales se construye este sistema. El sistema de justicia en México, con sus diferentes instituciones y procedimientos, tiene como objetivo garantizar el acceso a la justicia y la protección de los derechos de los ciudadanos.

**Principios básicos del Derecho Mexicano**

El Derecho Mexicano se rige por una serie de principios fundamentales que guían la interpretación y aplicación de las normas jurídicas. Estos principios reflejan los valores y objetivos del sistema jurídico mexicano, y son la base para garantizar la justicia, la equidad y el respeto a los Derechos Humanos. A continuación, se presentan algunos de los principios básicos del Derecho Mexicano:

Legalidad: El principio de legalidad establece que ninguna autoridad puede actuar fuera de la ley. Todas las acciones y decisiones deben estar respaldadas por una base legal y ser conformes a las normas establecidas.

Supremacía constitucional: Este principio establece que la Constitución es la norma suprema del país y prevalece sobre cualquier otra norma. Todas las leyes y actos deben estar en consonancia con la Constitución para ser válidos.

Seguridad jurídica: El principio de seguridad jurídica garantiza que las personas tengan certeza y confianza en el sistema jurídico. Implica que las normas deben ser claras, predecibles y aplicadas de manera consistente.

Igualdad: El principio de igualdad establece que todas las personas son iguales ante la ley y deben recibir un trato justo y equitativo. No se pueden hacer distinciones arbitrarias ni discriminación por motivos como la raza, el género, la religión o la orientación sexual.

Debido proceso: El principio del debido proceso garantiza que todas las personas tengan derecho a un juicio justo e imparcial. Incluye el derecho a ser escuchado, a presentar pruebas, a contar con asesoría legal y a ser juzgado por un tribunal competente e independiente.

Acceso a la justicia: El principio de acceso a la justicia asegura que todas las personas tengan la posibilidad de ejercer sus derechos y obtener una pronta y efectiva protección judicial. Implica que el sistema de justicia debe ser accesible, transparente y asequible para todos.

Buena fe: El principio de buena fe establece que las personas deben actuar de manera honesta y leal en sus relaciones jurídicas. Implica el deber de cumplir con los compromisos adquiridos y respetar los derechos de los demás.

Publicidad: El principio de publicidad establece que los actos del gobierno y del sistema de justicia deben ser transparentes y accesibles al público. Implica que las leyes, las decisiones judiciales y los actos administrativos deben estar disponibles para su consulta y conocimiento.

Justicia pronta y expedita: El principio de justicia pronta y expedita busca asegurar que los procedimientos judiciales se resuelvan en un tiempo razonable. Implica evitar dilaciones indebidas y garantizar una respuesta oportuna a las demandas y reclamaciones.

Respeto a los Derechos Humanos: El principio de respeto a los Derechos Humanos es fundamental en el Derecho Mexicano. Implica que todas las normas y acciones del Estado deben estar en concordancia con los estándares internacionales de Derechos Humanos y garantizar la protección de los derechos fundamentales de todas las personas.

Estos son solo algunos de los principios básicos del Derecho Mexicano. Su aplicación y respeto son esenciales para asegurar la justicia, la equidad y el estado de derecho en el país.

# Capítulo 2:

## Historia del Derecho Mexicano

### Antecedentes prehispánicos y Derecho indígena

Los antecedentes prehispánicos en México son de gran importancia para comprender el desarrollo del derecho indígena en el país. Antes de la llegada de los españoles, México estaba habitado por diversas civilizaciones indígenas, como los aztecas, mayas, zapotecas, mixtecos, entre otros, cada una con sus propios sistemas normativos y jurídicos.

Estas civilizaciones prehispánicas tenían estructuras sociales y políticas complejas, y contaban con sistemas de leyes y normas que regulaban la convivencia y el orden dentro de sus comunidades. Estos sistemas se basaban en la tradición oral, la costumbre y la organización comunitaria.

En el caso de los aztecas, por ejemplo, contaban con un cuerpo normativo conocido como "tlacuilolli", que establecía reglas de conducta, derechos y obligaciones. El tlacuilolli era transmitido oralmente y se basaba en la experiencia y la sabiduría acumulada de la comunidad.

Con la llegada de los españoles y la conquista de México, se produjo un encuentro entre las tradiciones jurídicas indígenas y el sistema jurídico español. Durante la etapa colonial, se impuso el sistema jurídico español, conocido como el "derecho de indias", que regía principalmente a la población indígena.

Sin embargo, a pesar de la imposición del sistema jurídico español, se produjo una mezcla y adaptación de las normas y tradiciones indígenas. Los españoles reconocieron en cierta medida la existencia y validez de las normas indígenas, y en algunos casos se permitió su aplicación en asuntos relacionados con las comunidades indígenas.

Con la independencia de México en 1821, se inició un proceso de construcción de un sistema jurídico propio y se promulgó la primera Constitución en 1824. En este contexto, se reconocieron los derechos y la autonomía de los pueblos indígenas, así como su derecho consuetudinario y la aplicación de sus propias normas y procedimientos.

El reconocimiento y la protección de los derechos indígenas se ha fortalecido en las últimas décadas. En 2001, se promulgó la Ley de Derechos de los Pueblos y las Comunidades Indígenas, que reconoce y garantiza el ejercicio de los derechos indígenas, incluido su derecho a la autonomía y al autogobierno.

En la actualidad, el derecho indígena en México sigue siendo una parte integral del sistema jurídico, especialmente en las comunidades indígenas y rurales. Se reconoce la validez de sus normas y procedimientos, siempre y cuando no sean contrarios a los derechos fundamentales establecidos en la Constitución.

Es importante destacar que el derecho indígena no es homogéneo, ya que existen diferentes grupos étnicos con sus propias tradiciones y normas. Cada comunidad indígena tiene su propio sistema jurídico y sus mecanismos de resolución de conflictos, que se basan en la participación comunitaria, la oralidad y el consenso.

En resumen, los antecedentes prehispánicos y el derecho indígena en México son elementos clave para comprender la diversidad y la riqueza cultural del país. Reconocer y respetar el derecho indígena es fundamental para garantizar la justicia, la equidad y el respeto a los derechos de los pueblos indígenas en México.


**Derecho Colonial y la influencia española**

El Derecho Colonial en México se refiere al sistema jurídico impuesto por los españoles durante el período de dominación colonial, que abarcó desde la llegada de Hernán Cortés en 1519 hasta la independencia de México en 1821. La influencia española en el derecho mexicano fue significativa y dejó una huella duradera en la estructura y las normas jurídicas del país.

Durante el período colonial, España estableció un sistema jurídico basado en las leyes y prácticas de la Corona española, conocido como el "derecho de indias". Este sistema se aplicaba principalmente a la población indígena y estaba destinado a mantener el control y la dominación española sobre los territorios conquistados.

El Derecho Colonial español se basaba en varios cuerpos normativos, como las Leyes de Indias, las Siete Partidas y las Recopilaciones de las Leyes de los Reinos de las Indias. Estas leyes abarcaban diversos aspectos de la vida colonial, como la administración de justicia, el gobierno, la propiedad, el comercio y la religión.

La influencia española en el derecho mexicano se manifestó en varios aspectos:

1. **Estructura legal:** El sistema jurídico colonial español estableció una estructura jerárquica en la que las leyes emanaban de la Corona y se

aplicaban en los territorios coloniales. La legislación española era suprema y prevalecía sobre cualquier otra norma.

2. **Leyes civiles y penales:** Se implementaron códigos civiles y penales que regulaban las relaciones civiles entre los colonos, así como los delitos y las sanciones correspondientes. Estas leyes establecían los derechos y las obligaciones de los colonos y determinaban el orden social.

3. **Derecho de propiedad:** La legislación española estableció las bases del sistema de propiedad en México. Se establecieron normas sobre la adquisición, transferencia y protección de la propiedad, tanto de la tierra como de otros bienes.

4. **Instituciones jurídicas:** Durante el período colonial se establecieron instituciones jurídicas que reflejaban la estructura y los procedimientos legales españoles. Entre estas instituciones se encontraban los tribunales, las audiencias y los cabildos, encargados de administrar justicia y regular los asuntos legales.

5. **Influencia religiosa:** La influencia española también se manifestó en el ámbito religioso y eclesiástico. La Iglesia Católica desempeñó un papel central en la vida colonial, y sus normas y principios religiosos se entrelazaron con el sistema legal.

A pesar de la imposición del sistema jurídico español, es importante destacar que se produjo una mezcla de normas y tradiciones indígenas con el Derecho Colonial. En ciertos casos, se reconocieron las costumbres y tradiciones indígenas y se permitió su aplicación en asuntos locales y comunales.

La influencia española en el derecho mexicano perduró incluso después de la independencia. Muchas de las leyes y principios establecidos durante la colonia se mantuvieron vigentes en la legislación mexicana posterior y se incorporaron en la construcción del sistema jurídico nacional.

En conclusión, el Derecho Colonial y la influencia española en México dejaron una marca profunda en el sistema jurídico del país. Aunque se produjo una mezcla de normas indígenas y españolas, la influencia española se refleja en la estructura legal, las leyes civiles y penales, el derecho de propiedad y las instituciones jurídicas que todavía prevalecen en el sistema jurídico mexicano actual.

**Independencia y construcción del Estado de Derecho**

La independencia de México, proclamada el 16 de septiembre de 1810, marcó el inicio de un proceso de construcción del Estado de Derecho en el país. Después de casi tres siglos de dominación colonial española, los mexicanos lucharon por su libertad y autonomía, y comenzaron a forjar un nuevo orden jurídico y político basado en los principios de soberanía, igualdad y justicia.

La construcción del Estado de Derecho en México durante el periodo postindependencia se caracterizó por una serie de acontecimientos y procesos clave:

- ✓ **Constituciones y legislación:** Uno de los primeros pasos en la construcción del Estado de Derecho fue la promulgación de diversas constituciones y leyes fundamentales. La Constitución de Apatzingán de 1814 fue la primera Constitución de México, que establecía los principios básicos de un gobierno republicano y representativo. Posteriormente, se promulgaron otras constituciones y leyes importantes, como la Constitución de 1824 y la Constitución de 1857, que sentaron las bases del Estado de Derecho en México.
- ✓ **Separación de poderes:** Como parte de la construcción del Estado de Derecho, se estableció el principio de separación de poderes, inspirado en las ideas ilustradas de Montesquieu. Se crearon poderes ejecutivo, legislativo y judicial independientes entre sí, con el objetivo de equilibrar el ejercicio del poder y evitar su concentración en una sola instancia.
- ✓ **Consolidación del sistema judicial:** Se trabajó en la consolidación y fortalecimiento del sistema judicial mexicano. Se crearon tribunales y se establecieron procedimientos para garantizar el acceso a la justicia, el debido proceso y la imparcialidad en la resolución de conflictos legales.
- ✓ **Reformas legales y modernización:** Durante el siglo XIX y principios del XX, se llevaron a cabo diversas reformas legales y procesos de modernización del sistema jurídico mexicano. Estas reformas incluyeron la codificación de las leyes, la promulgación de códigos civiles y penales, y la adopción de principios jurídicos internacionales.
- ✓ **Protección de Derechos Humanos:** Se trabajó en la protección y promoción de los Derechos Humanos como parte integral del Estado de Derecho. Se reconocieron y garantizaron derechos fundamentales, como la libertad de expresión, el derecho a la propiedad, la igualdad ante la ley, entre otros.
- ✓ **Consolidación del federalismo:** México adoptó un sistema federal de gobierno, donde se reconoce la existencia de entidades federativas autónomas dentro de la estructura nacional. Esto permitió la participación de los estados y municipios en la toma de decisiones y la administración de justicia, fortaleciendo así el Estado de Derecho a nivel local.

Es importante destacar que el proceso de construcción del Estado de Derecho en México ha sido gradual y ha enfrentado diversos desafíos a lo largo de la historia. La consolidación de un sistema jurídico justo, equitativo y eficiente es un proceso en constante evolución que requiere el compromiso continuo de las instituciones y la sociedad en su conjunto.

En la actualidad, México sigue trabajando en la promoción y defensa del Estado de Derecho, enfrentando desafíos como la corrupción, la impunidad y la violencia. Sin embargo, los avances logrados hasta ahora en la construcción del Estado de Derecho son fundamentales para garantizar la protección de los derechos y libertades de todos los ciudadanos mexicanos.

**Desarrollo jurídico en México contemporáneo**

El desarrollo jurídico en México contemporáneo ha sido un proceso dinámico y continuo, caracterizado por una serie de cambios, reformas y adaptaciones en respuesta a las necesidades y demandas de la sociedad. En las últimas décadas, se han llevado a cabo importantes transformaciones en el sistema jurídico mexicano con el objetivo de fortalecer el Estado de Derecho, garantizar la protección de los Derechos Humanos y promover la justicia y la igualdad.

Algunos de los aspectos destacados del desarrollo jurídico en México contemporáneo incluyen:

1. **Reformas constitucionales:** A lo largo de las últimas décadas, México ha experimentado varias reformas constitucionales que han tenido un impacto significativo en el sistema jurídico. Estas reformas han abordado temas como los Derechos Humanos, la justicia penal, la participación ciudadana, la transparencia y la rendición de cuentas. La reforma constitucional de 2011 en materia de Derechos Humanos fue especialmente relevante, ya que fortaleció la protección de los derechos fundamentales y su aplicación en el sistema jurídico.
2. **Reforma del sistema de justicia penal:** Una de las transformaciones más importantes en el desarrollo jurídico de México ha sido la implementación del nuevo sistema de justicia penal acusatorio, que busca garantizar un proceso penal más transparente, eficiente y respetuoso de los Derechos Humanos. Este cambio significativo ha implicado la adopción de nuevos códigos procesales, la capacitación de jueces, fiscales y defensores, y la implementación de mecanismos alternativos de resolución de conflictos.
3. **Protección de los Derechos Humanos:** México ha trabajado en fortalecer la protección de los Derechos Humanos como parte integral de su desarrollo jurídico. Se han establecido organismos especializados en Derechos Humanos, como la Comisión Nacional de los Derechos Humanos (CNDH), con el objetivo de recibir y atender quejas de violaciones a los Derechos Humanos. Además, se ha promovido la armonización de las leyes y la implementación de políticas públicas en materia de Derechos Humanos.

12

4. **Lucha contra la corrupción:** La corrupción ha sido uno de los principales desafíos en el desarrollo jurídico de México. En respuesta a esto, se han implementado diversas medidas y reformas para combatir la corrupción, fortalecer la transparencia y promover la rendición de cuentas. Se creó la Fiscalía General de la República (FGR) con facultades para investigar y perseguir delitos de corrupción a nivel federal, y se han promovido leyes y políticas para prevenir y sancionar la corrupción en todos los niveles de gobierno.

5. **Incorporación de tratados internacionales:** México ha ratificado y ha incorporado a su ordenamiento jurídico diversos tratados internacionales en materia de Derechos Humanos, comercio, medio ambiente y otros ámbitos. Esto ha contribuido a la armonización de la legislación mexicana con los estándares internacionales y ha fortalecido la protección de los derechos y las libertades de los ciudadanos.

6. **Avances en materia de igualdad y no discriminación:** Se han dado pasos importantes en la promoción de la igualdad y la no discriminación en el desarrollo jurídico de México. Se han promulgado leyes y se han establecido instituciones para prevenir y eliminar la discriminación en diversos ámbitos, como el laboral, el educativo y el acceso a la justicia. Además, se han implementado políticas públicas y se han llevado a cabo acciones afirmativas para garantizar la igualdad de oportunidades y la inclusión de grupos históricamente marginados.

Estos son solo algunos ejemplos del desarrollo jurídico en México contemporáneo. Es importante destacar que el proceso de desarrollo jurídico es continuo y requiere de un compromiso constante para garantizar la vigencia del Estado de Derecho, la protección de los Derechos Humanos y la promoción de la justicia y la igualdad en la sociedad mexicana.

# Capítulo 3:

## La Constitución Mexicana

### Origen y evolución de la Constitución

La Constitución Mexicana es el documento fundamental que establece el marco jurídico y político de México. Es considerada una de las más importantes en la historia constitucional mundial debido a su contenido progresista y a su papel en la protección de los derechos y libertades de los ciudadanos. El origen y la evolución de la Constitución Mexicana abarcan varios períodos históricos y reflejan los cambios sociales, políticos y jurídicos que ha experimentado el país a lo largo del tiempo.

El origen de la Constitución Mexicana se remonta al siglo XIX, específicamente al período de la independencia de México de la dominación colonial española. Después de casi 300 años de gobierno colonial, los mexicanos lucharon por su libertad y autonomía, y en 1821 lograron la independencia política. Sin embargo, el país enfrentó numerosos desafíos, como la inestabilidad política, la falta de un marco legal claro y la necesidad de establecer un orden jurídico y político sólido.

En 1824, se promulgó la primera Constitución de México, conocida como la Constitución de 1824 o la Constitución de Apatzingán. Esta constitución establecía un sistema federal de gobierno, con una división de poderes entre el Ejecutivo, el Legislativo y el Judicial. También garantizaba derechos fundamentales, como la libertad de expresión, la libertad de culto y la propiedad privada. Sin embargo, esta constitución tuvo una vida corta y fue sustituida en varias ocasiones durante los siguientes años debido a los cambios políticos y a las luchas internas en el país.

Uno de los momentos más destacados en la evolución de la Constitución Mexicana ocurrió en 1857, cuando se promulgó una nueva constitución conocida como la Constitución de 1857. Esta constitución reflejaba las ideas liberales de la época e incluía importantes avances en materia de Derechos Humanos y libertades individuales. Establecía, entre otras cosas, la igualdad ante la ley, la libertad de pensamiento y de asociación, y la abolición de la esclavitud. Sin embargo, la Constitución de 1857 también enfrentó obstáculos y conflictos, especialmente en relación con la iglesia y las diferencias políticas entre liberales y conservadores.

La evolución de la Constitución Mexicana continuó durante el siglo XX, marcada por diferentes etapas y momentos clave. Uno de los hitos más importantes fue la

Revolución Mexicana, que comenzó en 1910 y culminó en 1917 con la promulgación de la Constitución Política de los Estados Unidos Mexicanos, la constitución actualmente vigente en el país. Esta constitución representó un avance significativo en la protección de los derechos sociales, laborales y agrarios, y estableció la base para una política de redistribución de la riqueza y la promoción de la justicia social.

La Constitución de 1917 incluye diversos aspectos fundamentales para el desarrollo de México como Estado democrático y social de derecho. Entre ellos, se encuentran los siguientes:

- ✓ **Derechos Humanos:** La Constitución garantiza una amplia gama de Derechos Humanos, tales como la libertad de expresión, el derecho a la educación, el derecho al trabajo digno, el derecho a la vivienda, el derecho a la salud y el derecho a la justicia. Estos derechos están diseñados para proteger y promover la dignidad y el bienestar de todos los ciudadanos mexicanos.
- ✓ **Soberanía y división de poderes:** La Constitución establece que la soberanía reside en el pueblo mexicano y se ejerce a través de los poderes Ejecutivo, Legislativo y Judicial, los cuales están separados y tienen funciones y responsabilidades específicas. Esta división de poderes busca evitar la concentración del poder y garantizar el equilibrio y la rendición de cuentas en el ejercicio del mismo.
- ✓ **Reformas y enmiendas:** La Constitución de 1917 prevé mecanismos para su reforma y enmienda, lo cual ha permitido su adaptación a los cambios y necesidades del país a lo largo del tiempo. A través de estos mecanismos, se han realizado importantes reformas constitucionales en áreas como los Derechos Humanos, la justicia, la educación, la energía y la economía, entre otras.
- ✓ **Protección de grupos vulnerables:** La Constitución establece la obligación del Estado mexicano de proteger y promover los derechos de los grupos vulnerables, como las mujeres, los niños, los pueblos indígenas, las personas con discapacidad y los migrantes. Esta protección busca garantizar la igualdad de oportunidades y la no discriminación en todos los ámbitos de la vida social y política.
- ✓ **Federalismo:** La Constitución establece un sistema federal de gobierno, en el cual se reconoce la existencia de entidades federativas autónomas con su propia estructura de gobierno. Esto permite la participación de los estados y municipios en la toma de decisiones y en la implementación de políticas públicas, fortaleciendo así la democracia y la descentralización del poder.

A lo largo de los años, la Constitución Mexicana ha sido objeto de múltiples interpretaciones y reformas para adaptarse a los desafíos y cambios en la sociedad mexicana. La Suprema Corte de Justicia de la Nación, como máximo órgano judicial del país, ha desempeñado un papel fundamental en la interpretación y aplicación de la

Constitución, estableciendo precedentes y jurisprudencia que han contribuido a su evolución y desarrollo.

En conclusión, el origen y la evolución de la Constitución Mexicana reflejan la lucha de México por establecer un orden jurídico y político que garantice los derechos y libertades de sus ciudadanos. A lo largo de los siglos XIX, XX y XXI, México ha transitado por diferentes etapas y ha promulgado diferentes constituciones que han buscado reflejar los cambios sociales, políticos y jurídicos del país. La Constitución de 1917, vigente en la actualidad, es el resultado de estos procesos y representa un importante instrumento para la protección de los derechos y la consolidación del Estado de Derecho en México.

**Principios y estructura de la Constitución Mexicana**

La Constitución Mexicana es el documento fundamental que establece el marco jurídico y político de México. Contiene una serie de principios y una estructura que sustentan el sistema legal del país. Estos principios y estructura son fundamentales para el funcionamiento del Estado de Derecho y la protección de los derechos y libertades de los ciudadanos. A continuación, se describen los principales principios y la estructura de la Constitución Mexicana:

Principios de la Constitución Mexicana:

1. **Soberanía nacional:** La Constitución establece que la soberanía reside en el pueblo mexicano y se ejerce de manera indirecta a través de los poderes del Estado. Esto implica que el poder político emana del pueblo y se ejerce en su nombre, garantizando así la participación ciudadana en la toma de decisiones políticas.
2. **Estado de Derecho:** La Constitución consagra el principio del Estado de Derecho, que implica que todas las personas, incluidas las autoridades, están sujetas y deben cumplir con la ley. Este principio garantiza la igualdad ante la ley, la protección de los Derechos Humanos y la aplicación imparcial de la justicia.
3. **Democracia:** La Constitución establece el principio de democracia como forma de gobierno en México. Esto implica la participación ciudadana en la toma de decisiones políticas, elecciones libres y periódicas, el respeto a los derechos políticos de los ciudadanos y la rendición de cuentas de los gobernantes.
4. **Derechos Humanos:** La Constitución Mexicana reconoce y garantiza los Derechos Humanos fundamentales de todas las personas. Estos derechos incluyen la igualdad, la libertad, la dignidad, la vida, la integridad personal, la

libertad de expresión, la libertad de asociación, la libertad de culto y muchos otros. Estos derechos están protegidos y son exigibles ante las autoridades.

5. **Justicia social:** La Constitución establece el principio de justicia social, que busca garantizar la igualdad de oportunidades y la distribución equitativa de los recursos y beneficios de la sociedad. Este principio tiene como objetivo promover la inclusión social, reducir la desigualdad y mejorar las condiciones de vida de los sectores más vulnerables de la población.

Estructura de la Constitución Mexicana:

La Constitución Mexicana está dividida en nueve títulos, que a su vez se subdividen en artículos que abordan diferentes aspectos del sistema legal y político del país. A continuación se describe la estructura general de la Constitución:

1. **Título Primero:** De las garantías individuales. Este título establece los derechos fundamentales de los individuos y las garantías que protegen estos derechos.
2. **Título Segundo:** De la soberanía nacional y la forma de gobierno. Este título establece los principios generales del sistema de gobierno en México, incluyendo la división de poderes y las características del Poder Legislativo, Ejecutivo y Judicial.
3. **Título Tercero:** De los ciudadanos mexicanos. Este título establece los derechos y obligaciones de los ciudadanos mexicanos, así como los requisitos para adquirir la ciudadanía.
4. **Título Cuarto:** Del Poder Legislativo. Este título establece la estructura y las funciones del Congreso de la Unión, que es el órgano legislativo del país.
5. **Título Quinto:** Del Poder Ejecutivo. Este título establece la estructura y las funciones del Poder Ejecutivo, encabezado por el Presidente de la República.
6. **Título Sexto:** Del Poder Judicial. Este título establece la estructura y las funciones del Poder Judicial, incluyendo la organización de los tribunales y la impartición de justicia.
7. **Título Séptimo:** De la organización territorial del Estado Mexicano. Este título establece la estructura y la división territorial del país, incluyendo la existencia de los estados y municipios.
8. **Título Octavo:** De la reforma constitucional. Este título establece los procedimientos para realizar reformas a la Constitución.
9. **Título Noveno:** De la responsabilidad de los servidores públicos. Este título establece las normas de responsabilidad de los servidores públicos y los mecanismos de rendición de cuentas.

Esta estructura de la Constitución Mexicana permite una organización clara y sistemática de las normas y principios fundamentales que rigen el sistema jurídico y político del país. Además, proporciona una base sólida para la protección de los Derechos Humanos y la promoción de la democracia y la justicia social en México.


## Derechos y Garantías Constitucionales

Los derechos y garantías constitucionales son fundamentales en cualquier Estado democrático y de derecho, ya que protegen y aseguran los derechos y libertades individuales de los ciudadanos. En el caso de México, la Constitución Política establece una amplia gama de derechos y garantías que son reconocidos y protegidos por el Estado. A continuación, se describen algunos de los derechos y garantías constitucionales más relevantes en México:

1. **Igualdad:** La Constitución garantiza la igualdad de todas las personas ante la ley, sin discriminación por motivos de raza, género, religión, origen étnico, orientación sexual, discapacidad u otra condición. Esto implica que todas las personas tienen los mismos derechos y oportunidades, y que el Estado debe promover la igualdad y prevenir cualquier forma de discriminación.
2. **Libertades individuales:** La Constitución protege una serie de libertades individuales fundamentales, como la libertad de expresión, la libertad de asociación, la libertad de culto, la libertad de tránsito, la libertad de trabajo y la libertad de pensamiento. Estas libertades permiten a los ciudadanos actuar de acuerdo con sus convicciones y participar activamente en la sociedad.
3. **Derechos sociales:** La Constitución garantiza una serie de derechos sociales que buscan garantizar el bienestar y la dignidad de los ciudadanos. Entre estos derechos se encuentran el derecho a la educación, el derecho a la salud, el derecho a la vivienda, el derecho al trabajo digno y el derecho a un medio ambiente sano. Estos derechos buscan asegurar condiciones de vida justas y equitativas para todos los ciudadanos.
4. **Derechos políticos:** La Constitución protege los derechos políticos de los ciudadanos, incluyendo el derecho al voto, el derecho a participar en elecciones y en la vida política del país, y el derecho a formar parte de partidos políticos y asociaciones civiles. Estos derechos son fundamentales para la democracia y permiten a los ciudadanos tener voz y voto en la toma de decisiones políticas.
5. **Derechos de las personas en situación de vulnerabilidad:** La Constitución garantiza la protección de los derechos de las personas en situación de vulnerabilidad, como los niños, las mujeres, los adultos mayores, los pueblos indígenas, las personas con discapacidad y los migrantes. Estos grupos cuentan con derechos específicos que buscan asegurar su bienestar y protección ante posibles situaciones de discriminación o violencia.

6. **Derechos en materia penal:** La Constitución establece una serie de garantías en materia penal que buscan proteger los derechos de las personas acusadas de un delito. Entre estas garantías se encuentran el derecho a un juicio justo, el derecho a la defensa, el derecho a la presunción de inocencia, el derecho a no ser sometido a tortura o tratos crueles, inhumanos o degradantes, y el derecho a la reparación integral del daño.

Estos son solo algunos ejemplos de los derechos y garantías constitucionales que están consagrados en la Constitución Mexicana. Es importante destacar que estos derechos y garantías no son absolutos y pueden estar sujetos a ciertas limitaciones, siempre y cuando estas limitaciones sean proporcionales y estén justificadas por motivos legítimos. Además, es responsabilidad del Estado asegurar que estos derechos se respeten y se garanticen de manera efectiva para todos los ciudadanos.

**Reformas Constitucionales y su impacto en el sistema jurídico**

Las reformas constitucionales son modificaciones realizadas al texto y contenido de la Constitución de un país. En el caso de México, las reformas constitucionales tienen un impacto significativo en el sistema jurídico del país, ya que pueden modificar o agregar disposiciones legales, establecer nuevos derechos y obligaciones, redefinir las funciones de los poderes públicos, entre otros aspectos.

Las reformas constitucionales en México pueden ser impulsadas por diversas razones, como la necesidad de adaptar la Constitución a los cambios sociales, económicos o políticos del país, corregir deficiencias o limitaciones en la legislación existente, fortalecer los derechos y garantías de los ciudadanos, o abordar problemáticas específicas que requieran una acción legislativa.

El impacto de las reformas constitucionales en el sistema jurídico mexicano es amplio y abarca diferentes áreas del derecho. Algunos ejemplos de reformas constitucionales y su impacto en el sistema jurídico mexicano son:

Reforma Constitucional en Derechos Humanos: En 2011, se llevó a cabo una importante reforma constitucional en materia de Derechos Humanos, que fortaleció la protección y garantía de los derechos fundamentales de los ciudadanos. Esta reforma implicó la incorporación de tratados internacionales en materia de Derechos Humanos en la Constitución, el establecimiento de mecanismos de control de constitucionalidad en casos de violaciones a Derechos Humanos, y el fortalecimiento de los organismos defensores de Derechos Humanos.

Reforma Constitucional en Materia de Justicia Penal: En 2008, se realizó una reforma constitucional para transformar el sistema de justicia penal en México, pasando de un sistema inquisitivo a un sistema acusatorio y oral. Esta reforma tuvo un impacto significativo en la estructura y funcionamiento de los tribunales y en la manera en que se llevan a cabo los procesos penales en el país.

Reforma Energética: En 2013 y 2014, se llevaron a cabo reformas constitucionales en materia energética, con el objetivo de abrir el sector energético mexicano a la inversión privada nacional e internacional. Estas reformas implicaron modificaciones en los artículos constitucionales que establecían el monopolio estatal en la exploración, producción, transporte y distribución de hidrocarburos y electricidad. Como resultado, se crearon nuevas regulaciones y se establecieron mecanismos para la participación del sector privado en la industria energética.

Estos son solo algunos ejemplos de las reformas constitucionales que han tenido un impacto significativo en el sistema jurídico mexicano. Sin embargo, es importante destacar que el impacto de una reforma constitucional puede variar en función de su implementación y de las leyes secundarias que se promulguen para su desarrollo. Además, las reformas constitucionales también pueden generar debates y controversias en la sociedad, y su interpretación y aplicación pueden ser objeto de análisis por parte de los tribunales.

## Capítulo 4:

## Fuentes del Derecho Mexicano

**Leyes federales y estatales**

En México, el sistema jurídico se compone tanto de leyes federales como de leyes estatales. Estas leyes tienen diferentes ámbitos de aplicación y regulan diversas materias, cumpliendo con un papel fundamental en la organización y funcionamiento del país.

Las leyes federales son aquellas que se emiten por el Congreso de la Unión y tienen aplicación en todo el territorio nacional. Estas leyes son de carácter general y establecen las normas y disposiciones que deben seguirse en todo el país. Algunas de las leyes federales más relevantes en México incluyen:

1. **Constitución Política de los Estados Unidos Mexicanos:** Es la ley fundamental del país y establece la organización y funcionamiento del Estado, así como los derechos y garantías fundamentales de los ciudadanos.
2. **Código Penal Federal:** Regula los delitos y las sanciones penales a nivel federal.
3. **Ley Federal del Trabajo:** Establece los derechos y obligaciones de los trabajadores y los patrones, así como las normas para las relaciones laborales.
4. **Ley General de Salud:** Regula el sistema de salud y establece las disposiciones para la protección y promoción de la salud de los ciudadanos.
5. **Ley de Amparo:** Establece las disposiciones para la protección de los Derechos Humanos mediante el recurso de amparo, garantizando el acceso a la justicia y la tutela judicial efectiva.

Por otro lado, las leyes estatales son emitidas por los congresos de cada entidad federativa y tienen aplicación únicamente dentro de su territorio. Estas leyes se encargan de regular aspectos específicos que no son competencia de las leyes federales. Algunas de las leyes estatales más comunes son:

1. **Códigos Penales Estatales:** Regulan los delitos y las sanciones penales a nivel estatal.
2. **Leyes de Educación Estatales:** Establecen las disposiciones en materia de educación dentro de cada entidad federativa.

21

3. **Leyes de Hacienda Estatales:** Regulan los aspectos relacionados con los impuestos y la recaudación de ingresos a nivel estatal.
4. **Leyes de Ordenamiento Territorial:** Establecen las normas para la organización y desarrollo territorial de cada estado.
5. **Leyes de Seguridad Pública Estatales:** Regulan las disposiciones en materia de seguridad y prevención del delito a nivel estatal.

Es importante destacar que las leyes federales prevalecen sobre las leyes estatales en caso de conflictos o contradicciones, ya que la Constitución Política de los Estados Unidos Mexicanos establece la jerarquía normativa y la supremacía de las leyes federales. Sin embargo, las leyes estatales desempeñan un papel esencial en la regulación de asuntos de competencia local y en la administración de justicia a nivel estatal.

**Jurisprudencia y tesis jurisprudenciales**

La jurisprudencia y las tesis jurisprudenciales son elementos fundamentales del sistema jurídico mexicano. Ambos conceptos se refieren a las decisiones y criterios establecidos por los tribunales superiores en la interpretación y aplicación de la ley, y desempeñan un papel importante en la uniformidad y predictibilidad del sistema jurídico.

La jurisprudencia se refiere a los precedentes establecidos por los tribunales superiores, como la Suprema Corte de Justicia de la Nación y los Tribunales Colegiados de Circuito. Cuando un tribunal emite una resolución sobre un caso, puede establecer una jurisprudencia, es decir, una interpretación y criterio jurídico que será vinculante para otros tribunales en casos similares. La jurisprudencia se forma cuando existen cinco o más decisiones concordantes (por reiteración) de los tribunales en la misma materia y bajo los mismos criterios.

La jurisprudencia tiene como objetivo principal garantizar la certeza jurídica y la igualdad en la aplicación de la ley. Al contar con criterios establecidos por los tribunales superiores, se busca que los ciudadanos y operadores jurídicos puedan prever y anticipar las decisiones de los tribunales, evitando así interpretaciones arbitrarias o contradictorias de la ley.

Por otro lado, las tesis jurisprudenciales son resoluciones que establecen criterios de interpretación en casos específicos y que pueden tener un alcance más limitado que la jurisprudencia. Estas tesis se generan cuando un tribunal emite una resolución sobre un caso y se considera que el criterio jurídico establecido en la resolución tiene relevancia y aplicabilidad en otros casos similares. A diferencia de la jurisprudencia, las tesis jurisprudenciales no requieren del mismo número de resoluciones concordantes para su formación y no tienen el mismo nivel de obligatoriedad.

Tanto la jurisprudencia como las tesis jurisprudenciales son fuentes importantes de interpretación y aplicación de la ley en México. Los tribunales y operadores jurídicos suelen recurrir a estos criterios establecidos para fundamentar sus argumentos y tomar decisiones coherentes con la interpretación establecida por los tribunales superiores. Además, la jurisprudencia y las tesis jurisprudenciales también pueden ser utilizadas como herramientas para impugnar resoluciones judiciales o para fortalecer argumentos jurídicos en casos similares.

En resumen, la jurisprudencia y las tesis jurisprudenciales son elementos clave del sistema jurídico mexicano, que buscan garantizar la coherencia y predictibilidad en la interpretación y aplicación de la ley. Estas herramientas son fundamentales para asegurar la igualdad de trato y la certeza jurídica en el país.

## Costumbre y equidad

La costumbre y la equidad son dos fuentes de derecho reconocidas en el sistema jurídico mexicano. Aunque la legislación y la jurisprudencia son las principales fuentes formales de derecho, la costumbre y la equidad desempeñan un papel complementario al proveer criterios adicionales para la interpretación y aplicación de la ley.

La costumbre se refiere a las prácticas y normas no escritas que son aceptadas y seguidas de manera generalizada por una comunidad o grupo social. La costumbre puede surgir de tradiciones, usos, prácticas habituales o conductas repetidas en una determinada sociedad. Para que la costumbre sea considerada como fuente de derecho, debe cumplir con ciertos requisitos establecidos por la ley, como ser generalmente aceptada, reiterada en el tiempo y reconocida por la comunidad como obligatoria.

La costumbre puede tener un impacto significativo en la determinación de derechos y obligaciones, especialmente en áreas donde la ley es escasa o ambigua. Sin embargo, es importante tener en cuenta que la costumbre no puede contradecir disposiciones legales expresas. En caso de conflicto, la ley prevalecerá sobre la costumbre.

La equidad, por su parte, se refiere a la aplicación de principios de justicia y equidad en la resolución de casos concretos. La equidad busca lograr una solución justa y razonable, incluso cuando la aplicación estricta de la ley podría resultar en una injusticia. La equidad permite al juez tomar en consideración circunstancias particulares y peculiaridades de un caso para llegar a una decisión justa.

La equidad se utiliza como un mecanismo de control y corrección en situaciones donde la aplicación estricta de la ley puede resultar en injusticias evidentes. Sin embargo, la equidad debe ser aplicada con prudencia y de acuerdo con los principios generales del derecho, ya que su uso excesivo o arbitrario puede socavar la certeza jurídica y la igualdad ante la ley.

Tanto la costumbre como la equidad son fuentes de derecho que complementan la legislación y la jurisprudencia. Su reconocimiento en el sistema jurídico mexicano refleja la importancia de tener en cuenta la realidad social y las particularidades de cada caso en la aplicación de la ley. Al incorporar la costumbre y la equidad como fuentes de derecho, se busca garantizar una mayor justicia y adecuación a las necesidades y circunstancias específicas de la sociedad.

**Doctrina y tratados internacionales**

La doctrina y los tratados internacionales son dos fuentes importantes de derecho en el sistema jurídico mexicano. Aunque no tienen la misma jerarquía que la Constitución y las leyes, desempeñan un papel significativo en la interpretación y aplicación del derecho.

La doctrina se refiere al conjunto de opiniones, estudios, análisis y teorías elaboradas por juristas, académicos y expertos en el campo del derecho. La doctrina puede ser expresada en libros, artículos, ensayos, conferencias y otras publicaciones especializadas. Aunque la doctrina no tiene carácter vinculante, su influencia es relevante en la interpretación de las normas legales y en la formación de criterios jurídicos.

La doctrina ayuda a aclarar y enriquecer la comprensión del derecho al brindar explicaciones, interpretaciones y enfoques teóricos sobre distintos aspectos del sistema jurídico. Los juristas y los operadores jurídicos recurren a la doctrina para fundamentar sus argumentos, analizar casos complejos y obtener una visión más completa de las normas jurídicas.

Por otro lado, los tratados internacionales son acuerdos celebrados entre dos o más países para regular aspectos específicos de las relaciones entre ellos. Los tratados internacionales pueden abordar diversos temas, como Derechos Humanos, comercio, medio ambiente, extradición, entre otros. Una vez que un tratado internacional es ratificado por el Estado mexicano, se convierte en parte del ordenamiento jurídico interno y tiene fuerza vinculante en el territorio nacional.

La Constitución Política de los Estados Unidos Mexicanos establece que los tratados internacionales deben cumplir con ciertos requisitos para que sean considerados como ley suprema. Estos requisitos incluyen su aprobación por el Senado de la República y su publicación en el Diario Oficial de la Federación. En caso de conflicto entre una ley interna y un tratado internacional, prevalece el tratado.

Los tratados internacionales desempeñan un papel importante en la protección de los Derechos Humanos, la promoción del comercio internacional, la cooperación internacional y la armonización de normas a nivel global. Además, los tribunales mexicanos también pueden hacer referencia a los tratados internacionales en sus decisiones, lo que contribuye a la interpretación y aplicación coherente del derecho.

En resumen, la doctrina y los tratados internacionales son fuentes de derecho complementarias a la legislación y la jurisprudencia en el sistema jurídico mexicano. La doctrina proporciona análisis y opiniones de expertos que enriquecen la interpretación del derecho, mientras que los tratados internacionales tienen fuerza vinculante y ayudan a regular las relaciones entre México y otros países. Ambas fuentes contribuyen a una comprensión más amplia y actualizada del derecho, fortaleciendo así el sistema jurídico mexicano.

# Capítulo 5:

## Derecho Civil en México

El Derecho Civil en México es una rama del derecho que regula las relaciones jurídicas de carácter privado entre las personas, es decir, los derechos y obligaciones de los individuos en su vida cotidiana. Se encuentra contenido en el Código Civil Federal y los códigos civiles estatales, los cuales establecen las normas y principios que rigen estas relaciones.

El Derecho Civil abarca una amplia gama de temas, entre los que se encuentran los siguientes:

1. **Persona y capacidad jurídica:** El Derecho Civil regula la capacidad de las personas para ser sujetos de derechos y obligaciones, así como los requisitos para adquirir y ejercer la personalidad jurídica. También establece los derechos y deberes fundamentales de las personas, como el derecho a la vida, la dignidad, la libertad y la igualdad.

2. **Estado civil y familia:** El Derecho Civil regula el matrimonio, el divorcio, la filiación, la adopción, la patria potestad, la tutela y otros aspectos relacionados con la organización y funcionamiento de la familia. También establece los derechos y deberes de los cónyuges, padres e hijos.

3. **Bienes y derechos reales:** Esta área del Derecho Civil regula la propiedad, la posesión, las servidumbres, los usufructos, las hipotecas y otros derechos reales sobre los bienes. Establece las normas para la adquisición, transmisión y extinción de estos derechos, así como los mecanismos para resolver los conflictos que puedan surgir en relación con ellos.

4. **Contratos y obligaciones:** El Derecho Civil regula la celebración, interpretación y cumplimiento de los contratos. Establece los requisitos para su validez, los derechos y obligaciones de las partes, y los mecanismos para hacer valer los derechos en caso de incumplimiento. También regula otras formas de obligaciones, como la responsabilidad civil por daños y perjuicios.

5. **Sucesiones y herencias:** Esta área del Derecho Civil regula la sucesión testamentaria y la sucesión intestada, es decir, la forma en que se transmiten los bienes de una persona fallecida a sus herederos. Establece las normas para la elaboración y validez de los testamentos, así como los derechos y obligaciones de los herederos.

6. **Prescripción y caducidad:** El Derecho Civil regula los plazos para adquirir o perder derechos por medio de la prescripción y la caducidad. Establece los

plazos y las condiciones para que una persona pueda reclamar o perder un derecho en caso de inactividad o negligencia.

El Derecho Civil en México se basa en el sistema romano-germánico y está influenciado por el Código Napoleónico y las tradiciones jurídicas españolas. Sin embargo, también ha experimentado modificaciones y adaptaciones para adecuarse a las necesidades y realidades del país.

Es importante destacar que el Derecho Civil se complementa con otras ramas del derecho, como el Derecho Mercantil, el Derecho Laboral y el Derecho Administrativo, entre otros, para proporcionar un marco jurídico completo que rige las diferentes esferas de la vida de las personas en México.

**Conceptos y principios generales del Derecho civil**

El Derecho Civil se fundamenta en una serie de conceptos y principios generales que son fundamentales para su comprensión y aplicación. A continuación, se describen algunos de los conceptos y principios más importantes del Derecho Civil:

1. **Persona:** La persona es el sujeto de derechos y obligaciones. En el Derecho Civil, se reconoce la personalidad jurídica a todo ser humano desde su nacimiento hasta su muerte, lo que implica que goza de derechos y debe cumplir con obligaciones.
2. **Capacidad jurídica:** La capacidad jurídica es la aptitud de las personas para ser titulares de derechos y obligaciones. En el Derecho Civil, se distingue entre capacidad de goce y capacidad de ejercicio. La capacidad de goce se refiere a la aptitud para adquirir derechos y obligaciones, mientras que la capacidad de ejercicio se refiere a la aptitud para ejercerlos por sí mismo.
3. **Patrimonio:** El patrimonio es el conjunto de bienes, derechos y obligaciones susceptibles de valoración económica que pertenecen a una persona. El Derecho Civil regula las relaciones patrimoniales, como la propiedad, los contratos y las obligaciones, que afectan al patrimonio de las personas.
4. **Contrato:** El contrato es el acuerdo de voluntades entre dos o más partes para crear, modificar o extinguir derechos y obligaciones. En el Derecho Civil, se establecen los requisitos para la validez de los contratos, las obligaciones de las partes y los efectos jurídicos que se derivan de ellos.
5. **Responsabilidad civil:** La responsabilidad civil se refiere a la obligación de reparar los daños y perjuicios causados a otra persona como resultado de una acción u omisión ilícita. En el Derecho Civil, se establecen los criterios para

determinar la responsabilidad civil, los elementos que deben ser probados y los mecanismos de indemnización.

6. **Propiedad:** La propiedad es el derecho que tiene una persona sobre una cosa para usarla, disfrutarla, disponer de ella y reivindicarla frente a terceros. El Derecho Civil establece los derechos y obligaciones del propietario, así como los mecanismos de adquisición y transmisión de la propiedad.

7. **Obligaciones:** Las obligaciones son los vínculos jurídicos que obligan a una persona a realizar una determinada prestación en beneficio de otra. Pueden surgir de contratos, de la ley o de otros actos jurídicos. El Derecho Civil establece los requisitos para la existencia y cumplimiento de las obligaciones, así como los medios para exigir su cumplimiento.

8. **Prescripción:** La prescripción es el medio por el cual una persona adquiere un derecho o se libera de una obligación debido al transcurso del tiempo y el no ejercicio del derecho correspondiente. El Derecho Civil establece los plazos de prescripción para adquirir derechos o liberarse de obligaciones.

Estos son solo algunos de los conceptos y principios generales del Derecho Civil. Cabe mencionar que el Derecho Civil es una disciplina amplia y compleja que abarca muchos otros conceptos y principios, los cuales se desarrollan y aplican de manera específica en cada una de las áreas que lo conforman.

**Personas y su capacidad jurídica**

En el Derecho Civil, el concepto de persona se refiere a todo ser humano que tiene la capacidad de ser titular de derechos y obligaciones. Sin embargo, es importante tener en cuenta que no todas las personas gozan de la misma capacidad jurídica, ya que esta puede estar sujeta a ciertas limitaciones o restricciones en determinadas circunstancias.

En términos generales, se distingue entre dos tipos de capacidad jurídica: capacidad de goce y capacidad de ejercicio.

1. **Capacidad de goce:** Se refiere a la aptitud para adquirir derechos y obligaciones. Todas las personas, desde su nacimiento hasta su muerte, tienen capacidad de goce. Esto implica que pueden ser titulares de derechos, como el derecho a la vida, la libertad, la dignidad, la propiedad, entre otros. Incluso las personas jurídicas, como las empresas o las asociaciones, tienen capacidad de goce para adquirir derechos y obligaciones en el ámbito que les corresponde.

2. **Capacidad de ejercicio:** Se refiere a la aptitud para ejercer por sí mismo los derechos y obligaciones. La capacidad de ejercicio puede estar sujeta a ciertas

restricciones, las cuales pueden ser generales o específicas. Algunas de las situaciones en las que se pueden presentar limitaciones en la capacidad de ejercicio son las siguientes:

- **Menores de edad:** Los menores de edad, generalmente hasta los 18 años, tienen una capacidad de ejercicio limitada. Están protegidos por la figura de la patria potestad, que recae en sus padres o tutores legales, quienes deben velar por su cuidado, educación y administración de sus bienes. Sin embargo, los menores de edad también tienen derechos reconocidos y pueden ejercerlos en la medida de su madurez y desarrollo.
- **Personas con discapacidad:** Las personas con discapacidad pueden tener limitaciones en su capacidad de ejercicio, dependiendo de la naturaleza y el grado de su discapacidad. En estos casos, se busca proteger y garantizar sus derechos, brindando apoyos y medidas de asistencia para que puedan ejercer sus derechos de manera plena y efectiva.
- **Personas declaradas incapaces:** En casos excepcionales, cuando una persona no puede ejercer sus derechos y obligaciones de manera adecuada debido a una enfermedad mental o a otras circunstancias, se puede solicitar una declaración de incapacidad por parte de un juez. En estos casos, se designa a un tutor o curador que actúa en representación de la persona incapaz, protegiendo sus intereses y tomando decisiones en su nombre.

Es importante destacar que, aunque una persona pueda tener limitaciones en su capacidad de ejercicio, esto no implica que pierda por completo su capacidad jurídica. Siempre conserva su capacidad de goce, es decir, sigue siendo titular de derechos y obligaciones, aunque pueda requerir asistencia o representación en su ejercicio.

En conclusión, la capacidad jurídica de las personas varía dependiendo de su edad, discapacidad o situación específica. La capacidad de goce se extiende a todas las personas, mientras que la capacidad de ejercicio puede estar sujeta a limitaciones en ciertas circunstancias. El objetivo fundamental es garantizar la protección de los derechos de las personas, asegurando su bienestar y procurando su plena participación en la sociedad.

**Derechos reales y posesión**

En el ámbito del Derecho Civil, los derechos reales y la posesión son dos conceptos fundamentales que regulan las relaciones jurídicas sobre los bienes. A continuación, se explican cada uno de estos conceptos y su importancia en el ordenamiento jurídico:

1. **Derechos reales:** Los derechos reales son aquellos que recaen directamente sobre un bien y confieren a su titular un poder directo y exclusivo sobre él. Estos derechos se caracterizan por ser oponibles a terceros, lo que significa que pueden ser exigidos y defendidos frente a cualquier otra persona. Algunos de los derechos reales más comunes son:

   - **Propiedad:** La propiedad es el derecho real más amplio y completo que una persona puede tener sobre un bien. El propietario tiene la facultad de usar, disfrutar, disponer y reivindicar el bien frente a terceros. Es un derecho absoluto y exclusivo, sujeto a las limitaciones establecidas por la ley.
   - **Usufructo:** El usufructo es el derecho de usar y disfrutar de un bien ajeno, con la obligación de conservarlo. El usufructuario tiene el derecho de percibir los frutos y productos que genere el bien, pero no puede disponer de él ni alterar su sustancia.
   - **Servidumbres:** Las servidumbres son derechos reales que se establecen sobre un bien en beneficio de otro bien perteneciente a otra persona. Estos derechos permiten al titular del bien dominante (el beneficiado) realizar ciertos actos sobre el bien sirviente (el afectado), como pasar por un camino o tener acceso a un suministro de agua.
   - **Hipoteca:** La hipoteca es un derecho real de garantía que recae sobre un bien inmueble y garantiza el cumplimiento de una obligación, generalmente un préstamo o crédito. Permite al acreedor, en caso de incumplimiento, ejecutar la venta del bien para satisfacer su crédito.

2. **Posesión:** La posesión se refiere al hecho de tener un bien bajo el control material y jurídico de una persona, con la intención de ser su dueño. La posesión no es lo mismo que la propiedad, ya que una persona puede poseer un bien sin ser su propietario, por ejemplo, en calidad de arrendatario o usufructuario. La posesión puede ser legítima o ilegítima, dependiendo de si está respaldada por un título jurídico válido o no.

La posesión legítima confiere al poseedor una serie de derechos y facultades, como el derecho a defenderse de terceros que pretendan perturbar su posesión. Además, en ciertos casos, la posesión legítima puede otorgar derechos especiales al poseedor, como la adquisición de la propiedad por medio de la usucapión (adquisición de la propiedad por posesión pacífica, continua y pública durante un tiempo determinado).

Es importante mencionar que tanto los derechos reales como la posesión están sujetos a regulaciones y limitaciones establecidas por la ley. Las normas del Derecho Civil determinan los requisitos para adquirir, transmitir, proteger y extinguir estos derechos, así como los mecanismos para resolver disputas o conflictos relacionados con ellos.

En conclusión, los derechos reales y la posesión son conceptos esenciales en el ámbito del Derecho Civil, ya que regulan las relaciones jurídicas sobre los bienes. Los derechos reales confieren a su titular un poder directo sobre el bien, mientras que la posesión implica tener el control material y jurídico de un bien con la intención de ser su dueño. Ambos conceptos están protegidos y regulados por la ley, y su comprensión es fundamental para entender los derechos y obligaciones que se derivan de la titularidad de los bienes.

**Contratos y obligaciones**

En el ámbito del Derecho Civil, los contratos y las obligaciones son elementos fundamentales que regulan las relaciones jurídicas entre las partes involucradas. A continuación, se explica qué son los contratos, las obligaciones y cómo se relacionan entre sí:

- **Contratos:** Un contrato es un acuerdo de voluntades entre dos o más partes que tiene por objetivo crear, modificar o extinguir derechos y obligaciones. Para que un contrato sea válido, debe cumplir con ciertos requisitos, como el consentimiento libre y voluntario de las partes, el objeto lícito y determinado, y la causa o motivo válido.

Los contratos pueden tener diferentes formas y tipos, dependiendo de la naturaleza de las obligaciones que se establecen. Algunos ejemplos comunes de contratos son los contratos de compraventa, arrendamiento, préstamo, prestación de servicios, entre otros. Cada tipo de contrato tiene sus propias características y regulaciones específicas.

- **Obligaciones:** Las obligaciones son los vínculos jurídicos que surgen a partir de un contrato o de otras fuentes establecidas por la ley. Una obligación implica que una parte, llamada deudor, tiene la obligación de realizar una determinada prestación en beneficio de otra parte, llamada acreedor. La prestación puede consistir en dar, hacer o no hacer algo.

Las obligaciones pueden ser de carácter pecuniario (relacionadas con el pago de una suma de dinero), de hacer (realizar una acción específica), de no hacer (abstenerse de realizar una acción) o mixtas (combinación de hacer y dar). Además, pueden ser condicionales, es decir, que su cumplimiento depende de un evento futuro e incierto, o ser puras y simples, sin ninguna condición.

Es importante destacar que las obligaciones derivadas de un contrato deben ser cumplidas de buena fe y de acuerdo con lo establecido en el contrato. En caso de

31

incumplimiento de una obligación, la parte afectada puede recurrir a acciones legales para exigir el cumplimiento o solicitar una indemnización por los daños y perjuicios sufridos.

Los contratos y las obligaciones están estrechamente relacionados, ya que los contratos son el medio principal para establecer obligaciones entre las partes involucradas. Los contratos establecen los términos y condiciones bajo los cuales las partes asumen ciertas obligaciones, y las obligaciones derivadas de los contratos deben ser cumplidas de acuerdo con lo establecido en ellos.

En conclusión, los contratos y las obligaciones son elementos fundamentales en el Derecho Civil. Los contratos son acuerdos de voluntades que establecen derechos y obligaciones entre las partes, y las obligaciones son los vínculos jurídicos que surgen a partir de esos contratos o de otras fuentes legales. Ambos conceptos son fundamentales para regular las relaciones jurídicas y garantizar el cumplimiento de los compromisos establecidos entre las partes.

## Capítulo 6:

## Derecho Penal Mexicano

El Derecho Penal Mexicano es la rama del ordenamiento jurídico que regula los delitos, las penas y las medidas de seguridad aplicables a aquellos individuos que han cometido conductas consideradas como delictivas. Constituye una parte fundamental del sistema jurídico mexicano y tiene como objetivo principal la protección de los bienes jurídicos fundamentales, como la vida, la libertad, la propiedad y la seguridad de las personas.

A continuación, se abordarán algunos aspectos importantes del Derecho Penal Mexicano:

1.  **Legislación penal:** La legislación penal en México se encuentra principalmente contenida en el Código Penal Federal y en los códigos penales de cada uno de los estados que conforman el país. Estas leyes establecen los tipos de delitos, las penas y las medidas de seguridad aplicables, así como los procedimientos para la persecución y el juzgamiento de los delitos.

2.  **Principios fundamentales:** El Derecho Penal Mexicano se rige por una serie de principios fundamentales, entre los que se destacan:
    ✓ Legalidad: Ninguna persona puede ser sancionada por un acto que no esté expresamente tipificado como delito en la ley penal. Se aplica el principio "nullum crimen, nulla poena sine lege".
    ✓ Presunción de inocencia: Toda persona se presume inocente hasta que se demuestre su culpabilidad de acuerdo con el procedimiento legal establecido.
    ✓ Debido proceso: Se garantiza a los acusados el derecho a un juicio justo, en el cual se respeten sus garantías procesales, como el derecho a la defensa, a presentar pruebas y a impugnar las decisiones judiciales.
    ✓ Humanidad de las penas: Las penas deben tener un carácter humano, proporcional al delito cometido y orientadas a la readaptación y reinserción social del infractor.

3.  **Delitos y penas:** El Código Penal Mexicano establece una amplia variedad de delitos, que abarcan desde homicidio, robo, violencia familiar, hasta delitos contra la salud, corrupción, lavado de dinero y delitos informáticos, entre otros.

33

Cada delito tiene sus propios elementos y se prevén penas específicas, que pueden ir desde multas económicas hasta penas privativas de libertad, que pueden ser de prisión o de internamiento en centros de readaptación social.

4. **Sistema de justicia penal:** En México, se ha implementado un nuevo sistema de justicia penal acusatorio y oral, el cual busca agilizar y mejorar los procesos penales, garantizando un juicio más transparente y accesible. Este sistema se basa en la oralidad, la confrontación de pruebas y la participación activa de las partes involucradas en el proceso.

5. **Medidas de seguridad:** Además de las penas privativas de libertad, el sistema penal mexicano contempla medidas de seguridad, que se aplican a personas que han cometido un delito pero que, por razones de peligrosidad o inimputabilidad, no pueden ser sancionadas con una pena tradicional. Estas medidas buscan proteger a la sociedad y pueden incluir la internación en instituciones especializadas o la supervisión por parte de autoridades.

En conclusión, el Derecho Penal Mexicano es una rama del sistema jurídico que regula los delitos, las penas y las medidas de seguridad. A través de su legislación y principios fundamentales, busca proteger los bienes jurídicos fundamentales y garantizar un sistema de justicia penal equitativo. La aplicación del Derecho Penal Mexicano se lleva a cabo a través de un sistema de justicia penal acusatorio y oral, con el fin de agilizar y mejorar los procesos penales en el país.

**Principios fundamentales del Derecho penal**

El Derecho Penal se basa en una serie de principios fundamentales que tienen como objetivo garantizar un sistema de justicia equitativo y respetar los derechos fundamentales de las personas. A continuación, se presentan algunos de los principios más importantes del Derecho Penal:

1. **Legalidad:** Este principio establece que no se puede sancionar a una persona por un acto que no esté expresamente tipificado como delito en la ley penal. Se conoce con la frase latina "nullum crimen, nulla poena sine lege", que significa "ningún delito, ninguna pena sin ley". Esto implica que solo se pueden imponer sanciones penales por conductas que estén claramente establecidas en la ley y que cumplan con los elementos y requisitos establecidos.
2. **Reserva de ley:** Este principio se relaciona con el principio de legalidad y establece que solo el legislador puede establecer los tipos de delitos, las penas y las medidas de seguridad. La autoridad judicial no puede crear ni modificar las normas penales, sino que debe aplicar las leyes existentes. Además, este principio

también implica que las leyes penales deben ser claras y precisas, para que las personas puedan conocer y entender qué conductas están prohibidas.

3. **Presunción de inocencia:** Este principio establece que toda persona se presume inocente hasta que se demuestre su culpabilidad mediante un proceso legal. La carga de la prueba recae en la acusación, que debe presentar pruebas suficientes y convincentes para demostrar la culpabilidad del acusado más allá de toda duda razonable. Esta presunción de inocencia garantiza que no se impongan sanciones penales injustas o arbitrarias y protege el derecho a la dignidad y a la reputación de las personas.

4. **Proporcionalidad de la pena:** Este principio establece que las penas deben ser proporcionales a la gravedad del delito cometido. Significa que la sanción impuesta debe guardar una relación equitativa con la conducta delictiva, de modo que no se impongan castigos excesivamente severos ni desproporcionados. La proporcionalidad de la pena busca evitar la arbitrariedad y garantizar la justicia en la aplicación de las sanciones penales.

5. **Intervención mínima:** Este principio establece que el Derecho Penal debe intervenir de manera mínima en la vida de las personas y que solo debe utilizarse como último recurso cuando no existan otras formas de solucionar el conflicto o proteger los bienes jurídicos fundamentales. La intervención mínima implica que el Derecho Penal debe aplicarse de manera restrictiva y selectiva, enfocándose en los delitos más graves que representen una amenaza para la sociedad.

Estos son solo algunos de los principios fundamentales del Derecho Penal, y existen otros que también desempeñan un papel importante en la aplicación de la justicia penal. Estos principios buscan garantizar que el sistema penal sea justo, equitativo y respete los derechos y las garantías fundamentales de las personas involucradas en un proceso penal.

**Delitos y sus elementos**

Los delitos son acciones u omisiones que están tipificadas como conductas prohibidas por la ley penal y que son sancionables con penas. Cada delito tiene sus propios elementos que deben estar presentes para que se configure legalmente. A continuación, se describen algunos delitos comunes y sus elementos:

- Homicidio:

Elementos: Causar la muerte de una persona de manera voluntaria y con intención de matar.

- Robo:

Elementos: Apropiarse de un bien mueble ajeno sin consentimiento del propietario, mediante el uso de violencia o intimidación.

- Violación sexual:

Elementos: Tener acceso carnal o realizar actos sexuales con una persona sin su consentimiento, mediante el uso de violencia, amenazas o engaño.

- Fraude:

Elementos: Engañar o inducir a error a una persona con el fin de obtener un beneficio económico ilícito, causándole un perjuicio económico.

- Delitos contra la salud (narcotráfico):

Elementos: Realizar actividades relacionadas con la producción, transporte, distribución o venta de sustancias ilícitas, con conocimiento de su ilegalidad.

- Lesiones:

Elementos: Causar daño físico a otra persona de manera intencional o negligente.

- Secuestro:

Elementos: Privar de la libertad a una persona en contra de su voluntad, exigiendo un rescate u otro tipo de beneficio.

- Delitos sexuales contra menores:

Elementos: Realizar actos sexuales con un menor de edad, aprovechándose de su vulnerabilidad o falta de capacidad de consentimiento.

Es importante destacar que cada delito tiene sus propios elementos y que pueden existir variaciones dependiendo de la legislación penal de cada país. Además, es fundamental que la acusación pruebe más allá de toda duda razonable la presencia de estos elementos para que se condene al acusado. En caso de que alguno de los elementos no esté presente, es posible que el delito no se configure y, por lo tanto, no se imponga una pena.

## Elementos del delito en el Derecho Penal Mexicano

En el Derecho Penal Mexicano, para que un delito se considere cometido, deben estar presentes los elementos que lo configuran. Estos elementos varían según el tipo de delito, pero en general se pueden identificar los siguientes:

1. **Conducta:** Es la acción u omisión realizada por una persona que infringe la norma penal. Puede tratarse de un acto positivo (acción) o de la falta de realizar algo que la ley obliga (omisión).
2. **Tipicidad:** El comportamiento debe estar descrito y prohibido específicamente en la ley penal. El delito debe encajar dentro de una figura delictiva previamente establecida en la legislación.
3. **Antijuridicidad:** La conducta debe ser contraria al ordenamiento jurídico. Esto significa que la acción u omisión debe ir en contra de una norma jurídica vigente.
4. **Culpabilidad:** La persona que comete el delito debe tener la capacidad de comprender la ilicitud de su acto y actuar de forma voluntaria. Se requiere que el sujeto tenga la intención o el conocimiento de que está cometiendo un delito.
5. **Imputabilidad:** La persona debe ser responsable de sus actos y tener la capacidad mental suficiente para entender y controlar sus acciones. Las personas que padecen trastornos mentales graves pueden ser consideradas inimputables.
6. **Antecedentes penales:** Se refiere a la ausencia de condenas previas por delitos similares. Es importante tener en cuenta el historial delictivo de la persona acusada.

Estos son los elementos básicos que deben estar presentes para que se configure un delito en el sistema jurídico penal mexicano. Sin embargo, es importante señalar que cada delito puede tener requisitos adicionales y particulares establecidos en la legislación penal específica. Por lo tanto, es necesario referirse a los códigos penales correspondientes para conocer los elementos específicos de cada delito en México.


**Sanciones penales y medidas de seguridad**

En el Derecho Penal Mexicano, las sanciones penales y las medidas de seguridad son las consecuencias legales que se imponen a una persona que ha sido declarada culpable de cometer un delito. Estas sanciones tienen como objetivo principal la prevención del delito, la protección de la sociedad y la rehabilitación del delincuente. A continuación, se describen las principales sanciones y medidas de seguridad utilizadas en el sistema penal mexicano:

1. **Sanciones penales:**

   - **Prisión:** Es la privación de la libertad de una persona por un tiempo determinado. La duración de la pena depende de la gravedad del delito y puede variar desde meses hasta varios años.
   - **Multa:** Consiste en el pago de una cantidad de dinero establecida por la ley. La cuantía de la multa depende del tipo de delito y de la capacidad económica del infractor.
   - **Trabajo en favor de la comunidad:** Implica la realización de tareas o servicios comunitarios como forma de reparación del daño causado.

2. **Medidas de seguridad:**

   - **Internamiento en instituciones de salud mental:** Se aplica a las personas que padecen trastornos mentales y que representan un peligro para sí mismas o para la sociedad. La medida tiene como objetivo proteger y tratar al individuo.
   - **Internamiento en centros de reclusión especializados:** Se aplica a personas que han cometido delitos sexuales y que requieren un tratamiento específico y una supervisión especializada.
   - **Libertad vigilada:** Consiste en la imposición de una serie de condiciones y restricciones a la persona condenada, como la obligación de asistir a terapias, la prohibición de acercarse a ciertos lugares o personas, entre otras.
   - **Prohibición de acercamiento:** Implica la restricción de la persona condenada para acercarse a la víctima o a determinados lugares relacionados con el delito.
   - **Decomiso de bienes:** Se puede ordenar la confiscación de los bienes obtenidos ilícitamente por la comisión del delito.

Es importante destacar que la imposición de una sanción penal o medida de seguridad se determina de acuerdo con la gravedad del delito, las circunstancias del caso y la individualización de la pena. Además, en algunos casos, se pueden establecer penas adicionales como la inhabilitación para ejercer ciertas profesiones o cargos públicos.

El sistema penal mexicano busca equilibrar la protección de los derechos y la reinserción social del delincuente, por lo que se promueve la implementación de medidas alternativas a la privación de libertad, como la mediación penal, los programas de tratamiento y rehabilitación, y la justicia restaurativa.

## Procedimiento penal en México

El procedimiento penal en México es el conjunto de etapas y actuaciones que se llevan a cabo desde la comisión de un delito hasta la resolución final del caso. El procedimiento tiene como objetivo garantizar un juicio justo y respetar los derechos de todas las partes involucradas. A continuación, se describe de manera general el procedimiento penal en México:

1. **Denuncia o querella:** El procedimiento comienza con la presentación de una denuncia ante el Ministerio Público (MP) o una querella ante el juez. En esta etapa, se relatan los hechos y se identifica al presunto responsable.
2. **Investigación:** El MP realiza una investigación para recabar pruebas, testimonios y cualquier otro elemento que permita esclarecer los hechos. Se realizan diligencias como inspecciones oculares, peritajes y declaraciones de testigos.
3. **Audiencia inicial:** Una vez concluida la investigación, se celebra una audiencia inicial ante el juez. En esta audiencia, se determina si existen elementos suficientes para procesar al acusado. El juez puede dictar medidas cautelares, como la prisión preventiva, si considera que hay riesgo de fuga o de obstaculización del proceso.
4. **Etapa intermedia:** En esta etapa, las partes presentan sus pruebas y argumentos ante el juez. Se realiza una audiencia en la que se revisan las pruebas y se determina si se dicta auto de apertura a juicio.
5. **Juicio oral:** En el juicio oral, se lleva a cabo la presentación y valoración de pruebas, testimonios y alegatos de las partes. Las pruebas se presentan de forma directa y en presencia del juez, quien evalúa su pertinencia y validez. Al finalizar el juicio, el juez dicta una sentencia.
6. **Impugnación y recursos:** Si alguna de las partes no está conforme con la sentencia, puede interponer recursos de apelación ante un tribunal superior. También se pueden presentar recursos de revisión o amparo.

Es importante destacar que el procedimiento penal en México está regulado por el Código Nacional de Procedimientos Penales y puede haber variaciones y particularidades dependiendo de la jurisdicción y del tipo de delito. Además, se busca promover la oralidad, la transparencia y la participación activa de las partes en el proceso.

# Capítulo 7:

## Derecho Laboral en México

El Derecho Laboral en México es el conjunto de normas y principios que regulan las relaciones laborales entre empleadores y trabajadores. Su objetivo es garantizar condiciones justas de trabajo, proteger los derechos laborales y promover la igualdad y la seguridad en el ámbito laboral. A continuación, se describen algunos aspectos importantes del Derecho Laboral en México:

1. **Contrato de trabajo:** El contrato de trabajo es el acuerdo entre el empleador y el trabajador en el que se establecen las condiciones de empleo, como la duración, la remuneración, la jornada laboral y los derechos y obligaciones de ambas partes. El contrato puede ser verbal o por escrito, pero se recomienda que sea por escrito para evitar conflictos.

2. **Derechos laborales:** El Derecho Laboral en México protege diversos derechos para los trabajadores, tales como:

   - **Salario mínimo:** Los trabajadores tienen derecho a percibir un salario mínimo establecido por la ley.
   - **Jornada laboral:** La jornada máxima de trabajo es de 8 horas diarias o 48 horas semanales. Después de ese límite, se considera tiempo extra y debe pagarse con una prima.
   - **Descanso semanal:** Los trabajadores tienen derecho a un día de descanso remunerado por cada seis días de trabajo.
   - **Vacaciones:** Los trabajadores tienen derecho a un periodo de vacaciones pagadas después de un año de servicio. La duración de las vacaciones varía según el tiempo trabajado.
   - **Seguridad social:** Los trabajadores tienen derecho a estar afiliados al Instituto Mexicano del Seguro Social (IMSS) y recibir atención médica, prestaciones y seguro de retiro.
   - **Derecho a la no discriminación:** Los trabajadores tienen derecho a no ser discriminados por motivos de género, raza, religión, orientación sexual o cualquier otra condición protegida por la ley.

3. **Terminación de la relación laboral:** La terminación de la relación laboral puede darse por diversas causas, como renuncia voluntaria, despido justificado o mutuo acuerdo. En caso de despido, la ley establece causas justificadas y procedimientos específicos para garantizar los derechos del trabajador.

4. **Conflictos laborales:** En caso de conflictos entre empleadores y trabajadores, existe la Junta de Conciliación y Arbitraje, que es la autoridad encargada de resolver disputas laborales. También se puede recurrir a la vía judicial a través de los tribunales laborales.

Es importante tener en cuenta que existen leyes laborales específicas para ciertos sectores, como el sector público, los trabajadores agrícolas, los trabajadores del hogar, entre otros. Estas leyes pueden establecer condiciones y derechos especiales para esos trabajadores.

El Derecho Laboral en México se rige principalmente por la Ley Federal del Trabajo y sus reglamentos, así como por los convenios internacionales ratificados por México en materia laboral.

### Principios y normativa laboral

El Derecho Laboral en México se basa en una serie de principios y normativas que regulan las relaciones laborales y protegen los derechos de los trabajadores. Estos principios y normas son fundamentales para asegurar condiciones laborales justas y promover la equidad en el ámbito del trabajo. A continuación, se describen algunos de los principales principios y normas laborales en México:

1. **Principios laborales:**

   ✓ **Principio de protección:** Este principio establece que las normas laborales deben estar orientadas a la protección de los derechos de los trabajadores. El Estado tiene la obligación de garantizar condiciones laborales justas y promover la igualdad en el ámbito laboral.
   ✓ **Principio de favorabilidad:** Este principio establece que en caso de duda o conflicto en la interpretación de las normas laborales, se debe aplicar la interpretación más favorable para el trabajador.
   ✓ **Principio de irrenunciabilidad:** Este principio establece que los derechos laborales son irrenunciables, es decir, los trabajadores no pueden renunciar a sus derechos mínimos establecidos por la ley.

41

✓ **Principio de estabilidad en el empleo:** Este principio busca garantizar la estabilidad laboral de los trabajadores, evitando despidos injustificados y promoviendo la continuidad del empleo.

2. **Normativa laboral:**

- **Ley Federal del Trabajo:** Es la principal normativa laboral en México. Establece los derechos y obligaciones de los trabajadores y empleadores, así como las condiciones de trabajo, jornadas laborales, salarios, prestaciones, entre otros aspectos relacionados con el empleo.
- **Contrato colectivo de trabajo:** Es un acuerdo celebrado entre un sindicato y un empleador o grupo de empleadores, en el que se establecen condiciones de trabajo y beneficios para los trabajadores representados por el sindicato.
- **Contrato individual de trabajo:** Es el acuerdo entre un trabajador y un empleador en el que se establecen las condiciones específicas de empleo, como la jornada laboral, el salario, las prestaciones, entre otros.
- **Normas Oficiales Mexicanas (NOM):** Son regulaciones técnicas y de seguridad emitidas por diversas dependencias del gobierno mexicano, como la Secretaría del Trabajo y Previsión Social (STPS), para garantizar condiciones laborales adecuadas en ciertos sectores o actividades específicas.
- **Tratados internacionales:** México es signatario de diversos tratados internacionales en materia laboral, como los convenios de la Organización Internacional del Trabajo (OIT), que establecen estándares mínimos para proteger los derechos laborales.

Es importante destacar que la normativa laboral en México puede variar según el tipo de empleo, el sector de actividad y la ubicación geográfica. Además, existen instituciones encargadas de supervisar y hacer cumplir las normas laborales, como la STPS y la Procuraduría Federal de la Defensa del Trabajo (PROFEDET), que brindan asesoría y mediación en caso de conflictos laborales.

Es fundamental que tanto los empleadores como los trabajadores conozcan y cumplan con las normas laborales vigentes, y en caso de dudas o controversias, buscar asesoramiento legal especializado para proteger sus derechos y garantizar condiciones laborales justas.

### Derechos y obligaciones de los trabajadores

Los trabajadores en México tienen una serie de derechos y obligaciones que están protegidos por la legislación laboral. Estos derechos y obligaciones aseguran condiciones justas de trabajo y promueven la equidad en el ámbito laboral. A continuación, se describen algunos de los principales derechos y obligaciones de los trabajadores en México:

Derechos de los trabajadores:

1. **Derecho a un salario justo:** Los trabajadores tienen derecho a recibir una remuneración justa y equitativa por su trabajo, de acuerdo con el salario mínimo establecido por la ley. El empleador está obligado a pagar el salario puntualmente y a proporcionar un comprobante de pago.
2. **Derecho a una jornada laboral adecuada:** Los trabajadores tienen derecho a una jornada laboral máxima de 8 horas diarias o 48 horas semanales. Si se excede este límite, se considera tiempo extra y debe ser remunerado con una prima adicional.
3. **Derecho a descanso semanal:** Los trabajadores tienen derecho a un día de descanso remunerado por cada seis días de trabajo. Este día de descanso debe ser continuo y no puede ser sustituido por una compensación económica.
4. **Derecho a vacaciones:** Los trabajadores tienen derecho a un periodo de vacaciones pagadas después de un año de servicio. La duración de las vacaciones varía en función del tiempo trabajado y se establece en la legislación laboral.
5. **Derecho a la seguridad social:** Los trabajadores tienen derecho a estar afiliados al Instituto Mexicano del Seguro Social (IMSS) o al régimen de seguridad social correspondiente. Esto les proporciona acceso a atención médica, prestaciones económicas y seguro de retiro.
6. **Derecho a la no discriminación:** Los trabajadores tienen derecho a no ser discriminados en el ámbito laboral por motivos de género, raza, religión, orientación sexual o cualquier otra condición protegida por la ley. La igualdad de oportunidades y trato debe ser garantizada.

Obligaciones de los trabajadores:

1. **Cumplir con las normas y políticas internas:** Los trabajadores tienen la obligación de cumplir con las normas y políticas establecidas por el empleador, siempre y cuando sean razonables y estén en consonancia con la legislación laboral vigente.
2. **Ejecutar el trabajo con diligencia y cuidado:** Los trabajadores deben realizar sus labores de manera diligente, aplicando los conocimientos y habilidades necesarios para desempeñar sus funciones de manera eficiente y segura.
3. **Observar el deber de lealtad:** Los trabajadores deben actuar con lealtad hacia el empleador, evitando cualquier conducta que pueda causar un perjuicio a la empresa o comprometer la confidencialidad de la información a la que tengan acceso.

4. **Cumplir con las disposiciones de seguridad e higiene:** Los trabajadores tienen la obligación de seguir las disposiciones de seguridad e higiene establecidas por la empresa, para salvaguardar su integridad física y la de sus compañeros de trabajo.

5. **Guardar confidencialidad:** Los trabajadores deben mantener la confidencialidad de la información y los secretos comerciales a los que tengan acceso durante su relación laboral, incluso después de la terminación del contrato de trabajo.

Es importante destacar que esta lista no abarca todos los derechos y obligaciones de los trabajadores en México, ya que pueden variar según la legislación específica, el tipo de empleo y otros factores. Los trabajadores deben familiarizarse con las leyes laborales aplicables y buscar asesoramiento legal en caso de dudas o violaciones de sus derechos.

**Contratos laborales y seguridad social**

En México, los contratos laborales y la seguridad social son aspectos fundamentales del Derecho Laboral que regulan las relaciones entre empleadores y trabajadores, y brindan protección y beneficios a los trabajadores. A continuación, se describen los contratos laborales y la seguridad social en México:

Contratos laborales:

**Contrato individual de trabajo:** Es un acuerdo escrito o verbal entre el empleador y el trabajador, en el que se establecen las condiciones de empleo, como el tipo de trabajo, la duración del contrato, la jornada laboral, el salario, las prestaciones, entre otros aspectos. Este contrato debe contener información básica y clara sobre las condiciones de trabajo y los derechos y obligaciones de ambas partes.

**Contrato por tiempo determinado:** Es un tipo de contrato en el que se establece una fecha de inicio y una fecha de finalización del empleo. Este tipo de contrato se utiliza cuando el trabajo tiene una duración específica o está sujeto a una temporada o proyecto.

**Contrato por tiempo indeterminado:** Es un tipo de contrato en el que no se establece una fecha de finalización del empleo. Este tipo de contrato se utiliza cuando el trabajo es de naturaleza continua y no está sujeto a una duración específica.

**Contrato de capacitación inicial:** Es un contrato que se celebra cuando una persona ingresa a un empleo y requiere capacitación o formación específica. Este tipo de contrato tiene una duración determinada y está diseñado para desarrollar las habilidades y conocimientos del trabajador.

Seguridad Social:

En México, el sistema de seguridad social está regulado por el Instituto Mexicano del Seguro Social (IMSS) y brinda protección a los trabajadores en diversas áreas, como la salud, las pensiones y los riesgos de trabajo. Algunos aspectos clave del sistema de seguridad social en México incluyen:

Seguro de enfermedades y maternidad: Los trabajadores afiliados al IMSS tienen derecho a recibir atención médica, medicamentos y servicios hospitalarios en caso de enfermedad o maternidad.

Seguro de invalidez y vida: Este seguro brinda protección económica a los trabajadores en caso de invalidez o fallecimiento, otorgando pensiones a los beneficiarios legales.

Seguro de riesgos de trabajo: El IMSS brinda cobertura y atención médica a los trabajadores en caso de accidentes o enfermedades laborales. Además, se proporcionan prestaciones económicas en caso de incapacidad temporal o permanente.

Seguro de retiro: El IMSS administra un sistema de pensiones para los trabajadores que han cotizado durante un periodo determinado. Los trabajadores pueden acceder a una pensión al cumplir con los requisitos establecidos por la ley.

Es importante destacar que tanto los empleadores como los trabajadores están obligados a realizar sus contribuciones al sistema de seguridad social de acuerdo con la legislación vigente.

En resumen, los contratos laborales y la seguridad social son elementos clave en el ámbito laboral de México. Los contratos laborales regulan las condiciones de trabajo y los derechos y obligaciones de las partes, mientras que la seguridad social brinda protección en áreas como la salud, las pensiones y los riesgos laborales. Ambos aspectos son fundamentales para garantizar condiciones laborales justas y la protección de los derechos de los trabajadores.

**Solución de conflictos laborales**

La solución de conflictos laborales es una parte integral del Derecho Laboral y busca resolver las discrepancias y disputas que puedan surgir entre empleadores y trabajadores. En México, existen diferentes mecanismos y procedimientos para la solución de estos conflictos. A continuación, se presentan algunas de las principales vías de solución de conflictos laborales en el país:

Conciliación: La conciliación es un método de resolución de conflictos en el que un tercero imparcial, llamado conciliador, facilita la comunicación entre las partes en conflicto y busca llegar a un acuerdo mutuamente aceptable. En México, la Junta de Conciliación y Arbitraje es la autoridad encargada de facilitar la conciliación en los conflictos laborales.

Mediación: La mediación es un proceso en el cual un mediador neutral ayuda a las partes a identificar los problemas y a buscar soluciones. A diferencia de la conciliación, el mediador no propone una solución, sino que actúa como facilitador del diálogo entre las partes para que ellas mismas lleguen a un acuerdo.

Arbitraje: El arbitraje es un procedimiento en el cual un árbitro o un panel de árbitros, seleccionados por las partes o designados por una institución arbitral, toma una decisión vinculante para resolver el conflicto. El arbitraje puede ser de carácter voluntario u obligatorio, y las partes se comprometen a acatar la decisión del árbitro.

Juicio laboral: En casos en los que no se haya logrado una solución a través de la conciliación, la mediación o el arbitraje, las partes pueden recurrir a un juicio laboral. En México, los juicios laborales son conocidos y resueltos por los tribunales laborales, que son parte del Poder Judicial.

Es importante destacar que antes de iniciar un proceso de solución de conflictos laborales, se recomienda que las partes intenten resolver el conflicto de manera amigable y directa, a través del diálogo y la negociación. En muchos casos, esto puede conducir a una solución más rápida y satisfactoria para ambas partes.

Además de los mecanismos mencionados, existen otras opciones de solución de conflictos laborales, como la conciliación en las Juntas Locales de Conciliación y Arbitraje, la figura de los delegados de conciliación y laudos, entre otros. La elección del método de solución de conflictos dependerá de la naturaleza del conflicto, las preferencias de las partes y las disposiciones legales aplicables.

En resumen, la solución de conflictos laborales en México se lleva a cabo a través de mecanismos como la conciliación, la mediación, el arbitraje y el juicio laboral. Estos procesos buscan garantizar una resolución justa y equitativa de las disputas laborales, fomentando el diálogo y la búsqueda de acuerdos entre las partes involucradas.

# Capítulo 8:

## Derecho Administrativo en México

El Derecho Administrativo en México es una rama del Derecho Público que se encarga de regular la organización, funcionamiento y control de la administración pública, así como las relaciones entre la administración y los ciudadanos. Esta área del derecho tiene como objetivo principal asegurar la legalidad, eficiencia y transparencia en el ejercicio de la función administrativa del Estado. A continuación, se presenta una descripción general del Derecho Administrativo en México:

Principios del Derecho Administrativo:

1. Legalidad: Este principio establece que la actuación de la administración pública debe estar sujeta a la ley y respetar los derechos y garantías de los ciudadanos. Los actos administrativos deben ser dictados dentro del marco legal y deben estar debidamente fundamentados y motivados.
2. Jerarquía normativa: El Derecho Administrativo en México se basa en la jerarquía de las normas, lo que significa que las leyes y reglamentos de mayor jerarquía prevalecen sobre las normas de rango inferior. La Constitución es la norma suprema, seguida de las leyes federales y estatales, los reglamentos y las disposiciones administrativas.
3. Responsabilidad: La administración pública es responsable de sus actos y decisiones. Este principio implica que los servidores públicos deben actuar con diligencia y responsabilidad en el ejercicio de sus funciones, y pueden ser sujetos a sanciones en caso de cometer irregularidades o abusos.
4. Buena fe: El principio de buena fe establece que la administración pública debe actuar de manera honesta, imparcial y transparente, buscando siempre el interés general y evitando cualquier tipo de favoritismo o discriminación.

Normativa del Derecho Administrativo:

En México, la normativa del Derecho Administrativo se encuentra establecida en diversas leyes y reglamentos, entre las cuales se destacan:

1. Ley Federal de Procedimiento Administrativo (LFPA): Esta ley regula los procedimientos administrativos y establece los derechos y garantías de los ciudadanos frente a la administración pública. Establece los principios de

47

audiencia, legalidad, imparcialidad y celeridad en los procedimientos administrativos.

2. Ley de Responsabilidades Administrativas (LRA): Esta ley regula las conductas de los servidores públicos y establece los procedimientos para investigar y sancionar las faltas administrativas y los actos de corrupción en el ámbito público.

3. Ley de Adquisiciones, Arrendamientos y Servicios del Sector Público (LAASSP): Esta ley regula las contrataciones que realiza la administración pública para adquirir bienes, contratar servicios y realizar arrendamientos. Establece los procedimientos de licitación, contratación directa y adjudicación de contratos.

4. Ley de Amparo: Aunque no es específica del Derecho Administrativo, la Ley de Amparo es relevante en este campo, ya que regula los procedimientos para impugnar los actos de autoridad, incluidos los actos de la administración pública.

Organización y control de la administración pública:

En México, la administración pública está organizada en diferentes niveles y entidades, tanto a nivel federal como estatal y municipal. Existen secretarías, dependencias, entidades autónomas y organismos descentralizados encargados de diversas áreas de la administración pública, como la economía, la educación, la salud, entre otras.

El control de la administración pública se lleva a cabo mediante mecanismos de supervisión, evaluación y rendición de cuentas. Órganos como la Auditoría Superior de la Federación (ASF) y los órganos internos de control (OIC) son responsables de vigilar el uso adecuado de los recursos públicos y detectar posibles irregularidades.

En resumen, el Derecho Administrativo en México se encarga de regular la organización, funcionamiento y control de la administración pública. Sus principios y normativa buscan garantizar la legalidad, eficiencia y transparencia en el ejercicio de la función administrativa del Estado. El Derecho Administrativo establece los derechos y garantías de los ciudadanos frente a la administración pública y establece los procedimientos para solucionar conflictos y sancionar irregularidades.

## Organización y funcionamiento de la administración pública

La organización y funcionamiento de la administración pública en México se basa en una estructura jerárquica y descentralizada que abarca diferentes niveles de gobierno: federal, estatal y municipal. A continuación, se describen los aspectos principales de la organización y funcionamiento de la administración pública en México:

**Administración Pública Federal:** A nivel federal, la administración pública se organiza en diferentes secretarías y dependencias que están encabezadas por un titular designado por el Presidente de la República. Algunas de las principales secretarías son la Secretaría de Gobernación, la Secretaría de Hacienda y Crédito Público, la Secretaría de Educación Pública y la Secretaría de Salud. Cada secretaría tiene competencias específicas y se encarga de la elaboración y ejecución de políticas públicas en su ámbito de acción.

**Administración Pública Estatal:** A nivel estatal, la administración pública está conformada por las dependencias y entidades del gobierno estatal, encabezadas por un gobernador. Cada estado tiene su propia estructura administrativa, que puede variar en función de sus necesidades y características particulares. Algunas de las dependencias estatales comunes son la Secretaría de Finanzas, la Secretaría de Desarrollo Económico, la Secretaría de Seguridad Pública y la Secretaría de Educación.

**Administración Pública Municipal:** A nivel municipal, la administración pública está conformada por los municipios, que son la unidad básica de gobierno. Cada municipio tiene su propio ayuntamiento, encabezado por un presidente municipal y conformado por regidores y síndicos. Los municipios son responsables de la prestación de servicios públicos locales, como agua, recolección de basura, transporte y seguridad.

**Descentralización y Desconcentración:** Además de la estructura jerárquica, la administración pública en México también se caracteriza por la descentralización y desconcentración de funciones y atribuciones. La descentralización implica la creación de entidades públicas autónomas o descentralizadas que tienen personalidad jurídica propia y autonomía en la toma de decisiones. Por otro lado, la desconcentración implica la delegación de funciones administrativas en diferentes unidades o dependencias dentro de una entidad.

**Coordinación Interinstitucional:** Para asegurar la eficiencia y la coordinación entre los diferentes niveles de gobierno, existen mecanismos de coordinación interinstitucional. Por ejemplo, la Conferencia Nacional de Gobernadores (CONAGO) es un espacio de diálogo y cooperación entre los gobernadores de los estados, y la Conferencia Nacional de Municipios de México (CONAMM) cumple un rol similar a nivel municipal.

En cuanto al funcionamiento de la administración pública, se busca que sea eficiente, transparente y orientada al servicio público. Esto implica la implementación de procesos de planeación, programación, presupuestación y evaluación para la elaboración y ejecución de políticas públicas. Además, se promueve la participación ciudadana y la rendición de cuentas para garantizar una gestión pública responsable y cercana a las necesidades de la población.

En resumen, la administración pública en México se organiza en niveles federal, estatal y municipal, y está conformada por secretarías, dependencias y entidades encargadas de la elaboración y ejecución de políticas públicas. Se caracteriza por una estructura jerárquica y descentralizada, y busca ser eficiente, transparente y orientada al servicio público. La coordinación interinstitucional y la participación ciudadana son elementos clave en su funcionamiento.

### Actos administrativos y procedimiento administrativo

Los actos administrativos son decisiones o manifestaciones de voluntad realizadas por la administración pública en el ejercicio de sus funciones. Estos actos tienen efectos jurídicos y pueden afectar los derechos e intereses de los ciudadanos. El procedimiento administrativo, por su parte, se refiere al conjunto de pasos y trámites que deben seguirse para la adopción de los actos administrativos. A continuación, se explican ambos conceptos con mayor detalle:

**Actos Administrativos:** Los actos administrativos son acciones u omisiones realizadas por la administración pública que tienen efectos jurídicos. Estos actos pueden ser de carácter individual o general, y su finalidad es regular situaciones concretas o establecer normas generales. Algunos ejemplos de actos administrativos son las licencias, los permisos, las autorizaciones, las resoluciones, las sanciones administrativas, entre otros.

Los actos administrativos deben cumplir con ciertos requisitos para ser válidos y eficaces. Entre estos requisitos se encuentran:

- **Competencia:** El acto debe ser realizado por una autoridad competente, es decir, aquella que tenga atribuciones legales para emitir dicho acto.
- **Forma:** Los actos administrativos deben seguir los procedimientos y formalidades establecidos por la ley. Pueden requerir forma escrita, notificación a los interesados, entre otros.
- **Motivación:** Los actos administrativos deben estar debidamente fundamentados y motivados, es decir, deben expresar las razones y fundamentos legales que justifican la decisión tomada.
- **Finalidad:** Los actos administrativos deben perseguir un fin legítimo y estar encaminados al interés general o al cumplimiento de una norma específica.
- **No arbitrariedad:** Los actos administrativos no deben ser arbitrarios ni discriminatorios. Deben basarse en criterios objetivos y razonables.

**Procedimiento Administrativo:** El procedimiento administrativo es el conjunto de trámites y actuaciones que se deben seguir para la adopción de los actos administrativos. Este procedimiento tiene como finalidad asegurar la legalidad, transparencia y participación de los interesados en el proceso administrativo.

El procedimiento administrativo generalmente incluye las siguientes etapas:

- **Iniciación:** Se inicia con la presentación de una solicitud o petición por parte del interesado.
- **Instrucción:** La administración pública recopila la información necesaria, realiza las investigaciones pertinentes y emite los informes técnicos correspondientes.
- **Audiencia:** Se brinda la oportunidad de que los interesados presenten sus argumentos, alegatos y pruebas.
- **Resolución:** La administración pública emite la decisión final, fundamentada y motivada, que puede ser un acto administrativo que resuelve la solicitud o un acuerdo que establece una norma general.
- **Notificación:** Se comunica a los interesados la resolución o el acto administrativo adoptado.
- **Recursos:** Los interesados pueden interponer recursos administrativos para impugnar la resolución o el acto administrativo.
- **Revisión judicial:** En caso de agotarse los recursos administrativos, los interesados pueden recurrir a los tribunales para impugnar la legalidad del acto administrativo.

El procedimiento administrativo está sujeto a principios como el principio de legalidad, el derecho a la defensa, el principio de contradicción, el principio de celeridad, el principio de economía procesal, entre otros.

En resumen, los actos administrativos son decisiones de la administración pública que tienen efectos jurídicos, mientras que el procedimiento administrativo es el conjunto de pasos y trámites que se deben seguir para la adopción de dichos actos. Ambos conceptos son fundamentales en el ámbito del derecho administrativo y buscan garantizar la legalidad, transparencia y participación en la toma de decisiones de la administración pública.

### Responsabilidad del Estado y recursos administrativos

La responsabilidad del Estado y los recursos administrativos son dos aspectos importantes del Derecho Administrativo en México. A continuación, se explica cada uno de ellos:

## Responsabilidad del Estado:

La responsabilidad del Estado se refiere a la obligación que tiene el Estado de reparar los daños y perjuicios causados a los ciudadanos como consecuencia de la actuación de la administración pública. Esta responsabilidad puede ser civil, administrativa o penal, dependiendo de la naturaleza de la acción u omisión que causó el daño.

En México, la responsabilidad del Estado se rige por principios establecidos en la Constitución y en leyes específicas, como la Ley Federal de Responsabilidad Patrimonial del Estado. Algunos de los principios fundamentales en materia de responsabilidad del Estado son:

- **Legalidad:** La responsabilidad del Estado debe estar basada en una conducta ilícita, es decir, en una acción u omisión que viole la ley o los derechos fundamentales de los ciudadanos.
- **Causalidad:** Debe existir una relación causal directa entre la acción u omisión de la administración pública y el daño sufrido por el ciudadano.
- **Daño:** Se requiere la existencia de un daño material o moral que sea indemnizable.
- **Imputabilidad:** El daño debe ser imputable a la administración pública, es decir, debe ser consecuencia de una actuación en el ejercicio de sus funciones.

Para hacer efectiva la responsabilidad del Estado, los ciudadanos pueden presentar una reclamación administrativa o acudir a los tribunales de justicia. En muchos casos, se busca una solución amistosa a través de la conciliación o el arreglo directo entre la administración y el ciudadano afectado.

## Recursos Administrativos:

Los recursos administrativos son medios de impugnación que los ciudadanos pueden interponer ante la administración pública para impugnar las decisiones y actos administrativos que consideren lesivos a sus derechos e intereses. Estos recursos tienen como finalidad garantizar el derecho de defensa y el principio de revisión de las decisiones administrativas.

En México, los recursos administrativos están regulados por la Ley Federal de Procedimiento Administrativo y las leyes de procedimiento administrativo de cada entidad federativa. Algunos de los recursos administrativos más comunes son:

- **Recurso de reconsideración:** Permite solicitar a la propia autoridad que dictó el acto administrativo que lo revise y modifique.

- **Recurso de revisión:** Permite recurrir ante una autoridad superior jerárquica para que revise el acto administrativo impugnado.
- **Recurso de inconformidad:** Se interpone ante un órgano especializado o de control interno de la administración pública.
- **Recurso de nulidad:** Se presenta ante los tribunales administrativos para impugnar la legalidad de los actos administrativos.

El recurso administrativo debe presentarse dentro de los plazos establecidos por la ley y se debe fundamentar en argumentos jurídicos y pruebas que respalden la impugnación. La administración pública está obligada a resolver los recursos de manera fundamentada y motivada.

En conclusión, la responsabilidad del Estado y los recursos administrativos son elementos fundamentales del Derecho Administrativo en México. La responsabilidad del Estado busca reparar los daños causados por la actuación de la administración pública, mientras que los recursos administrativos permiten impugnar las decisiones y actos administrativos que afecten los derechos e intereses de los ciudadanos. Ambos mecanismos contribuyen a garantizar la legalidad, transparencia y justicia en la actuación de la administración pública.


**Contratación pública y concesiones**

La contratación pública y las concesiones son dos figuras importantes en el ámbito del Derecho Administrativo que regulan la adquisición de bienes y servicios por parte del Estado. A continuación, se explica cada una de ellas:


Contratación Pública:

La contratación pública se refiere al proceso mediante el cual el Estado adquiere bienes, servicios u obras para el cumplimiento de sus funciones y la satisfacción de las necesidades de la sociedad. Este proceso está sujeto a normas y procedimientos establecidos por la ley con el fin de asegurar la transparencia, la competencia y la eficiencia en el uso de los recursos públicos.

En México, la contratación pública se encuentra regulada principalmente por la Ley de Adquisiciones, Arrendamientos y Servicios del Sector Público, así como por otras leyes y reglamentos específicos. Algunos de los principios fundamentales en materia de contratación pública son:

- **Publicidad:** Las convocatorias y procedimientos de contratación deben ser publicados de manera amplia y accesible para garantizar la participación de los interesados y la competencia entre los proveedores.
- **Igualdad:** Todos los proveedores deben tener igualdad de oportunidades para participar en los procesos de contratación, sin discriminación ni trato preferencial.
- **Transparencia:** Los actos y decisiones relacionados con la contratación pública deben ser claros, documentados y accesibles para el escrutinio público.
- **Eficiencia:** La contratación pública debe buscar obtener los mejores precios y condiciones en beneficio del interés público, así como asegurar la calidad y oportunidad de los bienes y servicios adquiridos.

El proceso de contratación pública incluye diferentes etapas, como la elaboración de las bases de licitación, la convocatoria a los interesados, la recepción y evaluación de las propuestas, la adjudicación del contrato y la ejecución del mismo.

Concesiones:

Las concesiones son autorizaciones otorgadas por el Estado a particulares para la explotación y prestación de servicios públicos o el uso de bienes de dominio público. A través de las concesiones, el Estado permite a los particulares realizar actividades económicas de interés general, pero bajo su regulación y supervisión.

En México, las concesiones están reguladas por diversas leyes y reglamentos dependiendo del sector y la actividad específica. Algunos ejemplos de concesiones son las concesiones de transporte público, las concesiones mineras, las concesiones de telecomunicaciones, entre otras.

Las concesiones suelen otorgarse a través de un procedimiento específico que incluye requisitos, condiciones y plazos establecidos por la ley. En general, las concesiones se otorgan mediante licitación pública, evaluando las propuestas de los interesados y otorgando la concesión al mejor postor.

Es importante destacar que tanto la contratación pública como las concesiones están sujetas a principios de legalidad, transparencia y rendición de cuentas. Además, buscan promover la competencia, la eficiencia y el uso responsable de los recursos públicos.

En conclusión, la contratación pública y las concesiones son dos figuras fundamentales en el Derecho Administrativo de México. La contratación pública regula la adquisición de bienes y servicios por parte del Estado, mientras que las concesiones permiten a los particulares realizar actividades económicas de interés público bajo la regulación estatal. Ambas figuras buscan garantizar la eficiencia, la transparencia y el interés general en la gestión de los recursos públicos.

# Capítulo 9:

## Derecho Mercantil en México

El Derecho Mercantil en México es una rama del derecho que regula las actividades comerciales y las relaciones jurídicas derivadas de ellas. También se conoce como Derecho Comercial o Derecho de los Negocios. Esta área del derecho tiene como objetivo principal regular el ejercicio de las actividades económicas y comerciales, así como proteger los intereses de los comerciantes y promover la eficiencia y el desarrollo económico.

En México, el Derecho Mercantil está principalmente regulado por el Código de Comercio, que establece las normas y principios fundamentales que rigen las actividades mercantiles. Además, existen otras leyes y reglamentos específicos que complementan y regulan aspectos particulares del comercio, como la Ley de Sociedades Mercantiles, la Ley de Concursos Mercantiles y la Ley de Propiedad Industrial, entre otras.

A continuación, se detallan algunos conceptos y principios generales del Derecho Mercantil en México:

**Comerciante:** Se considera comerciante a aquella persona física o jurídica que de manera habitual y profesional realiza actos de comercio. Para ser considerado comerciante, se deben cumplir ciertos requisitos establecidos por la ley, como la inscripción en el Registro Público de Comercio.

**Actos de comercio:** Los actos de comercio son las acciones y operaciones que se realizan en el ámbito del comercio y que tienen un carácter mercantil. El Código de Comercio establece una lista de actos considerados como comerciales, como la compraventa de bienes, la intermediación en el comercio, el transporte de mercancías, la emisión y transferencia de valores, entre otros.

**Sociedades mercantiles:** Las sociedades mercantiles son formas organizativas que permiten a los comerciantes asociarse para llevar a cabo actividades comerciales de manera conjunta. En México, existen diferentes tipos de sociedades mercantiles, como la sociedad anónima, la sociedad de responsabilidad limitada, la sociedad en comandita por acciones, entre otras. Cada tipo de sociedad tiene requisitos y características específicas establecidas en la Ley de Sociedades Mercantiles.

56

**Contratos mercantiles:** Los contratos mercantiles son acuerdos voluntarios entre las partes con el fin de regular relaciones comerciales. Estos contratos se rigen por las disposiciones del Código de Comercio y suelen tener características particulares en comparación con los contratos civiles. Algunos ejemplos de contratos mercantiles son el contrato de compraventa mercantil, el contrato de arrendamiento financiero (leasing), el contrato de franquicia, entre otros.

**Títulos de crédito:** Los títulos de crédito son documentos representativos de derechos económicos y comerciales, que circulan como medios de pago o instrumentos de financiamiento. En México, existen diferentes tipos de títulos de crédito, como la letra de cambio, el cheque, el pagaré y la factura.

**Competencia y libre mercado:** El Derecho Mercantil busca promover la competencia leal y el libre mercado, evitando prácticas monopólicas y fomentando la competencia entre los agentes económicos. Para ello, existen normas y autoridades encargadas de regular y supervisar el cumplimiento de las reglas de competencia.

**Protección al consumidor:** El Derecho Mercantil en México también contempla normas de protección al consumidor, que buscan salvaguardar los derechos e intereses de los consumidores en las transacciones comerciales. Existen leyes específicas, como la Ley Federal de Protección al Consumidor, que establecen los derechos y obligaciones tanto de los consumidores como de los proveedores de bienes y servicios.

En conclusión, el Derecho Mercantil en México es una rama del derecho que regula las actividades comerciales y las relaciones jurídicas derivadas de ellas. A través de normas y principios específicos, se busca promover la eficiencia, la competencia y el desarrollo económico, así como proteger los derechos de los comerciantes y los consumidores. El Código de Comercio y otras leyes especializadas constituyen el marco legal principal para esta área del derecho en el país.

### Conceptos básicos y principios del Derecho mercantil

El Derecho Mercantil es una rama del derecho que regula las relaciones jurídicas derivadas de las actividades comerciales. A continuación, se presentan algunos conceptos básicos y principios fundamentales del Derecho Mercantil:

**Comerciante:** Es la persona física o jurídica que realiza actos de comercio de manera habitual y profesional. El comerciante tiene obligaciones y derechos específicos establecidos por la ley.

**Actos de comercio:** Son las acciones y operaciones que tienen un carácter mercantil. Se consideran actos de comercio tanto las compraventas de bienes muebles o inmuebles con fines comerciales, como las operaciones de intermediación en el comercio, transporte de mercancías, operaciones bancarias, entre otras.

**Sociedades mercantiles:** Son formas de organización que permiten a los comerciantes asociarse para llevar a cabo actividades comerciales de manera conjunta. Algunos tipos de sociedades mercantiles comunes son la sociedad anónima, la sociedad de responsabilidad limitada y la sociedad en comandita por acciones. Cada tipo de sociedad tiene características y regulaciones específicas.

**Contratos mercantiles:** Son los acuerdos voluntarios entre las partes para regular relaciones comerciales. Los contratos mercantiles se rigen por las disposiciones del Código de Comercio y pueden incluir contratos de compraventa, arrendamiento financiero (leasing), contratos de distribución, franquicia, transporte, entre otros.

**Títulos de crédito:** Son documentos que representan derechos de crédito, circulan como medios de pago o instrumentos de financiamiento. Ejemplos de títulos de crédito son la letra de cambio, el cheque, el pagaré y la factura. Estos títulos tienen características específicas y se regulan por la Ley General de Títulos y Operaciones de Crédito.

**Competencia y libre mercado:** El Derecho Mercantil promueve la competencia leal y el libre mercado, evitando prácticas monopólicas y fomentando la libre competencia entre los agentes económicos. Se prohíben prácticas anticompetitivas como el abuso de posición dominante o los acuerdos colusorios.

**Protección al consumidor:** El Derecho Mercantil incluye normas de protección al consumidor para salvaguardar sus derechos e intereses en las transacciones comerciales. Estas normas establecen obligaciones para los proveedores de bienes y servicios, garantizando la calidad, seguridad y veracidad de los productos ofrecidos.

**Principio de especialidad:** El Derecho Mercantil se caracteriza por ser una rama del derecho especializada en regular las relaciones comerciales. Esto implica que existen normas específicas que se aplican a las transacciones comerciales y que difieren de las normas del derecho civil u otras áreas del derecho.

**Principio de autonomía de la voluntad:** Este principio permite a las partes negociar y establecer sus propias condiciones en los contratos mercantiles, siempre y cuando no contravengan disposiciones legales imperativas.

**Principio de buena fe:** Las relaciones comerciales se deben basar en la buena fe, la honestidad y la transparencia. Las partes deben actuar de manera leal y honrada en el desarrollo de sus actividades comerciales.

Estos conceptos y principios son fundamentales para comprender el Derecho Mercantil y su aplicación en las actividades comerciales. Cabe mencionar que el marco normativo del Derecho Mercantil puede variar en cada país, por lo que es importante consultar la legislación correspondiente para obtener una comprensión completa de esta rama del derecho en un contexto específico.

### Sociedades mercantiles y contratos mercantiles

Las sociedades mercantiles y los contratos mercantiles son elementos fundamentales en el ámbito empresarial y comercial. Estas instituciones legales permiten a las personas unir sus recursos y esfuerzos para llevar a cabo actividades comerciales con fines de lucro, así como establecer relaciones y regular sus transacciones comerciales de manera segura y confiable.

En este texto, desarrollaremos de manera detallada la información sobre las sociedades mercantiles y los contratos mercantiles, abordando sus características, tipos, regulaciones y aspectos relevantes en el contexto empresarial actual.

Sociedades mercantiles:

Las sociedades mercantiles son formas de organización reconocidas legalmente, en las que dos o más personas, llamadas socios, se unen para desarrollar actividades comerciales y empresariales. Estas entidades ofrecen ventajas en términos de responsabilidad limitada, capacidad para captar recursos y facilitar operaciones empresariales más complejas.

Existen varios tipos de sociedades mercantiles, cada una con características y regulaciones específicas. Algunas de las más comunes son:

1. **Sociedad Anónima (S.A.):** La sociedad anónima es una forma de sociedad en la que el capital social se divide en acciones. Los accionistas son propietarios de estas acciones y su responsabilidad se limita al monto de su inversión. La S.A. se rige por estatutos sociales y debe cumplir con formalidades legales específicas, como la inscripción en el registro mercantil y la publicación de sus estados financieros.

2. **Sociedad de Responsabilidad Limitada (S.R.L. o S.L.):** La sociedad de responsabilidad limitada es una forma de sociedad en la que el capital social se divide en participaciones sociales. Los socios de una S.R.L. tienen responsabilidad limitada al monto de su aporte. Este tipo de sociedad suele tener requisitos legales y administrativos menos exigentes que la sociedad anónima.

3. **Sociedad en Comandita por Acciones:** La sociedad en comandita por acciones es una forma de sociedad mixta que combina características de la sociedad anónima y la sociedad en comandita. Se divide en dos tipos de socios: los comanditarios, que son accionistas y tienen responsabilidad limitada al monto de sus acciones, y los comanditados, que son socios gestores y tienen responsabilidad ilimitada.
4. **Sociedad en Comandita Simple:** La sociedad en comandita simple es una forma de sociedad en la que también se distinguen dos tipos de socios: los comanditarios, que tienen responsabilidad limitada, y los comanditados, que tienen responsabilidad ilimitada y se encargan de la gestión de la sociedad. A diferencia de la sociedad en comandita por acciones, en este tipo de sociedad no hay un capital dividido en acciones.
5. **Sociedad Cooperativa:** La sociedad cooperativa es una forma de sociedad en la que los socios se unen para desarrollar actividades económicas en común, con el objetivo de satisfacer sus necesidades y mejorar su situación económica y social. Las cooperativas se basan en los principios de autogestión, participación, solidaridad y beneficio mutuo.

Cada tipo de sociedad mercantil tiene requisitos específicos en cuanto a su constitución, estructura, capital social, órganos de gobierno y responsabilidad de los socios. Es importante consultar la legislación y los reglamentos aplicables en cada país para comprender completamente las regulaciones y los procedimientos necesarios para establecer y administrar una sociedad mercantil.

Contratos mercantiles:

Los contratos mercantiles son acuerdos voluntarios entre dos o más partes, llamadas contratantes, en los que se establecen derechos y obligaciones relacionados con una actividad comercial o empresarial. Estos contratos regulan las relaciones comerciales y aseguran la realización de transacciones comerciales de manera segura y confiable.

Los contratos mercantiles se caracterizan por estar relacionados con actividades comerciales y empresariales. Estos pueden abarcar una amplia variedad de áreas y situaciones, como la compraventa de bienes y servicios, el arrendamiento de locales comerciales, la distribución y representación comercial, el transporte de mercancías, el suministro de bienes, el préstamo mercantil, entre otros.

Algunos de los tipos de contratos mercantiles más comunes son:

1. **Contrato de compraventa:** Es el contrato mediante el cual una parte (vendedor) se compromete a transferir la propiedad de un bien o servicio a otra parte (comprador), a cambio de un precio determinado.

2. **Contrato de arrendamiento mercantil (leasing):** Es el contrato mediante el cual una parte (arrendador) se compromete a ceder el uso y goce de un bien a otra parte (arrendatario), a cambio de un pago periódico.

3. **Contrato de distribución:** Es el contrato mediante el cual una parte (distribuidor) se compromete a distribuir y comercializar los productos de otra parte (fabricante o proveedor), generalmente a cambio de una comisión o margen de beneficio.

4. **Contrato de franquicia:** Es el contrato mediante el cual una parte (franquiciador) concede a otra parte (franquiciado) el derecho de utilizar su marca, know-how y métodos comerciales, a cambio de una compensación económica.

5. **Contrato de transporte:** Es el contrato mediante el cual una parte (transportista) se compromete a trasladar mercancías de un lugar a otro, a cambio de una contraprestación económica.

6. **Contrato de seguro:** Es el contrato mediante el cual una parte (asegurador) se compromete a indemnizar a otra parte (asegurado) por las pérdidas o daños sufridos en caso de ocurrir un evento asegurado, a cambio del pago de una prima.

Estos son solo algunos ejemplos de los diferentes tipos de contratos mercantiles existentes. Cada contrato tiene sus propias características y cláusulas específicas, dependiendo de la naturaleza de la transacción y las necesidades de las partes involucradas.

Al momento de celebrar un contrato mercantil, es importante tener en cuenta ciertos elementos clave, como:

1. **Consentimiento de las partes:** Ambas partes deben estar de acuerdo en los términos y condiciones del contrato de manera libre y voluntaria.

2. **Objeto del contrato:** Debe ser determinado, posible, lícito y estar dentro del ámbito de la actividad comercial.

3. **Precio o contraprestación:** Debe establecerse el valor económico o beneficio que se espera obtener a cambio de la transacción.

4. **Obligaciones y responsabilidades:** Las partes deben especificar claramente sus derechos y obligaciones en relación con la transacción comercial5. Plazos y condiciones de entrega: Si es necesario, se deben establecer plazos y condiciones específicas para la entrega de bienes o la prestación de servicios.

5. **Cláusulas de resolución de conflictos:** Es recomendable incluir cláusulas que establezcan los mecanismos para resolver posibles disputas que puedan surgir durante la ejecución del contrato, como la mediación, el arbitraje o la jurisdicción competente.

6. **Confidencialidad y protección de datos:** En casos en los que se manejen información sensible, es importante incluir cláusulas de confidencialidad y protección de datos para garantizar la privacidad y seguridad de la información compartida.
7. **Ley aplicable y jurisdicción:** Se debe determinar la ley que regirá el contrato y la jurisdicción competente en caso de disputas legales.

Es fundamental que los contratos mercantiles sean redactados de manera clara y precisa, de manera que reflejen fielmente las intenciones de las partes y protejan sus intereses. Es recomendable contar con el asesoramiento de un profesional del derecho mercantil para asegurar la validez y el cumplimiento legal de los contratos.

En resumen, las sociedades mercantiles y los contratos mercantiles son elementos esenciales en el ámbito empresarial y comercial. Las sociedades mercantiles permiten la unión de recursos y esfuerzos para desarrollar actividades comerciales, mientras que los contratos mercantiles establecen las bases para las relaciones comerciales y aseguran transacciones seguras y confiables. Comprender las características, tipos y regulaciones de las sociedades mercantiles y los contratos mercantiles es fundamental para establecer y administrar negocios exitosos en el entorno empresarial actual.

## Títulos y operaciones de crédito

Los títulos y operaciones de crédito son instrumentos y transacciones financieras utilizados en el ámbito mercantil para la obtención de recursos financieros y la facilitación de operaciones comerciales. Estos instrumentos y transacciones permiten a las empresas obtener financiamiento, realizar pagos, transferir deudas y garantizar el cumplimiento de obligaciones.

En este texto, exploraremos en detalle los conceptos, características y tipos de títulos y operaciones de crédito, así como su importancia y aplicaciones en el ámbito empresarial.

### Títulos de crédito:

Los títulos de crédito son documentos que representan un derecho crediticio, es decir, una obligación de pago. Estos documentos, que pueden ser físicos o electrónicos, sirven como prueba de la existencia y titularidad de un crédito. Los títulos de crédito se caracterizan por ser documentos negociables, es decir, que pueden ser transferidos de una persona a otra mediante endoso o cesión.

Algunos ejemplos de títulos de crédito son:

1. **Letra de cambio:** La letra de cambio es un título de crédito mediante el cual una persona, llamada librador, ordena a otra persona, llamada librado, el pago de una suma de dinero en una fecha determinada. La letra de cambio puede ser endosada y es ampliamente utilizada en operaciones comerciales para el financiamiento de deudas y el aseguramiento de pagos.
2. **Pagaré:** El pagaré es un título de crédito en el cual una persona, llamada suscriptor o deudor, se compromete a pagar una suma de dinero a otra persona, llamada beneficiario o acreedor, en una fecha específica. A diferencia de la letra de cambio, el pagaré es una promesa de pago unilateral y no requiere la intervención de un tercero.
3. **Cheque:** El cheque es un título de crédito mediante el cual una persona, llamada librador o emisor, ordena a un banco o entidad financiera, llamada librado o girado, el pago de una suma de dinero a favor de un beneficiario. El cheque se utiliza ampliamente como medio de pago en las transacciones comerciales y permite la transferencia de fondos de manera segura y eficiente.
4. **Acciones:** Las acciones son títulos de crédito que representan una parte alícuota del capital social de una sociedad anónima. Los accionistas, al poseer acciones, tienen derechos económicos y políticos en la sociedad, como el derecho a recibir dividendos y el derecho a participar en las decisiones de la empresa.

Operaciones de crédito:

Las operaciones de crédito son transacciones financieras en las cuales una parte, llamada acreedor, proporciona recursos financieros a otra parte, llamada deudor, con la expectativa de que se devuelva el capital prestado más los intereses en un plazo determinado. Estas operaciones son fundamentales para el funcionamiento y crecimiento de las empresas, ya que les permiten obtener financiamiento para sus actividades comerciales.

Algunos ejemplos de operaciones de crédito son:

1. **Préstamos bancarios:** Los préstamos bancarios son operaciones de crédito en las cuales una entidad financiera, como un banco, proporciona fondos a una empresa o individuo, con el compromiso de que se devuelvan los fondos prestados más los intereses acordados en un plazo determinado.
2. **Créditos comerciales:** Los créditos comerciales son operaciones de crédito en las cuales una empresa proveedora otorga a su cliente un plazo para el

pago de mercancías o servicios. Estos créditos permiten a las empresas obtener bienes y servicios sin necesidad de realizar el pago de inmediato, lo que facilita el flujo de efectivo y la gestión de sus operaciones.

3. **Descuento de documentos:** El descuento de documentos es una operación en la cual una entidad financiera adelanta el pago de un título de crédito, como una letra de cambio o un pagaré, al beneficiario del título, descontando los intereses correspondientes. Esta operación permite al beneficiario obtener liquidez de forma anticipada y transferir el riesgo crediticio al descuento.

4. **Factoring:** El factoring es una operación en la cual una empresa cede sus cuentas por cobrar, es decir, los derechos de pago de sus clientes, a una entidad financiera o empresa de factoring. A cambio de la cesión, la empresa recibe un adelanto de los fondos pendientes de cobro, lo que le permite obtener liquidez inmediata.

Es importante destacar que los títulos y operaciones de crédito están regulados por la legislación mercantil y financiera de cada país. Esta legislación establece las reglas y requisitos para la emisión, negociación, transferencia y cumplimiento de los títulos de crédito, así como las condiciones y términos de las operaciones de crédito.

En conclusión, los títulos y operaciones de crédito son elementos clave en el ámbito empresarial y financiero. Los títulos de crédito representan derechos de cobro y permiten la transferencia de deudas y créditos, mientras que las operaciones de crédito facilitan la obtención de financiamiento para el desarrollo y crecimiento de las empresas. Comprender los diferentes tipos de títulos y operaciones de crédito, así como sus características y regulaciones, es esencial para gestionar de manera efectiva el capital y los recursos financieros en el entorno empresarial actual.

## Quiebra y concursos mercantiles

La quiebra y los concursos mercantiles son instituciones legales que se utilizan en México para regular y gestionar la insolvencia y la reestructuración de empresas en dificultades financieras. Estas instituciones proporcionan un marco legal para proteger los intereses de los acreedores y los deudores, al tiempo que buscan la preservación de la empresa y la satisfacción de las obligaciones.

En México, la legislación que regula la quiebra y los concursos mercantiles es la Ley de Concursos Mercantiles, la cual establece los procedimientos y mecanismos para atender las situaciones de insolvencia empresarial. A continuación, se describirán los conceptos, los procedimientos y los efectos de la quiebra y los concursos mercantiles en México.

## Quiebra:

La quiebra, también conocida como "quiebra civil", es una figura legal que se aplica a una persona física o moral que se encuentra en estado de insolvencia y es incapaz de cumplir con sus obligaciones de pago a sus acreedores. En México, la quiebra está regulada por el Código Federal de Procedimientos Civiles y puede ser declarada tanto para personas físicas como para empresas.

Cuando una empresa se declara en quiebra, el proceso se inicia mediante una solicitud de quiebra presentada ante un juez competente. El juez analiza la situación financiera de la empresa y determina si cumple con los requisitos para ser declarada en quiebra. En caso afirmativo, se nombra a un síndico o liquidador encargado de administrar y liquidar los activos de la empresa para pagar a los acreedores.

El proceso de quiebra tiene como objetivo liquidar los activos de la empresa y distribuir los recursos obtenidos equitativamente entre los acreedores. En general, los activos se liquidan mediante subastas públicas, y el orden de pago de los acreedores se establece de acuerdo con la preferencia de los créditos establecidos en la legislación.

Es importante destacar que la quiebra tiene como consecuencia la terminación de la empresa y la cancelación de su personalidad jurídica. Una vez concluido el proceso de quiebra, la empresa se disuelve y se extingue.

## Concursos mercantiles:

Los concursos mercantiles, por otro lado, son procesos legales que permiten la reestructuración de una empresa en situación de insolvencia, con el objetivo de preservar la continuidad de la empresa y garantizar la satisfacción de las obligaciones de pago. La Ley de Concursos Mercantiles establece los procedimientos para el concurso mercantil y busca promover la viabilidad y la reestructuración de las empresas en dificultades.

El concurso mercantil se inicia mediante una solicitud de concurso mercantil presentada ante el Instituto Federal de Especialistas de Concursos Mercantiles (IFECOM) o los Tribunales Colegiados de Circuito en Materia Civil y de Trabajo. Una vez aceptada la solicitud, se nombra a un conciliador que tiene la función de buscar un acuerdo entre la empresa y sus acreedores para llevar a cabo una reestructuración.

Durante el proceso de concurso mercantil, la empresa suspende el cumplimiento de sus obligaciones de pago y se somete a un plan de reestructuración. El conciliador trabaja en conjunto con los acreedores y la empresa para alcanzar un acuerdo que permita la viabilidad y la continuidad de la empresa, ya sea a través de la reestructuración de la deuda, la venta de activos o la reorganización de la empresa.

En caso de que no se logre un acuerdo de reestructuración, el concurso mercantil puede convertirse en un procedimiento de quiebra. Si se alcanza un acuerdo, se somete a la aprobación de los acreedores y el juez competente, y una vez aprobado, se lleva a cabo su implementación.

Es importante mencionar que el proceso de concurso mercantil está diseñado para proteger los intereses de los acreedores y la viabilidad de la empresa. Se busca evitar la liquidación y la terminación de la empresa, fomentando su reestructuración y continuidad.

En conclusión, en México, la quiebra y los concursos mercantiles son herramientas legales utilizadas para abordar situaciones de insolvencia empresarial. La quiebra se aplica cuando una empresa no puede cumplir con sus obligaciones y se liquida para pagar a los acreedores, mientras que los concursos mercantiles permiten la reestructuración de la empresa y la búsqueda de acuerdos que preserven su viabilidad. Estas instituciones buscan equilibrar los intereses de los acreedores y los deudores, asegurando la protección de los derechos de ambas partes y promoviendo una solución ordenada y justa en casos de insolvencia empresarial.

## Capítulo 10:

## Derecho Internacional en México

### Fuentes y principios del Derecho Internacional

El Derecho Internacional es una rama del derecho que regula las relaciones entre los Estados y otros actores internacionales. Esta disciplina se basa en una serie de fuentes y principios fundamentales que le otorgan legitimidad y le permiten desarrollarse de manera coherente y eficaz. En este texto, examinaremos detalladamente las fuentes y los principios del Derecho Internacional, explorando su naturaleza, características y relevancia en el sistema jurídico internacional.

Fuentes del Derecho Internacional:

Las fuentes del Derecho Internacional son los medios a través de los cuales se crean, interpretan y aplican las normas y los principios del derecho en el ámbito internacional. Estas fuentes proporcionan la base jurídica para la toma de decisiones y la resolución de conflictos entre los Estados y otros actores internacionales. A continuación, se describirán las principales fuentes del Derecho Internacional.

Tratados internacionales: Los tratados internacionales son acuerdos formales celebrados entre dos o más Estados, regidos por el derecho internacional, con el fin de establecer derechos y obligaciones recíprocos. Los tratados pueden abordar una amplia gama de cuestiones, como la paz y seguridad, los Derechos Humanos, el comercio, el medio ambiente y la cooperación internacional. Los tratados son una fuente primaria del Derecho Internacional y están vinculados únicamente a las partes que los han ratificado o adherido.

Costumbre internacional: La costumbre internacional se refiere a las prácticas generalmente aceptadas por los Estados como obligatorias en el ámbito del Derecho Internacional. Para que una norma se considere una costumbre internacional, debe existir una práctica generalizada y constante de los Estados, que se reconozca como una norma legal obligatoria. La costumbre internacional puede coexistir con los tratados y, en caso de conflicto, prevalecerá sobre estos últimos.

Principios generales del derecho: Los principios generales del derecho son los conceptos jurídicos fundamentales y los fundamentos de la justicia que se aplican en el ámbito del Derecho Internacional. Estos principios, que se derivan de diversas fuentes, como el derecho natural y las tradiciones jurídicas de los Estados, son reconocidos por los tribunales y los Estados como normas jurídicas vinculantes. Algunos ejemplos de principios generales del derecho internacional son el principio de no intervención, el principio de buena fe y el principio de igualdad soberana de los Estados.

Decisiones judiciales y doctrina de los juristas: Las decisiones judiciales de los tribunales internacionales, como la Corte Internacional de Justicia, y la doctrina de los juristas, es decir, las opiniones de expertos y académicos en Derecho Internacional, también se consideran fuentes del Derecho Internacional. Aunque no son vinculantes per se, estas fuentes pueden influir en la interpretación y aplicación del derecho y desempeñar un papel importante en la formación de normas y jurisprudencia.

Actos unilaterales de los Estados: Los actos unilaterales de los Estados, como declaraciones, manifestaciones y promesas, también pueden ser considerados fuentes del Derecho Internacional. Estos actos, aunque no sean acuerdos formales entre Estados, pueden generar derechos y obligaciones legales, especialmente cuando son aceptados y reconocidos por otros Estados.

Es importante destacar que estas fuentes del Derecho Internacional no son exhaustivas y pueden variar en su importancia y aplicación dependiendo del contexto y la evolución de las normas internacionales.

Principios del Derecho Internacional:

Los principios del Derecho Internacional son las bases fundamentales que guían y sustentan las normas y los conceptos jurídicos en el ámbito internacional. Estos principios se derivan de las fuentes del Derecho Internacional y juegan un papel fundamental en la interpretación, la aplicación y el desarrollo del derecho internacional. A continuación, se presentarán algunos de los principios más relevantes del Derecho Internacional.

Soberanía: El principio de soberanía establece que los Estados son libres e independientes y tienen el derecho de ejercer plenamente su autoridad sobre su territorio, su población y sus recursos. Este principio es uno de los pilares fundamentales del Derecho Internacional y garantiza la igualdad soberana de todos los Estados.

Igualdad: El principio de igualdad soberana establece que todos los Estados tienen los mismos derechos y obligaciones en el ámbito del Derecho Internacional. Este principio implica que ningún Estado puede reclamar un estatus superior o privilegios especiales sobre otros Estados.

No intervención: El principio de no intervención prohíbe la interferencia de un Estado en los asuntos internos de otro Estado. Este principio busca preservar la soberanía y la independencia de los Estados y promover la estabilidad y la paz internacionales.

Solución pacífica de controversias: El principio de solución pacífica de controversias establece que los Estados deben resolver sus diferencias y disputas por medios pacíficos, como la negociación, la mediación, el arbitraje o el recurso a los tribunales internacionales. Este principio busca evitar conflictos armados y promover la resolución pacífica de las controversias internacionales.

Derechos Humanos: El principio de respeto y protección de los Derechos Humanos establece que los Estados tienen la obligación de respetar, proteger y promover los Derechos Humanos de las personas bajo su jurisdicción. Este principio se basa en la idea de la dignidad y el valor inherente de cada individuo y está respaldado por tratados y convenciones internacionales.

Desarrollo sostenible: El principio de desarrollo sostenible promueve el equilibrio entre el desarrollo económico, social y ambiental, teniendo en cuenta las necesidades presentes y futuras de las generaciones. Este principio busca conciliar los intereses económicos con la protección del medio ambiente y la preservación de los recursos naturales para las futuras generaciones.

Estos son solo algunos ejemplos de los principios del Derecho Internacional. Los principios del Derecho Internacional son fundamentales para garantizar la coexistencia pacífica y la cooperación entre los Estados, así como para abordar los desafíos globales y promover la justicia y el respeto por los Derechos Humanos.

En conclusión, las fuentes y los principios del Derecho Internacional constituyen los cimientos de esta disciplina jurídica y son fundamentales para su desarrollo y aplicación. Las fuentes, como los tratados internacionales, la costumbre y los principios generales del derecho, proporcionan las normas y los mecanismos para la creación y aplicación del Derecho Internacional. Los principios, como la soberanía, la igualdad, la no intervención, la solución pacífica de controversias, los Derechos Humanos y el desarrollo sostenible, guían y sustentan las normas y los conceptos jurídicos en el ámbito internacional.

El conocimiento y la comprensión de las fuentes y los principios del Derecho Internacional son esenciales para abordar los desafíos y las situaciones complejas en el ámbito internacional. Estas fuentes y principios proporcionan una base sólida para la creación de leyes internacionales, la interpretación de tratados y la resolución de disputas entre los Estados. Además, garantizan la protección de los derechos y las obligaciones de los Estados, promoviendo la estabilidad, la cooperación y la justicia en el sistema internacional.

Es importante destacar que el Derecho Internacional es un campo en constante evolución y adaptación a los cambios en la sociedad global. Las fuentes y los principios del Derecho Internacional continúan desarrollándose y refinándose a medida que surgen nuevos desafíos y se producen avances en el ámbito jurídico y político. Por lo tanto, es esencial mantenerse actualizado sobre los cambios en las fuentes y los principios del Derecho Internacional para comprender y aplicar eficazmente esta disciplina en un entorno internacional en constante cambio.

En resumen, las fuentes y los principios del Derecho Internacional son fundamentales para la creación, interpretación y aplicación del derecho en el ámbito internacional. Las fuentes, como los tratados internacionales, la costumbre y los principios generales del derecho, proporcionan la base jurídica para las normas internacionales. Los principios, como la soberanía, la igualdad, la no intervención, la solución pacífica de controversias, los Derechos Humanos y el desarrollo sostenible, guían y sustentan las normas y los conceptos jurídicos en el ámbito internacional. El conocimiento y la comprensión de estas fuentes y principios son esenciales para el desarrollo y la aplicación efectiva del Derecho Internacional en un mundo cada vez más interconectado.

### Tratados Internacionales y su aplicación en México

Los tratados internacionales son acuerdos formalmente celebrados entre dos o más Estados, regidos por el derecho internacional, con el propósito de establecer derechos y obligaciones recíprocos. Estos tratados abarcan una amplia gama de temas, como el comercio, los Derechos Humanos, el medio ambiente, la cooperación económica y política, entre otros. En México, los tratados internacionales tienen una gran importancia y su aplicación está regulada por la Constitución y la legislación mexicana.

Aplicación de los tratados internacionales en México:

En México, la Constitución Política establece que los tratados internacionales suscritos y ratificados por el Estado mexicano son parte del derecho interno y tienen rango constitucional. Esto significa que los tratados internacionales prevalecen sobre las leyes nacionales y pueden ser aplicados directamente por los tribunales mexicanos, incluso si no han sido incorporados específicamente en la legislación nacional.

La Suprema Corte de Justicia de la Nación (SCJN), como máxima instancia judicial en México, ha sostenido en diversas sentencias que los tratados internacionales ratificados por México tienen un carácter vinculante y deben ser aplicados y respetados por todas las autoridades del país. Esto implica que los tribunales mexicanos deben interpretar y aplicar las leyes nacionales de conformidad con los tratados internacionales, y en caso de conflicto entre ambos, prevalece la norma internacional.

Además, la Constitución establece que el Senado de la República tiene la facultad exclusiva de aprobar los tratados internacionales y su ratificación por parte del Presidente de la República. Esta aprobación se realiza mediante la emisión de un decreto legislativo. Una vez ratificado, el tratado internacional se convierte en parte del ordenamiento jurídico mexicano y debe ser cumplido y respetado por todas las autoridades y ciudadanos.

Implementación de los tratados internacionales en México:

La implementación de los tratados internacionales en México implica la adaptación de la legislación nacional para cumplir con las obligaciones y los compromisos asumidos en dichos tratados. Esta adaptación puede implicar la creación de nuevas leyes, la modificación de leyes existentes o la emisión de reglamentos y disposiciones administrativas.

El proceso de implementación de los tratados internacionales en México generalmente involucra al Poder Legislativo y al Poder Ejecutivo. Una vez ratificado un tratado internacional, el Poder Ejecutivo, a través de las dependencias correspondientes, se encarga de analizar y determinar las medidas necesarias para implementar y cumplir con las obligaciones establecidas en el tratado. Esto puede implicar la emisión de reglamentos, la creación de programas y políticas públicas, y la asignación de recursos presupuestarios.

Por su parte, el Poder Legislativo es responsable de adecuar la legislación nacional para que esté en consonancia con los tratados internacionales ratificados por México. Esto puede implicar la modificación o la creación de nuevas leyes, con el fin de cumplir con las disposiciones y los principios establecidos en los tratados internacionales.

En cuanto a la aplicación de los tratados internacionales en México, los tribunales mexicanos tienen la facultad y la obligación de interpretar y aplicar las leyes nacionales en concordancia con los tratados internacionales ratificados por México. Los jueces y magistrados deben considerar y aplicar las normas internacionales al resolver casos en los que se planteen cuestiones relacionadas con los derechos y las obligaciones establecidos en los tratados.

Control de constitucionalidad de los tratados internacionales:

En México, existe un sistema de control constitucionalidad que permite a los tribunales analizar y determinar la compatibilidad de las leyes nacionales y los actos de autoridad con la Constitución y los tratados internacionales ratificados por México. En caso de que se identifique una contradicción entre una ley nacional y un tratado internacional, los tribunales pueden declarar la invalidez o inaplicabilidad de la norma nacional en cuestión.

La SCJN es el tribunal encargado de ejercer el control de constitucionalidad en México. Cuando se plantea una controversia constitucional o una acción de inconstitucionalidad ante la SCJN, los jueces pueden analizar si una ley o un acto de autoridad contraviene los derechos y las obligaciones establecidos en los tratados internacionales. En caso de encontrar una contradicción, la SCJN puede declarar la invalidez de la norma o establecer la interpretación correcta de acuerdo con los tratados internacionales.

En resumen, en México, los tratados internacionales ratificados tienen rango constitucional y son vinculantes para todas las autoridades y ciudadanos del país. Los tribunales mexicanos deben interpretar y aplicar las leyes nacionales en concordancia con los tratados internacionales, y en caso de conflicto, prevalece la norma internacional. La implementación de los tratados internacionales implica la adaptación de la legislación nacional, y los tribunales tienen la facultad de ejercer el control de constitucionalidad para garantizar la compatibilidad de las leyes nacionales con los tratados internacionales ratificados por México.

**Jurisdicción Internacional y solución de controversias**

La jurisdicción internacional y la solución de controversias son elementos fundamentales del sistema legal internacional. La jurisdicción internacional se refiere a la competencia de los tribunales y las instituciones internacionales para resolver disputas y aplicar el derecho internacional, mientras que la solución de controversias se refiere a los mecanismos y procedimientos utilizados para resolver los conflictos entre los Estados y otros actores internacionales. En este texto, exploraremos en detalle la jurisdicción internacional y los diferentes mecanismos de solución de controversias en el ámbito internacional.

Jurisdicción Internacional:

La jurisdicción internacional es el poder de los tribunales y las instituciones internacionales para resolver disputas y aplicar el derecho internacional. Esta jurisdicción se basa en acuerdos y tratados internacionales, así como en los principios y las normas consuetudinarias del derecho internacional. Los tribunales internacionales y las instituciones, como la Corte Internacional de Justicia (CIJ), tienen la autoridad para ejercer la jurisdicción internacional y tomar decisiones vinculantes.

Existen dos tipos principales de jurisdicción internacional:

1. **Jurisdicción contenciosa:** Se refiere a la capacidad de los tribunales internacionales para resolver disputas legales entre Estados u otros actores internacionales. La CIJ es el principal tribunal encargado de la jurisdicción contenciosa y puede resolver casos presentados por los Estados sobre cuestiones de derecho internacional, como conflictos territoriales, Derechos Humanos y disputas comerciales.
2. **Jurisdicción consultiva:** Se refiere a la capacidad de los tribunales internacionales para emitir opiniones consultivas sobre cuestiones legales planteadas por organismos internacionales y órganos de las Naciones Unidas. La CIJ también tiene la facultad de emitir opiniones consultivas sobre cuestiones legales que no están directamente relacionadas con disputas entre Estados.

Mecanismos de Solución de Controversias:

Los mecanismos de solución de controversias son los procedimientos utilizados para resolver disputas y conflictos en el ámbito internacional. Estos mecanismos pueden ser judiciales o no judiciales, y tienen como objetivo promover la paz, la estabilidad y la justicia en el sistema internacional. A continuación, se describen algunos de los mecanismos de solución de controversias más utilizados en el ámbito internacional.

1. **Negociación y mediación:** Estos son métodos no judiciales utilizados para resolver disputas a través del diálogo y la negociación directa entre las partes involucradas. La negociación implica la búsqueda de un acuerdo mutuamente aceptable, mientras que la mediación involucra la participación de un tercero neutral que facilita la comunicación y ayuda a las partes a llegar a un acuerdo.
2. **Arbitraje:** El arbitraje es un proceso de solución de controversias en el que las partes someten voluntariamente su disputa a un árbitro o un tribunal arbitral. El árbitro emite una decisión vinculante basada en el derecho aplicable y las pruebas presentadas. El arbitraje es un método popular para resolver disputas comerciales internacionales, ya que proporciona una solución más rápida y flexible que los tribunales estatales.
3. **Tribunales internacionales:** Los tribunales internacionales, como la Corte Internacional de Justicia y otros tribunales regionales y especializados, tienen la autoridad para resolver disputas legales entre Estados y otros actores

internacionales. Estos tribunales toman decisiones vinculantes y pueden emitir fallos sobre cuestiones de derecho internacional.

4. **Procedimientos de solución de controversias en tratados:** Muchos tratados internacionales contienen disposiciones específicas para la solución de controversias entre las partes. Estas disposiciones pueden incluir la presentación de disputas a un tribunal arbitral o a un mecanismo de solución de controversias especializado establecido por el tratado en cuestión.

5. **Organismos internacionales:** Algunos organismos internacionales, como la Organización Mundial del Comercio (OMC), tienen mecanismos de solución de controversias propios para resolver disputas relacionadas con su ámbito de competencia. Estos mecanismos permiten a los Estados miembros presentar y resolver disputas comerciales de manera justa y equitativa.

En el ámbito internacional, la elección del mecanismo de solución de controversias depende de diversos factores, como la naturaleza de la disputa, las partes involucradas y las disposiciones específicas de los tratados o acuerdos aplicables.

En conclusión, la jurisdicción internacional y la solución de controversias son elementos fundamentales del sistema legal internacional. La jurisdicción internacional se refiere a la competencia de los tribunales y las instituciones internacionales para resolver disputas y aplicar el derecho internacional. Los mecanismos de solución de controversias, como la negociación, la mediación, el arbitraje, los tribunales internacionales y los procedimientos establecidos en los tratados, se utilizan para resolver disputas y promover la paz y la justicia en el ámbito internacional. Estos mecanismos brindan a las partes involucradas la oportunidad de resolver sus diferencias de manera justa y equitativa, contribuyendo así al mantenimiento de la estabilidad y la cooperación en el sistema internacional.

## Organismos Internacionales y su impacto en el Derecho Mexicano

Los organismos internacionales desempeñan un papel importante en el ámbito del Derecho Internacional y tienen un impacto significativo en el derecho interno de los Estados, incluido México. Estos organismos promueven la cooperación y la coordinación entre los Estados en diversos campos, como el comercio, los Derechos Humanos, el medio ambiente y la salud, entre otros. En este texto, exploraremos los organismos internacionales más relevantes y su impacto en el derecho mexicano.

Organización de las Naciones Unidas (ONU):

La Organización de las Naciones Unidas es una de las instituciones internacionales más importantes y abarca una amplia gama de temas globales. La ONU se compone de varios órganos, como la Asamblea General, el Consejo de Seguridad, el Consejo

Económico y Social, la Corte Internacional de Justicia y el Secretariado. La ONU promueve la paz y la seguridad internacionales, así como el desarrollo sostenible, los Derechos Humanos y la cooperación económica.

El impacto de la ONU en el derecho mexicano se evidencia en varios aspectos. En primer lugar, México es miembro de la ONU y está sujeto a las obligaciones derivadas de la Carta de las Naciones Unidas. Como tal, México ha ratificado y participado en la implementación de diversos tratados y convenciones internacionales promovidos por la ONU, como la Declaración Universal de Derechos Humanos, el Pacto Internacional de Derechos Civiles y Políticos, y el Pacto Internacional de Derechos Económicos, Sociales y Culturales.

La participación de México en los órganos de la ONU, como la Asamblea General y el Consejo de Derechos Humanos, también influye en su postura y acciones en materia de derecho internacional. México ha desempeñado un papel activo en la promoción de los Derechos Humanos, la paz y el desarrollo sostenible a nivel internacional.

## Organización Mundial del Comercio (OMC):

La Organización Mundial del Comercio es un organismo internacional que se ocupa de las normas y regulaciones del comercio internacional. La OMC promueve la liberalización del comercio y la eliminación de barreras comerciales, y administra acuerdos comerciales multilaterales, como el Acuerdo General sobre Aranceles Aduaneros y Comercio (GATT) y el Acuerdo sobre Medidas Sanitarias y Fitosanitarias (MSF).

El impacto de la OMC en el derecho mexicano es significativo, ya que México es un país altamente dependiente del comercio internacional. La adhesión de México a la OMC en 1994 ha tenido un impacto profundo en su legislación comercial y en la apertura de su economía al comercio internacional. La incorporación de las normas y regulaciones de la OMC en el derecho mexicano ha requerido la modificación y la armonización de la legislación nacional para cumplir con las obligaciones y los compromisos derivados de los acuerdos comerciales multilaterales.

## Organización de Estados Americanos (OEA):

La Organización de Estados Americanos es un organismo regional que promueve la cooperación y la integración entre los países de América. La OEA se dedica a la promoción y protección de los Derechos Humanos, la democracia, el desarrollo sostenible y la seguridad hemisférica.

La OEA tiene un impacto en el derecho mexicano a través de su participación en diversos tratados y convenciones en el ámbito de los Derechos Humanos y la protección de los derechos de las personas en la región. México ha ratificado y participado en la implementación de tratados y protocolos interamericanos relacionados con los Derechos Humanos, como la Convención Americana sobre Derechos Humanos y la Convención Interamericana para Prevenir y Sancionar la Tortura.

Además de estos organismos internacionales, existen otros organismos y agencias especializadas que tienen un impacto en el derecho mexicano en áreas específicas. Algunos ejemplos son la Organización Internacional del Trabajo (OIT) en materia laboral, la Organización Mundial de la Salud (OMS) en materia de salud pública, y la Organización de las Naciones Unidas para la Educación, la Ciencia y la Cultura (UNESCO) en materia de educación y cultura.

El impacto de estos organismos internacionales en el derecho mexicano se refleja en la incorporación de sus normas y regulaciones en la legislación nacional, la participación de México en la toma de decisiones y la implementación de políticas y programas relacionados con los temas abordados por estos organismos.

Además del impacto directo en la legislación nacional, la participación de México en los organismos internacionales también tiene un impacto indirecto en su derecho interno. La participación en las discusiones y negociaciones internacionales ayuda a México a mantenerse actualizado sobre las normas y prácticas internacionales, y a considerar estos estándares en el desarrollo de su propia legislación. Los informes y recomendaciones emitidos por los organismos internacionales también pueden influir en las políticas y decisiones adoptadas por el gobierno mexicano.

Es importante destacar que, aunque los organismos internacionales desempeñan un papel significativo en la formación y aplicación del derecho mexicano, su impacto está sujeto a la soberanía y la voluntad del Estado mexicano. México tiene la facultad de decidir si ratificar o adherirse a los tratados internacionales, y también tiene la capacidad de interpretar y aplicar las normas y los principios internacionales de acuerdo con su sistema legal y su Constitución.

En conclusión, los organismos internacionales, como la ONU, la OMC y la OEA, tienen un impacto importante en el derecho mexicano. A través de su participación en tratados, convenciones y acuerdos internacionales, México ha asumido obligaciones y compromisos que influyen en su legislación y políticas nacionales. Los organismos internacionales también brindan un espacio para la cooperación, el intercambio de información y la armonización de normas y prácticas a nivel global. El impacto de estos organismos en el derecho mexicano ayuda a fortalecer el estado de derecho, promover los Derechos Humanos y facilitar la cooperación internacional en áreas clave como el comercio, la salud, el medio ambiente y los Derechos Humanos.

# Capítulo 11:

## Derechos Humanos en México

## Marco jurídico de los Derechos Humanos

El marco jurídico de los Derechos Humanos en México es un tema de gran importancia debido a la relevancia que tienen los derechos fundamentales en la protección y garantía de la dignidad de las personas. En este contexto, México ha establecido un sólido conjunto de normas y mecanismos jurídicos para salvaguardar los derechos humanos de sus ciudadanos, tanto a nivel nacional como internacional.

En primer lugar, es importante destacar que México es un Estado parte en numerosos instrumentos internacionales de derechos humanos. Entre ellos se encuentran la Declaración Universal de Derechos Humanos, el Pacto Internacional de Derechos Civiles y Políticos, el Pacto Internacional de Derechos Económicos, Sociales y Culturales, la Convención sobre la Eliminación de todas las Formas de Discriminación Racial, la Convención sobre la Eliminación de todas las Formas de Discriminación contra la Mujer, la Convención contra la Tortura y Otros Tratos o Penas Crueles, Inhumanos o Degradantes, entre otros. Estos instrumentos establecen los estándares internacionales en materia de derechos humanos y obligan a los Estados partes, incluido México, a respetar, proteger y garantizar los derechos reconocidos en ellos.

A nivel nacional, la Constitución Política de los Estados Unidos Mexicanos es la piedra angular del marco jurídico de los derechos humanos. La Constitución, promulgada en 1917, reconoce y garantiza una amplia gama de derechos fundamentales. El artículo 1 de la Constitución establece el principio pro persona, que significa que todas las autoridades del país están obligadas a interpretar y aplicar la Constitución y las leyes de conformidad con los derechos humanos, favoreciendo en todo momento la protección más amplia de los mismos. Este principio pro persona ha sido fundamental para fortalecer la protección de los derechos humanos en México.

La Constitución también establece los derechos fundamentales reconocidos en la Declaración Universal de Derechos Humanos y otros instrumentos internacionales de derechos humanos ratificados por México. Algunos de estos derechos reconocidos en la Constitución incluyen el derecho a la vida, la libertad, la igualdad, la no discriminación, la libertad de expresión, la libertad de asociación, la libertad de

77

religión, el derecho a un juicio justo, el derecho a la privacidad, el derecho a la educación, el derecho a la salud, el derecho al trabajo digno, entre otros.

Además de la Constitución, existen diversas leyes y reglamentos que complementan el marco jurídico de los derechos humanos en México. Entre las leyes más relevantes se encuentran la Ley General de Derechos Humanos, la Ley General para Prevenir, Investigar y Sancionar la Tortura y Otros Tratos o Penas Crueles, Inhumanos o Degradantes, la Ley General para Prevenir, Investigar y Sancionar la Desaparición Forzada de Personas, la Ley General de Víctimas, la Ley General de Acceso de las Mujeres a una Vida Libre de Violencia, la Ley General de los Derechos de Niñas, Niños y Adolescentes, la Ley Nacional de Mecanismos Alternativos de Solución de Controversias en Materia Penal, entre otras.

Estas leyes establecen los mecanismos de protección y garantía de los derechos humanos, así como las obligaciones de las autoridades en su respeto y promoción. Además, establecen la creación de instituciones especializadas en derechos humanos, como la Comisión Nacional de los Derechos Humanos (CNDH), que es el organismo autónomo encargado de la protección y defensa de los derechos humanos en México.

La CNDH tiene la facultad de investigar violaciones a los derechos humanos, emitir recomendaciones a las autoridades competentes, promover la capacitación y difusión de los derechos humanos, así como presentar amparos en casos de violaciones graves a los derechos fundamentales. Además de la CNDH, existen organismos similares a nivel estatal, como las comisiones estatales de derechos humanos, que tienen la responsabilidad de velar por el respeto a los derechos humanos en cada entidad federativa.

En cuanto al sistema de justicia, México ha implementado reformas importantes para fortalecer la protección de los derechos humanos. En 2008, se promulgó una reforma constitucional en materia de derechos humanos que estableció la obligatoriedad de todas las autoridades de respetar y garantizar los derechos humanos reconocidos en la Constitución y en los tratados internacionales. Esta reforma también permitió la incorporación del juicio de amparo como un mecanismo efectivo de protección de los derechos humanos.

Además, se ha trabajado en la implementación del sistema de justicia penal acusatorio, que busca garantizar un proceso penal más transparente, eficiente y respetuoso de los derechos humanos. Este sistema establece principios como la presunción de inocencia, el debido proceso, la oralidad, la publicidad y la contradicción, entre otros.

Sin embargo, a pesar de los avances en el marco jurídico de los derechos humanos, México aún enfrenta desafíos significativos en esta materia. La impunidad, la corrupción, la violencia, la discriminación y la falta de acceso efectivo a la justicia son algunos de los problemas que limitan la plena realización de los derechos humanos en el país. Es necesario continuar fortaleciendo las instituciones, promoviendo la cultura de respeto a los derechos humanos y adoptando medidas efectivas para prevenir y sancionar las violaciones a los mismos.

En conclusión, el marco jurídico de los derechos humanos en México está conformado por un conjunto de normas y mecanismos que buscan proteger y garantizar los derechos fundamentales de las personas. La Constitución, las leyes nacionales y los instrumentos internacionales de derechos humanos ratificados por México son los pilares de este marco jurídico. Sin embargo, aún existen desafíos importantes que deben enfrentarse para lograr una plena realización de los derechos humanos en el país. La promoción y protección de los derechos humanos deben ser una tarea constante y prioritaria para todas las autoridades y la sociedad en su conjunto.

**Protección y garantías de los Derechos Humanos**

La protección y garantía de los Derechos Humanos en México es un tema crucial para asegurar el respeto y la dignidad de todas las personas en el país. Para ello, existen diversos mecanismos y organismos encargados de salvaguardar y promover los derechos fundamentales, tanto a nivel nacional como internacional.

En primer lugar, México ha ratificado numerosos tratados y convenios internacionales de derechos humanos. Estos instrumentos establecen los estándares internacionales en materia de derechos humanos y obligan al Estado mexicano a respetar, proteger y garantizar los derechos reconocidos en ellos. Algunos de los tratados más relevantes son el Pacto Internacional de Derechos Civiles y Políticos, el Pacto Internacional de Derechos Económicos, Sociales y Culturales, la Convención sobre la Eliminación de todas las Formas de Discriminación Racial, la Convención sobre la Eliminación de todas las Formas de Discriminación contra la Mujer y la Convención contra la Tortura y Otros Tratos o Penas Crueles, Inhumanos o Degradantes, entre otros.

A nivel nacional, la Constitución Política de los Estados Unidos Mexicanos es la base del marco jurídico de los derechos humanos. La Constitución reconoce y garantiza una amplia gama de derechos fundamentales, tales como el derecho a la vida, la libertad, la igualdad, la no discriminación, la libertad de expresión, la libertad de asociación, la libertad de religión, el derecho a la privacidad, el derecho a un juicio justo, el derecho a la educación, el derecho a la salud, el derecho al trabajo digno, entre otros.

Además de la Constitución, existen leyes y reglamentos específicos que complementan y fortalecen la protección de los derechos humanos en México. Entre estas leyes destacan la Ley General de Derechos Humanos, la Ley General para Prevenir, Investigar y Sancionar la Tortura y Otros Tratos o Penas Crueles, Inhumanos o Degradantes, la Ley General para Prevenir, Investigar y Sancionar la Desaparición Forzada de Personas, la Ley General de Víctimas, la Ley General de Acceso de las Mujeres a una Vida Libre de Violencia, la Ley General de los Derechos de Niñas, Niños y Adolescentes, la Ley Nacional de Mecanismos Alternativos de Solución de Controversias en Materia Penal, entre otras.

Estas leyes establecen los mecanismos de protección y garantía de los derechos humanos, así como las obligaciones de las autoridades en su respeto y promoción. Además, se han creado instituciones especializadas en derechos humanos, como la Comisión Nacional de los Derechos Humanos (CNDH), la cual es un organismo autónomo encargado de la protección y defensa de los derechos humanos en México. La CNDH tiene la facultad de recibir y tramitar quejas por violaciones a los derechos humanos, investigar los casos, emitir recomendaciones a las autoridades responsables y promover la capacitación y difusión de los derechos humanos.

Además de la CNDH, existen organismos similares a nivel estatal, conocidos como comisiones estatales de derechos humanos, que tienen la responsabilidad de velar por el respeto a los derechos humanos en cada entidad federativa.

En el ámbito de la justicia, México ha implementado reformas importantes para fortalecer la protección de los derechos humanos. Una de ellas es la reforma constitucional en materia de derechos humanos de 2011, la cual estableció la obligatoriedad de todas las autoridades de respetar, proteger y garantizar los derechos humanos reconocidos en la Constitución y en los tratados internacionales. Esta reforma también permitió la incorporación del juicio de amparo como un mecanismo efectivo de protección de los derechos humanos, el cual permite a las personas solicitar la revisión judicial de actos que consideren violatorios de sus derechos.

Asimismo, se ha trabajado en la implementación del sistema de justicia penal acusatorio, que busca garantizar un proceso penal más transparente, eficiente y respetuoso de los derechos humanos. Este sistema establece principios como la presunción de inocencia, el debido proceso, la oralidad, la publicidad y la contradicción, entre otros.

Además de estos mecanismos, es importante mencionar que la sociedad civil juega un papel fundamental en la protección y promoción de los derechos humanos en México. Organizaciones no gubernamentales, defensores de derechos humanos y activistas desempeñan un rol crucial al denunciar violaciones, brindar asesoría legal, realizar investigaciones y promover la conciencia y la cultura de respeto a los derechos humanos.

A pesar de los esfuerzos realizados, México aún enfrenta desafíos en materia de protección y garantía de los derechos humanos. La impunidad, la corrupción, la violencia, la discriminación y la falta de acceso efectivo a la justicia son algunos de los problemas que limitan la plena realización de los derechos humanos en el país. Es necesario fortalecer las instituciones, fomentar la capacitación en derechos humanos, promover la cultura de respeto y adoptar medidas efectivas para prevenir y sancionar las violaciones a los derechos fundamentales.

En conclusión, México cuenta con un marco jurídico sólido para la protección y garantía de los derechos humanos, tanto a nivel nacional como internacional. La Constitución, las leyes y los tratados internacionales establecen los derechos fundamentales reconocidos y las obligaciones del Estado mexicano. La existencia de organismos especializados y la implementación de reformas legales han contribuido a fortalecer la protección de los derechos humanos en el país. Sin embargo, persisten desafíos que requieren de un esfuerzo continuo por parte de las autoridades y la sociedad en su conjunto para lograr una plena realización de los derechos humanos en México.

**Derechos Humanos y grupos vulnerables**

Los Derechos Humanos son universales e inherentes a todas las personas, sin importar su origen étnico, género, orientación sexual, discapacidad, condición social o cualquier otra característica. Sin embargo, en la realidad, existen grupos de personas que se encuentran en situaciones de mayor vulnerabilidad y enfrentan obstáculos adicionales para disfrutar plenamente de sus derechos en comparación con el resto de la población. En México, se reconocen y buscan proteger los derechos de diversos grupos vulnerables, y se han implementado políticas y medidas para garantizar su inclusión y no discriminación.

Uno de los grupos vulnerables más destacados en México son los pueblos indígenas. México es un país multicultural y plurilingüe, con una gran diversidad étnica y cultural. Los pueblos indígenas tienen derechos específicos reconocidos en la Constitución y en instrumentos internacionales, como el derecho a la autodeterminación, a la libre determinación, a la preservación y desarrollo de su cultura, a la consulta y participación en decisiones que les afecten, entre otros. Sin embargo, históricamente han enfrentado discriminación, marginalización y violaciones a sus derechos, lo cual ha llevado a la implementación de políticas y programas para promover su inclusión y reconocimiento.

Otro grupo vulnerable importante en México son las mujeres. A pesar de los avances en la legislación y las políticas de igualdad de género, persisten desigualdades y violencia de género en el país. La violencia doméstica, el feminicidio, la discriminación en el ámbito laboral y la falta de acceso a la justicia son algunos de los desafíos que enfrentan las mujeres en México. Para abordar estas problemáticas, se han implementado leyes como la Ley General de Acceso de las Mujeres a una Vida Libre de Violencia y la Ley General de Igualdad entre Mujeres y Hombres, así como programas y políticas de prevención y atención a la violencia de género.

Las personas con discapacidad son otro grupo vulnerable que enfrenta desafíos particulares en el ejercicio de sus derechos. En México, se ha promulgado la Ley General para la Inclusión de las Personas con Discapacidad y se han implementado medidas para promover su participación plena y efectiva en la sociedad, así como garantizar el acceso a la educación, la salud, el empleo y los servicios públicos. Además, se han establecido normas de accesibilidad en los espacios públicos y se promueve la eliminación de barreras físicas y sociales que limiten la plena inclusión de las personas con discapacidad.

La niñez y la adolescencia también son grupos vulnerables que requieren una atención especial. México ha ratificado la Convención sobre los Derechos del Niño y ha promulgado la Ley General de los Derechos de Niñas, Niños y Adolescentes. Estas normas establecen los derechos específicos de los niños y adolescentes, así como los mecanismos de protección y garantía de sus derechos. Se busca protegerlos de la violencia, la explotación, el abuso y la discriminación, así como garantizar su desarrollo integral y su participación en los asuntos que les conciernen.

Otros grupos vulnerables en México incluyen a las personas migrantes, los trabajadores agrícolas, las personas en situación de calle, las personas mayores, la comunidad LGBT+, entre otros. Para abordar las necesidades y desafíos específicos de estos grupos, se han implementado políticas y programas de inclusión, así como se han creado instituciones especializadas, como la Comisión Nacional para Prevenir y Erradicar la Discriminación

(CONAPRED) y el Consejo Nacional para Prevenir la Discriminación (CONAPRED), que buscan promover la igualdad y la no discriminación en el país.

Es importante destacar que, a pesar de los avances en la protección de los derechos de los grupos vulnerables, persisten desafíos y brechas que deben ser abordados. La discriminación, la violencia y la exclusión social continúan siendo problemáticas que afectan a estos grupos. Por lo tanto, es necesario fortalecer las políticas y los mecanismos de protección, así como promover una cultura de respeto a los derechos humanos y la inclusión de todas las personas en la sociedad mexicana.

**Mecanismos de rendición de cuentas y Derechos Humanos**

Los mecanismos de rendición de cuentas desempeñan un papel fundamental en la protección y promoción de los Derechos Humanos. Estos mecanismos se refieren a las herramientas y mecanismos legales, institucionales y sociales que garantizan que los actores responsables de violaciones o abusos de los Derechos Humanos sean llevados ante la justicia, y que las víctimas tengan acceso a la verdad, la justicia, la reparación y las garantías de no repetición.

En el ámbito internacional, los mecanismos de rendición de cuentas incluyen el sistema de derechos humanos de las Naciones Unidas. La Comisión de Derechos Humanos de la ONU, el Consejo de Derechos Humanos y los mecanismos de supervisión y monitoreo de tratados, como los comités de expertos, son responsables de examinar los informes presentados por los Estados y emitir recomendaciones sobre la situación de los Derechos Humanos en cada país. Además, la Corte Internacional de Justicia y la Corte Penal Internacional son instancias judiciales que tienen jurisdicción para juzgar violaciones graves de los Derechos Humanos.

A nivel nacional, los mecanismos de rendición de cuentas incluyen la justicia ordinaria y los sistemas de justicia especializados en Derechos Humanos. Los tribunales y los fiscales tienen la responsabilidad de investigar y juzgar a los responsables de violaciones de los Derechos Humanos. En algunos casos, se han establecido comisiones de la verdad o comisiones de investigación para esclarecer violaciones masivas de los Derechos Humanos y promover la reconciliación y la justicia transicional.

En México, existen diversos mecanismos de rendición de cuentas en materia de Derechos Humanos. La Comisión Nacional de los Derechos Humanos (CNDH) es el organismo autónomo encargado de recibir y tramitar quejas por violaciones a los Derechos Humanos, así como emitir recomendaciones a las autoridades responsables. La CNDH tiene facultades para investigar violaciones y abusos, promover la capacitación y difusión de los Derechos Humanos y presentar amparos en casos de violaciones graves.

Además de la CNDH, se han creado fiscalías especializadas en Derechos Humanos en varias entidades federativas, con el objetivo de investigar y perseguir los delitos contra los Derechos Humanos. Estas fiscalías tienen la tarea de garantizar que los responsables de violaciones sean llevados ante la justicia y se sancionen de acuerdo con la ley.

Otro mecanismo importante en México es el juicio de amparo, el cual permite a las personas solicitar la revisión judicial de actos que consideren violatorios de sus Derechos Humanos. El juicio de amparo es un recurso legal que busca garantizar el respeto de los derechos fundamentales y permite a los individuos acceder a la justicia y obtener reparación por las violaciones sufridas.

Además de los mecanismos legales, es fundamental destacar el papel de la sociedad civil, los defensores de Derechos Humanos y los medios de comunicación en la rendición de cuentas. La denuncia pública de violaciones, la documentación de casos, la movilización social y la presión a las autoridades son mecanismos esenciales para asegurar que los responsables de violaciones sean llevados ante la justicia y que las víctimas obtengan reparación.

En conclusión, los mecanismos de rendición de cuentas son esenciales para garantizar la protección y promoción de los Derechos Humanos. Estos mecanismos incluyen tanto el ámbito internacional, a través de los sistemas de Derechos Humanos de las Naciones Unidas y las cortes internacionales, como el ámbito nacional, a través de los sistemas de justicia ordinaria, las comisiones de investigación y los organismos especializados en Derechos Humanos. Además, la sociedad civil desempeña un papel clave en la rendición de cuentas a través de la denuncia, la movilización y la presión hacia las autoridades. La efectividad de estos mecanismos depende de la voluntad política, la independencia judicial, la transparencia y la participación ciudadana en el proceso de rendición de cuentas.

## Capítulo 12:

## Derecho Ambiental en México

**Marco jurídico y principios del Derecho Ambiental**

El marco jurídico y los principios del Derecho Ambiental en México son fundamentales para la protección y conservación del medio ambiente, así como para garantizar el derecho de las personas a vivir en un entorno sano y equilibrado. En México, existe un conjunto de leyes, reglamentos y principios que buscan promover la sustentabilidad, prevenir la contaminación y regular el uso de los recursos naturales.

Uno de los principales pilares del marco jurídico del Derecho Ambiental en México es la Constitución Política de los Estados Unidos Mexicanos. En el artículo 4° de la Constitución se reconoce el derecho de toda persona a un medio ambiente sano, estableciendo la obligación del Estado y de la sociedad de preservar y restaurar el equilibrio ecológico. Este reconocimiento constitucional del derecho ambiental sienta las bases para el desarrollo de leyes y políticas ambientales en el país.

La Ley General del Equilibrio Ecológico y la Protección al Ambiente (LGEEPA) es una de las principales leyes en materia ambiental en México. Esta ley establece los principios y lineamientos para la preservación y restauración del equilibrio ecológico, la protección al ambiente, la prevención y control de la contaminación, la gestión integral de los residuos, la conservación de los ecosistemas, la protección de la biodiversidad y la participación ciudadana en la toma de decisiones ambientales.

Además de la LGEEPA, existen otras leyes y reglamentos ambientales en México que abordan aspectos específicos de la protección del medio ambiente. Algunas de estas leyes incluyen la Ley General para la Prevención y Gestión Integral de los Residuos, la Ley General de Vida Silvestre, la Ley General de Desarrollo Forestal Sustentable, la Ley General de Cambio Climático, la Ley de Aguas Nacionales, entre otras. Estas leyes establecen las regulaciones para el manejo adecuado de los recursos naturales, la conservación de la biodiversidad, la prevención y control de la contaminación, y la mitigación del cambio climático.

En cuanto a los principios del Derecho Ambiental en México, se basan en la idea de la sustentabilidad y el desarrollo sostenible. Algunos de los principios fundamentales incluyen:

1. **Principio de prevención:** Se busca prevenir y evitar daños al medio ambiente, en lugar de remediarlos una vez que se han producido. Esto implica tomar medidas anticipadas para evitar o reducir los impactos negativos en el ambiente.

2. **Principio de precaución:** Se aplica cuando existen incertidumbres científicas sobre los riesgos que pueden tener ciertas actividades o proyectos en el medio ambiente. En estos casos, se toman medidas preventivas, incluso en ausencia de evidencia científica concluyente, para evitar daños significativos al ambiente o a la salud humana.

3. **Principio de responsabilidad:** Se establece la responsabilidad de los individuos, empresas y entidades gubernamentales por los daños ambientales causados. Esto implica que aquellos que contaminan o dañan el medio ambiente deben asumir los costos de reparación y compensación.

4. **Principio de participación ciudadana:** Se reconoce el derecho de la sociedad a participar en la toma de decisiones ambientales y a acceder a la información relacionada con el medio ambiente. La participación ciudadana promueve la transparencia, la rendición de cuentas y la toma de decisiones informada y democrática.

5. **Principio de cooperación internacional:** Se reconoce la importancia de la cooperación y la colaboración entre países para abordar los problemas ambientales globales, como el cambio climático, la conservación de la biodiversidad y la protección de los recursos naturales compartidos.

Estos principios y otros establecidos en la legislación ambiental mexicana proporcionan un marco sólido para la protección del medio ambiente y la promoción de un desarrollo sustentable en el país. Sin embargo, es importante seguir fortaleciendo la implementación y el cumplimiento de estas leyes y principios, así como promover la educación ambiental y la conciencia pública sobre la importancia de la protección del medio ambiente.

**Protección del medio ambiente y recursos naturales**

La protección del medio ambiente y los recursos naturales en México es de vital importancia debido a la riqueza y diversidad de sus ecosistemas, así como a la dependencia de la población de estos recursos para su sustento y bienestar. En este sentido, México cuenta con un marco jurídico y políticas ambientales orientadas a la conservación y uso sustentable de los recursos naturales, así como a la prevención y control de la contaminación.

En primer lugar, la Constitución Política de los Estados Unidos Mexicanos establece la obligación del Estado y la sociedad de preservar y restaurar el equilibrio ecológico, así como el derecho de toda persona a un medio ambiente sano. Este reconocimiento constitucional del derecho ambiental sienta las bases para el desarrollo de leyes y políticas ambientales en el país.

La Ley General del Equilibrio Ecológico y la Protección al Ambiente (LGEEPA) es la principal ley en materia ambiental en México. Esta ley establece los principios y lineamientos para la preservación y restauración del equilibrio ecológico, la protección al ambiente, la prevención y control de la contaminación, la gestión integral de los residuos, la conservación de los ecosistemas, la protección de la biodiversidad y la participación ciudadana en la toma de decisiones ambientales.

Además de la LGEEPA, existen otras leyes y reglamentos que abordan aspectos específicos de la protección del medio ambiente y los recursos naturales. Algunas de estas leyes incluyen la Ley General para la Prevención y Gestión Integral de los Residuos, la Ley General de Vida Silvestre, la Ley General de Desarrollo Forestal Sustentable, la Ley General de Cambio Climático, la Ley de Aguas Nacionales, entre otras. Estas leyes establecen las regulaciones para el manejo adecuado de los recursos naturales, la conservación de la biodiversidad, la prevención y control de la contaminación, y la mitigación del cambio climático.

En el ámbito de la conservación de la biodiversidad, México cuenta con una extensa red de áreas naturales protegidas, que incluyen reservas de la biosfera, parques nacionales, monumentos naturales y áreas de protección de flora y fauna. Estas áreas tienen como objetivo preservar los ecosistemas y hábitats clave, así como proteger especies en peligro de extinción. Además, se promueve la conservación de los ecosistemas marinos y costeros, especialmente en el Golfo de México y el Caribe, a través de la implementación de estrategias de manejo integrado de zonas costeras.

En cuanto a los recursos naturales, México ha implementado políticas y programas para promover el uso sustentable de los mismos. En el sector forestal, se fomenta la gestión forestal sustentable, la reforestación y la protección de los bosques contra la deforestación y la tala ilegal. En el sector de agua, se establecen regulaciones para la protección y uso eficiente de los recursos hídricos, así como para la gestión integral de cuencas hidrológicas. Además, se promueve el desarrollo de energías renovables y se implementan políticas de eficiencia energética para reducir la dependencia de combustibles fósiles y mitigar el cambio climático.

En cuanto a la prevención y control de la contaminación, México ha implementado normas y programas para regular las emisiones contaminantes de las industrias, así como para controlar la contaminación del aire, el agua y el suelo. Además, se promueve la gestión integral de los residuos, incluyendo la separación, el reciclaje y la disposición adecuada de los mismos.

Es importante mencionar que la protección del medio ambiente y los recursos naturales en México enfrenta desafíos significativos. La deforestación, la sobreexplotación de los recursos naturales, la contaminación, el cambio climático y la falta de cumplimiento y aplicación de las leyes ambientales son algunos de los problemas a los que se enfrenta el país. Es necesario fortalecer la implementación de las leyes y políticas ambientales, promover la participación ciudadana y la educación ambiental, así como fomentar la cooperación entre los sectores público, privado y la sociedad civil para lograr una protección efectiva del medio ambiente y los recursos naturales en México.


**Impacto ambiental y desarrollo sustentable**

El impacto ambiental y el desarrollo sustentable son dos conceptos interrelacionados y de gran relevancia en México. El país enfrenta desafíos ambientales significativos debido al crecimiento económico, la urbanización, la industrialización y el uso intensivo de recursos naturales. Para abordar estos desafíos, se promueve el desarrollo sustentable, que busca conciliar el crecimiento económico con la protección del medio ambiente y el bienestar social a largo plazo.

El impacto ambiental se refiere a los efectos que las actividades humanas tienen sobre el medio ambiente, incluyendo la contaminación del aire, el agua y el suelo, la deforestación, la pérdida de biodiversidad, la degradación de los ecosistemas y el cambio climático. En México, se han implementado políticas y regulaciones para evaluar y gestionar el impacto ambiental de proyectos de desarrollo, tales como infraestructuras, industrias, extractivas y de energía.

Uno de los instrumentos principales para evaluar el impacto ambiental en México es la Evaluación de Impacto Ambiental (EIA). Esta evaluación se realiza antes de llevar a cabo un proyecto para identificar, prevenir y mitigar los impactos negativos en el medio ambiente. La Ley General del Equilibrio Ecológico y la Protección al Ambiente (LGEEPA) establece los requisitos y procedimientos para la realización de la EIA, así como las obligaciones de los desarrolladores para tomar en cuenta los aspectos ambientales y sociales en sus proyectos.

Además de la EIA, se han establecido medidas para la gestión y mitigación del impacto ambiental. Por ejemplo, se promueve la implementación de tecnologías limpias y mejores prácticas ambientales en las industrias para reducir las emisiones contaminantes. Asimismo, se busca la restauración y conservación de los ecosistemas afectados por proyectos de desarrollo, a través de programas de reforestación, conservación de áreas naturales protegidas y restauración de cuerpos de agua.

En cuanto al desarrollo sustentable, se busca promover un modelo de crecimiento económico que sea respetuoso con el medio ambiente, socialmente incluyente y que satisfaga las necesidades de las generaciones presentes sin comprometer las de las futuras. En México, se han implementado políticas y estrategias de desarrollo sustentable en diversos sectores, como energía, transporte, agricultura, turismo y manejo de recursos naturales.

En el sector energético, se ha promovido la diversificación de la matriz energética y el desarrollo de energías renovables, como la solar, eólica y geotérmica, para reducir la dependencia de los combustibles fósiles y mitigar las emisiones de gases de efecto invernadero. Además, se han implementado programas de eficiencia energética para reducir el consumo de energía y fomentar el uso responsable de los recursos.

En el ámbito agrícola, se promueve la adopción de prácticas de agricultura sustentable, como la agricultura orgánica, la agroecología y el manejo sustentable de los suelos. Estas prácticas buscan minimizar el uso de agroquímicos, conservar la biodiversidad agrícola y promover la seguridad alimentaria a largo plazo.

En el sector turístico, se ha trabajado en la promoción del turismo sustentable, que busca minimizar el impacto ambiental y social de las actividades turísticas, promover la conservación de los recursos naturales y culturales, así como la participación y beneficio de las comunidades locales.

Es importante mencionar que, a pesar de los esfuerzos en materia de impacto ambiental y desarrollo sustentable, aún existen desafíos importantes en México. Entre ellos se encuentran la falta de cumplimiento y aplicación de las regulaciones ambientales, la falta de conciencia ambiental, la sobreexplotación de recursos naturales, la contaminación y la pérdida de biodiversidad. Para lograr un desarrollo sustentable efectivo, es necesario fortalecer las políticas y regulaciones ambientales, fomentar la educación y conciencia ambiental, promover la participación ciudadana y garantizar la implementación y cumplimiento de las medidas de mitigación y conservación ambiental.

## Responsabilidad ambiental y justicia ambiental

Responsabilidad ambiental y justicia ambiental son dos conceptos fundamentales en la protección del medio ambiente y la búsqueda de un desarrollo sostenible. Estos conceptos abordan la necesidad de garantizar que las acciones humanas sean respetuosas con el medio ambiente y justas para todas las personas y comunidades, independientemente de su origen étnico, género, nivel socioeconómico u otra característica. En un mundo donde los desafíos ambientales son cada vez más urgentes, la responsabilidad ambiental y la justicia ambiental son esenciales para lograr un equilibrio entre el desarrollo humano y la conservación de los recursos naturales.

La responsabilidad ambiental implica la obligación de los individuos, las empresas y las entidades gubernamentales de asumir las consecuencias de sus acciones sobre el medio ambiente y tomar medidas para prevenir, mitigar o compensar los impactos negativos. En un contexto de crecimiento económico, industrialización y consumo intensivo de recursos naturales, la responsabilidad ambiental se vuelve especialmente relevante para garantizar que las actividades humanas no causen daños irreparables al medio ambiente y a las generaciones futuras.

La responsabilidad ambiental puede manifestarse de diferentes formas. Por un lado, implica la adopción de prácticas y tecnologías sostenibles que minimicen los impactos negativos en el medio ambiente. Esto incluye la implementación de medidas de eficiencia energética, la reducción de emisiones contaminantes, el manejo adecuado de residuos, la conservación de recursos naturales y la promoción de prácticas agrícolas sustentables. Por otro lado, la responsabilidad ambiental también se refiere a la reparación de los daños causados al medio ambiente. Esto implica la adopción de medidas de restauración y compensación para revertir los impactos negativos y restaurar la calidad del medio ambiente afectado.

En el ámbito empresarial, la responsabilidad ambiental implica la adopción de prácticas de gestión ambiental y responsabilidad social corporativa. Cada vez más empresas están implementando políticas y programas para minimizar su huella ambiental, reducir la generación de residuos, promover la eficiencia energética y utilizar recursos de manera sostenible. Además, muchas empresas están adoptando estándares de certificación ambiental, como ISO 14001, para demostrar su compromiso con la responsabilidad ambiental.

En el ámbito gubernamental, la responsabilidad ambiental se refleja en la adopción de políticas y regulaciones que promueven la protección del medio ambiente y la conservación de los recursos naturales. Los gobiernos tienen la responsabilidad de establecer marcos legales sólidos, aplicar regulaciones ambientales, monitorear y controlar el cumplimiento de las normas, y promover la participación ciudadana en la toma de decisiones ambientales. Además, los gobiernos también tienen la responsabilidad de asignar recursos adecuados para la protección del medio ambiente y promover la educación y conciencia ambiental en la sociedad.

La justicia ambiental, por otro lado, se refiere a la distribución equitativa de los beneficios y cargas ambientales en la sociedad. Busca garantizar que todas las personas, independientemente de su origen étnico, género, nivel socioeconómico u otra característica, tengan derecho a vivir en un ambiente sano y a participar en las decisiones que afecten su entorno. La justicia ambiental se centra en evitar la discriminación y la inequidad en la distribución de los riesgos y beneficios ambientales, así como en garantizar que las comunidades más vulnerables no sean afectadas de manera desproporcionada por los impactos ambientales negativos.

La justicia ambiental aborda cuestiones de equidad ambiental, donde las comunidades de bajos ingresos y los grupos marginalizados a menudo enfrentan una mayor exposición a la contaminación y los impactos ambientales negativos. Estas comunidades a menudo se encuentran en áreas cercanas a fuentes de contaminación industrial, vertederos, incineradores y otras instalaciones ambientalmente dañinas. La justicia ambiental busca garantizar que estas comunidades tengan acceso a un medio ambiente sano y seguro, y que sus voces sean escuchadas en la toma de decisiones ambientales que los afecten.

En México, la justicia ambiental ha sido reconocida y promovida a través de diversas medidas. La Constitución Política de los Estados Unidos Mexicanos establece el derecho de toda persona a un medio ambiente sano y establece la obligación del Estado y la sociedad de preservarlo y restaurarlo. Además, se han promulgado leyes y reglamentos que buscan promover la justicia ambiental y garantizar la participación ciudadana en la toma de decisiones ambientales. Estas leyes incluyen la Ley General del Equilibrio Ecológico y la Protección al Ambiente (LGEEPA), la Ley General de Desarrollo Forestal Sustentable, la Ley de Aguas Nacionales, entre otras.

Una de las herramientas clave para promover la justicia ambiental es la participación ciudadana en la toma de decisiones ambientales. La LGEEPA establece que las comunidades afectadas por proyectos de desarrollo tienen derecho a ser consultadas y a participar en la toma de decisiones que puedan tener un impacto en su entorno. Esto permite que las comunidades expresen sus preocupaciones y demandas, y que sus voces sean tomadas en cuenta en la planificación y ejecución de proyectos que puedan afectar su calidad de vida y su entorno.

Además, en México se han establecido instancias legales para presentar denuncias y reclamos en caso de violaciones a los derechos ambientales. La Comisión Nacional de los Derechos Humanos (CNDH) es el organismo encargado de recibir y tramitar quejas por violaciones a los derechos humanos, incluyendo los derechos ambientales.

Las comunidades y los individuos afectados tienen la posibilidad de presentar denuncias ante la CNDH y solicitar acciones correctivas o reparación por los daños causados.

La justicia ambiental también se vincula con la lucha contra la desigualdad y la discriminación en el acceso a los recursos y servicios ambientales. En México, se han implementado políticas y programas para promover la equidad en el acceso al agua potable, la protección de áreas naturales y la gestión de los recursos naturales. Se busca garantizar que todas las comunidades, independientemente de su ubicación geográfica o su nivel socioeconómico, tengan acceso equitativo a los recursos naturales y a un entorno sano.

A pesar de los avances en la responsabilidad y justicia ambiental, aún persisten desafíos en México. La falta de cumplimiento y aplicación efectiva de las leyes ambientales, la inequidad en la distribución de los impactos ambientales y la falta de participación significativa de las comunidades afectadas en la toma de decisiones son algunos de los problemas que aún deben abordarse.

Para fortalecer la responsabilidad ambiental y la justicia ambiental en México, es necesario tomar una serie de medidas. En primer lugar, se requiere una implementación y cumplimiento riguroso de las leyes y regulaciones ambientales existentes. Esto implica la asignación de recursos adecuados para garantizar que las instituciones encargadas de hacer cumplir las regulaciones tengan la capacidad y los medios necesarios para llevar a cabo su trabajo de manera efectiva.

Asimismo, es esencial promover la educación y la conciencia ambiental en la sociedad mexicana. Esto implica la implementación de programas de educación ambiental en las escuelas, así como campañas de sensibilización y divulgación en la sociedad en general. La educación ambiental puede ayudar a generar conciencia sobre los desafíos ambientales que enfrenta México y promover una ciudadanía activa y comprometida con la protección del medio ambiente.

Además, se deben fortalecer los mecanismos de participación ciudadana en la toma de decisiones ambientales. Esto implica garantizar que las comunidades afectadas por proyectos de desarrollo tengan acceso a la información relevante, se les consulte de manera significativa y sus opiniones sean tomadas en cuenta en la toma de decisiones. La participación ciudadana fortalece la democracia ambiental y promueve la justicia ambiental al permitir que las voces de las comunidades más vulnerables sean escuchadas y consideradas.

Es fundamental promover la equidad ambiental en todas las políticas y programas. Esto implica tomar en cuenta las disparidades socioeconómicas y geográficas existentes para garantizar que las comunidades más vulnerables y marginadas tengan acceso a un medio ambiente sano y a los recursos naturales. Se deben implementar medidas específicas para abordar las desigualdades existentes y garantizar que todas las personas puedan disfrutar de los beneficios de un entorno sano.

Además, se requiere una mayor cooperación entre los diferentes actores, incluyendo el gobierno, las empresas, la sociedad civil y las comunidades afectadas. La protección del medio ambiente y la promoción de la justicia ambiental son responsabilidades compartidas que requieren una acción colectiva. La cooperación entre los diferentes actores puede generar sinergias, compartir conocimientos y recursos, y promover soluciones integrales a los desafíos ambientales.

Por último, es importante fortalecer los mecanismos de monitoreo y rendición de cuentas. Esto implica establecer sistemas efectivos para monitorear el cumplimiento de las regulaciones ambientales, evaluar los impactos ambientales de los proyectos de desarrollo y garantizar que los responsables de violaciones ambientales sean responsabilizados. La rendición de cuentas promueve la transparencia, la justicia y la responsabilidad en relación con los impactos ambientales y la toma de decisiones.

En resumen, la responsabilidad ambiental y la justicia ambiental son conceptos fundamentales en la protección del medio ambiente y la búsqueda de un desarrollo sostenible en México. La responsabilidad ambiental implica la obligación de asumir las consecuencias de nuestras acciones sobre el medio ambiente, mientras que la justicia ambiental busca garantizar una distribución equitativa de los beneficios y cargas ambientales. Para fortalecer la responsabilidad y la justicia ambiental en México, es necesario implementar y hacer cumplir las leyes ambientales, promover la educación ambiental, fomentar la participación ciudadana, promover la equidad ambiental, fomentar la cooperación entre los actores involucrados y fortalecer los mecanismos de monitoreo y rendición de cuentas. Al hacerlo, México puede avanzar hacia un desarrollo sostenible que proteja el medio ambiente y garantice un futuro sano y equitativo para todos.

# Capítulo 13:

## Derecho Familiar en México

El Derecho Familiar en México es una rama del derecho que se enfoca en regular las relaciones y situaciones jurídicas que surgen dentro de la familia. Esto incluye aspectos como el matrimonio, el divorcio, la filiación, la patria potestad, la adopción, la guarda y custodia de menores, entre otros. Esta área del derecho tiene como objetivo proteger y garantizar los derechos de los miembros de la familia y establecer un marco legal para resolver conflictos que puedan surgir en este ámbito.

En México, el Derecho Familiar se encuentra regulado principalmente por el Código Civil de cada estado, ya que la legislación civil es competencia de los estados y no del gobierno federal. Por lo tanto, puede haber diferencias en las leyes familiares entre los diversos estados de México.

Algunos de los temas más importantes que abarca el Derecho Familiar en México son:

Matrimonio: Regula los requisitos para contraer matrimonio, las formas de disolverlo (divorcio), los regímenes patrimoniales aplicables a los cónyuges, etc.

Filiación: Establece las normas para determinar la relación de parentesco entre padres e hijos, así como los derechos y obligaciones que se derivan de esta relación.

Patria potestad: Regula la autoridad y responsabilidad que los padres tienen sobre sus hijos menores de edad.

Adopción: Establece los requisitos y procedimientos para la adopción legal de un menor.

Guarda y custodia de menores: Define las reglas para determinar con qué padre o tutor vivirá un menor y cuál será el régimen de visitas del otro progenitor.

Violencia familiar: Incluye disposiciones para prevenir y sancionar la violencia dentro del ámbito familiar.

Es importante destacar que, como en cualquier rama del derecho, el Derecho Familiar está sujeto a cambios y modificaciones a lo largo del tiempo, por lo que es relevante consultar la legislación vigente en cada estado para obtener información actualizada.

## Matrimonio y concubinato

El matrimonio y el concubinato son dos formas de unión conyugal que existen en el Derecho Mexicano. Ambos regímenes tienen implicaciones legales y sociales significativas que afectan a los individuos y a la sociedad en su conjunto. El matrimonio es una institución legalmente reconocida y regulada por el Estado, mientras que el concubinato es una convivencia de hecho entre dos personas que establecen una relación de pareja sin contraer matrimonio formalmente. En este extenso análisis, exploraremos en detalle las características, requisitos legales, derechos y obligaciones asociadas a ambas formas de unión, así como sus ventajas y desventajas, y su evolución histórica y social en el contexto del Derecho Mexicano.

## I. Matrimonio en el Derecho Mexicano

### Definición y Concepto del Matrimonio

El matrimonio, en el Derecho Mexicano, es la unión legalmente reconocida entre dos personas, generalmente con fines de establecer una familia y compartir derechos y responsabilidades. Es una institución social y jurídica que regula diversas áreas de la vida conyugal, como el patrimonio, la filiación y la patria potestad, entre otros. Esta unión está protegida por la ley y conlleva derechos y obligaciones tanto para los cónyuges como para sus hijos.

### Requisitos para Contraer Matrimonio

En México, los requisitos para contraer matrimonio pueden variar dependiendo del estado en el que se celebre el enlace, ya que cada entidad federativa tiene sus propias leyes civiles que regulan esta materia. Sin embargo, existen ciertos requisitos comunes a nivel nacional que generalmente deben cumplir los contrayentes:

a. **Edad Mínima:** La edad mínima para contraer matrimonio varía según el estado, pero generalmente es de 18 años para los hombres y mujeres. Algunos estados permiten el matrimonio a edades más tempranas con el consentimiento de los padres o tutores.

b. **Capacidad Mental:** Los contrayentes deben estar en pleno uso de sus facultades mentales al momento de celebrar el matrimonio.

c. **Consentimiento Libre y Voluntario:** Ambos contrayentes deben dar su consentimiento libre y voluntariamente para contraer matrimonio. No deben existir presiones, amenazas o vicios que invaliden el consentimiento.

d. **No Existencia de Impedimentos:** La ley establece ciertos impedimentos para contraer matrimonio, como el parentesco cercano (consanguinidad) o la existencia de un matrimonio previo no disuelto. Es esencial que los contrayentes no estén sujetos a ningún impedimento legal.

e. **Presencia de Testigos:** En la ceremonia de matrimonio, generalmente se requiere la presencia de testigos que certifiquen la voluntad de los contrayentes para casarse.

## Formalidades del Matrimonio

El matrimonio en México puede celebrarse mediante diferentes formas, como el matrimonio civil, el religioso con efectos civiles y el matrimonio por usos y costumbres. El matrimonio civil es el reconocido legalmente, y debe celebrarse ante un funcionario del Registro Civil y en presencia de testigos.

## Regímenes Patrimoniales del Matrimonio

Una vez que se contrae matrimonio, los cónyuges pueden establecer un régimen patrimonial que regule la forma en que se administrarán sus bienes y deudas durante la vida matrimonial y en caso de divorcio o fallecimiento. En México, existen diferentes regímenes patrimoniales, siendo los más comunes la **sociedad conyugal** y la **separación de bienes**. En algunos estados, puede existir la **participación en los gananciales** o regímenes patrimoniales especiales.

## Efectos del Matrimonio

El matrimonio en México tiene diversos efectos legales, algunos de los cuales incluyen:

a. **Derechos y Obligaciones de los Cónyuges:** Los cónyuges tienen derechos y obligaciones entre sí, como el deber de fidelidad, el respeto mutuo y la contribución a los gastos del hogar, entre otros.

b. **Filiación y Patria Potestad:** El matrimonio establece la presunción de paternidad del esposo respecto a los hijos nacidos durante la vigencia del matrimonio. Además, se reconoce automáticamente la patria potestad conjunta de ambos cónyuges sobre los hijos.

c. **Herencia:** El matrimonio otorga a los cónyuges derechos sucesorios en caso de fallecimiento de uno de ellos.

d. **Beneficios Fiscales y Sociales:** En algunos casos, el matrimonio puede otorgar beneficios fiscales y sociales, como deducciones fiscales o acceso a prestaciones sociales.

## Divorcio

El divorcio es el procedimiento legal mediante el cual los cónyuges pueden poner fin a su matrimonio de manera definitiva. En México, el divorcio puede ser **voluntario** (cuando ambos cónyuges están de acuerdo) o **contencioso** (cuando uno de los cónyuges se opone al divorcio). Los requisitos y procedimientos para obtener un divorcio varían según el estado.

a. **Divorcio Express:** En varios estados de México, se ha establecido el divorcio express o sin causa, que permite a los cónyuges divorciarse de manera más rápida y sencilla, sin necesidad de demostrar culpabilidad o causas específicas.

## Evolución Histórica del Matrimonio en México

El matrimonio en México ha experimentado cambios significativos a lo largo de la historia. En la época prehispánica, las culturas indígenas tenían sus propias formas de unión conyugal, muchas de las cuales involucraban rituales y ceremonias. Con la llegada de los conquistadores españoles, se introdujo el matrimonio religioso bajo los preceptos de la Iglesia Católica.

Durante el período colonial y gran parte del siglo XIX, la Iglesia tuvo un papel predominante en la regulación del matrimonio y las relaciones familiares. No fue sino hasta la promulgación de la Constitución de 1857 cuando se inició una separación entre la Iglesia y el Estado y se permitió el matrimonio civil.

A lo largo del siglo XX, se llevaron a cabo diversas reformas legales para modernizar y actualizar la regulación del matrimonio en México. En 1971, se estableció el divorcio en algunos estados, y en 2005 se reconoció el matrimonio entre personas del mismo sexo en la Ciudad de México, siendo luego avalado en diversos estados del país.

Con el paso del tiempo, la sociedad mexicana ha experimentado cambios culturales y sociales que han influido en la concepción del matrimonio. En la actualidad, el matrimonio en México es una opción cada vez menos frecuente, con un aumento en las uniones libres y el concubinato.

## II. Concubinato en el Derecho Mexicano

### Definición y Concepto de Concubinato

El concubinato es una forma de unión de hecho entre dos personas que establecen una relación de pareja y conviven como si fueran casados, pero sin haber formalizado su unión mediante el matrimonio. A diferencia del matrimonio, el concubinato no es una institución jurídica reconocida por el Estado y no conlleva los mismos derechos y obligaciones legales.

### Requisitos para el Concubinato

El concubinato en México no requiere de formalidades legales para su establecimiento. Basta con que dos personas vivan juntas y tengan una relación de pareja de manera estable y duradera. Aunque no existen requisitos formales para el concubinato, algunos estados han establecido ciertos criterios para determinar su existencia, como la cohabitación durante un período mínimo de tiempo o la presentación de pruebas que demuestren la relación de pareja.

### Derechos y Obligaciones de los Concubinos

A diferencia del matrimonio, el concubinato no conlleva los mismos derechos y obligaciones legales entre los convivientes. En general, cada concubino conserva su independencia patrimonial y no se generan derechos sucesorios automáticos. Sin embargo, algunos estados han establecido ciertas protecciones para los concubinos, como el reconocimiento de la concubina o el concubino como beneficiario en pólizas de seguro o en casos de accidentes o fallecimientos.

### Filiación y Patria Potestad

En el concubinato, la filiación de los hijos nacidos durante la convivencia se rige por las mismas reglas que en el matrimonio, estableciendo la presunción de paternidad respecto al concubino. Sin embargo, en caso de fallecimiento de uno de los concubinos, la patria potestad y custodia de los hijos pueden ser más complejas de resolver, especialmente si no se ha otorgado un testamento o un acuerdo previo entre los convivientes.

### Protección Jurídica del Concubinato

Debido a que el concubinato no es una figura legalmente reconocida en todos los estados de México, los derechos y protecciones para los concubinos pueden variar significativamente según la entidad federativa en la que residan. Algunos estados han establecido legislación específica para reconocer ciertos derechos a los concubinos, mientras que otros no han desarrollado una normativa clara al respecto.

### III. Comparación entre Matrimonio y Concubinato

Diferencias Clave

a. **Reconocimiento Legal:** El matrimonio es una institución legalmente reconocida y regulada por el Estado, mientras que el concubinato es una relación de facto que no cuenta con el mismo reconocimiento legal.

b. **Formalidades:** El matrimonio requiere de formalidades legales y su celebración debe realizarse ante un funcionario del Registro Civil. En cambio, el concubinato no requiere de formalidades legales y puede establecerse mediante la simple convivencia.

c. **Derechos y Obligaciones:** El matrimonio conlleva una serie de derechos y obligaciones legales para los cónyuges, mientras que en el concubinato cada conviviente conserva su independencia patrimonial y no se generan derechos sucesorios automáticos.

d. **Filiación y Patria Potestad:** En ambos casos, se establece la presunción de paternidad del concubino o del esposo respecto a los hijos nacidos durante la unión. Sin embargo, la patria potestad y la custodia de los hijos pueden ser más complejas de resolver en el concubinato, especialmente si no hay acuerdos o testamentos previos.

e. **Divorcio:** El matrimonio puede ser disuelto mediante el divorcio, un proceso legal regulado por la ley. En cambio, el concubinato se disuelve automáticamente cuando los convivientes deciden poner fin a su relación y dejan de vivir juntos.

Ventajas y Desventajas del Matrimonio y Concubinato

a. **Ventajas del Matrimonio:**

Protección legal y social para los cónyuges y los hijos.

Derechos sucesorios y hereditarios bien establecidos.

Reconocimiento automático de la patria potestad conjunta sobre los hijos.

Beneficios fiscales y sociales para los cónyuges.

b. **Desventajas del Matrimonio:**

Requiere de formalidades legales y puede ser más costoso que el concubinato.

Implica una mayor intervención del Estado en la vida privada de los cónyuges.

Puede ser más complicado disolver el matrimonio en caso de conflicto.

c. **Ventajas del Concubinato:**

Mayor libertad y flexibilidad en la relación, sin la necesidad de formalidades legales.

Puede ser una opción para quienes desean convivir en pareja sin el compromiso del matrimonio.

Menos intervención estatal en la vida privada de los convivientes.

d. **Desventajas del Concubinato:**

Falta de protección legal y derechos establecidos para los convivientes y los hijos.

Menos certeza sobre el futuro y la resolución de conflictos patrimoniales o familiares.

Dificultades para obtener ciertos beneficios fiscales y sociales otorgados solo a matrimonios legalmente reconocidos.

## IV. Conclusiones y Perspectivas Futuras

En el Derecho Mexicano, tanto el matrimonio como el concubinato son formas de unión conyugal que ofrecen distintas ventajas y desventajas a los individuos involucrados. El matrimonio es una institución legalmente reconocida y regulada que brinda protección y derechos a los cónyuges y a los hijos, aunque también implica una mayor intervención del Estado en la vida privada de los individuos. Por otro lado, el concubinato ofrece mayor libertad y flexibilidad en la relación, pero carece del mismo reconocimiento legal y protecciones que el matrimonio.

En la actualidad, la sociedad mexicana ha experimentado cambios significativos en sus valores y concepciones sobre la vida en pareja. Cada vez más personas optan por vivir en unión libre o en concubinato en lugar de contraer matrimonio formalmente. Esto se debe a diversos factores, como el cambio en las estructuras familiares, la evolución de las normas sociales y culturales, así como la búsqueda de mayor autonomía e independencia en las relaciones personales.

En cuanto al futuro, es probable que el concubinato siga siendo una opción atractiva para muchas parejas, especialmente aquellas que valoran la libertad y la flexibilidad en sus relaciones. Sin embargo, es importante que el Estado continúe evaluando y ajustando su marco legal para adaptarse a las nuevas realidades sociales y garantizar la protección de los derechos de los convivientes y de los hijos nacidos en estas uniones.

Asimismo, es relevante que la sociedad promueva una mayor conciencia sobre los derechos y responsabilidades asociados al concubinato, así como las posibles consecuencias legales y patrimoniales de esta forma de unión. La información y la educación sobre estos temas son fundamentales para que las personas tomen decisiones informadas y responsables en sus relaciones de pareja.

En conclusión, tanto el matrimonio como el concubinato son formas válidas de unión conyugal en el Derecho Mexicano, y cada una ofrece distintas características y protecciones legales. Es importante que las personas tengan acceso a la información necesaria para tomar decisiones adecuadas de acuerdo con sus valores, necesidades y circunstancias personales. Además, el Estado debe seguir adaptando su marco legal para reflejar los cambios en la sociedad y garantizar el bienestar y los derechos de todas las personas, independientemente de la forma de unión conyugal que elijan.

### Derechos y obligaciones de los cónyuges

Los derechos y obligaciones de los cónyuges en el matrimonio están regulados por el Código Civil de cada estado en México. A continuación, se detallan algunos de los principales derechos y obligaciones que tienen los cónyuges:

Derechos de los cónyuges:

Derecho a la igualdad: Los cónyuges tienen derecho a ser tratados de manera igualitaria y a no ser discriminados por razón de género, religión, nacionalidad u otras características personales.

Derecho a la vida en común: Los cónyuges tienen derecho a vivir juntos y compartir un hogar, estableciendo una vida en común y una convivencia mutua.

Derecho a la fidelidad: Los cónyuges tienen derecho a exigir fidelidad y lealtad mutua, lo que implica respetar la exclusividad de la relación matrimonial y no tener relaciones extramatrimoniales.

Derecho a la intimidad: Los cónyuges tienen derecho a la intimidad en su vida conyugal, lo que implica el respeto a la privacidad y a la confidencialidad de las comunicaciones entre ellos.

Derecho a la toma de decisiones: Los cónyuges tienen derecho a participar en la toma de decisiones que afecten a la vida en común y al patrimonio familiar, como la administración de bienes, la educación de los hijos y la planificación familiar.

Derecho a la protección y asistencia mutua: Los cónyuges tienen el deber de protegerse y asistirse mutuamente, brindándose apoyo emocional, físico y económico en caso de necesidad.

Derecho a la seguridad y bienestar: Los cónyuges tienen derecho a vivir en un entorno seguro y saludable, libre de violencia o maltrato, tanto físico como emocional.

Derecho a la herencia: En caso de fallecimiento de uno de los cónyuges, el cónyuge sobreviviente tiene derecho a heredar los bienes del difunto, de acuerdo con las disposiciones legales de su régimen patrimonial.

Obligaciones de los cónyuges:

Obligación de fidelidad: Los cónyuges tienen la obligación de ser fieles y leales el uno al otro, evitando mantener relaciones extramatrimoniales.

Obligación de respeto y consideración: Los cónyuges deben tratarse con respeto y consideración mutua, evitando cualquier forma de maltrato físico, psicológico o verbal.

Obligación de ayuda mutua: Los cónyuges tienen el deber de ayudarse y apoyarse mutuamente en todas las circunstancias de la vida, brindándose asistencia moral, emocional y material.

Obligación de contribución a los gastos del hogar: Los cónyuges tienen la obligación de contribuir económicamente a los gastos del hogar de acuerdo con sus posibilidades y recursos, a menos que se haya establecido un régimen patrimonial diferente.

Obligación de educación y crianza de los hijos: Los cónyuges tienen la responsabilidad de participar activamente en la educación y crianza de los hijos, proporcionándoles cuidado, protección y orientación adecuados.

Obligación de respetar los bienes y derechos del otro: Los cónyuges deben respetar los bienes y derechos del otro, evitando cualquier acto de disposición o administración indebida de los mismos.

Obligación de convivencia: Los cónyuges tienen el deber de convivir y compartir una vida en común, residiendo juntos en el hogar conyugal, a menos que existan circunstancias excepcionales que justifiquen una separación temporal o definitiva.

Es importante destacar que las obligaciones y derechos de los cónyuges pueden variar según el régimen patrimonial elegido y las disposiciones específicas del Código Civil del estado en el que se celebre el matrimonio. Además, las obligaciones y derechos pueden ser objeto de acuerdo o pacto entre los cónyuges, siempre y cuando no contravengan las disposiciones legales aplicables.

**Divorcio y pensión alimenticia**

El divorcio y la pensión alimenticia son dos temas importantes y relacionados en el Derecho Familiar de México. A continuación, se desarrollará cada uno de ellos:

Divorcio en el Derecho Mexicano:

El divorcio es el procedimiento legal mediante el cual los cónyuges pueden poner fin a su matrimonio de manera definitiva. En México, el divorcio puede ser voluntario o contencioso.

Divorcio Voluntario: También conocido como divorcio de mutuo acuerdo, ocurre cuando ambos cónyuges están de acuerdo en poner fin a su matrimonio. Para llevar a cabo un divorcio voluntario, es necesario que ambos cónyuges presenten una solicitud conjunta ante un juez o un oficial del Registro Civil, donde expresen su consentimiento para el divorcio y establezcan los acuerdos sobre la guarda y custodia de los hijos, el reparto de bienes y la pensión alimenticia, entre otros temas relevantes.

Divorcio Contencioso: En el caso del divorcio contencioso, uno de los cónyuges se opone al divorcio o no está de acuerdo con los términos propuestos por el otro. En esta situación, el cónyuge que desee el divorcio debe presentar una demanda ante un juez, quien analizará los argumentos y pruebas presentados por ambas partes antes de tomar una decisión.

El Código Civil de cada estado regula los requisitos y procedimientos específicos para el divorcio, por lo que es importante consultar la legislación local correspondiente.

Pensión Alimenticia en el Derecho Mexicano:

La pensión alimenticia es una obligación económica que un cónyuge tiene hacia el otro o hacia los hijos como resultado del divorcio o de la separación de hecho. El objetivo de la pensión alimenticia es garantizar el sustento y el bienestar de los hijos o del cónyuge que pudiera encontrarse en una situación de necesidad económica.

Pensión Alimenticia para los Hijos: La pensión alimenticia a favor de los hijos es una obligación que surge en caso de divorcio o separación de los cónyuges. Esta pensión tiene el propósito de cubrir las necesidades básicas de los hijos, como alimentación, educación, vivienda, salud y otros gastos relacionados. El monto de la pensión se establece en función de las necesidades de los hijos y las posibilidades económicas del cónyuge obligado a pagarla.

Pensión Alimenticia para el Cónyuge: En algunos casos, especialmente cuando uno de los cónyuges ha dependido económicamente del otro durante el matrimonio, puede ser establecida una pensión alimenticia para el cónyuge necesitado después del divorcio. La pensión tiene el propósito de brindarle un sustento adecuado durante un período de tiempo determinado, para que pueda adaptarse a su nueva situación económica y laboral.

El monto y la duración de la pensión alimenticia se determinan de acuerdo con diversos factores, como los ingresos y recursos del cónyuge obligado a pagarla, las necesidades del beneficiario y las circunstancias específicas del caso. En caso de incumplimiento en el pago de la pensión, el beneficiario puede solicitar la ejecución de la sentencia y obtener el pago a través de un proceso judicial.

Es importante mencionar que, en el contexto del divorcio, también pueden surgir otras cuestiones legales relacionadas con la división de bienes, la guarda y custodia de los hijos, el régimen de visitas y otros aspectos relevantes para el bienestar de las partes involucradas.

En conclusión, el divorcio y la pensión alimenticia son aspectos fundamentales del Derecho Familiar en México. El divorcio puede ser de mutuo acuerdo o contencioso, y en ambos casos es necesario establecer acuerdos sobre temas importantes como la pensión alimenticia. La pensión alimenticia tiene el propósito de garantizar el bienestar económico de los hijos y, en algunos casos, del cónyuge necesitado después del divorcio. Las leyes y los procedimientos para el divorcio y la pensión alimenticia varían según el estado en el que se realice el trámite.


**Adopción y patria potestad**

La adopción y la patria potestad son dos conceptos fundamentales dentro del Derecho Familiar en México. Ambos temas se relacionan con la responsabilidad y los derechos de los padres hacia los hijos. A continuación, se explican cada uno de ellos:

### Adopción en el Derecho Mexicano

La adopción es un proceso legal mediante el cual una persona o una pareja asume la responsabilidad y los derechos de un menor de edad que no es su hijo biológico. La adopción se realiza con el objetivo de brindar una familia, un hogar y un ambiente propicio para el crecimiento y desarrollo del menor.

**Requisitos para la Adopción:** Los requisitos para adoptar un menor varían según el estado en el que se realice el proceso de adopción, ya que cada entidad federativa tiene sus propias leyes y reglamentos sobre la adopción. Sin embargo, algunos de los requisitos comunes para adoptar pueden incluir la edad mínima del adoptante, su estado civil, la estabilidad económica, la salud física y mental, y la aprobación de un estudio socioeconómico y psicológico, entre otros.

**Procedimiento de Adopción:** El procedimiento de adopción generalmente implica la presentación de una solicitud ante una autoridad competente, como el Sistema Nacional para el Desarrollo Integral de la Familia (DIF) o una institución de asistencia privada autorizada. A lo largo del proceso, se realizarán estudios y evaluaciones del adoptante para asegurar su idoneidad para ser padre o madre adoptivo. También se realiza un estudio del menor para garantizar que su adopción sea en su mejor interés.

**Efectos de la Adopción:** Una vez que se completa el proceso de adopción, los adoptantes adquieren la responsabilidad y los derechos de padres sobre el menor adoptado. El menor adoptado obtiene un nuevo estado civil y se convierte legalmente en hijo del o de los adoptantes, con todos los derechos y responsabilidades que esto implica.

**Tipos de Adopción:** En México, existen diferentes tipos de adopción, como la adopción plena, que otorga al menor los mismos derechos que un hijo biológico, y la adopción simple, que mantiene algunos vínculos legales con la familia biológica. Cada estado puede tener sus propias modalidades de adopción.

### Patria Potestad en el Derecho Mexicano

La patria potestad es el conjunto de derechos y obligaciones que los padres tienen hacia sus hijos menores de edad. Este concepto se refiere a la responsabilidad de cuidar, proteger, educar y representar legalmente a los hijos hasta que alcancen la mayoría de edad.

**Ejercicio de la Patria Potestad:** La patria potestad se ejerce conjuntamente por ambos padres cuando están casados o cuando son los titulares legales del poder familiar. En caso de que los padres no estén casados o no vivan juntos, la patria potestad se ejerce por el progenitor con quien el hijo resida, pero el otro progenitor puede tener derechos de visitas y de participación en la toma de decisiones importantes sobre el menor.

**Derechos y Obligaciones de la Patria Potestad:** Los derechos y obligaciones de los padres dentro de la patria potestad incluyen:

- Derecho a decidir sobre la educación, la salud y la crianza del hijo.

105

- Derecho a representar legalmente al hijo en asuntos legales y administrativos.
- Obligación de brindar cuidado y protección al hijo, incluyendo la satisfacción de sus necesidades básicas.
- Obligación de proporcionar una educación adecuada y apoyo emocional al hijo.
- Obligación de velar por el bienestar y la seguridad del hijo.

**Pérdida de la Patria Potestad:** En ciertas circunstancias excepcionales, como casos de maltrato o negligencia grave hacia el hijo, un juez puede determinar la pérdida o suspensión de la patria potestad para uno o ambos padres. Esta medida se toma en el interés superior del menor, con el objetivo de proteger su bienestar y seguridad.

En conclusión, la adopción y la patria potestad son dos conceptos clave en el Derecho Familiar de México. La adopción es el proceso legal para brindar una familia y un hogar a un menor de edad que no es hijo biológico de los adoptantes. Por otro lado, la patria potestad es el conjunto de derechos y obligaciones que los padres tienen hacia sus hijos menores de edad, incluyendo el derecho a cuidar, proteger, educar y representar legalmente al hijo. Ambos temas son fundamentales para asegurar el bienestar y el desarrollo adecuado de los menores en la sociedad.

# Capítulo 14:

## Derecho de Amparo en México

El Derecho de Amparo en México es una figura jurídica de suma importancia que ha desempeñado un papel fundamental en la protección y garantía de los derechos humanos y libertades fundamentales de los ciudadanos frente a actos de autoridad que puedan vulnerarlos. Desde su creación en el siglo XIX hasta su evolución a lo largo de los años, el amparo ha sido una herramienta esencial para la preservación del Estado de derecho y el respeto a la supremacía constitucional en el país.

En este extenso análisis, exploraremos los antecedentes históricos del amparo en México, su evolución y desarrollo a lo largo del tiempo, los elementos fundamentales del juicio de amparo, los diferentes tipos de amparo que existen, los actores involucrados en su proceso y su impacto en la protección de los derechos humanos y el sistema judicial en México.

### Antecedentes Históricos del Amparo en México

Los orígenes del amparo en México se remontan al siglo XIX, durante el periodo conocido como la época de la Reforma. En ese entonces, México atravesaba una serie de conflictos políticos y sociales tras su independencia de España en 1821. Durante la presidencia de Benito Juárez, quien promulgó la Ley de Juicios de Amparo en 1841, se sentaron las bases para lo que posteriormente sería el juicio de amparo.

El objetivo original del amparo era proteger los derechos de los individuos contra los abusos de poder de las autoridades federales y estatales, así como contra las leyes que consideraban contrarias a la Constitución. Sin embargo, en sus inicios, el amparo era un recurso de carácter limitado y solo se aplicaba en situaciones específicas.

Con la promulgación de la Constitución de 1857, el amparo adquirió un nuevo marco legal y se le otorgó mayor relevancia. La Carta Magna estableció las bases para una mayor protección de los derechos humanos y un control más estricto sobre el poder público. No obstante, la inestabilidad política y las constantes guerras civiles limitaron en gran medida su aplicación y efectividad.

## La Consolidación del Amparo en México

Fue hasta la promulgación de la Constitución de 1917 que el amparo adquirió un papel central en la vida jurídica del país. Esta nueva Carta Magna fue producto de la Revolución Mexicana y estableció un sistema jurídico más progresista y comprometido con la protección de los derechos humanos y sociales.

El artículo 103 de la Constitución de 1917 estableció que todo individuo tiene derecho a solicitar amparo de la justicia federal en contra de leyes o actos que violen los derechos humanos consagrados en la Constitución. Asimismo, el artículo 107 creó tribunales especializados para resolver los juicios de amparo, lo que le dio mayor eficiencia y celeridad al proceso.

La Ley de Amparo de 1936 fue un importante paso en la consolidación del amparo en México, ya que unificó y sistematizó las disposiciones relacionadas con este recurso jurídico. Esta ley estableció las reglas y procedimientos para presentar y resolver juicios de amparo, lo que permitió que se convirtiera en una herramienta accesible para los ciudadanos en la protección de sus derechos.

## Elementos Fundamentales del Juicio de Amparo

El juicio de amparo en México es una figura compleja y se rige por una serie de elementos fundamentales que son esenciales para su correcta aplicación y comprensión:

**Principio de Defensa de Garantías Individuales**: El juicio de amparo tiene como finalidad proteger las garantías individuales consagradas en la Constitución y los tratados internacionales.

**Principio de Suplencia de la Deficiencia de la Queja**: Los tribunales de amparo deben suplir las deficiencias formales en las demandas de amparo, siempre y cuando no se afecten derechos de terceros.

**Principio de Interpretación Pro Persona**: Se debe interpretar siempre a favor del quejoso, buscando la mayor protección de sus derechos.

**Principio de Relatividad de las Sentencias**: Las sentencias de amparo solo benefician al quejoso que las obtiene y no tienen efectos generales.

**Principio de Congruencia**: Las sentencias de amparo deben resolver únicamente los puntos controvertidos planteados en la demanda.

**Principio de Definitividad**: Las sentencias de amparo son inapelables y definitivas.

## Los Diferentes Tipos de Amparo en México

En México, existen diversos tipos de amparo que se adecúan a las distintas situaciones y violaciones a los derechos humanos que pueden presentarse. Entre los principales tipos de amparo se encuentran:

**Amparo Directo**: Se presenta ante un tribunal federal cuando una persona considera que una autoridad ha violado sus derechos humanos reconocidos en la Constitución y en tratados internacionales.

**Amparo Indirecto**: Es procedente cuando una persona considera que una ley, acto o autoridad ha afectado sus derechos de manera general o impersonal.

**Amparo Administrativo**: Se presenta contra actos de autoridades administrativas que afecten directamente los derechos del quejoso.

**Amparo en Materia Penal**: Se utiliza para proteger los derechos de una persona que está siendo procesada o condenada penalmente.

**Amparo contra Leyes**: Se presenta cuando una persona considera que una ley o norma es inconstitucional o contraria a los derechos humanos.

Cada tipo de amparo tiene sus requisitos y procedimientos específicos, lo que hace que el juicio de amparo sea una herramienta flexible y versátil para proteger los derechos de los ciudadanos en distintos ámbitos de la vida jurídica.

## Actores Involucrados en el Juicio de Amparo

El juicio de amparo involucra diferentes actores que desempeñan roles específicos en el proceso. Los principales actores son:

**Quejoso o Peticionario**: Es la persona o entidad que presenta la demanda de amparo para impugnar un acto de autoridad que considere violatorio de sus derechos.

**Autoridad Responsable**: Es la entidad o funcionario público que emitió el acto que se impugna en el juicio de amparo. Puede ser una autoridad administrativa, judicial o legislativa.

**Tercero Interesado**: Es aquella persona o entidad que tiene un interés jurídico en el juicio de amparo y que puede participar para defender sus derechos.

**Ministerio Público Federal**: Interviene en aquellos casos en los que se impugnan actos que afecten derechos humanos de manera directa.

**Tribunales Colegiados de Circuito**: Son los tribunales de segunda instancia que revisan las resoluciones de los jueces de distrito en materia de amparo.

**Suprema Corte de Justicia de la Nación (SCJN)**: Es el máximo órgano judicial en México y tiene la facultad de resolver controversias constitucionales y amparos que presenten cuestiones de trascendencia y relevancia para el país.

### El Proceso del Juicio de Amparo

El juicio de amparo sigue un procedimiento específico que garantiza el debido proceso y la protección de los derechos de todas las partes involucradas. A grandes rasgos, el proceso de amparo consta de las siguientes etapas:

**Demanda de Amparo**: El quejoso presenta su demanda de amparo ante un juez de distrito o tribunal colegiado de circuito, según corresponda.

**Admisión de la Demanda**: El juez o tribunal revisa la demanda y determina si cumple con los requisitos formales para su admisión.

**Emplazamiento a las Autoridades**: Una vez admitida la demanda, se emplaza a las autoridades responsables para que rindan su informe justificado sobre el acto impugnado.

**Desahogo de Pruebas**: Las partes tienen la oportunidad de ofrecer y presentar pruebas que respalden sus argumentos.

**Alegatos**: Después de la presentación de pruebas, las partes tienen la oportunidad de presentar sus alegatos finales.

**Sentencia**: El juez o tribunal emite una sentencia en la que se resuelve si procede o no el amparo, así como los efectos de la resolución.

**Ejecución de la Sentencia**: Si se concede el amparo, la autoridad responsable deberá acatar la sentencia y restituir los derechos del quejoso.

El juicio de amparo se rige por principios como la prontitud, celeridad, oralidad y publicidad, lo que busca garantizar una justicia pronta y expedita.

### El Amparo como Garantía de los Derechos Humanos

El juicio de amparo se ha convertido en una de las principales garantías para la protección de los derechos humanos en México. Gracias a esta figura jurídica, los ciudadanos pueden impugnar actos de autoridad que consideren violatorios de sus derechos y obtener una protección efectiva.

Entre los derechos humanos más comúnmente protegidos mediante el amparo se encuentran:

**Derecho a la Libertad Personal**: El amparo ha sido fundamental en la protección de la libertad de las personas, evitando detenciones ilegales o arbitrarias.

**Derecho a un Juicio Justo**: El juicio de amparo se utiliza para garantizar que las personas tengan un debido proceso y un juicio justo ante cualquier acto de autoridad que pudiera afectar sus derechos.

**Derecho a la Integridad Personal**: El amparo ha sido útil para proteger el derecho a la integridad física y mental de los ciudadanos frente a actos de violencia o maltrato.

**Derechos Laborales**: Los trabajadores han recurrido al amparo para defender sus derechos laborales y evitar despidos injustificados o violaciones a sus derechos sindicales.

**Derechos de las Mujeres y Grupos Vulnerables**: El amparo ha sido utilizado para defender los derechos de las mujeres, niños, personas con discapacidad y otros grupos vulnerables frente a actos de discriminación y violencia.

El amparo ha sido un mecanismo clave en la lucha por la protección de los derechos humanos y ha contribuido a la consolidación de un sistema jurídico más justo e igualitario en México.

### El Amparo y la Suprema Corte de Justicia de la Nación (SCJN)

La Suprema Corte de Justicia de la Nación (SCJN) juega un papel fundamental en la interpretación y aplicación del amparo en México. Como máximo órgano judicial del país, la SCJN es la encargada de establecer jurisprudencia y criterios que deben ser seguidos por los tribunales inferiores en la resolución de casos de amparo.

La SCJN ha emitido numerosas tesis y jurisprudencias que han delineado los alcances y límites del amparo, así como la interpretación de los derechos humanos y las garantías individuales. Estos precedentes jurisprudenciales tienen un impacto significativo en la práctica judicial y aseguran una mayor uniformidad en las decisiones judiciales en materia de amparo.

Además, la SCJN es la encargada de resolver los casos de amparo que presentan cuestiones de trascendencia y relevancia para el país. Estos casos, conocidos como "amparos en revisión", suelen abordar temas que tienen implicaciones políticas, sociales o jurídicas significativas, y sus sentencias marcan pauta para la protección de los derechos humanos en México.

## Amparo y Sistema de Justicia Penal en México

El sistema de justicia penal en México ha experimentado importantes cambios en los últimos años, y el amparo ha sido una figura relevante en esta transformación. Con la entrada en vigor del nuevo sistema de justicia penal acusatorio en 2016, se buscó garantizar un proceso penal más transparente, oral y respetuoso de los derechos humanos.

El juicio de amparo ha tenido un papel relevante en el sistema de justicia penal, especialmente en lo que respecta a la protección de los derechos de las personas imputadas. A través del amparo, se han impugnado detenciones, violaciones al debido proceso, uso de pruebas ilegales, entre otros aspectos relacionados con el proceso penal.

Además, el amparo ha sido un mecanismo para garantizar la aplicación del principio de presunción de inocencia y el derecho a un juicio justo en el sistema de justicia penal. También ha sido útil para evitar abusos de poder y garantizar la tutela de los derechos de las víctimas en el proceso penal.

## Retos y Desafíos del Amparo en México

Aunque el amparo ha sido una herramienta esencial en la protección de los derechos humanos en México, también enfrenta diversos retos y desafíos que deben ser abordados para fortalecer su eficacia y contribuir a una mejor justicia en el país:

**Acceso a la Justicia**: Aunque el amparo es un recurso jurídico accesible, aún existen barreras que dificultan el acceso a la justicia para ciertos grupos vulnerables y personas en situación de pobreza.

**Corrupción y Dilaciones**: En algunos casos, el amparo ha sido objeto de prácticas corruptas o dilaciones indebidas que afectan su eficacia y credibilidad.

**Carga de Trabajo**: Los tribunales federales encargados de resolver los juicios de amparo enfrentan una alta carga de trabajo, lo que puede afectar la prontitud de las resoluciones.

**Jurisprudencia Fragmentada**: Existen casos en los que la SCJN ha emitido criterios divergentes en materia de amparo, lo que puede generar incertidumbre jurídica y falta de uniformidad en las decisiones judiciales.

**Implementación del Nuevo Sistema de Justicia Penal**: A pesar de los avances en la implementación del nuevo sistema de justicia penal, aún existen desafíos en la capacitación de jueces, ministerios públicos y defensores para garantizar una correcta aplicación del amparo en este contexto.

## Conclusiones

El Derecho de Amparo en México es una valiosa herramienta que ha evolucionado y se ha consolidado a lo largo del tiempo como un mecanismo fundamental para proteger los derechos humanos y las garantías individuales de los ciudadanos. Desde sus antecedentes históricos hasta su papel en el sistema de justicia penal, el amparo ha sido clave en la lucha por la justicia, la igualdad y el respeto a la Constitución en el país.

El amparo ha permitido que los ciudadanos puedan impugnar actos de autoridad que consideren violatorios de sus derechos, lo que ha resultado en una mayor protección y tutela de los mismos. Asimismo, la intervención de la Suprema Corte de Justicia de la Nación ha sido fundamental para establecer jurisprudencia y criterios que orienten a los tribunales inferiores en la resolución de casos de amparo.

A pesar de los logros alcanzados, el amparo enfrenta retos y desafíos que deben ser atendidos para fortalecer su eficacia y alcance. Garantizar el acceso a la justicia para todos los ciudadanos, combatir la corrupción y agilizar los procesos judiciales son algunos de los aspectos que requieren una atención prioritaria.

En conclusión, el Derecho de Amparo en México es una piedra angular del sistema jurídico del país que ha contribuido de manera significativa a la protección de los derechos humanos y al fortalecimiento del Estado de derecho. Su continuo desarrollo y mejora son fundamentales para seguir avanzando hacia una sociedad más justa, equitativa y respetuosa de los derechos de todos sus ciudadanos.

### Términos en el Juicio de Amparo

Como ya vimos antes, el juicio de amparo en México cuenta con una serie de términos y conceptos jurídicos específicos que son fundamentales para comprender su funcionamiento y desarrollo. A continuación, se explican algunos de los términos más importantes en el contexto del juicio de amparo:

**Quejoso:** Es la persona o entidad que promueve el juicio de amparo, es decir, quien considera que un acto de autoridad vulnera sus derechos y busca protegerlos mediante esta vía.

**Autoridad Responsable:** Son las autoridades que emitieron o ejecutaron el acto que se impugna en el juicio de amparo. Estas autoridades deben ser emplazadas para que rindan su informe justificado.

**Informe Justificado:** Es la respuesta que las autoridades responsables presentan al juez o tribunal en la que exponen los fundamentos y motivos del acto impugnado.

113

**Agravio:** Se refiere al daño o perjuicio que el acto de autoridad causa al quejoso. El juicio de amparo debe estar fundamentado en agravios concretos para que proceda.

**Acto Reclamado:** Es el acto o resolución de autoridad que el quejoso considera que vulnera sus derechos y que busca impugnar en el juicio de amparo.

**Amparo Directo:** Es el tipo de amparo que se presenta directamente ante un juez de distrito, cuando una persona considera que una autoridad ha violado sus derechos humanos.

**Amparo Indirecto:** Es el tipo de amparo que se presenta ante un juez de distrito, pero este debe remitirlo al tribunal colegiado de circuito para su resolución, cuando se impugna una ley o acto general de autoridad.

**Tribunal Colegiado de Circuito:** Es el órgano judicial que resuelve los amparos indirectos. Está compuesto por tres magistrados y tiene competencia en un circuito judicial.

**Tribunal Unitario:** Es el órgano judicial que resuelve los amparos directos. Está compuesto por un solo juez de distrito.

Sentencia Definitiva: Es la resolución final que emite el tribunal o juez en el juicio de amparo, en la que se determina si procede o no el amparo.

**Sentencia Suspendida:** Es la sentencia que se encuentra pendiente de ejecución debido a que se concedió el amparo, pero aún no se ha cumplido con todas las formalidades para su ejecución.

**Sentencia Firme:** Es la sentencia que ya no puede ser impugnada por ninguna de las partes y adquiere carácter definitivo.

**Ejecutoria:** Es la resolución que pone fin al juicio de amparo y que tiene efectos de cosa juzgada, es decir, no puede ser nuevamente revisada.

**Efectos Relativos:** Se refiere a que la sentencia de amparo solo beneficia al quejoso y a las personas que estuvieron bajo su representación o interés.

**Efectos Generales:** Se refiere a que la sentencia de amparo beneficia a todas las personas que se encuentren en una situación similar y que hayan sido afectadas por el acto reclamado.

**Pruebas:** Son los elementos de prueba presentados por las partes para respaldar sus argumentos en el juicio de amparo. Pueden ser documentales, testimoniales, periciales, etc.

**Alegatos:** Son los argumentos finales que presentan las partes una vez que se han desahogado las pruebas, con el fin de sostener sus pretensiones.

**Auto de Sobreseimiento:** Es la resolución que declara la terminación del juicio de amparo sin resolver sobre el fondo del asunto, debido a la inexistencia de un acto reclamable o por otras razones legales.

**Recurso de Revisión:** Es el recurso que se presenta ante un tribunal superior para que revise la sentencia de amparo en caso de que alguna de las partes no esté conforme con la resolución.

**Principio Pro Persona:** Es el principio que establece que en caso de duda sobre la interpretación de normas o derechos fundamentales, se debe adoptar aquella que sea más favorable a la protección de los derechos humanos del quejoso.

Estos son solo algunos de los términos más relevantes en el juicio de amparo en México. El amparo es un recurso jurídico complejo y técnico, por lo que es importante contar con la asesoría de profesionales del derecho para entender plenamente su alcance y procedimiento.

### Sobreseimiento

El sobreseimiento es un término jurídico utilizado en el contexto del juicio de amparo en México y hace referencia a la resolución que declara la terminación del juicio sin resolver sobre el fondo del asunto, es decir, sin entrar a analizar la cuestión de fondo que se plantea en la demanda de amparo. El sobreseimiento puede tener diferentes causas y efectos, y es importante entender sus implicaciones en el proceso judicial. A continuación, se explican las principales características y causas del sobreseimiento en el juicio de amparo:

Características del Sobreseimiento en el Juicio de Amparo:

**Falta de Acto Reclamable:** Una de las causas más comunes de sobreseimiento en el juicio de amparo es la falta de un acto reclamable. Esto significa que el acto de autoridad que el quejoso pretende impugnar no tiene carácter definitivo o no afecta directamente sus derechos. En estos casos, el juez o tribunal puede dictar el sobreseimiento del juicio.

**Falta de Interés Legítimo del Quejoso:** Otra causa de sobreseimiento puede ser la falta de interés legítimo del quejoso para promover el juicio de amparo. Esto significa que el quejoso no tiene un interés directo y personal en el acto de autoridad que pretende impugnar.

**Falta de Jurisdicción o Competencia:** Si el juez o tribunal determina que no tiene jurisdicción o competencia para conocer del juicio de amparo, puede dictar el sobreseimiento y remitir el asunto al órgano judicial que sí tenga competencia.

**Falta de Formalidades Procesales:** El sobreseimiento también puede ser dictado por la falta de cumplimiento de ciertas formalidades procesales, como plazos, notificaciones o requisitos de la demanda de amparo.

**Causas Externas al Proceso:** El sobreseimiento también puede deberse a causas externas al proceso judicial, como la desistimiento del quejoso o la muerte de alguna de las partes.

Efectos del Sobreseimiento:

El sobreseimiento en el juicio de amparo tiene efectos terminantes sobre el proceso. Al ser dictado, el juicio concluye sin que se resuelva sobre el fondo del asunto, es decir, sin que se analice la cuestión principal que se plantea en la demanda de amparo. Los efectos del sobreseimiento pueden variar según la causa que lo origine:

Si el sobreseimiento es dictado por falta de acto reclamable, el juicio queda concluido y el quejoso no obtiene una resolución sobre la legalidad del acto de autoridad impugnado.

Si el sobreseimiento es dictado por falta de interés legítimo del quejoso, el juicio queda concluido y el quejoso pierde la oportunidad de impugnar el acto de autoridad.

Si el sobreseimiento es dictado por falta de jurisdicción o competencia, el juicio queda concluido y el asunto será remitido al órgano judicial correspondiente.

Si el sobreseimiento es dictado por falta de formalidades procesales, el juicio queda concluido y el quejoso deberá corregir las deficiencias para volver a presentar la demanda de amparo.

Es importante señalar que el sobreseimiento no implica una resolución sobre la cuestión de fondo y no afecta la posibilidad de presentar una nueva demanda de amparo en caso de que se corrijan las causas que originaron el sobreseimiento.

Causas de Sobreseimiento más Comunes en el Juicio de Amparo:

**Improcedencia del Amparo:** Se declara cuando el juicio de amparo no es la vía adecuada para impugnar el acto de autoridad o cuando el quejoso no cumple con los requisitos de procedencia.

**Falta de Interés Jurídico:** Se declara cuando el quejoso no tiene un interés legítimo y directo en impugnar el acto de autoridad.

**Falta de Acto Reclamable:** Se declara cuando el acto de autoridad impugnado no es definitivo o no afecta directamente los derechos del quejoso.

**Cosa Juzgada:** Se declara cuando el asunto ya ha sido resuelto en otro juicio de amparo y la resolución es inimpugnable.

**Incompetencia del Órgano Jurisdiccional:** Se declara cuando el juez o tribunal no tiene competencia para conocer del juicio de amparo.

**Inactividad Procesal:** Se declara cuando el juicio de amparo ha estado detenido durante un tiempo prolongado sin actividad procesal.

**Falta de Legitimación:** Se declara cuando el quejoso no tiene la capacidad legal para promover el juicio de amparo.

En conclusión, el sobreseimiento en el juicio de amparo es una figura jurídica que implica la terminación del proceso sin entrar a resolver sobre el fondo del asunto. Puede ser dictado por diversas causas, como la falta de acto reclamable, falta de interés legítimo del quejoso o falta de jurisdicción del órgano judicial, entre otros. Es importante que las partes involucradas en el juicio de amparo estén atentas a los requerimientos y plazos procesales para evitar el sobreseimiento y garantizar un juicio justo y adecuado a la protección de los derechos humanos y garantías individuales.

### Naturaleza y alcance del juicio de amparo

La naturaleza y alcance del juicio de amparo en México son fundamentales para comprender su importancia y las implicaciones que tiene en el sistema judicial y en la protección de los derechos humanos. A continuación, exploraremos detalladamente estos aspectos:

### Naturaleza del Juicio de Amparo

El juicio de amparo es un recurso jurídico y una garantía constitucional que tiene como objetivo principal proteger los derechos humanos y las garantías individuales de los ciudadanos frente a actos de autoridad que puedan vulnerarlos. Es un mecanismo de control de la constitucionalidad que asegura que todas las actuaciones del poder público se ajusten a lo establecido en la Constitución y en tratados internacionales.

El amparo en México se basa en el principio de supremacía constitucional, lo que significa que la Constitución es la norma suprema y que ninguna autoridad puede contravenirla. De esta manera, el juicio de amparo permite corregir actos de autoridad que sean contrarios a los derechos y garantías establecidos en la Carta Magna, asegurando así el respeto al Estado de derecho.

## Alcance del Juicio de Amparo

El alcance del juicio de amparo en México es amplio y versátil, lo que le ha permitido adaptarse a diferentes situaciones y contextos jurídicos. A continuación, se presentan algunos aspectos relevantes del alcance del amparo:

**Garantía de Tutela Judicial Efectiva:** El amparo es una garantía fundamental para que los ciudadanos tengan acceso a la justicia y puedan impugnar actos de autoridad que consideren violatorios de sus derechos. Esto asegura una tutela judicial efectiva para la protección de los derechos humanos.

**Control de Constitucionalidad:** El amparo es una herramienta para el control de la constitucionalidad, lo que significa que los tribunales pueden revisar la constitucionalidad de las leyes, reglamentos y actos de autoridad.

**Protección contra Actos de Autoridad:** El amparo protege a los ciudadanos frente a actos de autoridad, sean estos legislativos, administrativos o judiciales, que violen sus derechos humanos y garantías individuales.

**Defensa de los Derechos Fundamentales:** El amparo defiende los derechos humanos y libertades fundamentales reconocidos en la Constitución y en tratados internacionales, como el derecho a la vida, la libertad, la igualdad y la dignidad humana.

**Diversos Tipos de Amparo:** Existen diferentes tipos de amparo, como el amparo directo, indirecto, administrativo, en materia penal, entre otros, que se adecúan a distintas situaciones y violaciones de derechos.

**Restitución de Derechos:** El amparo no solo busca declarar la inconstitucionalidad de un acto, sino que también puede ordenar la restitución de los derechos vulnerados o afectados por la autoridad.

**Revisión de Criterios Jurisprudenciales:** La SCJN puede revisar y establecer criterios jurisprudenciales que guíen a los tribunales inferiores en la resolución de casos de amparo.

El alcance del juicio de amparo en México se ha ido ampliando y adaptando a lo largo del tiempo, lo que ha permitido que sea una herramienta esencial para la protección de los derechos humanos y la preservación del Estado de derecho en el país.

## Impacto del Juicio de Amparo en México

El juicio de amparo ha tenido un impacto significativo en México, tanto en la protección de los derechos humanos como en la evolución del sistema judicial. Algunos de los principales impactos del amparo son:

**Protección de los Derechos Humanos:** El amparo ha sido una herramienta clave en la protección de los derechos humanos, garantizando que las acciones de las autoridades se ajusten a los principios de igualdad, legalidad y respeto a la dignidad humana.

**Control de la Constitucionalidad:** El amparo ha permitido el control de la constitucionalidad de las leyes y actos de autoridad, asegurando que no contravengan lo establecido en la Constitución.

**Promoción del Estado de Derecho:** El amparo ha sido fundamental para fortalecer el Estado de derecho en México, garantizando que las autoridades actúen dentro del marco legal establecido.

**Reformas Legislativas:** El amparo ha impulsado reformas legislativas y cambios en la legislación para adaptarla a los estándares de derechos humanos y garantizar una mayor protección de los ciudadanos.

**Jurisprudencia y Criterios Jurisdiccionales:** La SCJN, a través del amparo, ha establecido jurisprudencia y criterios que han sido fundamentales para orientar a los tribunales inferiores y garantizar una interpretación coherente y uniforme de la ley.

**Acceso a la Justicia:** El amparo ha facilitado el acceso a la justicia para los ciudadanos, permitiéndoles impugnar actos de autoridad y obtener una protección efectiva de sus derechos.

**Prevención del Abuso de Autoridad:** El amparo ha contribuido a prevenir y sancionar el abuso de autoridad por parte de funcionarios públicos, al garantizar que sus actuaciones se ajusten a la ley y respeten los derechos humanos.

En conclusión, el juicio de amparo en México es una garantía constitucional de gran relevancia que ha tenido un impacto significativo en la protección de los derechos humanos y en el fortalecimiento del Estado de derecho. Su naturaleza como recurso jurídico y su amplio alcance lo convierten en una herramienta esencial para garantizar la justicia y la igualdad en el país. Sin embargo, también enfrenta retos y desafíos que

119

deben ser abordados para fortalecer su eficacia y contribuir a una mayor protección de los derechos humanos en México.

**Tipos de amparo y procedimiento de amparo**

El juicio de amparo en México contempla varios tipos que se adaptan a diferentes situaciones y violaciones de derechos.

A continuación, se detallan los principales tipos de amparo en el país:

**Amparo Directo:** Este tipo de amparo es el más común y se presenta ante un tribunal federal cuando una persona considera que una autoridad ha violado sus derechos humanos reconocidos en la Constitución y en tratados internacionales. El amparo directo se presenta directamente ante el juez de distrito competente, quien evalúa los argumentos del quejoso y la actuación de la autoridad responsable.

**Amparo Indirecto:** El amparo indirecto es procedente cuando una persona considera que una ley, acto o autoridad ha afectado sus derechos de manera general o impersonal. A diferencia del amparo directo, el amparo indirecto se presenta ante un juez de distrito competente, pero este deberá remitirlo al tribunal colegiado de circuito para su resolución.

**Amparo Administrativo:** El amparo administrativo se presenta contra actos de autoridades administrativas que afecten directamente los derechos del quejoso. Estos actos pueden ser resoluciones, actas, acuerdos o cualquier acto que emane de una autoridad administrativa que vulnere los derechos del ciudadano. El amparo administrativo puede ser directo o indirecto, dependiendo de la naturaleza del acto impugnado.

**Amparo en Materia Penal:** El amparo en materia penal se utiliza para proteger los derechos de una persona que está siendo procesada o condenada penalmente. Permite revisar la legalidad de las actuaciones de las autoridades judiciales y asegurar el respeto a los derechos fundamentales del imputado o sentenciado.

**Amparo contra Leyes:** Este tipo de amparo se presenta cuando una persona considera que una ley o norma es inconstitucional o contraria a los derechos humanos. El amparo contra leyes tiene un carácter más amplio y puede tener efectos generales en la protección de los derechos de todos los ciudadanos afectados por la norma impugnada.

**Amparo contra Sentencias:** El amparo contra sentencias es procedente cuando una persona considera que una resolución judicial ha vulnerado sus derechos humanos. Permite que los tribunales superiores revisen la legalidad y constitucionalidad de la sentencia dictada en un juicio ordinario.

**Amparo en Revisión:** Es aquel que se presenta contra sentencias definitivas, laudos y resoluciones que pongan fin al juicio, dictados por tribunales judiciales, administrativos, agrarios o del trabajo. La revisión de amparo se tramita ante los tribunales colegiados de circuito.

Cada tipo de amparo tiene sus propios requisitos y procedimientos específicos, lo que hace que el juicio de amparo sea una herramienta flexible y versátil para proteger los derechos de los ciudadanos en distintos ámbitos de la vida jurídica.

## Procedimiento de Amparo en México

El procedimiento de amparo en México está regulado principalmente por la Ley de Amparo, Reglamentaria de los Artículos 103 y 107 de la Constitución. El juicio de amparo se desarrolla a través de una serie de etapas que garantizan el debido proceso y la protección de los derechos de todas las partes involucradas. A continuación, se describen las etapas fundamentales del procedimiento de amparo:

**1. Demanda de Amparo:** El juicio de amparo se inicia con la presentación de una demanda por parte del quejoso (o peticionario), que es la persona o entidad que considera que un acto de autoridad vulnera sus derechos. La demanda debe ser escrita y contener ciertos elementos, como la identificación de las partes, los actos que se impugnan, los derechos violados y los argumentos de hecho y de derecho que fundamenten el amparo.

**2. Admisión de la Demanda:** Una vez presentada la demanda, el juez o tribunal revisa si cumple con los requisitos formales para su admisión. De ser procedente, se admite la demanda y se da inicio al juicio de amparo.

**3. Emplazamiento a las Autoridades Responsables:** Después de admitida la demanda, el juez o tribunal ordena el emplazamiento a las autoridades responsables, que son aquellas que emitieron o ejecutaron el acto impugnado. Las autoridades responsables tienen un plazo para rendir su informe justificado, en el que explican los fundamentos y motivos del acto impugnado.

**4. Desahogo de Pruebas:** Una vez presentado el informe justificado de las autoridades responsables, las partes tienen la oportunidad de ofrecer y presentar pruebas que respalden sus argumentos. Las pruebas pueden ser documentales, testimoniales, periciales, entre otras.

**5. Alegatos:** Después de desahogar las pruebas, las partes tienen la oportunidad de presentar sus alegatos finales, es decir, sus argumentos para sustentar sus pretensiones en el juicio.

121

**6. Sentencia:** Una vez concluida la etapa de pruebas y alegatos, el juez o tribunal emite una sentencia en la que resuelve si procede o no el amparo. En la sentencia se evalúa la constitucionalidad del acto impugnado y se determina si se violaron o no los derechos del quejoso.

**7. Ejecución de la Sentencia:** Si se concede el amparo, la autoridad responsable debe acatar la sentencia y cumplir con lo ordenado por el juez o tribunal. En caso de que la sentencia sea en contra del quejoso, este puede interponer un recurso de revisión para que un tribunal superior analice el caso.

Es importante destacar que el juicio de amparo se rige por principios fundamentales, como el principio de defensa de garantías individuales, el principio de interpretación pro persona, el principio de relatividad de las sentencias, entre otros. Estos principios aseguran que el juicio de amparo se desarrolle de manera justa y equitativa, buscando siempre proteger los derechos humanos de los ciudadanos.

Además, el amparo en México también cuenta con la figura de la suplencia de la deficiencia de la queja, que permite a los tribunales suplir las deficiencias formales en las demandas de amparo, siempre y cuando no se afecten derechos de terceros. Esta figura busca evitar que cuestiones meramente formales impidan el acceso a la justicia y la protección de los derechos.

En conclusión, el juicio de amparo en México es un mecanismo de suma importancia para proteger los derechos humanos y garantías individuales de los ciudadanos frente a actos de autoridad que puedan vulnerarlos. Los diferentes tipos de amparo permiten adaptar la figura a distintas situaciones y violaciones de derechos, mientras que el procedimiento garantiza el debido proceso y la protección de los derechos de todas las partes involucradas. El juicio de amparo es una herramienta esencial para la preservación del Estado de derecho y la justicia en México.

## Autoridades y actos reclamables en amparo

El juicio de amparo en México es un recurso jurídico fundamental para proteger los derechos humanos y garantías individuales de los ciudadanos frente a actos de autoridad que puedan vulnerarlos. Para comprender la amplitud de su alcance y naturaleza, es esencial entender qué se entiende por "autoridades" y qué tipos de "actos" pueden ser reclamados en el juicio de amparo.

### Autoridades en el Juicio de Amparo:

En el contexto del juicio de amparo, el término "autoridades" hace referencia a todos aquellos órganos, entidades o funcionarios públicos que ejercen alguna forma de poder o autoridad en el ámbito gubernamental. Estas autoridades pueden pertenecer a los distintos niveles de gobierno (federal, estatal o municipal) y tener diferentes competencias y atribuciones.

En el amparo, no solo se pueden impugnar actos de autoridades gubernamentales, sino también actos de particulares que realicen funciones que correspondan a una autoridad. Para determinar si una entidad o persona se considera una autoridad en el sentido del amparo, se analizan varios factores, como si la entidad tiene facultades para ejercer actos de autoridad, si tiene una relación de subordinación con el Estado o si realiza funciones de interés público.

Algunos ejemplos de autoridades que pueden ser impugnadas en el juicio de amparo incluyen:

**Autoridades Administrativas:** Son aquellas que ejercen funciones de gobierno en áreas como la regulación, control, fiscalización, otorgamiento de permisos, entre otros. Ejemplos de autoridades administrativas son las secretarías de gobierno, los institutos de regulación y control, los organismos de protección al consumidor, entre otros.

**Autoridades Judiciales:** Comprenden a los tribunales y jueces encargados de impartir justicia y resolver conflictos legales. En el amparo, se pueden impugnar actos de jueces de primera instancia, tribunales de apelación o tribunales colegiados de circuito.

**Autoridades Legislativas:** Se refiere a los órganos legislativos como el Congreso de la Unión y los congresos estatales. En el amparo, se pueden impugnar leyes o normas que se consideren inconstitucionales o contrarias a derechos humanos.

**Autoridades Municipales:** Son las entidades de gobierno a nivel local que tienen competencias sobre asuntos específicos en sus jurisdicciones. En el amparo, se pueden impugnar actos de autoridades municipales que vulneren derechos humanos o contravengan la Constitución.

**Autoridades de Seguridad Pública:** Comprenden a las fuerzas de seguridad y cuerpos policiales encargados de mantener el orden público y garantizar la seguridad de los ciudadanos. En el amparo, se pueden impugnar actos de autoridades policiales que vulneren derechos fundamentales.

**Autoridades de Salud:** Incluyen a las instituciones y organismos encargados de la prestación de servicios de salud y el control sanitario. En el amparo, se pueden impugnar actos de autoridades de salud que afecten derechos a la salud o que vulneren garantías individuales.

En el juicio de amparo, se pueden impugnar diversos tipos de actos que sean realizados por las autoridades y que puedan vulnerar los derechos humanos y garantías individuales de los ciudadanos. Estos actos pueden ser de diferente naturaleza y tener distintas implicaciones jurídicas. A continuación, se presentan algunos ejemplos de actos que pueden ser reclamados en el juicio de amparo:

**Actos de Autoridad que Violan Garantías Individuales:** Estos son actos realizados por las autoridades que vulneran los derechos fundamentales consagrados en la Constitución y en tratados internacionales. Por ejemplo, detenciones ilegales, allanamientos sin orden judicial, violaciones a la privacidad, tortura, entre otros.

**Actos de Autoridad que Contravienen la Constitución:** Se refiere a actos realizados por las autoridades que son contrarios a lo establecido en la Constitución. Por ejemplo, la emisión de leyes o normas que son inconstitucionales o que vulneran derechos humanos.

**Actos de Autoridad que Infringen Derechos de Defensa:** Comprende actos de autoridades que afectan el derecho a un juicio justo y el debido proceso. Por ejemplo, negar el derecho a la defensa, restringir el acceso a pruebas o no garantizar el derecho a la presunción de inocencia.

**Actos de Autoridad que Afectan Derechos Sociales y Económicos:** Incluye actos de autoridades que afectan derechos como el acceso a la salud, educación, vivienda, alimentación, entre otros. Por ejemplo, recortes presupuestarios en áreas sociales, negación de servicios médicos, desalojos arbitrarios, entre otros.

**Actos de Autoridades que Afectan Derechos Laborales:** Se refiere a actos de autoridades que afectan los derechos de los trabajadores, como despidos injustificados, violaciones a contratos colectivos, restricciones a la libertad sindical, entre otros.

**Actos de Autoridades que Contravienen Derechos de Grupos Vulnerables:** Incluye actos de autoridades que afectan los derechos de grupos en situación de vulnerabilidad, como mujeres, niños, personas con discapacidad, indígenas, entre otros. Por ejemplo, actos de discriminación o violencia de género.

En el juicio de amparo, el quejoso debe precisar qué actos de autoridad considera que vulneran sus derechos y fundamentar sus argumentos para que el juez o tribunal pueda evaluar si procede o no el amparo. El objetivo del juicio de amparo es asegurar que las actuaciones de las autoridades se ajusten a lo establecido en la Constitución y garantizar el respeto a los derechos humanos y garantías individuales de los ciudadanos.

## Procedimiento para Reclamar Actos de Autoridades en Amparo

El procedimiento para reclamar actos de autoridades en el juicio de amparo se desarrolla a través de una serie de etapas que garantizan el debido proceso y la protección de los derechos de todas las partes involucradas. A continuación, se detallan las principales etapas del procedimiento de amparo:

**Demanda de Amparo:** El juicio de amparo se inicia con la presentación de una demanda por parte del quejoso, que es la persona o entidad que considera que un acto de autoridad vulnera sus derechos. La demanda debe ser presentada por escrito y contener información detallada sobre el acto impugnado, las autoridades responsables y los derechos que se consideran vulnerados.

**Admisión de la Demanda:** Una vez presentada la demanda, el juez o tribunal revisa si cumple con los requisitos formales para su admisión. De ser procedente, se admite la demanda y se da inicio al juicio de amparo.

**Emplazamiento a las Autoridades Responsables:** Después de admitida la demanda, el juez o tribunal ordena el emplazamiento a las autoridades responsables, que son aquellas que emitieron o ejecutaron el acto impugnado. Las autoridades responsables tienen un plazo para rendir su informe justificado, en el que explican los fundamentos y motivos del acto impugnado.

**Desahogo de Pruebas:** Una vez presentado el informe justificado de las autoridades responsables, las partes tienen la oportunidad de ofrecer y presentar pruebas que respalden sus argumentos. Las pruebas pueden ser documentales, testimoniales, periciales, entre otras.

**Alegatos:** Después de desahogar las pruebas, las partes tienen la oportunidad de presentar sus alegatos finales, es decir, sus argumentos para sustentar sus pretensiones en el juicio.

**Sentencia:** Una vez concluida la etapa de pruebas y alegatos, el juez o tribunal emite una sentencia en la que resuelve si procede o no el amparo. En la sentencia se evalúa la constitucionalidad del acto impugnado y se determina si se violaron o no los derechos del quejoso.

**Ejecución de la Sentencia:** Si se concede el amparo, la autoridad responsable debe acatar la sentencia y cumplir con lo ordenado por el juez o tribunal. En caso de que la sentencia sea en contra del quejoso, este puede interponer un recurso de revisión para que un tribunal superior analice el caso.

Es importante destacar que el juicio de amparo se rige por principios fundamentales, como el principio de defensa de garantías individuales, el principio de interpretación pro persona, el principio de relatividad de las sentencias, entre otros. Estos principios aseguran que el juicio de amparo se desarrolle de manera justa y equitativa, buscando siempre proteger los derechos humanos de los ciudadanos.

Además, el amparo en México también cuenta con la figura de la suplencia de la deficiencia de la queja, que permite a los tribunales suplir las deficiencias formales en las demandas de amparo, siempre y cuando no se afecten derechos de terceros. Esta figura busca evitar que cuestiones meramente formales impidan el acceso a la justicia y la protección de los derechos.

En conclusión, el juicio de amparo en México es un mecanismo de suma importancia para proteger los derechos humanos y garantías individuales de los ciudadanos frente a actos de autoridad que puedan vulnerarlos. Los diferentes tipos de amparo permiten adaptar la figura a distintas situaciones y violaciones de derechos, mientras que el procedimiento garantiza el debido proceso y la protección de los derechos de todas las partes involucradas. El juicio de amparo es una herramienta esencial para la preservación del Estado de derecho y la justicia en México.

### Plazos procesales en el Juicio de Amparo en Mexico

En el juicio de amparo en México, los plazos procesales son periodos de tiempo establecidos por la ley que regulan la duración de las diferentes etapas del procedimiento. Estos plazos tienen como objetivo asegurar la celeridad y eficiencia en la resolución de los juicios de amparo y garantizar el acceso a la justicia de manera oportuna para las partes involucradas. A continuación, se describen los principales plazos procesales en el juicio de amparo:

**Plazo para Interponer la Demanda de Amparo:** El quejoso tiene un plazo de 15 días hábiles para interponer la demanda de amparo a partir del día siguiente en que surta efectos el acto de autoridad que se pretende impugnar. Si el acto reclamado es de carácter continuo o se prolonga en el tiempo, el plazo se cuenta a partir del último acto que lo renueve, reitere o confirme.

**Plazo para la Admisión de la Demanda:** El juez o tribunal tiene un plazo de tres días hábiles para admitir o desechar la demanda de amparo desde que se presente. Si la demanda es admitida, se inicia el juicio de amparo.

**Plazo para el Emplazamiento a las Autoridades Responsables:** Una vez admitida la demanda de amparo, el juez o tribunal tiene un plazo de tres días hábiles para ordenar el emplazamiento a las autoridades responsables, es decir, notificarles sobre la existencia del juicio de amparo y el acto que se impugna.

**Plazo para el Informe Justificado de las Autoridades Responsables:** Las autoridades responsables tienen un plazo de 15 días hábiles para rendir su informe justificado desde que fueron notificadas del juicio de amparo. En este informe, deben exponer los fundamentos y motivos del acto reclamado.

**Plazo para el Desahogo de Pruebas:** Una vez que se ha presentado el informe justificado de las autoridades responsables, las partes tienen un plazo de cinco días hábiles para ofrecer y presentar pruebas que respalden sus argumentos.

**Plazo para los Alegatos:** Después de desahogar las pruebas, las partes tienen un plazo de tres días hábiles para presentar sus alegatos finales, es decir, sus argumentos para sustentar sus pretensiones en el juicio de amparo.

**Plazo para Dictar Sentencia:** Una vez concluidas las etapas de pruebas y alegatos, el juez o tribunal tiene un plazo de 15 días hábiles para dictar sentencia en el juicio de amparo. La sentencia puede ser emitida en un plazo menor si el juez considera que el asunto es urgente o de especial relevancia.

**Plazo para Ejecutar la Sentencia:** Si se concede el amparo, la autoridad responsable tiene un plazo de tres días hábiles para acatar la sentencia y cumplir con lo ordenado por el juez o tribunal.

Es importante mencionar que, en algunos casos, los plazos procesales pueden ser suspendidos o interrumpidos por causas justificadas, como la presentación de incidentes, la solicitud de prórrogas o la suspensión del juicio por acuerdo del juez o tribunal.

Además de estos plazos procesales, también existen plazos para la interposición de recursos, como el recurso de revisión que puede presentarse en contra de la sentencia de amparo. Estos plazos varían según el tipo de recurso y la etapa del procedimiento.

El cumplimiento de los plazos procesales es fundamental para asegurar la eficacia del juicio de amparo y evitar la caducidad de los derechos procesales de las partes. Por ello, es esencial que los abogados y las partes involucradas estén atentos a los términos establecidos por la ley y cumplan con los plazos de manera oportuna para garantizar un juicio de amparo justo y adecuado.

### Plazo de caducidad para invocar Juicio de amparo en materia penal

El plazo de caducidad para invocar el juicio de amparo en materia penal en México es un aspecto crucial, ya que determina el límite de tiempo en el cual el quejoso tiene la oportunidad de presentar la demanda de amparo ante el juez de distrito para impugnar un acto de autoridad que afecte sus derechos en un caso penal. El plazo de caducidad es establecido por la ley y su incumplimiento puede implicar la pérdida del derecho a promover el juicio de amparo. El plazo de caducidad varía dependiendo de la etapa procesal del caso penal y el tipo de acto que se pretende impugnar.

A continuación, se detallan los plazos de caducidad más relevantes para invocar el juicio de amparo en materia penal:

**Acto Definitivo en el Procedimiento Penal:** En general, para impugnar actos definitivos que se dicten en el proceso penal, el plazo de caducidad es de 15 días hábiles contados a partir del día siguiente en que se haya notificado el acto al quejoso o su defensor. Se considera acto definitivo aquel que resuelve cuestiones sustantivas del proceso penal, como una sentencia, auto de formal prisión, auto de no vinculación a proceso, entre otros.

**Acto que Impida la Continuación del Procedimiento Penal:** Si se trata de actos que impidan la continuación del procedimiento penal, el plazo de caducidad para promover el juicio de amparo es de 15 días hábiles contados a partir del día siguiente en que se haya notificado el acto al quejoso o su defensor. Este tipo de actos pueden ser órdenes de libertad o amparo provisional, sobreseimiento, entre otros.

**Actos no Definitivos:** Para actos que no tengan el carácter de definitivos o que no impidan la continuación del procedimiento penal, el plazo de caducidad es de 15 días hábiles contados a partir de que el quejoso tenga conocimiento de su existencia. Estos actos pueden ser resoluciones interlocutorias o incidentes dentro del proceso penal.

**Actos Permanentes:** En el caso de actos que tengan un efecto permanente a lo largo del procedimiento penal, el plazo de caducidad para impugnarlos es de 15 días hábiles contados a partir del día siguiente en que cese el acto reclamado. Este tipo de actos pueden ser medidas cautelares, como prisión preventiva.

Es importante mencionar que, en algunos casos, la ley prevé la posibilidad de interrumpir o suspender el plazo de caducidad debido a situaciones específicas. Por ejemplo, si el quejoso se encuentra privado de su libertad o está en una situación de vulnerabilidad que le impide acudir a presentar la demanda de amparo, puede solicitar la suspensión del plazo para invocar el juicio de amparo.

Es responsabilidad del quejoso y su defensor estar atentos a los plazos de caducidad y cumplir con los requisitos establecidos por la ley para la presentación oportuna de la demanda de amparo en materia penal. El incumplimiento de los plazos de caducidad puede implicar la extinción del derecho a promover el juicio de amparo y la imposibilidad de impugnar los actos de autoridad que afecten sus derechos en el caso penal.

**Efectos y resolución del juicio de amparo**

El juicio de amparo es un recurso jurídico que busca proteger los derechos fundamentales y garantías individuales de las personas en México. Una vez que se ha tramitado y resuelto, el juicio de amparo puede tener diversos efectos y resoluciones, dependiendo del tipo de amparo, las circunstancias del caso y el sentido de la sentencia emitida. A continuación, se explican los principales efectos y resoluciones del juicio de amparo:

Efectos del Juicio de Amparo:

**Restitutorios:** Cuando el juicio de amparo es resuelto a favor del quejoso, los efectos pueden ser restitutorios, lo que significa que se restablece la situación jurídica que prevalecía antes de la violación a sus derechos. Por ejemplo, si se concedió el amparo contra una detención ilegal, el detenido debe ser puesto en libertad de inmediato.

**Declarativos:** En algunos casos, el juicio de amparo tiene efectos declarativos, lo que implica que se declara la invalidez o inconstitucionalidad de un acto o ley, pero sin modificar directamente las situaciones jurídicas de las partes involucradas. Los efectos declarativos tienen el propósito de establecer una jurisprudencia que se aplicará en casos similares.

**Suspensivos:** La presentación del juicio de amparo puede tener efectos suspensivos, lo que significa que se suspende la ejecución del acto o resolución reclamada mientras se resuelve el juicio de amparo. La suspensión puede ser provisional o definitiva, y su otorgamiento dependerá de la valoración del juez sobre los derechos en conflicto y los posibles perjuicios a las partes.

Resolución del Juicio de Amparo:

**Concesión del Amparo:** Si el juez o tribunal determina que se han violado los derechos del quejoso, se concede el amparo, y se ordena restituirlo en sus garantías individuales. La autoridad responsable debe acatar la sentencia y corregir la violación a los derechos.

**Negación del Amparo:** Si el juez o tribunal determina que no se han violado los derechos del quejoso o que la violación no es suficientemente grave para otorgar el amparo, se niega el amparo. En este caso, el acto o resolución de autoridad impugnado permanecerá en vigor.

**Efectos Parciales:** En algunos casos, el juicio de amparo puede tener efectos parciales, lo que significa que solo se concede el amparo en ciertos aspectos del acto o resolución impugnada, pero no en su totalidad.

**Sobreseimiento:** Si el juicio de amparo es declarado improcedente o se advierte la falta de interés jurídico del quejoso, se dictará una resolución de sobreseimiento, lo que implica que el juicio se dará por concluido sin resolver sobre el fondo del asunto.

Es importante mencionar que las sentencias de amparo pueden ser impugnadas a través de recursos específicos, como el recurso de revisión, que permite que una autoridad jerárquicamente superior revise la sentencia emitida en primera instancia.

En conclusión, el juicio de amparo tiene efectos restitutorios, declarativos o suspensivos, y su resolución puede conllevar la concesión o negación del amparo, así como efectos parciales o el sobreseimiento del juicio. La finalidad última del juicio de amparo es proteger los derechos humanos y garantías individuales de las personas frente a actos de autoridad que vulneren sus derechos fundamentales.

# Capítulo 15:

## Derecho Electoral en México

El Derecho Electoral en México es una rama del derecho que regula el sistema electoral y los procesos democráticos del país. Es un conjunto de normas, principios y mecanismos que garantizan la participación ciudadana en la elección de representantes y autoridades, así como la organización y funcionamiento de los órganos electorales encargados de supervisar y administrar los procesos electorales.

El Derecho Electoral en México ha experimentado importantes cambios a lo largo de la historia, con el objetivo de fortalecer el sistema democrático y garantizar la transparencia, equidad e imparcialidad de las elecciones. En este artículo, analizaremos los aspectos fundamentales del Derecho Electoral en México, su evolución histórica, los principios que lo rigen, la organización de las elecciones, así como los principales retos y desafíos que enfrenta el sistema electoral mexicano en la actualidad.

Evolución Histórica
del Derecho Electoral en México:

El Derecho Electoral en México tiene sus raíces en la Constitución de 1824, la cual establecía un sistema representativo basado en la división de poderes y la elección de representantes mediante votación popular. Sin embargo, durante gran parte del siglo XIX y principios del siglo XX, el país enfrentó numerosos conflictos políticos y sociales que afectaron la estabilidad del sistema electoral.

Fue hasta la promulgación de la Constitución de 1917, tras la Revolución Mexicana, que se estableció un marco jurídico más sólido para el Derecho Electoral. La Constitución de 1917 estableció la creación del Instituto Federal Electoral (IFE), actualmente Instituto Nacional Electoral (INE), como órgano autónomo encargado de organizar las elecciones federales.

A lo largo del siglo XX, se promulgaron diversas reformas electorales que buscaban garantizar la representatividad y la equidad en la contienda política. En 1990, se llevó a cabo una reforma constitucional que otorgó autonomía al Instituto Federal Electoral, lo que significó un paso importante para fortalecer la imparcialidad y la transparencia en el sistema electoral.

131

Posteriormente, en 1996, se llevó a cabo una reforma electoral que introdujo el principio de representación proporcional, permitiendo que los partidos políticos obtuvieran diputados y senadores en función del porcentaje de votos obtenidos en las elecciones. Esta reforma contribuyó a una mayor pluralidad y diversidad política en el Congreso de la Unión.

En las últimas décadas, se han realizado diversas reformas electorales con el objetivo de mejorar la calidad de los procesos electorales y garantizar la participación ciudadana. Entre las reformas más destacadas se encuentra la reforma electoral de 2014, que creó el Instituto Nacional Electoral (INE) como organismo público autónomo y sustituyó al anterior Instituto Federal Electoral (IFE). Esta reforma también estableció la reelección de diputados y senadores, así como la paridad de género en la postulación de candidaturas.

Principios del Derecho Electoral en México:

El Derecho Electoral en México se rige por una serie de principios fundamentales que buscan garantizar la equidad, la transparencia y la imparcialidad en los procesos electorales. Algunos de los principios más relevantes son los siguientes:

**Universalidad:** Todos los ciudadanos tienen el derecho de votar y ser votados, sin discriminación por razones de género, raza, religión o condición social.

**Igualdad:** Todas las personas y partidos políticos tienen igualdad de oportunidades para participar en los procesos electorales y acceder a los cargos públicos.

**Legalidad:** Los procesos electorales deben llevarse a cabo de acuerdo con la ley y los principios constitucionales.

**Transparencia:** Los procesos electorales deben ser transparentes y públicos, permitiendo el acceso a la información y la rendición de cuentas.

**Equidad:** Se deben establecer medidas para garantizar la equidad en la competencia política y evitar ventajas indebidas para algún partido o candidato.

**Objetividad e Imparcialidad:** Las autoridades electorales deben actuar de manera objetiva e imparcial, sin favorecer a ningún partido o candidato.

**Participación Ciudadana:** Se debe fomentar la participación activa de la ciudadanía en los procesos electorales.

**Rendición de Cuentas:** Las autoridades electorales y los partidos políticos deben rendir cuentas sobre el uso de los recursos públicos y el cumplimiento de las normas electorales.

## Organización de las Elecciones en México:

El proceso electoral en México implica diversas etapas, desde la preparación y registro de candidaturas hasta la emisión y cómputo de los votos. A continuación, se describen las principales etapas del proceso electoral en México:

**Convocatoria y Registro de Candidaturas:** El proceso electoral comienza con la convocatoria a elecciones por parte del Instituto Nacional Electoral (INE). Los partidos políticos y ciudadanos pueden registrar sus candidaturas para los distintos cargos públicos.

**Campaña Electoral:** Durante esta etapa, los candidatos y partidos políticos realizan campañas para promover sus propuestas y obtener el voto de los ciudadanos.

**Jornada Electoral:** Es el día en que los ciudadanos acuden a las urnas para emitir su voto de manera libre y secreta.

**Cómputo y Resultados Electorales:** Después de la jornada electoral, se realiza el cómputo de los votos para determinar a los ganadores de los cargos en disputa.

**Proclamación de Resultados:** Una vez realizado el cómputo, se proclaman los resultados y se declaran a los candidatos ganadores.

**Resolución de Controversias:** Los partidos políticos y candidatos tienen la posibilidad de impugnar los resultados electorales mediante recursos legales ante los tribunales electorales.

Toma de Posesión: Los candidatos ganadores toman posesión de los cargos para los cuales fueron electos.

## Principales Retos y Desafíos
## del Derecho Electoral en México:

A pesar de los avances en la legislación electoral en México, aún existen retos y desafíos que enfrenta el sistema electoral. Algunos de los principales son los siguientes:

**Violencia Política:** La violencia política en contra de candidatos y líderes sociales es un problema grave que afecta la integridad y la democracia del país.

**Financiamiento de Campañas:** El financiamiento de campañas electorales y el uso de recursos públicos de manera indebida son temas que requieren mayor regulación y transparencia.

**Participación Ciudadana:** Aunque ha habido avances, aún es necesario fomentar una mayor participación ciudadana en los procesos electorales.

**Paridad de Género:** Si bien se ha avanzado en la inclusión de mujeres en la política, todavía persisten desafíos para lograr una verdadera paridad de género en todos los niveles de gobierno.

**Violación a los Derechos Humanos:** La violación a los derechos humanos en el contexto electoral es una problemática que requiere atención y sanciones efectivas.

**Fortalecimiento Institucional:** Es importante seguir fortaleciendo las instituciones encargadas de organizar y supervisar los procesos electorales para garantizar su imparcialidad y eficacia.

Conclusiones:

El Derecho Electoral en México es una pieza fundamental para garantizar el funcionamiento democrático del país. A lo largo de la historia, ha experimentado importantes cambios y reformas para mejorar la calidad de los procesos electorales y asegurar la participación ciudadana en la toma de decisiones políticas.

Los principios que rigen el Derecho Electoral, como la universalidad, la igualdad y la transparencia, son fundamentales para garantizar la legitimidad de los resultados electorales y la representatividad de los cargos públicos.

Sin embargo, aún existen retos y desafíos que enfrenta el sistema electoral mexicano, como la violencia política, el financiamiento de campañas, la participación ciudadana y la paridad de género. Superar estos desafíos requiere de un esfuerzo conjunto de las autoridades, los partidos políticos y la sociedad en su conjunto.

En conclusión, el Derecho Electoral en México es un pilar fundamental para la consolidación de la democracia y el respeto a los derechos humanos. Su evolución y desarrollo continúan siendo clave para fortalecer la participación ciudadana y la gobernabilidad democrática en el país.

### Sistema Electoral Mexicano

El sistema electoral mexicano es un conjunto de leyes, instituciones, principios y procedimientos que regulan los procesos electorales en el país. Su objetivo es garantizar la participación ciudadana, la libre expresión del voto y la representatividad de los órganos de gobierno, así como asegurar la transparencia, equidad e imparcialidad en las elecciones. A lo largo de la historia, el sistema electoral mexicano ha experimentado diversos cambios y reformas para fortalecer la democracia y asegurar la legitimidad de los resultados electorales.

En este artículo, analizaremos los elementos fundamentales del sistema electoral mexicano, su evolución histórica, las principales instituciones encargadas de su funcionamiento, así como los retos y desafíos que enfrenta en la actualidad.

Elementos Fundamentales
del Sistema Electoral Mexicano:

El sistema electoral mexicano está compuesto por diversos elementos que interactúan para garantizar la organización y desarrollo de los procesos electorales. Algunos de los elementos fundamentales del sistema electoral mexicano son los siguientes:

**Principios Electorales:** El sistema electoral mexicano se rige por principios fundamentales, como la universalidad, la igualdad, la legalidad, la certeza, la imparcialidad, la independencia, la equidad y la transparencia. Estos principios buscan asegurar elecciones libres, justas y transparentes.

**Órganos Electorales:** El Instituto Nacional Electoral (INE) es el órgano máximo responsable de la organización, supervisión y administración de los procesos electorales federales en México. Además, existen organismos electorales locales en cada entidad federativa y en la Ciudad de México para organizar las elecciones locales.

**Registro Nacional de Electores:** El Registro Nacional de Electores (RNE) es una base de datos que contiene la información de todos los ciudadanos mexicanos que tienen derecho a votar. Es administrado por el INE y es utilizado para la expedición de la credencial de elector, el documento que acredita la identidad y la ciudadanía del votante.

**Partidos Políticos:** Los partidos políticos son actores fundamentales en el sistema electoral mexicano. Son organizaciones que buscan acceder al poder y representar a los ciudadanos en los órganos de gobierno. Para participar en las elecciones, los partidos deben obtener su registro ante el INE.

**Candidaturas:** Los partidos políticos y los ciudadanos pueden postular candidatos a los diferentes cargos de elección popular. Las candidaturas pueden ser individuales o de representación proporcional, dependiendo del sistema electoral que aplique en cada elección.

**Votación:** La votación es el acto mediante el cual los ciudadanos eligen a sus representantes y autoridades. El voto es libre, universal, directo, secreto y obligatorio para los ciudadanos mayores de 18 años.

**Conteo y Resultados Electorales:** Después de la jornada electoral, se realiza el conteo de los votos emitidos y se declaran los resultados para determinar a los candidatos ganadores.

**Financiamiento Electoral:** Los partidos políticos y las campañas electorales son financiados con recursos públicos y privados. El financiamiento está regulado por la ley para garantizar la equidad en la contienda política.

**Protección de Derechos Humanos:** El sistema electoral debe garantizar el respeto a los derechos humanos de los ciudadanos y los candidatos en todo el proceso electoral.

Evolución Histórica
del Sistema Electoral Mexicano:

El sistema electoral mexicano ha experimentado diversas etapas y transformaciones a lo largo de la historia del país. A continuación, se describen algunos momentos clave en la evolución del sistema electoral mexicano:

**Siglo XIX:** Durante el siglo XIX, México vivió distintos procesos políticos y constitucionales. La Constitución de 1824 estableció un sistema federal y representativo, con elecciones indirectas para la designación de representantes. Sin embargo, la inestabilidad política y las guerras civiles afectaron la organización de los procesos electorales.

**Porfiriato:** Durante el Porfiriato (1876-1911), el sistema electoral fue controlado por el gobierno de Porfirio Díaz, lo que limitó la participación ciudadana y la pluralidad política. Las elecciones eran manipuladas para mantener el poder en manos del régimen.

**Revolución Mexicana:** La Revolución Mexicana (1910-1917) generó un cambio político y social en el país. La Constitución de 1917 estableció el sufragio efectivo, la no reelección y el voto popular como principios fundamentales del sistema electoral.

**Instituto Federal Electoral (IFE):** En 1946 se creó el Instituto Federal Electoral (IFE) como órgano encargado de organizar las elecciones federales. Sin embargo, durante varias décadas, el sistema electoral enfrentó cuestionamientos sobre su legitimidad y transparencia.

**Reformas Electorales:** A partir de la década de 1970, se llevaron a cabo diversas reformas electorales para fortalecer el sistema electoral y garantizar la participación ciudadana. En 1977 se estableció el voto a los 18 años y en 1986 se reformó el sistema para permitir la participación de candidatos independientes.

**Transición Democrática:** A finales de la década de 1980 y principios de la década de 1990, México vivió una transición hacia un sistema político más democrático. En 1990, se realizó una reforma electoral que otorgó autonomía al IFE, lo que significó un avance importante para asegurar la imparcialidad y la transparencia en los procesos electorales.

**Reforma Electoral de 1996:** En 1996, se llevó a cabo una reforma electoral que introdujo el principio de representación proporcional en la asignación de escaños en el Congreso de la Unión. Esta reforma buscaba garantizar una mayor representatividad política y fortalecer la pluralidad en el poder legislativo.

**Instituto Nacional Electoral (INE):** En 2014, se llevó a cabo una reforma política y electoral que transformó al IFE en el Instituto Nacional Electoral (INE), como un órgano autónomo con mayores atribuciones y facultades para organizar las elecciones y garantizar la legalidad y transparencia en los procesos electorales.

Principales Instituciones Electorales en México:

El sistema electoral mexicano cuenta con diversas instituciones encargadas de organizar y supervisar los procesos electorales. A continuación, se describen las principales instituciones electorales en México:

**Instituto Nacional Electoral (INE):** Es el órgano autónomo responsable de organizar y supervisar las elecciones federales en México. El INE es una institución de carácter público, imparcial y profesional, encargada de garantizar la transparencia y legalidad en los procesos electorales.

**Tribunal Electoral del Poder Judicial de la Federación (TEPJF):** Es el máximo órgano jurisdiccional en materia electoral. Tiene la facultad de resolver las controversias y litigios electorales que se presenten durante el proceso electoral.

**Institutos Electorales Locales:** Cada entidad federativa y la Ciudad de México cuentan con su propio Instituto Electoral Local, encargado de organizar las elecciones locales y supervisar los procesos electorales en cada entidad.

**Registro Nacional de Electores (RNE):** Es la base de datos que contiene la información de todos los ciudadanos mexicanos que tienen derecho a votar. Es administrado por el INE y es utilizado para la expedición de la credencial de elector.

**Fiscalía Especializada en Delitos Electorales (FEDE):** Es la institución encargada de investigar y perseguir los delitos electorales que se cometan durante los procesos electorales.

## Principales Retos y Desafíos
## del Sistema Electoral Mexicano:

A pesar de los avances y reformas en el sistema electoral mexicano, aún existen retos y desafíos que enfrenta el país para fortalecer la democracia y la participación ciudadana. Algunos de los principales retos son los siguientes:

**Violencia Política:** La violencia política, principalmente en contra de candidatos y líderes sociales, representa una amenaza para la integridad y la seguridad en los procesos electorales.

**Financiamiento Electoral:** El financiamiento de las campañas electorales y el uso de recursos públicos de manera indebida son temas que requieren mayor transparencia y regulación para garantizar la equidad en la contienda política.

**Participación Ciudadana:** Aunque ha habido avances, es necesario fomentar una mayor participación ciudadana en los procesos electorales y en la toma de decisiones políticas.

**Violación a los Derechos Humanos:** La violación a los derechos humanos en el contexto electoral es una problemática que requiere atención y sanciones efectivas.

**Impunidad en Delitos Electorales:** La impunidad en los delitos electorales es una preocupación, ya que puede afectar la confianza en el sistema electoral y en las instituciones.

**Educación Cívica:** Es fundamental fortalecer la educación cívica para promover una ciudadanía informada, consciente de sus derechos y deberes, y comprometida con la participación en los procesos electorales.

**Regulación de Candidaturas Independientes:** La participación de candidatos independientes es un derecho reconocido, pero aún existen obstáculos y limitaciones para su postulación y participación en las elecciones.

## Conclusiones:

El sistema electoral mexicano es un elemento fundamental para el funcionamiento democrático del país. A lo largo de la historia, ha experimentado diversas transformaciones para garantizar la representatividad y la legitimidad de los órganos de gobierno, así como para promover la participación ciudadana y la transparencia en los procesos electorales.

Los principios electorales, las instituciones y los procedimientos establecidos en el sistema electoral mexicano buscan asegurar la libre expresión del voto, la competencia política y la rendición de cuentas por parte de los actores políticos.

Sin embargo, aún existen retos y desafíos que enfrenta el sistema electoral mexicano, como la violencia política, el financiamiento electoral, la participación ciudadana y la violación a los derechos humanos. Superar estos desafíos requiere del compromiso y la colaboración de las autoridades, los partidos políticos y la sociedad en su conjunto.

En conclusión, el sistema electoral mexicano es una herramienta fundamental para fortalecer la democracia y asegurar la representatividad y legitimidad de los órganos de gobierno. Su evolución y desarrollo continúan siendo clave para garantizar la participación ciudadana y la gobernabilidad democrática en México.

## Derechos político-electorales

Los derechos político-electorales en México son un conjunto de garantías fundamentales que protegen y promueven la participación ciudadana en los procesos políticos y electorales del país. Estos derechos son esenciales para el funcionamiento de una democracia, ya que aseguran que los ciudadanos puedan ejercer su derecho al voto, participar en la toma de decisiones y acceder a cargos públicos de elección popular de forma libre, igualitaria y transparente.

En este artículo, exploraremos los principales derechos político-electorales reconocidos en la Constitución y las leyes mexicanas, así como su importancia para fortalecer la democracia y la participación ciudadana en el país.

Derechos Político-electorales
reconocidos en México:

**Derecho al Sufragio Universal:** El derecho al sufragio universal garantiza que todos los ciudadanos mexicanos mayores de 18 años tienen el derecho de votar en las elecciones, ya sea para elegir a sus representantes o para decidir sobre cuestiones de interés público mediante referendos y consultas populares.

**Derecho al Voto Libre y Secreto:** El derecho al voto libre y secreto asegura que los ciudadanos puedan ejercer su derecho al voto de manera autónoma y sin presiones externas. El voto secreto protege la intimidad y la libertad de expresión política de los electores.

**Derecho a Ser Votado y a Acceder a Cargos Públicos:** Todo ciudadano mexicano que cumpla con los requisitos establecidos por la ley tiene el derecho de ser votado y acceder a cargos públicos de elección popular, como diputado, senador, presidente municipal, gobernador o presidente de la República.

**Derecho a la Participación Política:** Los ciudadanos tienen el derecho de participar en la vida política del país, ya sea mediante la afiliación y militancia en partidos políticos, la postulación de candidaturas independientes o la participación en organizaciones de la sociedad civil.

**Derecho a la Libre Asociación Política:** Los ciudadanos tienen el derecho de asociarse libremente con fines políticos, formando o integrándose en partidos políticos, agrupaciones políticas, asociaciones civiles u otras formas de organización política.

**Derecho a la Consulta Popular y el Referéndum:** Los ciudadanos tienen el derecho de participar en consultas populares y referéndums, mediante los cuales se pueden tomar decisiones sobre temas de interés público, como reformas constitucionales o proyectos de ley.

**Derecho a la Igualdad y No Discriminación:** Todos los ciudadanos tienen el derecho de participar en los procesos político-electorales sin discriminación por motivos de género, raza, religión, orientación sexual, origen étnico o cualquier otra condición.

**Derecho a la Fiscalización de los Recursos Públicos en Campañas Electorales:** Los ciudadanos tienen el derecho de conocer cómo se utilizan los recursos públicos en las campañas electorales y de exigir transparencia en su manejo.

Importancia de los Derechos Político-electorales:

Los derechos político-electorales son fundamentales para el funcionamiento de una democracia representativa y participativa. Su reconocimiento y respeto garantizan la equidad, transparencia e imparcialidad en los procesos electorales, así como la protección de los derechos humanos y la inclusión de todas las voces y perspectivas en la toma de decisiones públicas.

A continuación, se enumeran algunas razones por las cuales los derechos político-electorales son esenciales para la democracia mexicana:

**Participación Ciudadana:** Los derechos político-electorales aseguran que los ciudadanos puedan participar activamente en la vida política del país, ya sea votando en las elecciones o participando en consultas y referéndums sobre temas de interés público.

**Representatividad y Legitimidad:** El derecho al sufragio universal garantiza que los representantes y autoridades elegidos cuenten con el respaldo y la legitimidad de la ciudadanía, lo que fortalece la representatividad de los órganos de gobierno.

**Rendición de Cuentas:** Los derechos político-electorales permiten que los ciudadanos ejerzan su derecho a la rendición de cuentas, exigiendo a los representantes y autoridades que rindan cuentas sobre su gestión y el uso de los recursos públicos.

**Equidad e Igualdad:** El reconocimiento del derecho a ser votado y a acceder a cargos públicos asegura que todos los ciudadanos tengan igualdad de oportunidades para participar en la vida política del país, sin discriminación por ninguna condición.

**Control Ciudadano:** Los derechos político-electorales otorgan a los ciudadanos la posibilidad de ejercer un control ciudadano sobre el poder político, asegurando que los gobernantes actúen en beneficio del interés general.

**Prevención del Autoritarismo:** La participación ciudadana y el respeto a los derechos político-electorales son fundamentales para prevenir el autoritarismo y garantizar la alternancia en el poder.

Legislación y Garantía de los Derechos
Político-electorales en México:

Los derechos político-electorales están protegidos por la Constitución Política de los Estados Unidos Mexicanos, así como por diversas leyes y normas que regulan los procesos electorales en el país.

En la Constitución se establecen los principios y derechos fundamentales relacionados con el sistema electoral, como el sufragio efectivo, la no reelección, la representación proporcional, la igualdad y la libertad de asociación política.

Además, existen diversas leyes secundarias y reglamentos que desarrollan y complementan los derechos político-electorales, como la Ley General de Instituciones y Procedimientos Electorales (LGIPE), la Ley General de Partidos Políticos (LGPP), la Ley Orgánica del Poder Judicial de la Federación, entre otras.

El Instituto Nacional Electoral (INE) es el organismo autónomo encargado de organizar, supervisar y administrar los procesos electorales federales en México, así como de garantizar el respeto y la protección de los derechos político-electorales de los ciudadanos.

Asimismo, el Tribunal Electoral del Poder Judicial de la Federación (TEPJF) es el máximo órgano jurisdiccional en materia electoral, responsable de resolver las

141

controversias y litigios que se presenten durante los procesos electorales y garantizar el respeto a los derechos político-electorales.

### Retos y Desafíos en la Garantía de los Derechos Político-electorales:

A pesar de los avances en la legislación electoral y la creación de instituciones autónomas encargadas de velar por el respeto de los derechos político-electorales, aún existen retos y desafíos que enfrenta México en este ámbito:

**Violencia Política:** La violencia política en contra de candidatos y líderes sociales es una preocupación que afecta la participación ciudadana y la libre expresión del voto.

**Financiamiento Electoral:** El financiamiento de las campañas electorales y el uso de recursos públicos de manera indebida son temas que requieren mayor transparencia y regulación para garantizar la equidad en la contienda política.

**Participación Ciudadana:** Es necesario fomentar una mayor participación ciudadana en los procesos electorales, ya que la abstención y el desinterés político pueden debilitar la democracia.

**Desigualdad y Discriminación:** A pesar de los avances en materia de paridad de género, todavía existen desafíos para garantizar una participación política igualitaria y libre de discriminación.

**Fortalecimiento Institucional:** Es importante seguir fortaleciendo las instituciones encargadas de organizar y supervisar los procesos electorales para garantizar su imparcialidad y eficacia.

**Impunidad en Delitos Electorales:** La impunidad en los delitos electorales es una preocupación, ya que puede afectar la confianza en el sistema electoral y en las instituciones.

**Educación Cívica:** Es fundamental fortalecer la educación cívica para promover una ciudadanía informada, consciente de sus derechos y deberes, y comprometida con la participación en los procesos electorales.

### Conclusiones:

Los derechos político-electorales en México son fundamentales para el funcionamiento de una democracia representativa y participativa. Su reconocimiento y garantía aseguran la participación ciudadana en la toma de decisiones públicas, la representatividad de los órganos de gobierno y el respeto a los derechos humanos y la igualdad.

El sistema electoral mexicano ha experimentado importantes avances y transformaciones a lo largo de la historia para fortalecer la democracia y garantizar la participación ciudadana en los procesos políticos y electorales.

Sin embargo, aún existen retos y desafíos que enfrenta el país en materia de participación ciudadana, equidad de género, transparencia y rendición de cuentas. Superar estos desafíos requiere del compromiso y la colaboración de las autoridades, los partidos políticos y la sociedad en su conjunto.

En conclusión, los derechos político-electorales en México son fundamentales para asegurar la representatividad y la legitimidad de los órganos de gobierno, así como para promover una democracia participativa, inclusiva y respetuosa de los derechos humanos. Su protección y respeto son una tarea fundamental para fortalecer la democracia en el país.

## PROCESO ELECTORAL Y PARTIDOS POLÍTICOS

El proceso electoral y los partidos políticos en México son elementos fundamentales para el funcionamiento del sistema democrático del país. El proceso electoral se refiere al conjunto de etapas y acciones mediante las cuales los ciudadanos eligen a sus representantes y autoridades, mientras que los partidos políticos son las organizaciones que buscan acceder al poder y representar los intereses de la sociedad en la toma de decisiones públicas.

En este artículo, exploraremos en detalle el proceso electoral en México, desde la convocatoria de elecciones hasta la declaración de resultados, así como la importancia y el papel de los partidos políticos en la vida política del país.

### I. El Proceso Electoral en México

El proceso electoral en México es una secuencia de etapas y procedimientos establecidos por la ley para llevar a cabo elecciones libres, justas y transparentes. El proceso electoral abarca desde la convocatoria de elecciones hasta la toma de posesión de los candidatos electos. A continuación, describiremos cada una de las etapas del proceso electoral en México:

1. Convocatoria de Elecciones: La convocatoria de elecciones es el acto mediante el cual se anuncia oficialmente la celebración de un proceso electoral para elegir a los representantes y autoridades. En México, las elecciones federales para presidente de la República, senadores y diputados se llevan a cabo cada seis años, mientras que las elecciones locales para gobernador, diputados locales y presidentes municipales varían según la entidad federativa.

2. Registro de Candidatos: Una vez emitida la convocatoria, los partidos políticos, coaliciones o candidatos independientes tienen un plazo para registrar a sus candidatos ante las autoridades electorales. Los candidatos deben cumplir con los requisitos establecidos por la ley, como ser ciudadanos mexicanos, cumplir con la edad mínima requerida y no tener antecedentes penales, entre otros.

3. Campañas Electorales: Las campañas electorales son el período en el cual los candidatos y los partidos políticos promueven sus propuestas y buscan el apoyo de los ciudadanos. Durante este período, los candidatos realizan mítines, debates, entrevistas y utilizan diversos medios de comunicación para dar a conocer sus propuestas y convencer a los electores.

4. Jornada Electoral: La jornada electoral es el día en el cual los ciudadanos acuden a las urnas para emitir su voto. En México, la jornada electoral se celebra generalmente en domingo y los ciudadanos deben presentar su credencial de elector para poder votar.

5. Escrutinio y Cómputo de Votos: Una vez concluida la jornada electoral, se procede al escrutinio y cómputo de los votos emitidos. Este proceso es realizado por los funcionarios de casilla y consiste en contar los votos válidos y nulos para determinar los resultados preliminares de la elección.

6. Resultados Electorales y Declaración de Ganadores: Concluido el cómputo de los votos, se declaran los resultados electorales y se determina a los candidatos ganadores. En el caso de las elecciones federales, los resultados se declaran por el Tribunal Electoral del Poder Judicial de la Federación (TEPJF) y, en el caso de las elecciones locales, por los tribunales electorales locales.

7. Toma de Posesión de los Candidatos Electos: Una vez declarados los resultados de la elección, los candidatos electos toman posesión de sus cargos y asumen sus funciones como representantes o autoridades, dependiendo del cargo al que hayan sido elegidos.

## II. Partidos Políticos en México

Los partidos políticos son organizaciones que buscan acceder al poder y representar los intereses de la sociedad en la toma de decisiones públicas. En México, los partidos políticos desempeñan un papel central en el sistema político y son fundamentales para la organización y funcionamiento del proceso electoral. A continuación, analizaremos la importancia y el papel de los partidos políticos en México:

1. Importancia de los Partidos Políticos:

Los partidos políticos son fundamentales para el funcionamiento de la democracia representativa. Algunas de las razones por las cuales los partidos políticos son importantes en México son las siguientes:

a) Representación de los Intereses de la Sociedad: Los partidos políticos representan los intereses y las demandas de diferentes grupos y sectores de la sociedad. A través de sus plataformas y propuestas, los partidos buscan captar el apoyo de los ciudadanos y representar sus intereses en la toma de decisiones públicas.

b) Organización Política: Los partidos políticos son una forma de organización política que permite a los ciudadanos participar en la vida política del país. A través de los partidos, los ciudadanos pueden afiliarse, participar en la definición de las plataformas políticas y postularse como candidatos a cargos públicos.

c) Estabilidad Política: Los partidos políticos contribuyen a la estabilidad política del país al proporcionar una estructura y una vía institucional para el acceso al poder. Los partidos compiten en las elecciones y, en caso de derrota, aceptan los resultados y reconocen a los candidatos ganadores.

d) Formación de Mayorías y Coaliciones: Los partidos políticos permiten la formación de mayorías y coaliciones en los órganos legislativos, lo que facilita la toma de decisiones y la gobernabilidad del país.

2. Sistema de Partidos en México:

El sistema de partidos en México ha experimentado diversos cambios y transformaciones a lo largo de la historia del país. A continuación, describiremos las principales características del sistema de partidos en México:

a) Partido Dominante: PRI: Durante gran parte del siglo XX, el Partido Revolucionario Institucional (PRI) fue el partido dominante en México. El PRI gobernó el país de manera ininterrumpida desde 1929 hasta el año 2000.

b) Transición Democrática: A partir de la década de 1980, México vivió una transición hacia un sistema político más democrático. En 2000, se llevó a cabo una elección presidencial histórica en la que el PRI perdió el poder y Vicente Fox, candidato del Partido Acción Nacional (PAN), se convirtió en el primer presidente no priista en más de 70 años.

c) Pluralidad Política: Actualmente, México cuenta con un sistema de partidos políticos plural, en el que varios partidos compiten en las elecciones y tienen representación en los órganos legislativos y de gobierno. Además del PRI y el PAN, otros partidos políticos importantes son el Partido de la Revolución Democrática

(PRD), el Movimiento Regeneración Nacional (MORENA), el Partido del Trabajo (PT) y el Partido Verde Ecologista de México (PVEM), entre otros.

d) Nuevos Partidos y Candidaturas Independientes: En los últimos años, han surgido nuevos partidos políticos y se han registrado candidaturas independientes en las elecciones. Esto ha contribuido a una mayor diversidad y pluralidad política en el país.

3. Financiamiento de los Partidos Políticos:

Los partidos políticos reciben financiamiento público para su funcionamiento y para llevar a cabo sus campañas electorales. El financiamiento de los partidos políticos está regulado por la ley y busca asegurar la equidad y la transparencia en la contienda política. Algunas de las características del financiamiento de los partidos políticos en México son las siguientes:

a) Financiamiento Público: Los partidos políticos reciben un financiamiento público anual con base en el número de votos obtenidos en la última elección. Este financiamiento se destina principalmente para el sostenimiento de las actividades ordinarias y permanentes de los partidos.

b) Financiamiento para Campañas Electorales: Además del financiamiento público, los partidos políticos reciben recursos para llevar a cabo sus campañas electorales. El monto de este financiamiento varía según el tipo de elección y el número de candidatos postulados.

c) Topes de Gastos de Campaña: Para evitar el uso excesivo de recursos en las campañas electorales, se establecen topes de gastos de campaña para los candidatos y los partidos políticos.

d) Fiscalización de los Recursos: Los recursos utilizados por los partidos políticos en sus campañas electorales están sujetos a la fiscalización y supervisión de las autoridades electorales para garantizar su correcto uso y transparencia.

III. Los Desafíos de los Partidos Políticos en México

A pesar de su importancia en el sistema político, los partidos políticos en México enfrentan diversos desafíos y críticas por parte de la sociedad. Algunos de los principales desafíos de los partidos políticos en México son los siguientes:

1. Representatividad y Conexión con la Sociedad: Los partidos políticos enfrentan el reto de mantener una conexión cercana con la sociedad y representar realmente los intereses y las demandas de los ciudadanos. En algunos casos, se ha cuestionado la

falta de representatividad y la desconexión de los partidos con los problemas y necesidades de la población.

2. Financiamiento y Transparencia: El financiamiento de los partidos políticos ha sido objeto de críticas y controversias. Algunos cuestionan el monto y la asignación del financiamiento público a los partidos, así como la falta de transparencia en el uso de los recursos.

3. Democracia Interna: Los partidos políticos enfrentan el reto de fortalecer su vida interna y sus procesos democráticos para garantizar una mayor participación de los militantes en la toma de decisiones y la selección de candidatos.

4. Corrupción y Prácticas Antidemocráticas: La corrupción y las prácticas antidemocráticas en algunos partidos políticos han sido motivo de críticas y escándalos que afectan la confianza de la sociedad en el sistema político.

5. Pluralismo y Competencia Política: A pesar de la pluralidad política, algunos críticos argumentan que todavía existen barreras y desigualdades para la participación de nuevos partidos políticos y candidaturas independientes.

## Conclusiones

El proceso electoral y los partidos políticos en México son elementos esenciales para el funcionamiento de la democracia en el país. El proceso electoral asegura que los ciudadanos puedan ejercer su derecho al voto y participar en la elección de sus representantes y autoridades. Los partidos políticos, por su parte, representan los intereses y demandas de la sociedad, buscan acceder al poder y contribuyen a la estabilidad política y la gobernabilidad del país.

A pesar de los avances en la democratización del país, el sistema electoral y los partidos políticos en México enfrentan desafíos y retos que requieren de la atención y colaboración de las autoridades, los partidos políticos y la sociedad en su conjunto. La representatividad, la transparencia, la rendición de cuentas y la participación ciudadana son aspectos fundamentales para fortalecer la democracia y garantizar la confianza de la sociedad en el sistema político.

El proceso electoral y los partidos políticos en México continúan siendo objeto de debate y reflexión, con el objetivo de mejorar y fortalecer el sistema democrático del país. La participación activa y consciente de los ciudadanos, así como la promoción de una cultura política democrática, son claves para asegurar un sistema político más justo, inclusivo y representativo en México.

## Fiscalización y resolución de controversias electorales

La fiscalización y resolución de controversias electorales son dos aspectos fundamentales del sistema electoral de cualquier país democrático. La fiscalización se refiere al proceso de supervisión y control de los recursos utilizados por los partidos políticos y candidatos en las campañas electorales, con el fin de garantizar la transparencia y equidad en la contienda política. Por otro lado, la resolución de controversias electorales abarca la revisión y solución de las disputas y litigios que puedan surgir durante el proceso electoral, asegurando la imparcialidad y legalidad de las elecciones.

En este artículo, exploraremos en detalle el proceso de fiscalización y resolución de controversias electorales en México, analizando las instituciones y procedimientos involucrados, así como su importancia para el fortalecimiento de la democracia en el país.

### I. Fiscalización Electoral en México

La fiscalización electoral en México se enfoca en la supervisión y control de los recursos utilizados por los partidos políticos y candidatos durante las campañas electorales. Su objetivo es garantizar la transparencia en el financiamiento político y la equidad en la contienda política, evitando el uso indebido de recursos y la compra del voto. A continuación, examinaremos los principales aspectos de la fiscalización electoral en México:

1. Marco Legal de la Fiscalización Electoral:

La fiscalización electoral en México está regulada por diversas leyes y normas, que establecen los criterios, plazos y procedimientos para la revisión y supervisión de los recursos utilizados en las campañas electorales. Algunas de las leyes y normas que rigen la fiscalización electoral en México son las siguientes:

Ley General de Instituciones y Procedimientos Electorales (LGIPE): Esta ley establece las disposiciones generales para la fiscalización de los recursos utilizados en las campañas electorales federales.

Ley General de Partidos Políticos (LGPP): Esta ley regula el financiamiento de los partidos políticos y establece las reglas para la obtención y el uso de los recursos públicos.

Ley Orgánica del Instituto Nacional Electoral (INE): Esta ley establece las atribuciones y funciones del Instituto Nacional Electoral (INE) en materia de fiscalización electoral.

Lineamientos Generales para la Fiscalización: El INE emite lineamientos y acuerdos que establecen los criterios y procedimientos específicos para la fiscalización de los recursos utilizados en las campañas electorales.

2. Financiamiento Público de los Partidos Políticos:

En México, los partidos políticos reciben financiamiento público para su funcionamiento y para llevar a cabo sus campañas electorales. El financiamiento público se asigna de acuerdo con el número de votos obtenidos en la última elección y tiene como objetivo garantizar la equidad en la contienda política. Algunas características del financiamiento público de los partidos políticos en México son las siguientes:

Asignación Permanente: Los partidos políticos reciben una asignación permanente de recursos públicos para el sostenimiento de sus actividades ordinarias y permanentes.

Asignación por Votos: Adicionalmente, los partidos políticos reciben una asignación de recursos públicos basada en el número de votos obtenidos en la última elección.

Topes de Gastos de Campaña: Para evitar el uso excesivo de recursos en las campañas electorales, se establecen topes de gastos de campaña para los candidatos y los partidos políticos.

3. Funciones del Instituto Nacional Electoral (INE) en la Fiscalización:

El Instituto Nacional Electoral (INE) es el órgano autónomo encargado de la fiscalización electoral en México. Sus principales funciones en este ámbito son las siguientes:

Recepción de Información Financiera: El INE recibe la información financiera de los partidos políticos y candidatos, incluyendo sus ingresos y gastos durante las campañas electorales.

Auditoría de los Recursos: El INE realiza auditorías a los recursos utilizados por los partidos políticos y candidatos, con el fin de verificar la legalidad y transparencia de su financiamiento.

Determinación de Sanciones: En caso de detectar irregularidades o incumplimientos en la fiscalización, el INE puede imponer sanciones a los partidos políticos y candidatos, como multas o la cancelación del registro.

Informe Consolidado de Fiscalización: Al concluir el proceso electoral, el INE presenta un informe consolidado de la fiscalización, que incluye los resultados de las auditorías y la situación financiera de los partidos políticos y candidatos.

## II. Resolución de Controversias Electorales en México

La resolución de controversias electorales en México es una tarea fundamental para garantizar la legalidad y la imparcialidad del proceso electoral. Esta función recae en diversos órganos jurisdiccionales y autoridades electorales, que tienen la responsabilidad de revisar y resolver las disputas y litigios que puedan surgir durante las elecciones. A continuación, examinaremos los principales aspectos de la resolución de controversias electorales en México:

**1. Marco Legal de la Resolución de Controversias Electorales:** La resolución de controversias electorales en México está regulada por diversas leyes y normas, que establecen los procedimientos y plazos para la revisión y solución de las disputas electorales. Algunas de las leyes y normas que rigen la resolución de controversias electorales en México son las siguientes:

Ley General del Sistema de Medios de Impugnación en Materia Electoral (LGSMIME): Esta ley establece los medios de impugnación y recursos que pueden presentar los ciudadanos, partidos políticos y candidatos para impugnar actos o resoluciones electorales.

Ley General de Partidos Políticos (LGPP): Esta ley regula los procedimientos para la pérdida de registro de los partidos políticos y la cancelación de candidaturas.

Ley Orgánica del Tribunal Electoral del Poder Judicial de la Federación (TEPJF): Esta ley establece las atribuciones y funciones del Tribunal Electoral del Poder Judicial de la Federación (TEPJF) en materia de resolución de controversias electorales.

Lineamientos y Acuerdos del TEPJF: El TEPJF emite lineamientos y acuerdos que establecen los procedimientos y criterios específicos para la resolución de las controversias electorales.

**2. Medios de Impugnación en Materia Electoral:** En México, los ciudadanos, partidos políticos y candidatos tienen a su disposición diversos medios de impugnación para impugnar actos o resoluciones electorales que consideren irregulares o violatorios de la ley. Algunos de los principales medios de impugnación en materia electoral son los siguientes:

Recurso de Revisión: Es el medio de impugnación más común y permite a los ciudadanos, partidos políticos y candidatos impugnar resoluciones dictadas por los órganos electorales.

Juicio de Nulidad: Este recurso se presenta ante el Tribunal Electoral del Poder Judicial de la Federación (TEPJF) para impugnar actos o resoluciones que afecten de manera directa los resultados de una elección.

Juicio para la Protección de los Derechos Político-Electorales del Ciudadano (JDC): Este recurso permite a los ciudadanos impugnar actos o resoluciones que vulneren sus derechos político-electorales, como el derecho al voto o a ser votado.

Queja: Es un recurso que permite a los ciudadanos, partidos políticos y candidatos denunciar irregularidades o violaciones a la ley electoral ante los órganos electorales.

**3. Funciones del Tribunal Electoral del Poder Judicial de la Federación (TEPJF):** El Tribunal Electoral del Poder Judicial de la Federación (TEPJF) es el órgano jurisdiccional encargado de la resolución de controversias electorales en México. Sus principales funciones en este ámbito son las siguientes:

Revisión de Impugnaciones: El TEPJF revisa y resuelve las impugnaciones presentadas por los ciudadanos, partidos políticos y candidatos, garantizando la imparcialidad y legalidad del proceso.

Declaración de Validez de Elecciones: El TEPJF declara la validez de las elecciones federales y locales, confirmando los resultados de las mismas.

Pérdida de Registro de Partidos Políticos: El TEPJF tiene la facultad de declarar la pérdida de registro de un partido político que no haya alcanzado el porcentaje mínimo de votación requerido por la ley.

Resolución de Controversias Postelectorales: El TEPJF resuelve las controversias que puedan surgir después de las elecciones, como la impugnación de resultados o la cancelación de candidaturas.

III. Importancia de la Fiscalización
y Resolución de Controversias Electorales

La fiscalización y resolución de controversias electorales desempeñan un papel crucial en el fortalecimiento de la democracia en México. Algunas de las razones por las cuales son importantes son las siguientes:

**1. Transparencia y Equidad en la Contienda Política:** La fiscalización electoral garantiza la transparencia y equidad en el financiamiento de las campañas electorales, evitando el uso indebido de recursos y la compra del voto. Esto contribuye a una competencia política más justa y equitativa, donde los candidatos compiten en igualdad de condiciones.

**2. Legalidad y Legitimidad de los Resultados Electorales:** La resolución de controversias electorales asegura la legalidad y legitimidad de los resultados electorales, evitando la imposición de candidatos o la alteración de los resultados por medio de prácticas fraudulentas o ilegales. Esto fortalece la confianza de la ciudadanía en el sistema electoral y en los representantes electos.

**3. Rendición de Cuentas y Transparencia:** La fiscalización y resolución de controversias electorales promueven la rendición de cuentas y la transparencia en el uso de los recursos públicos por parte de los partidos políticos y candidatos. Los ciudadanos pueden conocer cómo se utilizan los recursos en las campañas y exigir que se cumpla con la ley.

**4. Fortalecimiento de la Democracia:** La fiscalización y resolución de controversias electorales son pilares fundamentales para el fortalecimiento de la democracia en México. Garantizan que el proceso electoral sea justo, transparente y libre de irregularidades, asegurando que los representantes electos cuenten con la legitimidad y el respaldo de la ciudadanía.

IV. Retos y Desafíos en la Fiscalización
y Resolución de Controversias Electorales

A pesar de su importancia, la fiscalización y resolución de controversias electorales en México enfrentan diversos retos y desafíos que deben ser abordados para fortalecer el sistema electoral y garantizar la imparcialidad y legalidad de las elecciones. Algunos de los principales retos son los siguientes:

**1. Eficiencia y Celeridad en la Resolución de Impugnaciones:** Uno de los principales retos es mejorar la eficiencia y celeridad en la resolución de impugnaciones. Es importante que las autoridades electorales actúen de manera oportuna para resolver las controversias y evitar que se prolonguen innecesariamente los procesos electorales.

**2. Independencia y Credibilidad de las Autoridades Electorales:** Para garantizar la imparcialidad y credibilidad en la fiscalización y resolución de controversias electorales, es fundamental preservar la independencia de las autoridades electorales y evitar cualquier tipo de injerencia política.

**3. Acceso a la Justicia Electoral:** Es necesario garantizar que los ciudadanos, partidos políticos y candidatos tengan acceso efectivo a la justicia electoral y puedan impugnar actos o resoluciones electorales de manera sencilla y expedita.

**4. Cultura de Cumplimiento de la Ley Electoral:** Promover una cultura de cumplimiento de la ley electoral es esencial para evitar irregularidades y violaciones a la normativa durante las campañas electorales.

**5. Combate a la Impunidad:** Es importante fortalecer los mecanismos para combatir la impunidad en casos de violaciones a la ley electoral y asegurar que quienes incurran en conductas ilegales sean sancionados conforme a la ley.

## Conclusiones

La fiscalización y resolución de controversias electorales son dos aspectos fundamentales para el buen funcionamiento del sistema electoral en México. La fiscalización garantiza la transparencia y equidad en el financiamiento político, mientras que la resolución de controversias asegura la legalidad y legitimidad de los resultados electorales.

Para fortalecer la democracia en México, es necesario abordar los retos y desafíos que enfrenta la fiscalización y resolución de controversias electorales. La eficiencia, independencia y credibilidad de las autoridades electorales, así como la promoción de una cultura de cumplimiento de la ley, son aspectos clave para asegurar un proceso electoral justo, transparente y legítimo.

El fortalecimiento del sistema electoral y el respeto a los principios democráticos son tareas fundamentales para promover una participación ciudadana activa y consciente, así como para garantizar la representatividad y la legitimidad de los representantes electos. La fiscalización y resolución de controversias electorales desempeñan un papel esencial en este proceso, contribuyendo a consolidar una democracia sólida y legítima en México.

# Capítulo 16:

## Derecho de la Seguridad Social en México

El derecho de la seguridad social en México es un conjunto de normas y políticas públicas que buscan proteger a los trabajadores y sus familias frente a contingencias como la enfermedad, la maternidad, el desempleo, la vejez y la invalidez, entre otras. Este sistema de seguridad social es fundamental para garantizar el bienestar de la población y promover la igualdad social. En este artículo, exploraremos en detalle el derecho de la seguridad social en México, su marco legal, los principales actores involucrados y los retos que enfrenta.

### I. Marco Legal del
### Derecho de la Seguridad Social en México

El derecho de la seguridad social en México se encuentra regulado por un marco legal que establece los derechos y obligaciones tanto de los trabajadores como de los patrones y del Estado. A continuación, describiremos las principales leyes y normas que conforman este marco legal:

1. Constitución Política de los Estados Unidos Mexicanos:

La Constitución Política de los Estados Unidos Mexicanos establece en su Artículo 123 el derecho de los trabajadores a la seguridad social. También establece que el Estado tiene la obligación de garantizar este derecho a través de un sistema de seguridad social que incluya servicios de salud, asistencia social, y pensiones para la vejez, la invalidez y la cesantía.

2. Ley Federal del Trabajo:

La Ley Federal del Trabajo establece los derechos y obligaciones de los trabajadores y patrones en materia de seguridad social. Esta ley regula aspectos como el acceso a la seguridad social, las prestaciones laborales y los derechos de los trabajadores en caso de enfermedad, accidente o maternidad.

3. Ley del Seguro Social:

La Ley del Seguro Social es una de las principales leyes en materia de seguridad social en México. Esta ley establece el sistema de seguro social que brinda cobertura a los trabajadores en caso de enfermedad, maternidad, invalidez, vejez y muerte, así como a sus familiares dependientes.

4. Ley del Instituto de Seguridad y Servicios Sociales de los Trabajadores del Estado (ISSSTE):

La Ley del ISSSTE establece el sistema de seguridad social para los trabajadores al servicio del Estado. Este sistema brinda cobertura a los trabajadores y sus familiares en caso de enfermedad, maternidad, invalidez, vejez y muerte.

5. Ley del Instituto Nacional de Pensiones de los Trabajadores al Servicio del Estado (INP):

La Ley del INP es otra de las leyes que regula el sistema de seguridad social para los trabajadores al servicio del Estado. Esta ley establece el régimen de pensiones y jubilaciones para los trabajadores que se encuentran en retiro.

6. Ley de los Sistemas de Ahorro para el Retiro (SAR):

La Ley SAR establece el sistema de pensiones privado en México. Esta ley regula los fondos de ahorro para el retiro que administran las Administradoras de Fondos para el Retiro (AFORE) y brinda cobertura a los trabajadores que cotizan en el Sistema de Ahorro para el Retiro.

II. Principales Componentes
del Derecho de la Seguridad Social en México

El derecho de la seguridad social en México abarca diversos componentes que buscan proteger a los trabajadores y sus familias frente a contingencias y riesgos sociales. A continuación, describiremos los principales componentes de la seguridad social en México:

**1. Seguro de Salud:** El seguro de salud es uno de los componentes fundamentales del derecho de la seguridad social en México. Este seguro brinda cobertura a los trabajadores y sus familiares en caso de enfermedad, maternidad, accidentes y otras contingencias médicas.

En México, el Instituto Mexicano del Seguro Social (IMSS) y el Instituto de Seguridad y Servicios Sociales de los Trabajadores del Estado (ISSSTE) son los principales organismos encargados de brindar este seguro a los trabajadores.

**2. Pensiones y Jubilaciones:** El componente de pensiones y jubilaciones es otro aspecto importante del derecho de la seguridad social en México. Este componente busca garantizar un ingreso económico para los trabajadores que se encuentran en retiro, invalidez o incapacidad.

En el caso de los trabajadores del sector privado, el Instituto Mexicano del Seguro Social (IMSS) es el encargado de administrar el sistema de pensiones. En el caso de los trabajadores al servicio del Estado, el Instituto de Seguridad y Servicios Sociales de los Trabajadores del Estado (ISSSTE) y el Instituto Nacional de Pensiones de los Trabajadores al Servicio del Estado (INP) son los encargados de administrar el sistema de pensiones.

**3. Seguro de Riesgos de Trabajo:** El seguro de riesgos de trabajo es un componente de la seguridad social que busca proteger a los trabajadores en caso de accidentes o enfermedades relacionadas con su trabajo. Este seguro cubre los gastos médicos, indemnizaciones y prestaciones en caso de accidentes laborales.

**4. Seguro de Cesantía:** El seguro de cesantía es un componente que busca proteger a los trabajadores en caso de desempleo. Este seguro brinda apoyo económico a los trabajadores que pierden su empleo de forma involuntaria.

**5. Asistencia Social:** La asistencia social es un componente que busca brindar apoyo a grupos vulnerables y en situación de pobreza. Esta asistencia incluye programas y servicios sociales como alimentación, vivienda, educación y cuidado de la salud.

### III. Actores Involucrados
### en la Seguridad Social en México

El derecho de la seguridad social en México involucra a diversos actores, entre los cuales destacan:

1. Gobierno Federal:

El gobierno federal es uno de los principales actores involucrados en la seguridad social en México. Es responsable de establecer las políticas públicas y normas que regulan el sistema de seguridad social, así como de garantizar los recursos financieros necesarios para su funcionamiento.

2. Instituciones de Seguridad Social

Las instituciones de seguridad social son los organismos encargados de administrar y brindar los servicios de seguridad social a los trabajadores y sus familias. En México, las principales instituciones de seguridad social son el Instituto Mexicano del Seguro Social (IMSS), el Instituto de Seguridad y Servicios Sociales de los Trabajadores del Estado (ISSSTE) y el Instituto Nacional de Pensiones de los Trabajadores al Servicio del Estado (INP).

3. Patrones

Los patrones son los empleadores o empresas que contratan a los trabajadores y tienen la obligación de afiliarlos al sistema de seguridad social y pagar las cuotas correspondientes.

4. Trabajadores

Los trabajadores son los beneficiarios del derecho de la seguridad social en México. Tienen el derecho de acceder a los servicios y prestaciones de seguridad social, así como de cotizar y contribuir al sistema.

5. Sociedad Civil y Organizaciones No Gubernamentales (ONG)

La sociedad civil y las organizaciones no gubernamentales desempeñan un papel importante en la vigilancia y promoción del derecho de la seguridad social en México. Estas organizaciones trabajan para defender los derechos de los trabajadores y asegurar que el sistema de seguridad social sea justo y equitativo.

IV. Retos y Desafíos
del Derecho de la Seguridad Social en México

A pesar de los avances en la implementación del derecho de la seguridad social en México, aún existen diversos retos y desafíos que enfrenta este sistema. Algunos de los principales retos son los siguientes:

1. Cobertura Universal

Uno de los principales retos es lograr una cobertura universal de seguridad social, que garantice el acceso a los servicios y prestaciones a todos los trabajadores y sus familias, incluyendo a los trabajadores informales y del sector agrícola.

## 2. Sostenibilidad Financiera

Otro reto es asegurar la sostenibilidad financiera del sistema de seguridad social. Es necesario garantizar que existan los recursos suficientes para brindar los servicios y prestaciones, sin comprometer la estabilidad financiera del sistema.

## 3. Calidad y Eficiencia en los Servicios

Es fundamental mejorar la calidad y eficiencia en los servicios de seguridad social, para garantizar una atención oportuna y de calidad a los trabajadores y sus familias.

## 4. Inequidades en el Acceso a la Seguridad Social

El acceso a la seguridad social en México sigue siendo desigual, con disparidades entre diferentes grupos de trabajadores y regiones del país. Es necesario reducir estas inequidades y asegurar que todos los trabajadores tengan acceso a los servicios y prestaciones de seguridad social.

## 5. Envejecimiento de la Población

El envejecimiento de la población es un reto importante para el sistema de seguridad social en México, ya que aumenta la demanda de servicios de pensiones y atención médica para la vejez.

## Conclusiones:

El derecho de la seguridad social en México es un componente fundamental del sistema de protección social, que busca proteger a los trabajadores y sus familias frente a contingencias y riesgos sociales. A través de diversas leyes y normas, el derecho de la seguridad social garantiza el acceso a servicios de salud, pensiones y otras prestaciones para asegurar el bienestar y la igualdad social.

Sin embargo, el derecho de la seguridad social en México enfrenta diversos retos y desafíos, como la cobertura universal, la sostenibilidad financiera, la calidad en los servicios y las inequidades en el acceso. Para enfrentar estos retos, es necesario fortalecer el sistema de seguridad social, promover una mayor colaboración entre los actores involucrados y garantizar una distribución justa y equitativa de los recursos.

El derecho de la seguridad social en México es esencial para garantizar una sociedad más justa e igualitaria, donde los trabajadores y sus familias cuenten con una protección social adecuada frente a contingencias y riesgos. La implementación efectiva del derecho de la seguridad social es un reto y una responsabilidad compartida por el gobierno, las instituciones de seguridad social, los patrones y los trabajadores, así como por la sociedad civil y las organizaciones no gubernamentales, quienes deben trabajar en conjunto para asegurar que todos los ciudadanos puedan acceder a este derecho fundamental.

## SISTEMA DE SEGURIDAD SOCIAL EN MÉXICO

El sistema de seguridad social en México es un conjunto de políticas, instituciones y programas que buscan proteger a los trabajadores y sus familias frente a contingencias y riesgos sociales, asegurando el acceso a servicios de salud, pensiones y otras prestaciones. Es un sistema integral que tiene como objetivo garantizar el bienestar y la igualdad social, promoviendo la protección de los derechos de los trabajadores y su desarrollo integral. En este artículo, exploraremos en detalle el sistema de seguridad social en México, su estructura, los principales actores involucrados y los programas que lo conforman.

I. Estructura del Sistema
de Seguridad Social en México

El sistema de seguridad social en México está compuesto por diversas instituciones y programas que brindan cobertura a diferentes grupos de la población. A continuación, describiremos los principales componentes del sistema de seguridad social en México:

1. Instituto Mexicano del Seguro Social (IMSS):

El Instituto Mexicano del Seguro Social (IMSS) es una de las principales instituciones de seguridad social en México. Brinda cobertura a los trabajadores del sector formal de la economía, así como a sus familiares dependientes. El IMSS ofrece servicios de salud, atención médica, pensiones, prestaciones económicas por enfermedad, maternidad, invalidez y riesgos de trabajo, entre otros.

2. Instituto de Seguridad y Servicios Sociales de los Trabajadores del Estado (ISSSTE):

El Instituto de Seguridad y Servicios Sociales de los Trabajadores del Estado (ISSSTE) es otra institución relevante del sistema de seguridad social en México. Brinda cobertura a los trabajadores al servicio del Estado y a sus familiares dependientes. El ISSSTE ofrece servicios de salud, atención médica, pensiones, prestaciones económicas por enfermedad, maternidad, invalidez y riesgos de trabajo, entre otros.

3. Sistema de Ahorro para el Retiro (SAR):

El Sistema de Ahorro para el Retiro (SAR) es un componente del sistema de seguridad social en México que se enfoca en el ahorro y las pensiones. Este sistema está conformado por las Administradoras de Fondos para el Retiro (AFORE), que administran los fondos de ahorro para el retiro de los trabajadores afiliados al sistema.

4. Seguro Popular (Ahora INSABI):

El Seguro Popular, ahora Instituto de Salud para el Bienestar (INSABI), es un programa de salud pública que brinda atención médica y servicios de salud a la población que no cuenta con seguridad social. El INSABI busca garantizar el acceso a servicios de salud de calidad y sin costo para los mexicanos que no tienen seguridad social.

5. Pensiones y Jubilaciones del Sector Público:

En el caso de los trabajadores del sector público, el sistema de seguridad social incluye programas de pensiones y jubilaciones administrados por el Instituto de Seguridad y Servicios Sociales de los Trabajadores del Estado (ISSSTE) y el Instituto Nacional de Pensiones de los Trabajadores al Servicio del Estado (INP).

## II. Principales Programas y Prestaciones
## del Sistema de Seguridad Social en México

El sistema de seguridad social en México brinda una amplia gama de programas y prestaciones a los trabajadores y sus familias. A continuación, describiremos algunos de los principales programas y prestaciones que conforman este sistema:

1. Servicios de Salud:

Una de las prestaciones más importantes del sistema de seguridad social en México es el acceso a servicios de salud. Tanto el IMSS como el ISSSTE brindan atención médica, hospitalaria y servicios de prevención de enfermedades a sus afiliados y sus familiares dependientes.

2. Pensiones y Jubilaciones:

El sistema de seguridad social en México incluye programas de pensiones y jubilaciones para los trabajadores que se encuentran en retiro, invalidez o incapacidad. Estas pensiones garantizan un ingreso económico a los trabajadores en su etapa de jubilación.

3. Prestaciones Económicas por Enfermedad y Maternidad:

Los trabajadores afiliados al IMSS y al ISSSTE tienen derecho a prestaciones económicas en caso de enfermedad o maternidad, que cubren los gastos médicos y brindan un apoyo económico durante el período de incapacidad.

4. Prestaciones por Riesgos de Trabajo:

Los trabajadores afiliados al IMSS y al ISSSTE tienen derecho a prestaciones por riesgos de trabajo, que cubren los gastos médicos y brindan un apoyo económico en caso de accidentes o enfermedades relacionadas con el trabajo.

5. Apoyo a Grupos Vulnerables:

El sistema de seguridad social en México también incluye programas de apoyo a grupos vulnerables, como personas con discapacidad, adultos mayores y mujeres en situación de vulnerabilidad.

## III. Financiamiento
## del Sistema de Seguridad Social en México

El sistema de seguridad social en México se financia a través de diversas fuentes de recursos. A continuación, describiremos las principales fuentes de financiamiento del sistema:

1. Contribuciones de los Trabajadores y Patrones:

Una de las principales fuentes de financiamiento del sistema de seguridad social son las contribuciones de los trabajadores y patrones. Los trabajadores afiliados al IMSS y al ISSSTE, así como sus patrones, realizan aportaciones mensuales al sistema para garantizar el acceso a los servicios y prestaciones de seguridad social.

2. Recursos Públicos:

El gobierno federal destina recursos públicos al sistema de seguridad social para garantizar su sostenibilidad y asegurar la prestación de servicios y prestaciones a la población afiliada.

3. Otros Ingresos:

Además de las contribuciones de los trabajadores y patrones, el sistema de seguridad social en México también cuenta con otros ingresos, como rendimientos financieros y recursos provenientes de otras fuentes.

## IV. Retos y Desafíos
### del Sistema de Seguridad Social en México

A pesar de los avances en la implementación del sistema de seguridad social en México, aún existen diversos retos y desafíos que enfrenta este sistema. Algunos de los principales retos son los siguientes:

1. Cobertura Universal:

Uno de los principales retos es lograr una cobertura universal de seguridad social, que garantice el acceso a los servicios y prestaciones a todos los trabajadores y sus familias, incluyendo a los trabajadores informales y del sector agrícola.

2. Sostenibilidad Financiera:

Otro reto es asegurar la sostenibilidad financiera del sistema de seguridad social. Es necesario garantizar que existan los recursos suficientes para brindar los servicios y prestaciones, sin comprometer la estabilidad financiera del sistema.

3. Calidad y Eficiencia en los Servicios:

Es fundamental mejorar la calidad y eficiencia en los servicios de seguridad social, para garantizar una atención oportuna y de calidad a los trabajadores y sus familias.

4. Inequidades en el Acceso a la Seguridad Social:

El acceso a la seguridad social en México sigue siendo desigual, con disparidades entre diferentes grupos de trabajadores y regiones del país. Es necesario reducir estas inequidades y asegurar que todos los trabajadores tengan acceso a los servicios y prestaciones de seguridad social.

5. Envejecimiento de la Población:

El envejecimiento de la población es un reto importante para el sistema de seguridad social en México, ya que aumenta la demanda de servicios de pensiones y atención médica para la vejez.

### Conclusiones

El sistema de seguridad social en México es un componente fundamental del sistema de protección social, que busca proteger a los trabajadores y sus familias frente a contingencias y riesgos sociales. A través de diversas instituciones y programas, el sistema de seguridad social garantiza el acceso a servicios de salud, pensiones y otras prestaciones para asegurar el bienestar y la igualdad social.

Sin embargo, el sistema de seguridad social en México enfrenta diversos retos y desafíos, como la cobertura universal, la sostenibilidad financiera, la calidad en los servicios y las inequidades en el acceso. Para enfrentar estos retos, es necesario fortalecer el sistema de seguridad social, promover una mayor colaboración entre los actores involucrados y garantizar una distribución justa y equitativa de los recursos.

El sistema de seguridad social en México es esencial para garantizar una sociedad más justa e igualitaria, donde los trabajadores y sus familias cuenten con una protección social adecuada frente a contingencias y riesgos. La implementación efectiva del sistema de seguridad social es un reto y una responsabilidad compartida por el gobierno, las instituciones de seguridad social, los patrones y los trabajadores, así como por la sociedad civil y las organizaciones no gubernamentales, quienes deben trabajar en conjunto para asegurar que todos los ciudadanos puedan acceder a este derecho fundamental.

**Derechos y obligaciones de los asegurados**

Los derechos y obligaciones de los asegurados en el IMSS están establecidos por la Ley del Seguro Social y otras disposiciones legales. A continuación, se describen algunos de los principales derechos y obligaciones de los asegurados en el IMSS:

Derechos de los asegurados en el IMSS:

Derecho a la atención médica: Los asegurados tienen derecho a recibir atención médica, quirúrgica, farmacéutica y hospitalaria en las unidades médicas del IMSS.

Derecho a prestaciones: Los asegurados tienen derecho a recibir diversas prestaciones, como subsidios por incapacidad temporal, atención obstétrica, pensión por invalidez o fallecimiento, entre otros.

Derecho a servicios preventivos: Los asegurados tienen derecho a acceder a programas de prevención y promoción de la salud para evitar enfermedades y mejorar su bienestar.

Derecho a recibir información: Los asegurados tienen derecho a recibir información clara y oportuna sobre sus derechos y responsabilidades, así como sobre los servicios y prestaciones que pueden recibir.

Derecho a la seguridad social: Los asegurados tienen derecho a estar protegidos socialmente en caso de enfermedad, maternidad, riesgos de trabajo, invalidez, vejez y muerte.

Obligaciones de los asegurados en el IMSS:

Contribuciones: Los asegurados, junto con sus empleadores, están obligados a pagar las contribuciones correspondientes para mantener su afiliación al IMSS y acceder a los servicios y prestaciones.

Proporcionar información verídica: Los asegurados tienen la obligación de proporcionar información veraz y completa al IMSS en todos los trámites y procedimientos.

Cumplimiento de indicaciones médicas: Los asegurados deben seguir las indicaciones médicas y participar activamente en su tratamiento y rehabilitación.

Uso responsable de los servicios: Los asegurados tienen la responsabilidad de hacer un uso adecuado y responsable de los servicios médicos y hospitalarios, evitando el abuso o mal uso de los recursos.

Es importante tener en cuenta que esta lista es solo un resumen general de los derechos y obligaciones de los asegurados en el IMSS y que la legislación vigente puede cambiar con el tiempo.

**Beneficios y prestaciones del Seguro Social**

En México, existen dos principales instituciones encargadas de brindar los beneficios y prestaciones del Seguro Social: el Instituto Mexicano del Seguro Social (IMSS) y el Instituto de Seguridad y Servicios Sociales de los Trabajadores del Estado (ISSSTE). Ambas instituciones ofrecen una serie de beneficios y prestaciones a sus asegurados, aunque algunas pueden variar en función del régimen al que esté afiliado el trabajador (IMSS para empleados del sector privado y ISSSTE para empleados del sector público). A continuación, se mencionan algunos de los principales beneficios y prestaciones que ofrecen ambas instituciones:

Beneficios y prestaciones del IMSS:

- ✓ **Atención médica:** El IMSS brinda atención médica y hospitalaria a los asegurados y sus familias, incluyendo consultas médicas, estudios de laboratorio, intervenciones quirúrgicas y medicamentos.
- ✓ **Incapacidad temporal:** Los asegurados tienen derecho a recibir un subsidio económico en caso de incapacidad temporal debido a enfermedad o accidente.

✓ **Maternidad:** Las aseguradas pueden recibir atención médica durante el embarazo, el parto y el postparto, así como un subsidio por maternidad.

✓ **Pensión por invalidez:** Si un asegurado sufre una invalidez que lo imposibilite para trabajar, puede recibir una pensión por invalidez.

✓ **Pensión por vejez:** Al cumplir con los requisitos de edad y cotizaciones, los asegurados pueden solicitar una pensión por vejez.

✓ **Rehabilitación:** El IMSS ofrece servicios de rehabilitación física y mental para aquellos que lo requieran.

Beneficios y prestaciones del ISSSTE:

✓ **Atención médica:** El ISSSTE proporciona servicios médicos y hospitalarios a los trabajadores del sector público y sus familias.

✓ **Préstamos personales:** Los asegurados del ISSSTE pueden solicitar préstamos personales para diversos fines, como adquisición de vivienda, gastos médicos, etc.

✓ **Ayuda por defunción:** En caso de fallecimiento del asegurado, sus beneficiarios pueden recibir una ayuda económica.

✓ **Préstamos hipotecarios:** El ISSSTE ofrece préstamos para adquirir vivienda a tasas preferenciales.

✓ **Pensión por retiro:** Los trabajadores que se jubilan pueden recibir una pensión por retiro, siempre que cumplan con los requisitos establecidos.

Es importante tener en cuenta que los requisitos y condiciones para acceder a estos beneficios y prestaciones pueden variar, por lo que se recomienda a los trabajadores afiliados al IMSS o al ISSSTE consultar directamente con las instituciones para obtener información específica y actualizada sobre los beneficios y prestaciones disponibles para cada caso.

## Administración y financiamiento de la seguridad social

En México, la administración y financiamiento de la seguridad social están a cargo de diversas instituciones y mecanismos. A continuación, se detalla el panorama general de la administración y financiamiento de la seguridad social en el país:

Administración:

Instituto Mexicano del Seguro Social (IMSS): Es la institución encargada de la seguridad social para los trabajadores asalariados del sector privado. Administra el seguro de enfermedades y maternidad, el seguro de riesgos de trabajo, el seguro de invalidez y vida, y el seguro de guarderías y prestaciones sociales.

Instituto de Seguridad y Servicios Sociales de los Trabajadores del Estado (ISSSTE): Se encarga de la seguridad social para los trabajadores del sector público. Administra el seguro de enfermedades y maternidad, el seguro de riesgos de trabajo, el seguro de invalidez y vida, y el sistema de pensiones.

Secretaría de Hacienda y Crédito Público (SHCP): Es la entidad responsable de la coordinación y supervisión de los recursos económicos destinados a la seguridad social.

Financiamiento:

Contribuciones de los empleadores y trabajadores: Tanto el IMSS como el ISSSTE se financian a través de las contribuciones realizadas por los empleadores y los trabajadores. Estas contribuciones se calculan como un porcentaje del salario base de cotización y se destinan al financiamiento de los diferentes seguros y prestaciones de seguridad social.

Subsidios y transferencias del Gobierno: El Gobierno federal proporciona subsidios y transferencias para complementar el financiamiento de los sistemas de seguridad social, especialmente para cubrir las necesidades de las poblaciones vulnerables y los déficits financieros de las instituciones.

Otros ingresos: Las instituciones de seguridad social también pueden generar ingresos adicionales a través de inversiones, servicios y programas complementarios, como seguros voluntarios y servicios de salud para no asegurados.

## Capítulo 17:

## Derecho de la Propiedad Industrial e Intelectual en México

El Derecho de Propiedad Industrial e Intelectual en México es una rama del derecho que protege y regula los derechos sobre invenciones, marcas, diseños industriales, denominaciones de origen y derechos de autor. Estas formas de propiedad intelectual son de gran importancia para fomentar la creatividad, la innovación y el desarrollo económico del país, al otorgar a los titulares la exclusividad para explotar comercialmente sus creaciones.

En este extenso análisis, exploraremos los principales aspectos del Derecho de Propiedad Industrial e Intelectual en México, incluyendo las leyes aplicables, los procedimientos de registro, los derechos conferidos a los titulares, los mecanismos de protección y aplicación, así como los retos y tendencias en esta área del derecho.

### I. Introducción al Derecho de Propiedad Industrial e Intelectual en México

El Derecho de Propiedad Industrial e Intelectual en México comprende dos áreas fundamentales: la Propiedad Industrial, que protege invenciones y signos distintivos como marcas y diseños industriales, y la Propiedad Intelectual, que ampara obras literarias, artísticas y científicas, incluyendo derechos de autor y conexos.

La protección de la propiedad industrial e intelectual en México se basa en leyes nacionales, tratados internacionales y convenios internacionales, los cuales buscan armonizar y garantizar la protección de estos derechos a nivel global. En el ámbito nacional, las principales leyes que rigen esta materia son la Ley de la Propiedad Industrial y la Ley Federal del Derecho de Autor.

### II. Propiedad Industrial en México

La Propiedad Industrial abarca diversas categorías de derechos que protegen invenciones y signos distintivos utilizados en el comercio. A continuación, se detallan las principales formas de protección y sus características en México:

## a) Patentes:

Las patentes son derechos exclusivos que se otorgan a los inventores por un período determinado a cambio de la divulgación pública de su invención. En México, la Ley de la Propiedad Industrial regula el sistema de patentes, estableciendo los requisitos para su otorgamiento, los derechos conferidos a los titulares y los procedimientos para su registro y protección.

**Requisitos de patentabilidad:** Para que una invención sea patentable en México, debe cumplir con los requisitos de novedad, actividad inventiva y aplicabilidad industrial. Además, existen ciertas invenciones excluidas de la protección, como métodos terapéuticos, procesos biológicos y descubrimientos científicos.

**Duración y derechos del titular:** Las patentes en México tienen una duración de 20 años a partir de la fecha de presentación de la solicitud. Durante este período, el titular tiene el derecho exclusivo de explotar comercialmente la invención y prohibir a terceros su fabricación, venta o uso sin su autorización.

**Procedimiento de registro:** Para obtener una patente en México, el inventor debe presentar una solicitud ante el Instituto Mexicano de la Propiedad Industrial (IMPI). La solicitud será examinada para verificar si cumple con los requisitos de patentabilidad, y si es aprobada, se otorgará la patente.

## b) Marcas:

Las marcas son signos distintivos que permiten identificar y distinguir productos y servicios en el mercado. Pueden ser palabras, nombres, logotipos, figuras, colores, sonidos o combinaciones de estos elementos. En México, la Ley de la Propiedad Industrial regula el sistema de marcas, estableciendo los requisitos para su registro y protección.

**Requisitos de registrabilidad:** Para que una marca sea registrable en México, debe ser distintiva, es decir, que tenga la capacidad de distinguir los productos o servicios de una empresa de los de otras. No se pueden registrar marcas genéricas o descriptivas que no cumplan con este requisito.

**Duración y renovación:** El registro de una marca en México tiene una duración de 10 años a partir de la fecha de presentación de la solicitud. Al término de este período, el titular puede renovar el registro de manera indefinida.

**Procedimiento de registro:** Para registrar una marca en México, el solicitante debe presentar una solicitud ante el IMPI. La marca será examinada para verificar si cumple con los requisitos de registrabilidad, y si es aprobada, se otorgará el registro.

### c) Diseños Industriales:

Los diseños industriales protegen la apariencia ornamental de un producto, es decir, su forma, configuración, textura o combinación de estos elementos. En México, la Ley de la Propiedad Industrial regula el sistema de diseños industriales, estableciendo los requisitos para su registro y protección.

**Requisitos de registrabilidad:** Para que un diseño sea registrable en México, debe ser nuevo y tener carácter singular, es decir, que sea diferente a diseños previamente conocidos.

**Duración y renovación:** El registro de un diseño industrial en México tiene una duración de 5 años a partir de la fecha de presentación de la solicitud, renovable por periodos de 5 años hasta un máximo de 25 años.

**Procedimiento de registro:** Para registrar un diseño industrial en México, el solicitante debe presentar una solicitud ante el IMPI. El diseño será examinado para verificar si cumple con los requisitos de registrabilidad, y si es aprobado, se otorgará el registro.

### III. Propiedad Intelectual en México

La Propiedad Intelectual en México protege las creaciones del intelecto humano, como obras literarias, artísticas y científicas, así como derechos conexos que protegen a artistas intérpretes o ejecutantes, productores de fonogramas y organismos de radiodifusión. A continuación, se describen los aspectos más relevantes de la Propiedad Intelectual en México:

### a) Derechos de Autor:

Los derechos de autor protegen las obras literarias, artísticas y científicas, como libros, música, pinturas, fotografías, software y películas. En México, la Ley Federal del Derecho de Autor regula esta materia, estableciendo los derechos conferidos a los autores, las obras protegidas, los plazos de protección y los procedimientos para su registro y protección.

**Sujetos protegidos:** Los derechos de autor protegen a los autores de las obras, es decir, a las personas físicas que crean la obra. En caso de obras realizadas por empleados en el ejercicio de sus funciones, los derechos de autor corresponden al empleador.

**Duración de protección:** Los derechos de autor tienen una duración que abarca la vida del autor y 100 años después de su muerte.

169

**Derechos del titular:** Los derechos de autor otorgan al titular la exclusividad para reproducir, distribuir, exhibir y comunicar públicamente la obra, así como para realizar adaptaciones de la misma.

**Procedimiento de registro:** Aunque el registro de derechos de autor no es obligatorio en México, es recomendable para contar con una prueba fehaciente de la titularidad y autenticidad de la obra. El registro se realiza ante el Instituto Nacional del Derecho de Autor (INDAUTOR).

### b) Derechos Conexos:

Los derechos conexos protegen a los artistas intérpretes o ejecutantes, productores de fonogramas y organismos de radiodifusión. En México, la Ley Federal del Derecho de Autor regula estos derechos, estableciendo los plazos de protección y los procedimientos para su registro y protección.

**Artistas intérpretes o ejecutantes:** Los artistas intérpretes o ejecutantes tienen derechos sobre sus interpretaciones o ejecuciones en vivo o en grabaciones audiovisuales.

**Productores de fonogramas:** Los productores de fonogramas tienen derechos sobre las grabaciones de sonido, es decir, sobre las obras musicales y las interpretaciones fijadas en soportes físicos.

**Organismos de radiodifusión:** Los organismos de radiodifusión tienen derechos sobre sus emisiones de radio y televisión.

**Duración de protección:** Los derechos conexos tienen una duración que abarca 50 años a partir de la fecha de la interpretación, ejecución, grabación o emisión, según corresponda.

**Procedimiento de registro:** El registro de derechos conexos se realiza ante el INDAUTOR.

## IV. Protección y Aplicación
## de los Derechos de Propiedad Industrial e Intelectual

La protección y aplicación de los derechos de propiedad industrial e intelectual en México se lleva a cabo a través de diversas medidas legales y procedimientos administrativos y judiciales. A continuación, se describen las principales acciones y mecanismos de protección y aplicación de estos derechos:

a) Acciones legales y procedimientos administrativos:

**Infracción de derechos:** Cuando los derechos de propiedad industrial o intelectual de un titular son violados por terceros, el titular puede interponer una demanda por infracción ante los tribunales o presentar una queja administrativa ante el IMPI o el INDAUTOR.

**Medidas cautelares:** Los titulares de derechos pueden solicitar medidas cautelares para prevenir daños inminentes o irreparables a sus derechos, como el aseguramiento de productos falsificados o la suspensión de la comercialización de productos infractores.

**Procedimientos de nulidad y cancelación:** Los titulares pueden impugnar la validez de registros de marcas o patentes que consideren contrarios a la ley o que afecten sus derechos previos.

**b) Cooperación con aduanas y autoridades:** El IMPI y el INDAUTOR colaboran con las aduanas y otras autoridades para detectar e impedir la importación o exportación de productos falsificados o piratas.

**c) Campañas de concientización:** El IMPI y el INDAUTOR llevan a cabo campañas de concientización para informar al público sobre la importancia de respetar los derechos de propiedad industrial e intelectual.

V. Retos y Tendencias
del Derecho de Propiedad Industrial e Intelectual en México

El Derecho de Propiedad Industrial e Intelectual en México enfrenta varios retos y se encuentra en constante evolución para adaptarse a los cambios tecnológicos y a los desafíos globales. A continuación, se mencionan algunos de los principales retos y tendencias en esta área del derecho:

**a) Tecnologías digitales:** El avance de las tecnologías digitales y la era de internet plantean desafíos en la protección de derechos de autor y derechos conexos, especialmente en la lucha contra la piratería y la distribución ilegal de contenidos.

**b) Propiedad intelectual en la era de la inteligencia artificial:** La creación de obras generadas por inteligencia artificial plantea interrogantes sobre la titularidad y protección de derechos de autor en este contexto.

**c) Protección de datos y privacidad:** En el ámbito de la propiedad industrial, el uso y manejo de datos en el contexto de la innovación y la digitalización también representa desafíos en la protección de datos y privacidad.

**d) Protección de conocimientos tradicionales y recursos genéticos:** La protección de conocimientos tradicionales y recursos genéticos es un tema relevante en el ámbito de la propiedad intelectual, especialmente para proteger los saberes ancestrales y las comunidades indígenas.

**e) Tratados internacionales y armonización:** La participación de México en tratados internacionales, como el Acuerdo de Asociación Transpacífico (CPTPP), busca armonizar las legislaciones nacionales con los estándares internacionales de propiedad intelectual.

**f) Fomento a la innovación y la creatividad:** La promoción de la innovación y la creatividad mediante incentivos y políticas públicas que estimulen la investigación y el desarrollo de nuevas tecnologías y obras culturales es una tendencia importante en el derecho de propiedad industrial e intelectual.

En conclusión, el Derecho de Propiedad Industrial e Intelectual en México es un conjunto de normas jurídicas que busca proteger y promover la creatividad, la innovación y el desarrollo económico del país. La protección de invenciones, marcas, diseños industriales y obras literarias y artísticas es esencial para fomentar la competencia leal, impulsar la inversión en investigación y desarrollo, y salvaguardar la identidad cultural de la nación. No obstante, el campo de la propiedad industrial e intelectual enfrenta desafíos y retos en la era digital y en el contexto de una economía globalizada. Es fundamental para México seguir fortaleciendo su marco legal, promover la cooperación entre instituciones y fomentar la cultura del respeto a la propiedad intelectual para asegurar un ambiente propicio para la innovación y la creación en el futuro.

**Conceptos básicos de propiedad industrial e intelectual**

Los conceptos básicos de Propiedad Industrial e Intelectual son fundamentales para entender el alcance y la importancia de estas áreas del derecho. A continuación, se describen los conceptos esenciales de cada una de ellas:

Propiedad Industrial:

**Patente:** Es un derecho exclusivo que otorga el Estado a un inventor sobre una invención nueva, no obvia y susceptible de aplicación industrial. Permite al titular proteger su invención y decidir quién puede utilizarla durante un periodo determinado.

**Marca:** Es un signo distintivo que permite identificar y diferenciar productos o servicios de una empresa de los de otras. Puede ser una palabra, nombre, logotipo, figura, color, sonido o combinación de estos elementos.

**Diseño Industrial:** Protege la apariencia estética de un producto, es decir, su forma, configuración, textura o combinación de estos elementos, siempre que sean nuevos y tengan carácter singular.

**Indicación Geográfica:** Es un signo que identifica un producto como originario de una región geográfica determinada, y que posee ciertas características o reputación debido a su origen.

**Secretos Industriales:** Son conocimientos técnicos o comerciales confidenciales que otorgan ventajas competitivas a una empresa frente a sus competidores. No requieren registro y se protegen mediante acuerdos de confidencialidad.

Propiedad Intelectual:

**Derechos de Autor:** Protegen las creaciones originales y expresiones artísticas o intelectuales, como obras literarias, artísticas, musicales, arquitectónicas, programas de computadora, fotografías, entre otras.

**Derechos Conexos:** Son derechos que protegen a intérpretes, ejecutantes, productores de fonogramas y organismos de radiodifusión en sus actuaciones y producciones.

**Dominio Público:** Son obras cuyos derechos de autor han expirado o que no están protegidas por la ley, lo que permite su libre uso y reproducción por parte del público.

**Obra Derivada:** Es una obra que se basa en otra obra preexistente, pero que presenta modificaciones, adaptaciones o agregados originales que requieren autorización del titular de los derechos originales.

**Licencia:** Es un contrato por medio del cual el titular de los derechos de propiedad intelectual autoriza a un tercero a utilizar su obra o invención, estableciendo las condiciones y alcances de dicha autorización.

Estos conceptos básicos son fundamentales para comprender cómo se protegen y gestionan los derechos de propiedad industrial e intelectual, así como las diferencias y similitudes entre ambas áreas del derecho. Es importante tener en cuenta que la propiedad industrial e intelectual varía en cada país y está regulada por leyes y tratados internacionales específicos.

## Derechos de autor y Derechos conexos

En México, los derechos de autor y los derechos conexos están regulados principalmente por la Ley Federal del Derecho de Autor (LFDA) y la Ley Federal del Derecho de Autor y Derechos Conexos (LFDAyDC). Estas leyes protegen la propiedad intelectual de los creadores y artistas, garantizando que se reconozcan y remuneren adecuadamente por su trabajo creativo.

Derechos de autor en México: En el contexto mexicano, los derechos de autor protegen la propiedad intelectual de las obras originales, que pueden ser literarias, artísticas, científicas, audiovisuales, entre otras. Estas obras pueden ser expresadas en cualquier forma tangible, como libros, música, pinturas, fotografías, esculturas, películas, programas de software, entre otras.

Principales características
de los derechos de autor en México:

**Duración:** La protección de los derechos de autor en México generalmente dura durante toda la vida del autor y hasta 100 años después de su muerte.

**Derechos exclusivos:** Los titulares de los derechos de autor tienen el derecho exclusivo de reproducción, distribución, comunicación pública, transformación y otros derechos relacionados con su obra.

**Excepciones y limitaciones:** La ley mexicana contempla ciertas excepciones y limitaciones para el uso de obras protegidas sin la necesidad de obtener autorización, como el derecho de cita, el uso privado, la educación y la parodia, entre otros.

**Derechos conexos en México:** En México, los derechos conexos protegen los intereses de intérpretes, ejecutantes, productores y organismos de radiodifusión.

Principales características
de los derechos conexos en México:

**Intérpretes y ejecutantes:** Los actores, músicos, cantantes, bailarines y otros artistas que realicen actuaciones públicas o grabaciones audiovisuales están protegidos por los derechos conexos.

**Productores:** Los productores de fonogramas y videogramas, es decir, las personas o entidades que realizan grabaciones sonoras y audiovisuales, también tienen derechos conexos.

**Organismos de radiodifusión:** Las organizaciones que realizan transmisiones de programas de radio y televisión están protegidas por derechos conexos.

**Duración:** Los derechos conexos en México generalmente tienen una duración de 50 años contados a partir del 1 de enero del año siguiente a la fijación de la interpretación, ejecución, grabación o transmisión.

**Derechos exclusivos:** Los titulares de los derechos conexos tienen el derecho exclusivo de autorizar o prohibir la reproducción, distribución y comunicación pública de las actuaciones, grabaciones o emisiones protegidas.

En resumen, tanto los derechos de autor como los derechos conexos en México son esenciales para proteger la propiedad intelectual y fomentar la creatividad y la innovación en diversas áreas culturales y artísticas del país. Es importante que los creadores, intérpretes y productores comprendan sus derechos y obtengan el reconocimiento y remuneración adecuados por sus obras y actuaciones.


**Marcas y patentes**

En el mundo empresarial y legal, las marcas y las patentes son dos conceptos fundamentales dentro del ámbito de la propiedad industrial. Estas herramientas legales brindan protección y derechos exclusivos a los innovadores y empresarios, asegurando la originalidad de sus creaciones y la identidad comercial de sus empresas. En este extenso artículo, exploraremos en detalle el significado, la importancia y los aspectos clave de las marcas y las patentes, analizando su función, los requisitos para obtener su protección, la duración de los derechos, los procedimientos de registro y las implicaciones legales.

## I. Marcas

Definición y función de las marcas

Una marca se define como un signo distintivo que identifica los productos o servicios de una empresa y los diferencia de los de otras empresas. Puede ser un nombre, un logotipo, una imagen, una frase, un sonido o una combinación de estos elementos. La principal función de una marca es permitir que los consumidores identifiquen y asocien fácilmente los productos o servicios con una empresa específica, así como con su calidad y reputación. Además de ser una herramienta de identificación, las marcas también pueden ser un valioso activo comercial y un elemento clave en la estrategia de marketing de una empresa.

Protección y requisitos para registrar una marca

En México, la protección de las marcas está regulada por la Ley de la Propiedad Industrial (LPI) y es administrada por el Instituto Mexicano de la Propiedad Industrial

(IMPI). Para obtener la protección legal de una marca, es necesario registrarla en el IMPI. A continuación, se presentan los requisitos básicos para el registro de una marca en México:

Distintividad: Una marca debe ser distintiva, es decir, debe tener la capacidad de diferenciar los productos o servicios de una empresa de los de otras empresas. Las marcas genéricas o descriptivas suelen ser rechazadas, ya que no cumplen con este requisito de distintividad.

Novedad: La marca no debe ser idéntica o similar a una marca registrada previamente en el mismo mercado o en relación con productos o servicios similares. Antes de solicitar el registro, se recomienda realizar una búsqueda exhaustiva para verificar la disponibilidad y evitar conflictos.

Uso efectivo: La marca debe ser utilizada de manera efectiva en el mercado en relación con los productos o servicios que representa. El uso efectivo se considera un requisito para mantener la protección de la marca en el tiempo.

Clasificación de productos o servicios: Es necesario determinar la clase o clases en las que se solicitará el registro de la marca. La Clasificación Internacional de Productos y Servicios (Niza) se utiliza para este propósito y agrupa diferentes categorías de productos y servicios.

Procedimiento de registro
y duración de los derechos de marca

El procedimiento de registro de una marca en México consta de varias etapas, que incluyen:

Presentación de la solicitud: El solicitante debe presentar una solicitud de registro ante el IMPI, que debe contener información detallada sobre la marca, su titular, la descripción de los productos o servicios asociados y una representación gráfica o sonora de la marca.

Examen de forma y de fondo: El IMPI realiza un examen de forma para verificar que la solicitud cumpla con los requisitos formales. Luego, se realiza un examen de fondo para evaluar si la marca cumple con los requisitos de distintividad, novedad y uso efectivo.

Publicación y oposición: Si la solicitud es aceptada, se publica en la Gaceta de la Propiedad Industrial. Durante un período determinado, terceros tienen la oportunidad de presentar oposiciones si consideran que la marca puede causarles perjuicios.

Registro y expedición del título: Si no se presentan oposiciones o se resuelven a favor del solicitante, se registra la marca y se expide el título de registro. A partir de este momento, el titular tiene los derechos exclusivos sobre la marca en las clases registradas.

La duración de los derechos de marca en México es de diez años a partir de la fecha de presentación de la solicitud, y puede ser renovada de manera indefinida cada diez años.

Derechos exclusivos
y protección de las marcas

El titular de una marca registrada en México tiene una serie de derechos exclusivos, que incluyen:

Uso exclusivo: El titular tiene el derecho exclusivo de utilizar la marca registrada en el mercado en relación con los productos o servicios cubiertos por el registro.

Prohibición del uso no autorizado: El titular puede prohibir a terceros el uso no autorizado de una marca idéntica o similar en relación con productos o servicios idénticos o similares, lo que ayuda a prevenir la confusión del consumidor y protege la reputación de la marca.

Acciones legales: El titular puede tomar acciones legales contra cualquier persona que infrinja sus derechos de marca, lo que puede incluir demandas por daños y perjuicios, cese de la infracción y decomiso de productos falsificados o pirateados.

## II. Patentes

Definición y función de las patentes

Una patente es un derecho exclusivo otorgado a una invención que proporciona una solución técnica a un problema específico. Puede ser un producto, un proceso o una mejora técnica que sea nuevo, involucre una actividad inventiva y sea susceptible de aplicación industrial. Las patentes protegen el aspecto funcional y técnico de una invención, permitiendo que el inventor tenga el derecho exclusivo de explotarla comercialmente y otorgando protección legal contra el uso no autorizado por parte de terceros.

Requisitos para obtener una patente

En México, la protección de las invenciones mediante patentes está regulada por la Ley de Propiedad Industrial (LPI) y el IMPI es la autoridad encargada de administrar el sistema de patentes. Los requisitos básicos para obtener una patente son los siguientes:

Novedad: La invención debe ser nueva, es decir, no debe haber sido divulgada al público antes de la fecha de presentación de la solicitud de patente. La divulgación puede incluir publicaciones, ventas, exposiciones o cualquier otro medio que revele la invención al público.

Actividad inventiva: La invención debe implicar una actividad inventiva, lo que significa que no debe ser obvia para una persona con conocimientos en el campo técnico relacionado. Debe representar un avance significativo en comparación con el estado de la técnica existente.

Aplicación industrial: La invención debe ser susceptible de aplicación industrial, lo que implica que debe poder ser fabricada o utilizada en cualquier tipo de industria.

## Procedimiento de registro
### y duración de los derechos de patente

El proceso de registro de una patente en México implica las siguientes etapas:

Presentación de la solicitud: El inventor o el titular de la invención debe presentar una solicitud de patente ante el IMPI, que debe contener una descripción detallada de la invención, su campo técnico, los problemas que resuelve y los beneficios que proporciona.

Examen de forma y de fondo: El IMPI realiza un examen de forma para verificar que la solicitud cumpla con los requisitos formales. Luego, se realiza un examen de fondo para evaluar si la invención cumple con los requisitos de novedad, actividad inventiva y aplicación industrial.

Publicación y oposición: Si la solicitud es aceptada, se publica en la Gaceta de la Propiedad Industrial. Durante un período determinado, terceros pueden presentar oposiciones si consideran que la invención no cumple con los requisitos de patentabilidad.

Concesión y registro: Si no se presentan oposiciones o se resuelven a favor del solicitante, se concede la patente y se registra la invención. A partir de este momento, el titular tiene los derechos exclusivos sobre la invención por un período determinado.

En México, la duración de los derechos de patente es de 20 años a partir de la fecha de presentación de la solicitud, siempre y cuando se realicen los pagos de mantenimiento correspondientes.

Derechos exclusivos
y protección de las patentes

El titular de una patente registrada en México tiene una serie de derechos exclusivos, que incluyen:

Derecho a explotar la invención: El titular tiene el derecho exclusivo de producir, utilizar, vender, importar o distribuir la invención en el mercado.

Prohibición del uso no autorizado: El titular puede prohibir a terceros el uso no autorizado de la invención protegida por la patente, lo que ayuda a prevenir la competencia desleal y el aprovechamiento de la invención sin autorización.

Acciones legales: El titular puede tomar acciones legales contra cualquier persona que infrinja sus derechos de patente, lo que puede incluir demandas por daños y perjuicios, cese de la infracción y decomiso de productos infractores.

### III. Diferencias y similitudes entre marcas y patentes

Aunque las marcas y las patentes son dos formas de protección de la propiedad industrial, existen diferencias significativas en cuanto a su naturaleza, alcance y requisitos. A continuación, se presentan algunas de las principales diferencias y similitudes entre marcas y patentes:

Naturaleza de la protección:

Marcas: Protegen la identidad comercial de una empresa y su capacidad para diferenciar sus productos o servicios de los de otras empresas en el mercado.

Patentes: Protegen invenciones técnicas y proporcionan a los inventores el derecho exclusivo de explotar y comercializar su invención.

Objeto de protección:

Marcas: Protegen signos distintivos que pueden incluir nombres, logotipos, imágenes, sonidos, colores y otras características visuales o auditivas.

Patentes: Protegen invenciones técnicas, que pueden ser productos, procesos o mejoras técnicas que ofrezcan una solución a un problema técnico.

Duración de los derechos:

Marcas: La duración de los derechos de marca es indefinida, siempre y cuando se renueve periódicamente y se siga utilizando en el comercio.

Patentes: La duración de los derechos de patente es de 20 años a partir de la fecha de presentación de la solicitud, siempre y cuando se realicen los pagos de mantenimiento correspondientes.

## Requisitos para la protección:

Marcas: Deben ser distintivas, no deben estar previamente registradas en el mismo mercado y deben utilizarse efectivamente en el comercio.

Patentes: Deben ser nuevas, implicar actividad inventiva y ser susceptibles de aplicación industrial.

## Alcance de la protección:

Marcas: La protección de una marca se limita a los productos o servicios que están clasificados en la solicitud de registro.

Patentes: La protección de una patente es más amplia y cubre la invención en su totalidad, incluidas todas las formas en las que puede ser utilizada o explotada.

## Derechos exclusivos:

Marcas: El titular de una marca registrada tiene el derecho exclusivo de utilizarla en el mercado en relación con los productos o servicios cubiertos por el registro.

Patentes: El titular de una patente tiene el derecho exclusivo de explotar la invención protegida, lo que incluye la fabricación, uso, venta e importación.

## Renovación y mantenimiento:

Marcas: Para mantener la protección, las marcas deben renovarse periódicamente y mantenerse en uso efectivo en el mercado.

Patentes: Los titulares de patentes deben realizar pagos de mantenimiento para mantener los derechos durante el período de vigencia.

## Implicaciones legales:

Marcas: Las infracciones de marca pueden resultar en acciones legales, como demandas por daños y perjuicios, y la posibilidad de decomisar productos falsificados o pirateados.

Patentes: Las infracciones de patente también pueden dar lugar a acciones legales, incluidas las demandas por daños y perjuicios y la posibilidad de prohibir la comercialización de productos infractores.

## IV. Importancia de las marcas y las patentes

Tanto las marcas como las patentes juegan un papel fundamental en la promoción de la innovación, el desarrollo empresarial y la protección de los derechos de los creadores e inventores. A continuación, se destacan algunas de las razones clave que demuestran la importancia de las marcas y las patentes:

Fomento de la innovación:

Las patentes ofrecen a los inventores la seguridad de que podrán explotar sus invenciones exclusivamente durante un período determinado, lo que estimula la investigación y el desarrollo de nuevas tecnologías y soluciones técnicas.

Las marcas, por su parte, son esenciales para que las empresas puedan diferenciarse en el mercado y construir una reputación de calidad y confiabilidad, lo que incentiva la creatividad y la mejora continua de productos y servicios.

Protección de la inversión y la propiedad intelectual:

Las patentes permiten a los inventores y a las empresas recuperar la inversión realizada en la investigación, desarrollo y comercialización de una nueva tecnología o invención, al otorgarles el derecho exclusivo de explotarla comercialmente.

Las marcas protegen el valor intangible de la empresa, como su imagen y reputación, y proporcionan una ventaja competitiva al garantizar que los consumidores puedan identificar fácilmente sus productos o servicios.

Prevención de la competencia desleal:

Tanto las marcas como las patentes ayudan a prevenir la competencia desleal y el aprovechamiento no autorizado de los esfuerzos creativos y las inversiones realizadas por las empresas y los inventores.

Las patentes evitan que otros copien, utilicen o comercialicen invenciones sin permiso, lo que garantiza que los inventores tengan el control exclusivo de su invención durante el período de vigencia de la patente.

### Protección del consumidor:

Las marcas permiten a los consumidores identificar fácilmente los productos o servicios de una empresa y asociarlos con una cierta calidad y reputación. Esto protege a los consumidores de engaños y garantiza que puedan tomar decisiones informadas al comprar productos o contratar servicios.

Las patentes también protegen a los consumidores al garantizar que los productos que utilizan o consumen cumplen con los estándares de calidad y seguridad establecidos por la invención patentada.

### Promoción de la competencia leal y el desarrollo económico:

Las marcas y las patentes contribuyen a promover la competencia leal en el mercado, al establecer reglas claras sobre el uso de nombres, logotipos, tecnologías y soluciones técnicas.

Al fomentar la innovación y proteger la inversión en investigación y desarrollo, las marcas y las patentes estimulan el desarrollo económico y la creación de empleo.

### Conclusiones

En conclusión, las marcas y las patentes son dos herramientas fundamentales para la protección de la innovación y la identidad comercial en el mundo empresarial. Las marcas permiten a las empresas diferenciarse en el mercado y construir una reputación sólida, mientras que las patentes ofrecen a los inventores la seguridad de que podrán explotar exclusivamente sus invenciones durante un período determinado.

Ambas formas de protección son vitales para fomentar la innovación, promover la competencia leal y proteger los derechos de los creadores e inventores. Además, contribuyen al desarrollo económico al estimular la investigación y el desarrollo, y alentar el crecimiento empresarial.

Es importante que los empresarios, creadores e inventores comprendan la importancia de las marcas y las patentes y busquen asesoría legal para aprovechar al máximo estas herramientas de protección. El registro oportuno y adecuado de marcas y patentes puede marcar la diferencia entre el éxito y el fracaso en el mercado altamente competitivo de hoy en día. Por lo tanto, se recomienda realizar una búsqueda previa de disponibilidad y cumplir con todos los requisitos legales para obtener la protección adecuada y asegurar el resguardo de la propiedad intelectual y la identidad comercial.

**Protección y defensa de la propiedad intelectual**

La protección y defensa de la propiedad intelectual en México están reguladas por diversas leyes y tratados internacionales, con el objetivo de salvaguardar los derechos de creadores e inventores, y fomentar la innovación y el desarrollo tecnológico y cultural en el país. A continuación, se describen los principales aspectos relacionados con la protección y defensa de la propiedad intelectual en México.

I. Leyes y marco legal de la propiedad intelectual en México

Ley de la Propiedad Industrial (LPI): La LPI es la principal ley que regula la propiedad industrial en México. Esta ley abarca diversos aspectos relacionados con la protección de marcas, patentes, diseños industriales, avisos comerciales, denominaciones de origen y nombres comerciales. La LPI establece los requisitos y procedimientos para obtener la protección de estos derechos, así como las sanciones por su violación.

Ley Federal del Derecho de Autor (LFDA): La LFDA es la ley que protege los derechos de autor en México. Esta ley abarca obras literarias, artísticas, científicas, musicales, audiovisuales, entre otras. La LFDA otorga a los autores derechos exclusivos sobre sus obras y regula aspectos como la duración de los derechos de autor, las limitaciones y excepciones, y las sanciones por infracciones.

Tratados internacionales: México es signatario de diversos tratados internacionales relacionados con la propiedad intelectual, entre ellos el Convenio de Berna para la Protección de las Obras Literarias y Artísticas, el Acuerdo sobre los Aspectos de los Derechos de Propiedad Intelectual relacionados con el Comercio (ADPIC) y el Tratado de Cooperación en Materia de Patentes (PCT). Estos tratados establecen estándares internacionales para la protección de la propiedad intelectual y buscan armonizar las legislaciones de los países miembros.

II. Protección de la propiedad intelectual en México

Marcas: La protección de las marcas en México se obtiene a través del registro en el Instituto Mexicano de la Propiedad Industrial (IMPI). Para ser registrada, una marca debe cumplir con los requisitos de distintividad, novedad y uso efectivo en el comercio. El titular de una marca registrada tiene el derecho exclusivo de utilizarla en el mercado en relación con los productos o servicios que cubre el registro.

Patentes: La protección de las invenciones técnicas se obtiene mediante el registro de patentes en el IMPI. Para ser patentable, una invención debe ser nueva, implicar actividad inventiva y ser susceptible de aplicación industrial. El titular de una patente tiene el derecho exclusivo de explotar la invención comercialmente durante un período de 20 años a partir de la fecha de presentación de la solicitud.

Derechos de autor: Los derechos de autor se otorgan automáticamente desde el momento en que una obra es creada y fijada en un medio tangible. Sin embargo, para contar con una prueba pública de la autoría y la fecha de creación, se recomienda registrar la obra en el Registro Público del Derecho de Autor. Los titulares de derechos de autor tienen el derecho exclusivo de reproducción, distribución, comunicación pública, transformación y otros derechos relacionados con su obra.

Diseños industriales: Los diseños industriales se refieren a las características estéticas o decorativas de un producto. Para obtener protección, el diseño industrial debe ser nuevo y tener un carácter distintivo. La protección se obtiene mediante el registro en el IMPI, y los titulares tienen el derecho exclusivo de utilizar el diseño en el mercado.

Derechos conexos: Los derechos conexos protegen los intereses de intérpretes, ejecutantes, productores y organismos de radiodifusión. Estos derechos se obtienen automáticamente y protegen la interpretación o ejecución de obras, las grabaciones sonoras y audiovisuales, y las emisiones de radio y televisión.

### III. Defensa de la propiedad intelectual en México

La defensa de la propiedad intelectual en México es fundamental para proteger los derechos de los titulares y evitar la infracción y la competencia desleal. Las acciones legales y medidas de protección incluyen:

Acciones legales: Los titulares de derechos de propiedad intelectual pueden presentar acciones legales ante los tribunales para hacer valer sus derechos y obtener indemnizaciones por daños y perjuicios causados por la infracción de sus derechos.

Medidas cautelares: Los titulares pueden solicitar medidas cautelares ante los tribunales para prevenir la continuación de la infracción mientras se lleva a cabo el proceso judicial.

Decomiso y destrucción de productos infractores: En caso de que se encuentren productos falsificados o piratas en el mercado, los titulares pueden solicitar su decomiso y destrucción como medida para detener la comercialización ilegal.

Campañas de concientización: El IMPI y otras instituciones pueden llevar a cabo campañas de concientización para informar al público sobre la importancia de respetar la propiedad intelectual y las consecuencias de la infracción.

Cooperación con autoridades: Los titulares pueden trabajar en conjunto con las autoridades competentes para prevenir y combatir la piratería y la falsificación de productos.

IV. Retos y perspectivas de la protección y defensa
de la propiedad intelectual en México

A pesar de los esfuerzos realizados para proteger y defender la propiedad intelectual en México, existen varios desafíos que requieren atención y acción continua:

Piratería y falsificación: La piratería y la falsificación siguen siendo un problema significativo en México, afectando a diversos sectores como la música, el cine, la moda y la industria farmacéutica. La lucha contra la piratería requiere una mayor cooperación entre autoridades, empresas y sociedad civil.

Capacitación y concientización: Es necesario fomentar la capacitación y concientización sobre la importancia de la propiedad intelectual entre creadores, inventores, empresarios y consumidores. Muchas personas aún desconocen los derechos de propiedad intelectual y los riesgos asociados con la infracción.

Agilización de los procesos: Los procedimientos de registro y defensa de la propiedad intelectual pueden ser largos y costosos. Es importante agilizar estos procesos para garantizar una protección efectiva y accesible para todos los titulares.

Fortalecimiento de la cooperación internacional: La protección de la propiedad intelectual es un desafío global, y la cooperación internacional es fundamental para combatir la piratería y la falsificación a nivel transfronterizo.

En conclusión, la protección y defensa de la propiedad intelectual en México son pilares fundamentales para fomentar la innovación, el desarrollo económico y la creatividad. La legislación y los tratados internacionales proporcionan un marco sólido para la protección de marcas, patentes, derechos de autor y otros derechos de propiedad intelectual. Sin embargo, es necesario abordar los desafíos y trabajar en conjunto con todos los actores involucrados para garantizar una protección efectiva y una defensa adecuada de la propiedad intelectual en el país. Al hacerlo, México podrá aprovechar al máximo su talento creativo e innovador y promover un entorno favorable para el desarrollo y la competitividad en la economía global.


## COMO REGISTRAR UN LOGOTIPO EN MEXICO

Para registrar un logotipo en México, debes seguir los siguientes pasos:

**Búsqueda de disponibilidad:** Antes de registrar el logotipo, es importante verificar que no existan marcas registradas previamente que puedan generar conflictos. Puedes realizar una búsqueda de disponibilidad de marcas en el Instituto Mexicano de la Propiedad Industrial (IMPI) o a través de su página web.

**Creación de la marca:** Debes tener un logotipo claramente definido y diseñado. El logotipo debe ser original y no puede infringir derechos de propiedad intelectual de terceros.

**Clasificación de productos o servicios:** Es necesario determinar la clase o clases en las que se registrará el logotipo. La Clasificación Internacional de Productos y Servicios (Niza) se utiliza para este propósito y agrupa diferentes categorías de productos y servicios.

**Presentación de la solicitud:** Puedes presentar la solicitud de registro en línea a través del portal del IMPI o de manera presencial en sus oficinas. La solicitud debe incluir información detallada sobre el logotipo, la clase o clases en las que se solicita el registro, tus datos personales y una descripción clara del signo distintivo.

**Pago de tarifas:** Deberás pagar las tarifas correspondientes al registro de la marca. Los costos varían dependiendo de la modalidad de presentación y las clases en las que se registre el logotipo.

**Examen de forma y de fondo:** Una vez presentada la solicitud, el IMPI llevará a cabo un examen para verificar que cumpla con los requisitos formales y de fondo. Si todo está en orden, se procederá con el proceso de registro.

**Publicación en la Gaceta de la Propiedad Industrial:** Si la solicitud es aceptada, se procederá a publicar el registro en la Gaceta de la Propiedad Industrial. Durante este período, terceros tienen la oportunidad de oponerse al registro si consideran que la marca podría causarles perjuicios.

**Expedición del título de registro:** Si no hay oposiciones o se resuelven a favor de la solicitud, se emitirá el título de registro a tu nombre. A partir de este momento, tendrás los derechos exclusivos de uso y explotación de la marca en las clases registradas.

## Capítulo 18:

## Derecho de la Salud en México

El derecho de la salud en México es una rama del derecho que aborda los aspectos legales relacionados con la prestación de servicios de salud, la protección de los derechos de los pacientes, la regulación de las instituciones de salud y la promoción de políticas públicas para garantizar el acceso a servicios de salud de calidad. Es una disciplina compleja y en constante evolución, que busca equilibrar los derechos individuales con los intereses de la sociedad en materia de salud.

En esta explicación, analizaremos en profundidad el marco legal del derecho de la salud en México, incluyendo sus fundamentos constitucionales, leyes y regulaciones relevantes, los derechos de los pacientes, la seguridad social, la regulación de medicamentos y productos sanitarios, así como los retos y perspectivas para el futuro.

### I. Fundamentos Constitucionales
### del Derecho de la Salud en México

El derecho a la salud en México está consagrado en la Constitución Política de los Estados Unidos Mexicanos. A través de diversas reformas constitucionales, se han establecido los cimientos para garantizar el acceso a servicios de salud de calidad para toda la población. Los principales fundamentos constitucionales relacionados con el derecho de la salud son:

Artículo 4: Este artículo establece el derecho de toda persona a la protección de la salud. Asimismo, se reconoce que la ley definirá las bases y modalidades para el acceso a los servicios de salud, estableciendo la concurrencia de la Federación y las entidades federativas en la materia.

Artículo 73, fracción XVI: Esta fracción otorga al Congreso de la Unión la facultad de legislar sobre salubridad general, lo que implica la regulación de la atención médica, la higiene, la profilaxis y los establecimientos destinados a la atención de la salud.

Artículo 123, Apartado A, fracción XXIX: Esta fracción establece los derechos de los trabajadores en materia de seguridad social, incluyendo la atención médica y la protección a la salud.

Artículo 124: Este artículo establece la obligación del Estado para promover la organización de servicios de salud suficientes y adecuados.

Artículo 129: Este artículo establece la facultad del Estado para dictar todas las medidas necesarias para preservar la salud pública.

Estos fundamentos constitucionales sientan las bases para el desarrollo de la legislación y las políticas públicas en materia de salud en México.


## II. Leyes y Regulaciones en Materia de Salud en México

El derecho de la salud en México está regulado por una serie de leyes y regulaciones que abarcan diferentes aspectos, desde la regulación de los servicios de salud y la atención médica hasta la protección de los derechos de los pacientes y la regulación de medicamentos y productos sanitarios. Algunas de las leyes y regulaciones más importantes en esta materia son:

Ley General de Salud (LGS): Esta ley es la principal normativa en materia de salud en México. Establece las bases para la organización y prestación de servicios de salud, la regulación de profesionales de la salud, la vigilancia epidemiológica, la promoción de la salud y la protección de los derechos de los pacientes.

Ley General de los Derechos de Niñas, Niños y Adolescentes: Esta ley establece los derechos de los niños y adolescentes en materia de salud, incluyendo el acceso a servicios de salud adecuados y la protección de su salud integral.

Ley General de Educación: Esta ley establece la obligación de promover la educación para la salud en todos los niveles educativos, con el objetivo de fomentar hábitos saludables y prevenir enfermedades.

Ley General de los Derechos de las Personas con Discapacidad: Esta ley establece los derechos de las personas con discapacidad, incluyendo el acceso a servicios de salud adecuados y la atención médica especializada.

Ley del Seguro Social: Esta ley regula el sistema de seguridad social en México, que incluye el Instituto Mexicano del Seguro Social (IMSS) y el Instituto de Seguridad y

Servicios Sociales de los Trabajadores del Estado (ISSSTE). Estos institutos proporcionan servicios de salud y seguridad social a los trabajadores y sus familias.

Ley Federal de Protección al Consumidor (LFPC): Esta ley establece los derechos de los consumidores en materia de salud, incluyendo la protección contra publicidad engañosa, la regulación de productos y servicios sanitarios y la atención médica de calidad.

Ley General para el Control del Tabaco: Esta ley busca proteger la salud de las personas al regular el consumo de tabaco y sus derivados.

Regulación Sanitaria: La Secretaría de Salud es la autoridad encargada de la regulación sanitaria en México. A través de diversas normas y disposiciones, se establecen los requisitos para la fabricación, importación, distribución y comercialización de medicamentos, dispositivos médicos y otros productos sanitarios.

Estas leyes y regulaciones son fundamentales para garantizar el acceso a servicios de salud de calidad, proteger los derechos de los pacientes y promover la salud pública en México.

### III. Derechos de los Pacientes en México

La protección de los derechos de los pacientes es uno de los pilares fundamentales del derecho de la salud en México. Los pacientes tienen una serie de derechos legales y éticos que deben ser respetados por los profesionales de la salud y las instituciones de atención médica. Algunos de los principales derechos de los pacientes en México son:

Derecho a la información: Los pacientes tienen derecho a recibir información clara, veraz y comprensible sobre su estado de salud, el diagnóstico, el tratamiento y los riesgos asociados. Los profesionales de la salud deben proporcionar información adecuada para que los pacientes tomen decisiones informadas sobre su atención médica.

Derecho al consentimiento informado: Los pacientes tienen derecho a dar o negar su consentimiento para recibir tratamiento médico, después de recibir información completa sobre los procedimientos, los riesgos y los beneficios. El consentimiento debe ser libre, voluntario y debidamente documentado.

Derecho a la confidencialidad y privacidad: Los pacientes tienen derecho a que se mantenga la confidencialidad de su información médica y a que se respete su privacidad durante la atención médica.

Derecho a la calidad de la atención médica: Los pacientes tienen derecho a recibir atención médica de calidad, segura y eficaz, de acuerdo con los estándares y protocolos establecidos.

Derecho a la no discriminación: Los pacientes tienen derecho a recibir atención médica sin discriminación por motivos de género, raza, religión, orientación sexual, discapacidad o cualquier otra condición.

Derecho a presentar quejas y reclamaciones: Los pacientes tienen derecho a presentar quejas y reclamaciones ante las autoridades competentes en caso de insatisfacción con la atención médica recibida.

El respeto y la protección de estos derechos son fundamentales para garantizar una atención médica de calidad y promover la confianza entre los pacientes y los profesionales de la salud.

## IV. Seguridad Social y Derecho a la Salud en México

El derecho a la salud en México también se encuentra estrechamente vinculado al sistema de seguridad social. La seguridad social es un mecanismo que busca proteger a los trabajadores y sus familias ante situaciones de enfermedad, accidentes laborales, maternidad, vejez y desempleo, entre otras contingencias. En México, el sistema de seguridad social está compuesto principalmente por el Instituto Mexicano del Seguro Social (IMSS) y el Instituto de Seguridad y Servicios Sociales de los Trabajadores del Estado (ISSSTE).

El IMSS es el organismo encargado de brindar seguridad social a los trabajadores del sector privado, mientras que el ISSSTE proporciona seguridad social a los trabajadores del sector público. Ambos institutos ofrecen servicios de salud, atención médica, prestaciones económicas y pensiones para los trabajadores y sus familiares.

El derecho a la seguridad social y a la atención médica de calidad es reconocido como un derecho humano en México. La Ley General de Salud establece que toda persona tiene derecho a la protección de la salud y a la seguridad social. Asimismo, la Constitución Política de los Estados Unidos Mexicanos garantiza el derecho a la seguridad social como un derecho fundamental de los trabajadores.

Sin embargo, a pesar de los esfuerzos realizados para ampliar la cobertura de seguridad social en México, todavía existen desafíos importantes en este ámbito. Una de las principales preocupaciones es la falta de acceso a servicios de salud de calidad para grupos vulnerables y personas en situación de pobreza. Además, el sistema de seguridad social en México enfrenta retos en términos de financiamiento, eficiencia y calidad de la atención médica.

## V. Regulación de Medicamentos y Productos Sanitarios

La regulación de medicamentos y productos sanitarios es otra área importante del derecho de la salud en México. El acceso a medicamentos seguros y eficaces es fundamental para garantizar el derecho a la salud de la población.

En México, la Comisión Federal para la Protección contra Riesgos Sanitarios (COFEPRIS) es la autoridad encargada de la regulación de medicamentos y productos sanitarios. COFEPRIS es responsable de evaluar y autorizar la comercialización de medicamentos, dispositivos médicos, productos sanitarios y alimentos, así como de supervisar su fabricación, importación, distribución y comercialización.

Para que un medicamento o producto sanitario sea autorizado por COFEPRIS, debe someterse a una evaluación exhaustiva de su calidad, seguridad y eficacia. Además, debe cumplir con los estándares y regulaciones establecidos por COFEPRIS y otras autoridades internacionales, como la Organización Mundial de la Salud (OMS) y la Administración de Alimentos y Medicamentos de los Estados Unidos (FDA).

La regulación de medicamentos y productos sanitarios es una tarea compleja y desafiante, ya que busca equilibrar la necesidad de garantizar la disponibilidad de productos seguros y eficaces con la necesidad de agilizar el proceso de autorización para facilitar el acceso a tratamientos innovadores y de vanguardia.

## VI. Retos y Perspectivas Futuras

A pesar de los avances en materia de salud en México, todavía existen desafíos importantes que enfrentar para garantizar el derecho a la salud de toda la población. Algunos de los principales retos y perspectivas futuras incluyen:

Equidad y acceso universal: Aunque se han implementado programas para mejorar el acceso a servicios de salud para grupos vulnerables y personas en situación de pobreza, todavía existen disparidades en el acceso a la atención médica de calidad. Es necesario fortalecer las políticas y programas para garantizar que todas las personas tengan acceso a servicios de salud de manera equitativa.

Financiamiento y recursos: El sistema de salud en México enfrenta retos en términos de financiamiento y eficiencia en el uso de los recursos. Es necesario asegurar un financiamiento adecuado para garantizar la disponibilidad de servicios de salud de calidad y mejorar la infraestructura y los recursos humanos en el sector.

Calidad de la atención médica: La calidad de la atención médica es un aspecto clave para garantizar la seguridad y el bienestar de los pacientes. Es necesario fortalecer los mecanismos de control y supervisión para garantizar que los servicios de salud cumplan con los estándares de calidad establecidos.

Prevención y promoción de la salud: La prevención de enfermedades y la promoción de hábitos saludables son fundamentales para reducir la carga de enfermedades crónicas y mejorar la salud de la población. Es necesario fortalecer las políticas y programas de prevención y promoción de la salud.

Innovación y tecnología en salud: La innovación y la tecnología en salud pueden desempeñar un papel importante para mejorar la eficiencia y la calidad de la atención médica. Es necesario promover el uso de tecnologías de vanguardia y fomentar la investigación y el desarrollo en el sector de la salud.

En conclusión, el derecho de la salud en México es un campo amplio y complejo que abarca diversos aspectos, desde la regulación de servicios de salud y la protección de los derechos de los pacientes hasta la seguridad social y la regulación de medicamentos y productos sanitarios. A través de una sólida legislación y políticas públicas efectivas, es posible avanzar hacia un sistema de salud más equitativo, accesible y de calidad para toda la población. La promoción y protección del derecho a la salud es una responsabilidad compartida entre el Estado, los profesionales de la salud, la sociedad civil y los ciudadanos, y requiere un enfoque integral y colaborativo para lograr resultados significativos en beneficio de la salud y el bienestar de todos los mexicanos.

## MARCO LEGAL DE LA SALUD EN MÉXICO

El marco constitucional y legal de la salud en México está fundamentado en la Constitución Política de los Estados Unidos Mexicanos y en una serie de leyes, reglamentos y normativas específicas que regulan la prestación de servicios de salud, la protección de los derechos de los pacientes, la organización de las instituciones de salud, la regulación de medicamentos y productos sanitarios, entre otros aspectos relacionados con la salud pública.

A continuación, se presentan los principales elementos del marco constitucional y legal de la salud en México:

## I. Fundamentos Constitucionales

El derecho a la salud en México está consagrado en varios artículos de la Constitución Política de los Estados Unidos Mexicanos, algunos de los cuales son:

Artículo 4: Establece el derecho de toda persona a la protección de la salud. También reconoce que la ley definirá las bases y modalidades para el acceso a los servicios de salud, estableciendo la concurrencia de la Federación y las entidades federativas en la materia.

Artículo 73, fracción XVI: Otorga al Congreso de la Unión la facultad de legislar sobre salubridad general, lo que implica la regulación de la atención médica, la higiene, la profilaxis y los establecimientos destinados a la atención de la salud.

Artículo 123, Apartado A, fracción XXIX: Establece los derechos de los trabajadores en materia de seguridad social, incluyendo la atención médica y la protección a la salud.

Artículo 124: Establece la obligación del Estado para promover la organización de servicios de salud suficientes y adecuados.

Artículo 129: Establece la facultad del Estado para dictar todas las medidas necesarias para preservar la salud pública.

Estos fundamentos constitucionales establecen las bases para el desarrollo de la legislación y las políticas públicas en materia de salud en México.

## II. Ley General de Salud

La Ley General de Salud (LGS) es la normativa más importante en materia de salud en México. Esta ley fue publicada en 1984 y ha sido objeto de diversas reformas para adaptarse a las necesidades y retos cambiantes en el ámbito de la salud.

La LGS establece las bases para la organización y prestación de servicios de salud, la regulación de profesionales de la salud, la vigilancia epidemiológica, la promoción de la salud y la prevención de enfermedades, la protección de los derechos de los pacientes, entre otros aspectos relacionados con la salud pública.

Algunos puntos destacados de la Ley General de Salud son:

Organización de los Servicios de Salud: La LGS establece los principios y lineamientos para la organización y funcionamiento de los servicios de salud, incluyendo la atención médica, la prevención de enfermedades, la promoción de la salud y la rehabilitación.

Regulación de Profesionales de la Salud: La LGS establece los requisitos y normas para la formación, titulación y ejercicio profesional de médicos, enfermeras, dentistas, y otros profesionales de la salud.

Regulación de Medicamentos y Productos Sanitarios: La LGS regula la importación, fabricación, distribución y comercialización de medicamentos, dispositivos médicos, productos sanitarios y otros insumos de salud.

Derechos de los Pacientes: La LGS establece los derechos de los pacientes, incluyendo el derecho a la información, el consentimiento informado, la confidencialidad y privacidad de la información médica, entre otros.

Vigilancia Epidemiológica: La LGS establece los mecanismos para la vigilancia epidemiológica y la notificación de enfermedades transmisibles, con el objetivo de prevenir y controlar brotes y epidemias.

Promoción de la Salud: La LGS establece la obligación de promover la prevención de enfermedades y la promoción de hábitos saludables en la población, a través de campañas, programas y acciones específicas.

### III. Ley del Sistema Nacional de Salud

La Ley del Sistema Nacional de Salud (SNS) es otra ley relevante en materia de salud en México. Esta ley fue publicada en 1983 y ha sido objeto de reformas para adaptarse a los cambios en el sistema de salud.

La Ley del SNS establece las bases para la coordinación y operación del sistema de salud en México, que está conformado por diversas instituciones y entidades del sector público y privado. Algunos puntos destacados de la Ley del SNS son:

Coordinación del Sistema de Salud: La ley establece los mecanismos para la coordinación entre las instituciones de salud en el ámbito federal, estatal y municipal, con el objetivo de asegurar una atención integral y eficiente.

Participación Social: La ley reconoce la importancia de la participación social en la planificación, ejecución y evaluación de las políticas de salud, a través de consejos de salud y otras instancias de participación ciudadana.

Atención Primaria de la Salud: La ley promueve el fortalecimiento de la atención primaria de la salud, como estrategia para mejorar el acceso a servicios de salud y prevenir enfermedades.

Financiamiento del Sistema de Salud: La ley establece las bases para el financiamiento del sistema de salud, incluyendo la distribución de recursos entre las instituciones y la incorporación de recursos de seguridad social y otras fuentes de financiamiento.

## IV. Regulación de Medicamentos y Productos Sanitarios

La regulación de medicamentos y productos sanitarios es otro aspecto relevante del marco legal de la salud en México. La Comisión Federal para la Protección contra Riesgos Sanitarios (COFEPRIS) es la autoridad encargada de la regulación de medicamentos, dispositivos médicos, productos sanitarios, alimentos y bebidas no alcohólicas, tabaco y otros productos sujetos a regulación sanitaria.

COFEPRIS es responsable de evaluar y autorizar la comercialización de medicamentos y productos sanitarios, garantizando su calidad, seguridad y eficacia. También es responsable de supervisar la fabricación, importación, distribución y comercialización de estos productos, y de aplicar sanciones en caso de incumplimiento de las normas sanitarias.

La regulación de medicamentos y productos sanitarios tiene como objetivo proteger la salud de la población, asegurando que los productos disponibles en el mercado cumplan con los estándares de calidad y seguridad establecidos.

## V. Programas y Políticas de Salud

Además de las leyes y regulaciones específicas, el marco legal de la salud en México incluye una serie de programas y políticas públicas que buscan mejorar la salud de la población y garantizar el acceso a servicios de salud de calidad. Algunos de estos programas y políticas son:

Programa Nacional de Salud: Es el instrumento rector de la política nacional de salud en México. Define las líneas de acción y estrategias para mejorar la salud de la población y establece los objetivos y metas a alcanzar en el corto, mediano y largo plazo.

Programa IMSS-Bienestar: Este programa busca brindar servicios de salud a la población sin seguridad social, principalmente en áreas rurales y comunidades marginadas.

Programa de Prevención y Control de Enfermedades: Este programa tiene como objetivo prevenir y controlar enfermedades transmisibles y no transmisibles, a través de acciones de vacunación, detección temprana y tratamiento oportuno.

Programa Nacional de Vacunación: Es un programa integral que busca asegurar la vacunación de la población para prevenir enfermedades prevenibles por vacunación.

Programa de Atención a la Salud Materna y Perinatal: Este programa tiene como objetivo reducir la mortalidad materna y perinatal, a través de acciones de atención médica y prevención de complicaciones en el embarazo y el parto.

Estos programas y políticas son fundamentales para orientar las acciones de salud en México y mejorar la calidad de vida de la población.

## VI. Perspectivas Futuras

El derecho de la salud en México enfrenta diversos desafíos y retos que requieren una atención continua y un enfoque integral para mejorar la calidad de los servicios de salud y garantizar el acceso equitativo a la atención médica. Algunas perspectivas futuras para el derecho de la salud en México incluyen:

Fortalecimiento de la Atención Primaria de la Salud: Promover la atención primaria de la salud como una estrategia central para mejorar el acceso a servicios de salud, prevenir enfermedades y promover hábitos saludables.

Inversión en Infraestructura y Recursos Humanos: Fortalecer la infraestructura de salud y el recurso humano para garantizar una atención médica de calidad y una respuesta eficiente ante emergencias y crisis sanitarias.

Promoción de la Salud y Prevención de Enfermedades: Impulsar políticas y programas de promoción de la salud y prevención de enfermedades, para reducir la carga de enfermedades crónicas y mejorar la salud de la población.

Acceso Equitativo a la Atención Médica: Garantizar el acceso equitativo a servicios de salud de calidad para toda la población, especialmente para grupos vulnerables y personas en situación de pobreza.

Desarrollo e Implementación de Tecnología en Salud: Promover el desarrollo e implementación de tecnología en salud, como telemedicina, inteligencia artificial y sistemas de información, para mejorar la eficiencia y calidad de la atención médica.

En conclusión, el marco constitucional y legal de la salud en México se basa en la protección del derecho a la salud de toda la población y en la regulación de los diversos aspectos relacionados con la prestación de servicios de salud. A través de una legislación sólida y políticas públicas efectivas, es posible avanzar hacia un sistema de salud más equitativo, accesible y de calidad para todos los mexicanos. El desafío es seguir trabajando en la implementación de medidas concretas para mejorar la salud y el bienestar de la población, promoviendo la participación activa de la sociedad y los profesionales de la salud en este proceso.

## DERECHOS Y OBLIGACIONES DE LOS PACIENTES

Los derechos y obligaciones de los pacientes son fundamentales para garantizar una relación equitativa y respetuosa entre los pacientes y los profesionales de la salud, así como para promover la calidad y seguridad de la atención médica. Estos derechos y obligaciones varían según la legislación de cada país, pero en términos generales, podemos mencionar algunos de los más comunes:

Derechos de los Pacientes:

Derecho a la Información: Los pacientes tienen derecho a recibir información completa, clara y comprensible sobre su estado de salud, diagnóstico, tratamiento, procedimientos médicos y pronóstico. Los profesionales de la salud deben proporcionar información adecuada para que los pacientes puedan tomar decisiones informadas sobre su atención médica.

Derecho al Consentimiento Informado: Los pacientes tienen derecho a dar o negar su consentimiento para recibir tratamiento médico, después de recibir información completa sobre los procedimientos, los riesgos y los beneficios. El consentimiento debe ser libre, voluntario y debidamente documentado.

Derecho a la Privacidad y Confidencialidad: Los pacientes tienen derecho a que se respete la privacidad de su información médica y a que se mantenga la confidencialidad de sus datos personales durante la atención médica.

Derecho a la No Discriminación: Los pacientes tienen derecho a recibir atención médica sin discriminación por motivos de género, raza, religión, orientación sexual, discapacidad o cualquier otra condición.

Derecho a la Seguridad y Calidad de la Atención Médica: Los pacientes tienen derecho a recibir atención médica de calidad y segura, de acuerdo con los estándares y protocolos establecidos.

Derecho a la Segunda Opinión: Los pacientes tienen derecho a solicitar una segunda opinión médica, especialmente en casos de diagnósticos complejos o tratamientos invasivos.

Derecho a la Atención Digna y Respetuosa: Los pacientes tienen derecho a ser tratados con respeto, empatía y comprensión por parte de los profesionales de la salud.

Derecho a Acceder a su Expediente Médico: Los pacientes tienen derecho a acceder a su expediente médico y a solicitar copias de su información médica.

Derecho a Presentar Quejas y Reclamaciones: Los pacientes tienen derecho a presentar quejas y reclamaciones ante las autoridades competentes en caso de insatisfacción con la atención médica recibida.

Derecho a Participar en la Toma de Decisiones: Los pacientes tienen derecho a participar activamente en la toma de decisiones sobre su atención médica, incluyendo la elección de tratamientos y opciones terapéuticas.

Obligaciones de los Pacientes:

Proporcionar Información Veraz y Completa: Los pacientes tienen la obligación de proporcionar información veraz y completa sobre su historial médico, síntomas y cualquier otra información relevante para su atención médica.

Seguir las Instrucciones del Profesional de la Salud: Los pacientes tienen la obligación de seguir las instrucciones y recomendaciones del profesional de la salud en cuanto a su tratamiento y cuidados médicos.

Cumplir con los Tratamientos Prescritos: Los pacientes tienen la obligación de cumplir con los tratamientos médicos prescritos, incluyendo la toma de medicamentos y la asistencia a las citas médicas.

Respetar el Derecho de los Demás Pacientes: Los pacientes tienen la obligación de respetar el derecho de otros pacientes a recibir atención médica en un ambiente tranquilo y seguro.

Cuidar y Proteger los Bienes del Hospital o Consultorio: Los pacientes tienen la obligación de cuidar y proteger los bienes y equipos del hospital o consultorio donde reciben atención médica.

Cumplir con las Políticas y Reglamentos del Establecimiento de Salud: Los pacientes tienen la obligación de respetar las políticas y reglamentos del establecimiento de salud donde reciben atención médica.

Pagar por los Servicios de Salud: Los pacientes tienen la obligación de pagar por los servicios de salud recibidos, de acuerdo con las tarifas y costos establecidos.

Informar sobre Efectos Adversos o Errores Médicos: Los pacientes tienen la obligación de informar a su médico sobre cualquier efecto adverso o error médico que puedan experimentar durante su atención médica.

Cooperar con las Medidas de Prevención y Control de Enfermedades: Los pacientes tienen la obligación de cooperar con las medidas de prevención y control de enfermedades establecidas por las autoridades sanitarias.

Estos derechos y obligaciones están diseñados para fomentar una relación de respeto y colaboración entre los pacientes y los profesionales de la salud, y para asegurar que la atención médica se brinde de manera ética, segura y eficaz. Al respetar estos principios, se promueve una atención médica de calidad y se garantiza el respeto y la dignidad de los pacientes durante todo el proceso de atención médica.

## RESPONSABILIDAD MÉDICA Y BIOÉTICA

La responsabilidad médica y la bioética son dos conceptos interrelacionados que abordan aspectos éticos y legales de la práctica médica. La responsabilidad médica se refiere a la obligación de los profesionales de la salud de brindar atención médica competente y de calidad, mientras que la bioética se ocupa de los principios éticos que guían las decisiones relacionadas con la salud y la vida humana. A continuación, se desarrollan ambos conceptos en detalle:

Responsabilidad Médica:

La responsabilidad médica es la obligación legal y ética de los profesionales de la salud de cumplir con ciertos estándares y principios en la prestación de servicios médicos. Implica la asunción de la responsabilidad por las consecuencias de las acciones o decisiones tomadas en el ejercicio de la práctica médica.

Los profesionales de la salud, como médicos, enfermeras y otros proveedores de atención médica, tienen la responsabilidad de brindar atención competente, segura y ética a sus pacientes. Esto implica:

Ejercicio Competente: Los profesionales de la salud deben tener la capacitación, habilidades y conocimientos necesarios para brindar atención médica adecuada y actualizada. Deben mantenerse actualizados en su campo y seguir las mejores prácticas y estándares profesionales.

Consentimiento Informado: Los profesionales de la salud deben obtener el consentimiento informado de los pacientes antes de realizar cualquier procedimiento médico o tratamiento. Esto implica proporcionar información clara y comprensible sobre los riesgos, beneficios, alternativas y resultados esperados.

Confidencialidad: Los profesionales de la salud deben mantener la confidencialidad de la información médica de sus pacientes. No deben divulgar ni utilizar indebidamente la información médica sin el consentimiento del paciente, excepto en situaciones legalmente justificadas.

Evitar Daños: Los profesionales de la salud deben tomar todas las precauciones necesarias para evitar causar daño a los pacientes. Esto implica tomar decisiones fundamentadas en evidencia científica, seguir los protocolos de seguridad y actuar de acuerdo con los estándares éticos y legales.

Documentación Adecuada: Los profesionales de la salud deben mantener registros precisos y completos de la atención médica brindada. Esto incluye detalles de diagnósticos, tratamientos, procedimientos, medicamentos recetados y cualquier otra información relevante.

La responsabilidad médica también implica la rendición de cuentas en caso de negligencia o mala praxis. Los profesionales de la salud pueden ser responsables legalmente si se demuestra que han incumplido los estándares de atención y han causado daño o perjuicio a un paciente. En estos casos, pueden enfrentar acciones disciplinarias, sanciones económicas y, en algunos casos, la pérdida de su licencia médica.

## Bioética:

La bioética es un campo interdisciplinario que se ocupa de los aspectos éticos relacionados con la vida y la salud humana. Se basa en principios éticos fundamentales que guían las decisiones en el campo de la medicina y la investigación médica. Algunos de los principios bioéticos más reconocidos son:

Autonomía: Respeto por la autonomía y la capacidad de tomar decisiones informadas y libres sobre la atención médica. Esto implica el derecho del paciente a dar o negar su consentimiento y participar en las decisiones que afectan su salud.

Beneficencia: Actuar en beneficio del paciente y buscar su bienestar. Los profesionales de la salud deben hacer todo lo posible para maximizar los beneficios y minimizar los riesgos en la atención médica.

No Maleficencia: Evitar causar daño intencional o injustificado a los pacientes. Los profesionales de la salud deben tomar precauciones para minimizar los riesgos y daños potenciales asociados con los tratamientos y procedimientos médicos.

Justicia: Distribuir equitativamente los recursos y la atención médica, y tratar a los pacientes con imparcialidad y sin discriminación. Esto implica garantizar el acceso igualitario a los servicios médicos y la equidad en la asignación de recursos limitados.

Confidencialidad: Respetar la confidencialidad de la información médica y proteger la privacidad de los pacientes. Los profesionales de la salud deben mantener la confidencialidad de la información médica, excepto en los casos en que exista un deber legal o ético de informar.

Integridad: Actuar con honestidad, transparencia y respeto en todas las interacciones con los pacientes y otros profesionales de la salud.

La bioética es fundamental para guiar las decisiones éticas en situaciones complejas y controversiales, como la investigación con seres humanos, el final de la vida, la reproducción asistida y los avances tecnológicos en la medicina. Los comités de ética en investigación y los comités de ética clínica son instancias encargadas de evaluar y garantizar el cumplimiento de los principios bioéticos en la investigación y la atención médica.

Intersección entre la Responsabilidad Médica y la Bioética:

La responsabilidad médica y la bioética están estrechamente relacionadas, ya que ambas se centran en la atención ética y segura de los pacientes. La responsabilidad médica implica cumplir con los estándares legales y profesionales en la prestación de servicios médicos, mientras que la bioética proporciona un marco ético para tomar decisiones en la atención médica.

Los principios bioéticos, como el respeto a la autonomía y la no maleficencia, guían la conducta ética de los profesionales de la salud y les recuerdan su obligación de actuar en beneficio de los pacientes. Los profesionales de la salud deben considerar los principios bioéticos al tomar decisiones médicas, brindar información a los pacientes, obtener consentimiento informado y abordar situaciones éticamente complejas.

En situaciones de conflicto ético o cuando se sospecha de una mala praxis médica, la bioética y la responsabilidad médica pueden converger para garantizar una revisión ética y legal adecuada de la situación. Los comités de ética en investigación y los comités de ética clínica, así como los organismos reguladores y las juntas de revisión médica, juegan un papel crucial en la evaluación y resolución de estos casos.

En resumen, la responsabilidad médica y la bioética son conceptos esenciales para garantizar una atención médica ética, segura y de calidad. Los profesionales de la salud deben cumplir con sus responsabilidades legales y éticas al brindar atención médica y tomar decisiones clínicas, siempre respetando los principios bioéticos que guían la práctica médica en beneficio de los pacientes y la sociedad en general.

## REGULACIÓN DE MEDICAMENTOS Y SERVICIOS DE SALUD

La regulación de medicamentos y servicios de salud es de vital importancia para garantizar la seguridad, eficacia y calidad de los productos y servicios que se ofrecen a la población. La regulación se enfoca en controlar y supervisar aspectos como la fabricación, distribución, comercialización y uso de medicamentos, dispositivos médicos y otros productos relacionados con la salud, así como la prestación de servicios de atención médica. Esta regulación es llevada a cabo por las autoridades sanitarias de cada país, y en el caso de México, se encuentra bajo la jurisdicción de la Comisión Federal para la Protección contra Riesgos Sanitarios (COFEPRIS).

A continuación, se describen los principales aspectos de la regulación de medicamentos y servicios de salud en México:

## 1. Regulación de Medicamentos:

La regulación de medicamentos en México está orientada a garantizar que los medicamentos disponibles en el mercado sean seguros, eficaces y de calidad. Para ello, COFEPRIS es la autoridad encargada de revisar y aprobar los registros sanitarios de los medicamentos antes de que sean comercializados en el país. Los registros sanitarios son documentos que acreditan que un medicamento cumple con los requisitos establecidos en materia de calidad, seguridad y eficacia.

La regulación de medicamentos incluye aspectos como:

Ensayos Clínicos: La realización de ensayos clínicos para evaluar la seguridad y eficacia de nuevos medicamentos antes de su aprobación.

Etiquetado y Empaque: La revisión y aprobación del etiquetado y empaque de los medicamentos, para asegurar que la información proporcionada sea clara y adecuada para el uso correcto del medicamento.

Farmacovigilancia: El seguimiento y análisis de los efectos adversos de los medicamentos una vez que están en el mercado, con el fin de identificar posibles riesgos y tomar acciones preventivas.

Farmacopea Mexicana: La elaboración y actualización de la Farmacopea Mexicana, que es una recopilación oficial de normas de calidad para los medicamentos utilizados en México.

## 2. Regulación de Dispositivos Médicos:

Los dispositivos médicos incluyen una amplia gama de productos utilizados en la atención médica, desde equipos médicos complejos hasta productos más simples, como jeringas y apósitos. La regulación de dispositivos médicos tiene como objetivo garantizar que estos productos sean seguros y efectivos para su uso en la salud humana.

La regulación de dispositivos médicos incluye aspectos como:

Clasificación de Dispositivos: La clasificación de los dispositivos médicos según su riesgo potencial, lo que determina los requisitos de regulación a los que deben cumplir.

Registro Sanitario: La obtención de un registro sanitario por parte de los fabricantes o importadores de dispositivos médicos antes de que puedan ser comercializados en el país.

Marcado CE: Para algunos dispositivos médicos importados, se puede aceptar el marcado CE de la Unión Europea como prueba de cumplimiento con ciertos requisitos de regulación.

Vigilancia Postventa: La supervisión de los dispositivos médicos en el mercado para identificar posibles problemas de seguridad o calidad.

### 3. Regulación de Productos Biológicos y Biotecnológicos:

Los productos biológicos y biotecnológicos son aquellos fabricados a partir de organismos vivos o sus componentes. Estos productos incluyen vacunas, medicamentos biotecnológicos y otros productos derivados de células y tejidos humanos o animales.

La regulación de productos biológicos y biotecnológicos tiene en cuenta su complejidad y particularidades y se centra en asegurar su calidad, seguridad y eficacia. Los fabricantes deben obtener un registro sanitario específico para estos productos antes de comercializarlos en México.

### 4. Regulación de Servicios de Salud:

La regulación de servicios de salud se enfoca en asegurar que los establecimientos y profesionales de la salud cumplan con los estándares de calidad y seguridad necesarios para brindar una atención médica adecuada a los pacientes.

Algunos aspectos de la regulación de servicios de salud incluyen:

Acreditación de Establecimientos de Salud: La acreditación de hospitales y otros establecimientos de salud para garantizar que cumplen con los estándares de calidad y seguridad en la atención médica.

Licenciamiento de Profesionales de la Salud: La obtención de licencias y certificaciones por parte de los profesionales de la salud para asegurar su competencia y cumplimiento con los requisitos legales y éticos.

Vigilancia Sanitaria: La supervisión y monitoreo de los servicios de salud para asegurar el cumplimiento de las normas y evitar prácticas que pongan en riesgo la salud de los pacientes.

Bioseguridad: El establecimiento de normas y procedimientos para prevenir infecciones y asegurar la seguridad tanto para pacientes como para personal de salud en los establecimientos médicos.

## 5. Regulación de Publicidad y Promoción de Medicamentos y Servicios de Salud:

La regulación también abarca la publicidad y promoción de medicamentos y servicios de salud. COFEPRIS supervisa que la publicidad de medicamentos sea veraz, clara, precisa y adecuada para el público, evitando promesas engañosas o exageradas. Asimismo, se regulan las prácticas de promoción de servicios de salud para evitar la competencia desleal y proteger los derechos de los pacientes.

Es importante destacar que la regulación de medicamentos y servicios de salud es un proceso continuo y en constante evolución, ya que se deben adaptar a los avances científicos y tecnológicos, así como a las necesidades de la población y los desafíos de la salud pública. La regulación efectiva y sólida es esencial para proteger la salud y bienestar de la población, y asegurar que los productos y servicios de salud disponibles en el mercado cumplan con los más altos estándares de calidad y seguridad.

## Capítulo 19:

## Derecho de la Tecnología en México

El Derecho de la Tecnología en México es una rama legal que ha adquirido una importancia creciente en los últimos años debido al rápido avance tecnológico y su impacto en la sociedad y la economía. Esta área del derecho se enfoca en la regulación de aspectos legales relacionados con las tecnologías de la información, la protección de datos personales, el comercio electrónico, la ciberseguridad, la inteligencia artificial, la propiedad intelectual en el ámbito tecnológico, entre otros temas relevantes.

En este extenso artículo, exploraremos en detalle el Derecho de la Tecnología en México, sus principales aspectos, marco legal, regulaciones y desafíos que enfrenta el país en esta área en constante evolución.

### I. Introducción al Derecho de la Tecnología en México

El Derecho de la Tecnología, también conocido como Derecho Tecnológico o Derecho Digital, es una disciplina legal que se ocupa de la regulación y protección de los aspectos jurídicos relacionados con el uso, desarrollo y comercialización de las tecnologías de la información y la comunicación (TIC). Estas tecnologías incluyen la informática, internet, el comercio electrónico, la inteligencia artificial, la robótica, la ciberseguridad, la protección de datos personales, el derecho a la privacidad y otros temas vinculados con la era digital.

En el caso específico de México, el Derecho de la Tecnología ha experimentado un notable crecimiento e importancia en los últimos años, a medida que el país se ha ido integrando cada vez más al mundo digital y ha adoptado tecnologías innovadoras en diversos ámbitos, tanto a nivel gubernamental como empresarial y social.

### II. Marco Legal del Derecho de la Tecnología en México

El marco legal del Derecho de la Tecnología en México se compone de diversas leyes, reglamentos y tratados internacionales que abarcan los diferentes aspectos vinculados con el uso de la tecnología y su regulación. A continuación, se describen las principales normativas relevantes en el contexto del Derecho de la Tecnología en México:

Ley Federal de Protección de Datos Personales en Posesión de los Particulares (LFPDPPP): Esta ley regula el tratamiento y protección de los datos personales por parte de entidades privadas y particulares que manejan información personal. Establece los principios y requisitos para el consentimiento, la recopilación, el almacenamiento, el uso y la transferencia de datos personales, así como las obligaciones y derechos de los titulares de dichos datos.

Ley Federal de Telecomunicaciones y Radiodifusión (LFTR): Esta ley regula el sector de las telecomunicaciones y la radiodifusión en México. Incluye aspectos relacionados con la prestación de servicios de telecomunicaciones, el acceso a internet, la neutralidad de la red, la interconexión, los derechos de los usuarios y la protección de datos de los usuarios.

Ley de Comercio Electrónico (LCE): La LCE regula el uso de tecnologías de la información en el ámbito del comercio electrónico. Establece requisitos para la validez y eficacia de los contratos electrónicos, así como obligaciones para los proveedores de servicios en línea, tales como información al consumidor, formas de pago y protección del consumidor en línea.

Ley de Propiedad Industrial (LPI): La LPI regula aspectos de propiedad industrial, incluyendo la protección de marcas, patentes, diseños industriales, nombres comerciales y denominaciones de origen. Esta ley es relevante en el contexto de las tecnologías de la información debido a la creciente importancia de la protección de la propiedad intelectual en el ámbito tecnológico.

Ley Federal del Derecho de Autor (LFDA): La LFDA regula los derechos de autor en México y establece los derechos exclusivos de los autores sobre sus obras, así como las limitaciones y excepciones al derecho de autor. Esta ley es esencial en el contexto de la tecnología debido a la protección de obras digitales y a la regulación de la piratería en línea.

Ley de Firma Electrónica Avanzada (LFEA): Esta ley establece los requisitos para el uso y reconocimiento legal de la firma electrónica avanzada, que es un mecanismo clave para la autenticación y la validez de documentos y transacciones en línea.

Ley Federal de Telecomunicaciones y Radiodifusión (LFTR): La LFTR regula el acceso, uso y aprovechamiento del espectro radioeléctrico, así como la prestación de servicios de telecomunicaciones y radiodifusión.

Tratados Internacionales: México es parte de varios tratados internacionales relacionados con el Derecho de la Tecnología, entre ellos el Convenio sobre Ciberdelincuencia del Consejo de Europa, el Tratado de Cooperación en materia de Patentes (PCT) y el Tratado de Derecho de Autor de la Organización Mundial de la Propiedad Intelectual (OMPI).

III. Aspectos clave del Derecho de la Tecnología en México

A. Protección de Datos Personales y Derecho a la Privacidad:

La protección de datos personales y el derecho a la privacidad son aspectos fundamentales del Derecho de la Tecnología en México. La LFPDPPP establece los principios y requisitos para el tratamiento de datos personales, así como las obligaciones de las entidades que los recopilan y utilizan.

Las autoridades encargadas de la protección de datos en México son el Instituto Nacional de Transparencia, Acceso a la Información y Protección de Datos Personales (INAI) y el Instituto Nacional Electoral (INE), dependiendo del ámbito de aplicación.

Las empresas y entidades que manejan datos personales deben cumplir con las disposiciones de la LFPDPPP, como obtener el consentimiento de los titulares de los datos para su tratamiento, garantizar la seguridad de la información, proporcionar acceso y rectificación de datos, entre otros derechos de los titulares.

B. Ciberseguridad y Delitos Informáticos:

La ciberseguridad es otro aspecto relevante del Derecho de la Tecnología en México. El país enfrenta constantes desafíos en materia de delitos informáticos, como el acceso no autorizado a sistemas, el robo de información, el sabotaje informático y el fraude electrónico.

El Convenio sobre Ciberdelincuencia del Consejo de Europa es un tratado internacional que establece normas para la lucha contra los delitos informáticos, la cooperación internacional y el intercambio de información entre países.

En el ámbito nacional, la Policía Federal, la Fiscalía General de la República (FGR) y la Secretaría de Seguridad y Protección Ciudadana (SSPC) son las principales autoridades encargadas de investigar y combatir los delitos informáticos en México.

C. Comercio Electrónico:

El comercio electrónico es un área en constante crecimiento en México y representa un desafío para el Derecho de la Tecnología en términos de regulación y protección de los consumidores en línea.

La LCE regula aspectos clave del comercio electrónico, como la validez y eficacia de los contratos electrónicos, la información al consumidor, las formas de pago y las obligaciones de los proveedores de servicios en línea.

Además, existen regulaciones específicas para el comercio electrónico transfronterizo, como el comercio electrónico entre México y la Unión Europea, donde se aplican las disposiciones del Reglamento General de Protección de Datos (RGPD) de la Unión Europea.

D. Propiedad Intelectual y Tecnologías de la Información:

La protección de la propiedad intelectual en el ámbito de las tecnologías de la información es un tema clave en el Derecho de la Tecnología en México. La LPI y la LFDA son leyes relevantes en este contexto, ya que regulan aspectos de propiedad industrial y derechos de autor, respectivamente.

La LPI protege marcas, patentes, diseños industriales, nombres comerciales y denominaciones de origen relacionadas con las tecnologías de la información, mientras que la LFDA protege obras literarias, artísticas, audiovisuales y software.

E. Inteligencia Artificial y Robótica:

La inteligencia artificial (IA) y la robótica son áreas emergentes en el Derecho de la Tecnología en México. A medida que estas tecnologías avanzan y se implementan en diversos sectores, surgen nuevos desafíos legales en términos de responsabilidad, ética, derechos de autor, propiedad intelectual y regulación.

El uso de IA en la toma de decisiones, como en el ámbito de la justicia, la banca y la salud, plantea preguntas sobre la transparencia y la responsabilidad en el uso de algoritmos y datos.

F. Neutralidad de la Red y Acceso a Internet:

La neutralidad de la red es un principio clave en el Derecho de la Tecnología en México y se refiere a la igualdad de trato de los datos en internet, sin discriminación por tipo de contenido, servicio, aplicación o dispositivo.

La LFTR establece principios de neutralidad de la red para garantizar un acceso libre y no discriminatorio a internet en México.

G. Regulación de Plataformas Digitales:

Las plataformas digitales, como redes sociales, sitios de comercio electrónico y aplicaciones móviles, han experimentado un crecimiento exponencial en México y plantean desafíos en términos de regulación y protección de los usuarios.

La regulación de plataformas digitales incluye aspectos como la protección de datos, la privacidad, la transparencia, la competencia y los derechos de los usuarios.

H. Internet de las Cosas (IoT):

El Internet de las Cosas (IoT) es otra área en crecimiento en el Derecho de la Tecnología en México, que se refiere a la interconexión de dispositivos y objetos cotidianos a través de internet.

La regulación del IoT abarca aspectos de seguridad, privacidad, protección de datos y responsabilidad en caso de incidentes relacionados con la interconexión de dispositivos.

## IV. Desafíos y Perspectivas
### del Derecho de la Tecnología en México

El Derecho de la Tecnología en México enfrenta diversos desafíos debido al constante avance tecnológico y la rápida evolución de las tecnologías de la información y la comunicación. Algunos de los desafíos y perspectivas más relevantes incluyen:

Actualización del Marco Legal: El rápido avance tecnológico requiere una actualización constante del marco legal para abordar nuevos desafíos y regulaciones en el ámbito tecnológico.

Protección de Datos y Privacidad: La creciente cantidad de datos personales recopilados y tratados en línea plantea desafíos en términos de protección de datos y privacidad. Es fundamental fortalecer las regulaciones y garantizar el cumplimiento por parte de las entidades que manejan datos personales.

Ciberseguridad y Delitos Informáticos: La lucha contra los delitos informáticos y la ciberseguridad requiere una mayor cooperación entre entidades públicas y privadas, así como el desarrollo de políticas y estrategias de prevención y protección.

Neutralidad de la Red y Acceso a Internet: Garantizar la neutralidad de la red y el acceso libre a internet son aspectos cruciales para promover la igualdad de oportunidades en línea y fomentar el desarrollo tecnológico y económico.

Inteligencia Artificial y Ética: El uso de inteligencia artificial plantea cuestiones éticas y de responsabilidad en la toma de decisiones automatizadas, lo que requiere un marco legal claro y principios éticos para su implementación responsable.

Propiedad Intelectual y Tecnologías Emergentes: La protección de la propiedad intelectual en el ámbito de las tecnologías emergentes, como la IA y la robótica, plantea desafíos en términos de regulación y derechos de autor.

Cooperación Internacional: El avance tecnológico no se limita a las fronteras nacionales, por lo que la cooperación internacional es esencial para abordar desafíos comunes y establecer estándares internacionales en el Derecho de la Tecnología.

## V. Conclusiones

El Derecho de la Tecnología en México es una disciplina legal en constante evolución y crecimiento, impulsada por el rápido avance tecnológico y la transformación digital de la sociedad y la economía. La protección de datos personales, la ciberseguridad, el comercio electrónico, la propiedad intelectual en el ámbito tecnológico, la inteligencia artificial y la robótica, entre otros temas, son áreas clave en esta disciplina.

El marco legal de México ha evolucionado para abordar los desafíos del entorno digital, y el país es parte de tratados internacionales que buscan armonizar las regulaciones en el ámbito del Derecho de la Tecnología.

Sin embargo, existen desafíos continuos en términos de actualización normativa, protección de datos y privacidad, ciberseguridad, regulación de plataformas digitales, neutralidad de la red y acceso a internet, así como en la aplicación ética y responsable de tecnologías emergentes como la inteligencia artificial.

Para enfrentar estos desafíos, es fundamental promover una cooperación sólida entre los sectores público y privado, así como la participación activa de la sociedad civil y los expertos en tecnología y derecho. Asimismo, se requiere un enfoque proactivo y adaptable para seguir impulsando el desarrollo tecnológico y económico de México en el contexto de la era digital.

**Marco jurídico de la tecnología en México**

El marco constitucional y jurídico de la tecnología en México es un conjunto de leyes, normativas y principios establecidos en la Constitución Política de los Estados Unidos Mexicanos y otras leyes que regulan el uso, desarrollo y aplicación de las tecnologías de la información y la comunicación (TIC) en el país. Este marco legal tiene como objetivo proteger los derechos fundamentales de los ciudadanos, garantizar la privacidad y seguridad en el uso de la tecnología, promover la innovación y el desarrollo tecnológico, así como establecer las bases para el correcto funcionamiento del entorno digital en México. A continuación, se desarrolla con detalle el marco constitucional y jurídico de la tecnología en México.

# I. La Constitución Política
## de los Estados Unidos Mexicanos y la tecnología

La Constitución Política de los Estados Unidos Mexicanos es la ley fundamental que rige la organización y funcionamiento del Estado mexicano. Si bien la Constitución no contiene disposiciones específicas sobre tecnología, sí establece principios fundamentales que son relevantes en el entorno digital. Algunos de los principios constitucionales más relevantes en el contexto de la tecnología son:

Derechos Humanos: La Constitución protege los derechos humanos de los ciudadanos mexicanos, incluyendo la protección de la privacidad, el acceso a la información, la libertad de expresión y el derecho a la protección de datos personales, entre otros derechos que son relevantes en el uso de la tecnología.

Libertad de Expresión: La libertad de expresión es un derecho fundamental protegido por la Constitución, y se aplica también en el entorno digital, garantizando la libertad de opinión y la libre circulación de información a través de internet.

Derechos de Propiedad Intelectual: La Constitución establece la protección de los derechos de propiedad intelectual, incluyendo los derechos de autor y las patentes, que son fundamentales en el ámbito tecnológico para proteger la innovación y la creatividad.

Competencia Económica: La Constitución establece el principio de competencia económica para promover la libre concurrencia y prevenir prácticas monopólicas, lo que es relevante en el contexto de las tecnologías digitales y el mercado en línea.

## II. Leyes y normativas específicas
## del marco jurídico de la tecnología en México

A continuación, se describen las principales leyes y normativas específicas que conforman el marco jurídico de la tecnología en México:

Ley Federal de Telecomunicaciones y Radiodifusión (LFTR): Esta ley regula el sector de las telecomunicaciones y la radiodifusión en México. Contiene disposiciones relacionadas con el acceso a internet, la prestación de servicios de telecomunicaciones, la neutralidad de la red, la protección de datos de los usuarios, la interconexión de redes y la regulación de los concesionarios y proveedores de servicios de telecomunicaciones.

Ley Federal de Protección de Datos Personales en Posesión de los Particulares (LFPDPPP): Esta ley tiene como objetivo garantizar la privacidad y protección de los datos personales en posesión de entidades privadas y particulares. Establece los principios y requisitos que deben cumplir las organizaciones al recopilar, usar, almacenar y transferir datos personales, así como los derechos de los titulares de dichos datos.

Ley de Comercio Electrónico (LCE): La LCE regula el comercio electrónico en México. Establece los requisitos legales para la celebración de contratos electrónicos, el uso de firmas electrónicas, la protección de los consumidores en línea, las obligaciones de los proveedores de servicios en línea y la resolución de controversias en el ámbito digital.

Ley Federal del Derecho de Autor (LFDA): Esta ley protege los derechos de autor en México y establece los derechos y obligaciones de los autores sobre sus obras. Regula la reproducción, distribución, comunicación pública y transformación de las obras, así como las limitaciones y excepciones a dichos derechos.

Ley de Propiedad Industrial (LPI): La LPI regula la protección de la propiedad industrial en México, que incluye marcas, patentes, diseños industriales, nombres comerciales y denominaciones de origen. Establece los requisitos y procedimientos para el registro y protección de estos derechos, así como las sanciones por su violación.

Ley de Firma Electrónica Avanzada (LFEA): Esta ley regula el uso de la firma electrónica avanzada, que otorga validez y autenticidad a los documentos electrónicos. Establece los requisitos y procedimientos para el uso de la firma electrónica avanzada en el ámbito digital.

Tratados Internacionales: México es parte de varios tratados internacionales relacionados con la tecnología, como el Convenio de Ciberdelincuencia del Consejo de Europa y el Tratado de Derecho de Autor de la Organización Mundial de la Propiedad Intelectual (OMPI). Estos tratados buscan armonizar las regulaciones y proteger los derechos de propiedad intelectual a nivel internacional.

### III. Principales áreas reguladas
### por el marco jurídico de la tecnología en México

El marco jurídico de la tecnología en México abarca diversas áreas que requieren regulación y protección legal. A continuación, se describen algunas de las áreas más relevantes:

Protección de datos personales: La protección de datos personales es una preocupación fundamental en el entorno tecnológico actual. La LFPDPPP establece los principios y requisitos para el manejo adecuado de los datos personales, garantizando la privacidad y seguridad de los ciudadanos.

Comercio electrónico: El comercio electrónico ha experimentado un crecimiento significativo en México. La LCE regula aspectos clave del comercio electrónico, como la validez de los contratos electrónicos, las obligaciones de los proveedores de servicios en línea y la protección de los derechos de los consumidores en línea.

Propiedad intelectual: La protección de la propiedad intelectual es esencial en el ámbito tecnológico. La LFDA y la LPI establecen los derechos y obligaciones relacionados con la propiedad intelectual, como los derechos de autor, las marcas, las patentes y los diseños industriales.

Ciberseguridad y delitos informáticos: Los delitos informáticos representan una amenaza constante en el entorno tecnológico. Es esencial fortalecer la ciberseguridad y promover la cooperación entre entidades públicas y privadas para prevenir y combatir estos delitos.

Neutralidad de la red y acceso a internet: La neutralidad de la red es un principio crucial para garantizar un acceso libre y no discriminatorio a internet. Es necesario mantener y reforzar este principio para proteger los derechos de los usuarios en línea.

Firma electrónica y documentos digitales: El uso de la firma electrónica avanzada y la validez legal de los documentos digitales son aspectos regulados por la LFEA. Esta ley establece los requisitos y procedimientos para el uso de la firma electrónica avanzada en el ámbito digital.

Internet de las cosas (IoT): El Internet de las Cosas (IoT) es una tendencia en crecimiento en el entorno tecnológico. Si bien aún no cuenta con una regulación específica en México, se espera que en el futuro se establezcan normativas para abordar aspectos relacionados con la seguridad, privacidad y responsabilidad en el uso de dispositivos conectados.

### IV. Desafíos y perspectivas del marco constitucional y jurídico de la tecnología en México

El marco constitucional y jurídico de la tecnología en México enfrenta diversos desafíos y tiene importantes perspectivas de mejora para adaptarse al entorno tecnológico en constante evolución. Algunos de los desafíos más relevantes incluyen:

Actualización y adaptación a la innovación tecnológica: El rápido avance de la tecnología requiere una actualización constante del marco legal para abordar nuevos desafíos y regular de manera efectiva las tecnologías emergentes.

Protección de datos y privacidad: La creciente cantidad de datos personales en el entorno digital plantea desafíos en términos de protección de datos y privacidad. Es fundamental fortalecer las regulaciones y garantizar el cumplimiento por parte de las entidades que manejan datos personales.

Ciberseguridad y delitos informáticos: Los delitos informáticos representan una amenaza constante en el entorno tecnológico. Es esencial fortalecer la ciberseguridad y promover la cooperación entre entidades públicas y privadas para prevenir y combatir estos delitos.

Neutralidad de la red y acceso a internet: La neutralidad de la red es un principio crucial para garantizar un acceso libre y no discriminatorio a internet. Es necesario mantener y reforzar este principio para proteger los derechos de los usuarios en línea.

Regulación de nuevas tecnologías: El avance de tecnologías emergentes, como la inteligencia artificial, la robótica y el IoT, plantea desafíos en términos de regulación y responsabilidad. Se requiere una legislación adecuada que fomente la innovación y proteja los derechos de los ciudadanos.

Cooperación internacional: El avance tecnológico no se limita a las fronteras nacionales, por lo que la cooperación internacional es esencial para abordar desafíos comunes y establecer estándares internacionales en el marco constitucional y jurídico de la tecnología.

En cuanto a las perspectivas, existen oportunidades para fortalecer la regulación y promover el desarrollo tecnológico en México. Algunas de las perspectivas más relevantes incluyen:

Impulso a la innovación tecnológica: El marco constitucional y jurídico puede fomentar la innovación tecnológica al brindar incentivos y protección a los creadores y desarrolladores de tecnología.

Facilitación del comercio electrónico: Un marco jurídico claro y seguro para el comercio electrónico puede impulsar el crecimiento del comercio en línea y fortalecer la economía digital en México.

Protección de derechos de propiedad intelectual: Una adecuada protección de la propiedad intelectual incentiva la creación de contenido original y fomenta la competencia justa en el mercado.

Fortalecimiento de la ciberseguridad: La promoción de políticas y estrategias de ciberseguridad puede mejorar la confianza de los usuarios en el uso de las TIC y protegerlos de posibles amenazas en línea.

Armonización con estándares internacionales: La armonización con tratados internacionales puede facilitar la cooperación internacional, proteger los derechos de propiedad intelectual a nivel global y fomentar el intercambio de tecnología y conocimiento entre países.

Participación de la sociedad civil y el sector privado: La participación activa de la sociedad civil, el sector privado y los expertos en tecnología y derecho es fundamental para desarrollar un marco constitucional y jurídico sólido y adecuado a las necesidades del entorno tecnológico en México.

## V. Conclusiones

El marco constitucional y jurídico de la tecnología en México es un elemento esencial para garantizar el desarrollo y el uso responsable de las tecnologías de la información y la comunicación en el país. La protección de datos personales, el comercio electrónico, la propiedad intelectual, la ciberseguridad y otras áreas relevantes son objeto de regulación y protección legal para promover un entorno seguro, confiable e innovador en el uso de la tecnología.

Si bien existen desafíos en términos de actualización normativa y protección de derechos, también hay importantes perspectivas para fortalecer la regulación y promover el desarrollo tecnológico en México. La cooperación entre los sectores público y privado, así como la participación de la sociedad civil, serán clave para lograr una regulación adecuada y efectiva de la tecnología en México.

En última instancia, es fundamental que el marco constitucional y jurídico de la tecnología en México se mantenga actualizado y se adapte a los avances tecnológicos y los desafíos emergentes para asegurar un desarrollo sostenible y beneficioso para la sociedad mexicana. La tecnología continuará siendo un motor clave de desarrollo económico y social en México, y un marco legal adecuado es fundamental para aprovechar plenamente su potencial y beneficios.

## PROTECCIÓN DE DATOS PERSONALES Y PRIVACIDAD

La protección de datos personales y la privacidad son aspectos fundamentales en el entorno digital actual. Con el avance de las tecnologías de la información y la comunicación (TIC), cada vez más información personal se recopila, procesa y comparte en línea. La protección de estos datos se ha convertido en una preocupación crucial para garantizar la confianza de los usuarios, el respeto a sus derechos y la prevención de posibles abusos o riesgos en el uso de la información.

En este contexto, la protección de datos personales y la privacidad se abordan a través de marcos legales, políticas y mejores prácticas que buscan garantizar un equilibrio entre la recopilación y el uso de datos con fines legítimos y el respeto a la autonomía y derechos de los individuos.

A continuación, se abordan los conceptos clave de protección de datos personales y privacidad, así como las estrategias y herramientas utilizadas para asegurar su resguardo y cumplimiento en el entorno digital.

## I. Protección de datos personales: concepto y regulación

La protección de datos personales se refiere a las medidas y disposiciones destinadas a garantizar la privacidad y el control sobre la información personal de los individuos. Los datos personales son aquellos que permiten identificar directa o indirectamente a una persona, como nombre, dirección, número de teléfono, dirección de correo electrónico, número de identificación, entre otros.

En México, la protección de datos personales está regulada principalmente por la Ley Federal de Protección de Datos Personales en Posesión de los Particulares (LFPDPPP), que establece los principios, derechos y obligaciones relacionados con el manejo de datos personales por parte de entidades privadas y particulares.

Los principales principios establecidos en la LFPDPPP son:

Consentimiento: Las entidades que recopilen datos personales deben obtener el consentimiento informado y expreso del titular antes de su tratamiento, a menos que existan excepciones legales.

Finalidad: Los datos personales solo pueden ser utilizados para los fines específicos para los cuales fueron recopilados y deben ser pertinentes, adecuados y no excesivos para dichos fines.

Calidad: Los datos personales deben ser exactos, completos y actualizados, y se deben tomar las medidas necesarias para mantenerlos así.

Seguridad: Las entidades deben implementar medidas de seguridad técnicas, administrativas y físicas para proteger los datos personales contra el acceso no autorizado, la pérdida, destrucción, alteración o divulgación.

Acceso y rectificación: Los titulares de los datos tienen derecho a acceder a su información, conocer su uso y rectificarla en caso de ser inexacta o incompleta.

Cancelación y oposición: Los titulares pueden solicitar la cancelación de sus datos cuando considere que no se están tratando conforme a la ley, así como oponerse al tratamiento de los mismos en ciertas circunstancias.

Transferencia de datos: Las entidades solo pueden transferir datos personales a terceros con el consentimiento del titular, a menos que existan excepciones previstas en la ley.

Responsabilidad: Las entidades son responsables de garantizar el cumplimiento de la LFPDPPP y deben designar un encargado para protección de datos (DPO, por sus siglas en inglés).

## II. Privacidad: un derecho fundamental

La privacidad es un derecho fundamental reconocido por diversas leyes y tratados internacionales, incluyendo la Declaración Universal de Derechos Humanos y el Pacto Internacional de Derechos Civiles y Políticos. El derecho a la privacidad establece que toda persona tiene derecho a que se respete su vida privada, familiar, su correspondencia y comunicaciones.

En el ámbito digital, la privacidad adquiere especial relevancia, ya que el uso intensivo de internet, las redes sociales, aplicaciones móviles y otras tecnologías, implica compartir gran cantidad de información personal en línea. La privacidad digital se refiere al control y protección de la información personal en el entorno digital.

Los principales aspectos de la privacidad digital incluyen:

Consentimiento informado: Los usuarios deben otorgar su consentimiento informado para el tratamiento de sus datos personales, y deben conocer la finalidad y el alcance del uso de su información.

Transparencia: Las empresas y organizaciones deben ser transparentes en cuanto a la información que recopilan, cómo la utilizan y con quién la comparten.

Seguridad de la información: Es esencial que las entidades implementen medidas de seguridad robustas para proteger los datos personales contra accesos no autorizados y posibles violaciones de seguridad.

Derecho al olvido: Los usuarios tienen derecho a solicitar la eliminación de sus datos personales en ciertas circunstancias, especialmente cuando ya no son necesarios para los fines para los cuales fueron recopilados.

Anonimización de datos: Cuando sea posible, los datos personales deben ser anonimizados o pseudonimizados para proteger la identidad de los individuos.

Derecho a la portabilidad de datos: Los usuarios tienen derecho a recibir sus datos personales en un formato estructurado y de uso común, y a transmitirlos a otro responsable del tratamiento cuando así lo soliciten.

## III. Estrategias y herramientas
## para la protección de datos personales y privacidad

Para garantizar la protección de datos personales y privacidad en el entorno digital, se utilizan diversas estrategias y herramientas. Algunas de las más relevantes son:

Políticas de privacidad: Las organizaciones deben contar con políticas de privacidad claras y accesibles que informen a los usuarios sobre la recopilación, uso y protección de sus datos personales.

Mecanismos de consentimiento: Es importante que las organizaciones implementen mecanismos efectivos para obtener el consentimiento de los usuarios de manera informada y explícita.

Mecanismos de seguridad: Las organizaciones deben implementar medidas técnicas y organizativas para proteger los datos personales contra el acceso no autorizado o el uso indebido.

Evaluaciones de impacto en la protección de datos (EIPD): Las EIPD son una herramienta que permite evaluar los riesgos en el tratamiento de datos personales y diseñar medidas de mitigación para proteger la privacidad de los usuarios.

Designación de un encargado de protección de datos (DPO): La LFPDPPP establece que ciertas organizaciones deben contar con un DPO, quien será responsable de garantizar el cumplimiento de la ley en materia de protección de datos.

Educación y concientización: Es fundamental educar a los usuarios sobre la importancia de proteger su información personal, así como informarles sobre las mejores prácticas para mantener su privacidad en línea.

Evaluación de proveedores de servicios: Las organizaciones deben evaluar cuidadosamente a sus proveedores de servicios para asegurarse de que también cumplan con las disposiciones de protección de datos.

## IV. Retos en la protección de datos personales y privacidad

La protección de datos personales y la privacidad enfrentan diversos retos en el entorno digital actual. Algunos de los principales desafíos incluyen:

Recopilación excesiva de datos: Muchas empresas y plataformas en línea tienden a recopilar una gran cantidad de datos personales, lo que puede generar riesgos de uso indebido o acceso no autorizado.

Privacidad en redes sociales y aplicaciones móviles: Las redes sociales y las aplicaciones móviles suelen recopilar gran cantidad de información personal de los usuarios para ofrecer servicios personalizados, lo que puede generar preocupaciones sobre el control de la información.

Violaciones de seguridad: Las violaciones de seguridad son cada vez más comunes, y pueden llevar a la exposición de datos personales y poner en riesgo la privacidad de los usuarios.

Uso indebido de datos: Existe el riesgo de que los datos personales sean utilizados con fines no autorizados o vendidos a terceros sin el consentimiento de los usuarios.

Desafíos tecnológicos: Las tecnologías emergentes, como la inteligencia artificial y el análisis de big data, plantean nuevos desafíos en la protección de datos y la privacidad.

Dificultades para hacer cumplir la ley: La falta de recursos y capacidad de las autoridades para hacer cumplir las leyes de protección de datos puede dificultar la protección efectiva de los derechos de los usuarios.

## V. Perspectivas y acciones futuras

La protección de datos personales y la privacidad seguirán siendo temas fundamentales en el entorno digital. Es importante que los gobiernos, las organizaciones y los usuarios adopten medidas para garantizar un equilibrio adecuado entre la recopilación y el uso de datos con fines legítimos, y la protección de la privacidad de los individuos.

Algunas perspectivas y acciones futuras incluyen:

Fortalecimiento del marco legal: Es esencial que los marcos legales de protección de datos sean actualizados y fortalecidos para abordar los desafíos emergentes y proteger efectivamente la privacidad de los usuarios.

Cooperación internacional: La protección de datos personales es un desafío global que requiere la cooperación entre países y la armonización de normativas para garantizar la privacidad de los usuarios a nivel internacional.

Empoderamiento de los usuarios: Es fundamental que los usuarios sean conscientes de sus derechos y tengan la capacidad de ejercer un control efectivo sobre sus datos personales en el entorno digital.

Innovación tecnológica responsable: Las empresas y desarrolladores de tecnología deben adoptar prácticas responsables y éticas en el tratamiento de datos personales, asegurando la privacidad y seguridad de los usuarios.

Educación y concientización: La educación de los usuarios sobre la importancia de la privacidad y las mejores prácticas para proteger sus datos personales es fundamental para promover un uso responsable de la tecnología.

Auditorías y evaluaciones periódicas: Las organizaciones deben llevar a cabo auditorías y evaluaciones periódicas de sus prácticas de protección de datos para garantizar el cumplimiento de las regulaciones y normativas vigentes.

En conclusión, la protección de datos personales y la privacidad son aspectos cruciales en el entorno digital actual. El marco legal y las estrategias implementadas deben garantizar que los datos personales sean tratados de manera adecuada, respetando los derechos de los individuos y protegiendo su privacidad. Es responsabilidad de los gobiernos, las organizaciones y los usuarios trabajar en conjunto para promover un uso responsable y seguro de la tecnología, protegiendo así los derechos fundamentales de las personas en el mundo digital.

## CIBERDELITOS Y DELITOS INFORMÁTICOS

Los ciberdelitos y delitos informáticos son conductas delictivas que se cometen a través de medios electrónicos o tecnológicos. Estas acciones ilegales se han vuelto cada vez más frecuentes debido al crecimiento y avance de la tecnología, y representan un desafío para la seguridad y la protección de los datos y sistemas informáticos. En esta explicación, abordaremos qué son los ciberdelitos y delitos informáticos, ejemplos comunes, sus implicaciones y cómo se enfrentan desde el punto de vista legal y de la seguridad.

Definición de ciberdelitos<br>y delitos informáticos:

Los ciberdelitos y delitos informáticos son términos que a menudo se utilizan indistintamente, pero tienen algunas diferencias sutiles. En términos generales, ambos se refieren a actividades ilegales que se realizan a través de redes informáticas o dispositivos electrónicos. Sin embargo, el término "delitos informáticos" se utiliza para referirse a acciones ilegales que involucran sistemas de cómputo, mientras que el término "ciberdelitos" se refiere a una gama más amplia de actividades ilegales que ocurren en el ciberespacio, incluyendo no solo sistemas informáticos sino también redes, internet y otros recursos tecnológicos.

Ejemplos de ciberdelitos
y delitos informáticos:

Los ciberdelitos y delitos informáticos pueden abarcar una amplia variedad de actividades ilegales, entre las cuales se encuentran:

a. Acceso no autorizado a sistemas informáticos: Esto incluye acciones como el hacking o la intrusión en sistemas informáticos o redes sin permiso, con el objetivo de obtener información confidencial, datos personales o realizar acciones maliciosas.

b. Phishing: Se trata de técnicas de ingeniería social que buscan obtener información confidencial, como contraseñas o información financiera, haciéndose pasar por entidades legítimas a través de correos electrónicos, sitios web falsos o mensajes de texto.

c. Malware: Es el software malicioso diseñado para dañar sistemas, robar información o tomar el control de dispositivos. Ejemplos comunes de malware incluyen virus, troyanos, ransomware y spyware.

d. Fraude en línea: Estafas realizadas a través de internet para obtener ganancias financieras ilegales, como estafas de tarjetas de crédito, fraudes de inversión, fraudes de identidad, entre otros.

e. Distribución de contenido ilegal: Compartir, distribuir o vender material protegido por derechos de autor sin autorización, como películas, música, libros o software pirateado.

f. Ciberacoso: Acoso, amenazas o difamación realizados a través de internet o redes sociales.

g. Denegación de servicio (DDoS): Un ataque donde se busca bloquear o saturar un servidor o sitio web con una gran cantidad de tráfico para que no pueda responder a las solicitudes legítimas.

h. Venta de drogas y armas ilegales en la "dark web": La dark web es una parte de internet no indexada por motores de búsqueda y que se utiliza para actividades ilegales.

## Implicaciones de los ciberdelitos
## y delitos informáticos:

Los ciberdelitos y delitos informáticos pueden tener graves implicaciones para individuos, empresas y gobiernos. Algunas de estas implicaciones incluyen:

a. Pérdida de datos y daños a sistemas: Los ataques informáticos pueden resultar en la pérdida de información valiosa, daños a sistemas o la interrupción de servicios esenciales.

b. Robo de información personal: Los ciberdelincuentes pueden robar información personal, como nombres, direcciones, números de tarjetas de crédito y datos financieros, para su uso malicioso.

c. Pérdidas económicas: Los ciberdelitos pueden causar pérdidas económicas significativas para las empresas y los individuos afectados.

d. Daño a la reputación: Las víctimas de ciberacoso, difamación o robos de datos pueden sufrir daños en su reputación y bienestar emocional.

e. Amenazas a la seguridad nacional: Los delitos informáticos también pueden representar una amenaza para la seguridad nacional cuando afectan infraestructuras críticas o instituciones gubernamentales.

## Marco legal y enfrentamiento
## de los ciberdelitos y delitos informáticos:

El enfrentamiento de los ciberdelitos y delitos informáticos requiere una combinación de marco legal, recursos de seguridad y cooperación internacional. Algunos aspectos relevantes incluyen:

a. Legislación y regulación: Los países deben contar con leyes y regulaciones adecuadas para criminalizar y perseguir los ciberdelitos y delitos informáticos.

b. Fuerzas de seguridad y agencias especializadas: Los organismos encargados de la seguridad y el cumplimiento de la ley deben estar preparados y contar con expertos en delitos informáticos para investigar y rastrear a los ciberdelincuentes.

c. Cooperación internacional: Dado que los delitos informáticos pueden cruzar fronteras, la cooperación entre países es esencial para rastrear y enjuiciar a los responsables.

d. Seguridad informática: Las empresas y los individuos deben implementar medidas de seguridad informática robustas, como firewalls, antivirus, actualizaciones de software y prácticas seguras en línea.

e. Concientización y educación: La concientización sobre los riesgos y las mejores prácticas en seguridad informática es clave para prevenir los delitos informáticos.

En conclusión, los ciberdelitos y delitos informáticos representan una amenaza cada vez mayor en el mundo digital actual. La protección de datos personales y la seguridad informática son fundamentales para prevenir y enfrentar estas actividades ilegales. Además, se requiere una colaboración estrecha entre los gobiernos, las fuerzas de seguridad, las empresas y los usuarios para garantizar un entorno digital seguro y protegido.

## CONTRATOS ELECTRÓNICOS Y COMERCIO ELECTRÓNICO

El avance de la tecnología y la proliferación de Internet han transformado profundamente la forma en que se realizan las transacciones comerciales en todo el mundo. Cada vez más empresas y consumidores están optando por realizar operaciones en línea debido a la conveniencia, la rapidez y la accesibilidad que ofrece el comercio electrónico. Sin embargo, para que estas transacciones sean válidas y seguras, es necesario contar con contratos electrónicos adecuados que regulen las relaciones entre las partes involucradas. En esta explicación, abordaremos en detalle qué son los contratos electrónicos y el comercio electrónico, cómo funcionan, sus ventajas y desafíos, así como el marco legal que los regula.

### I. Comercio Electrónico: Definición y Características

El comercio electrónico, también conocido como e-commerce, es el proceso de compra, venta y distribución de bienes y servicios a través de internet. Se ha convertido en una parte integral de la economía global y ha revolucionado la forma en que las empresas operan y los consumidores realizan sus compras. El comercio electrónico se puede clasificar en varias categorías, dependiendo de las partes involucradas:

B2C (Business-to-Consumer): Se refiere a las transacciones entre empresas y consumidores finales. Es el tipo más común de comercio electrónico y comprende la mayoría de las compras en línea que realizan los consumidores.

B2B (Business-to-Business): Implica transacciones comerciales entre empresas, como proveedores y mayoristas que compran y venden productos y servicios entre sí.

C2C (Consumer-to-Consumer): Consiste en la venta de bienes y servicios entre particulares. Plataformas de compraventa como eBay o MercadoLibre son ejemplos de C2C.

C2B (Consumer-to-Business): Es menos común y se produce cuando los consumidores ofrecen bienes o servicios a las empresas. Un ejemplo de esto es el trabajo freelance, donde individuos ofrecen sus habilidades y servicios a empresas.

G2C (Government-to-Consumer): Comprende las transacciones electrónicas entre el gobierno y los ciudadanos, como el pago de impuestos o la obtención de servicios públicos en línea.

G2B (Government-to-Business): Implica transacciones electrónicas entre el gobierno y las empresas, como la presentación de licitaciones o la solicitud de permisos en línea.

El comercio electrónico ofrece una serie de ventajas tanto para las empresas como para los consumidores. Algunas de estas ventajas incluyen:

a. Acceso global: Las empresas pueden llegar a clientes en todo el mundo sin la necesidad de establecer sucursales físicas en cada país.

b. Mayor alcance: Los consumidores pueden acceder a una amplia variedad de productos y servicios desde cualquier lugar y en cualquier momento.

c. Menores costos: El comercio electrónico permite a las empresas reducir costos operativos, como alquiler de locales físicos y personal, lo que puede llevar a precios más competitivos.

d. Personalización y recomendaciones: Las plataformas de comercio electrónico pueden analizar el comportamiento del consumidor y ofrecer recomendaciones personalizadas, lo que mejora la experiencia de compra.

e. Facilidad de comparación de precios: Los consumidores pueden comparar rápidamente precios y características de productos, lo que facilita la toma de decisiones informadas.

f. Comodidad y rapidez: Las transacciones en línea son rápidas y convenientes, lo que ahorra tiempo y esfuerzo a los consumidores.

Sin embargo, el comercio electrónico también enfrenta desafíos y preocupaciones, como la seguridad de las transacciones, la privacidad de los datos, la confianza del consumidor y la competencia desleal, lo que destaca la importancia de contar con contratos electrónicos efectivos y seguros.

## II. Contratos Electrónicos: Definición y Aspectos Clave

Un contrato electrónico es un acuerdo legal que se realiza a través de medios electrónicos o digitales, como correos electrónicos, formularios en línea o plataformas de comercio electrónico. Estos contratos tienen la misma validez legal que los contratos tradicionales, siempre que cumplan con los requisitos legales de formación de contratos, independientemente del medio utilizado para su celebración.

### 1. Requisitos de un contrato electrónico válido:

Para que un contrato electrónico sea válido, debe cumplir con ciertos requisitos legales, que varían según el país y la jurisdicción. Algunos de los requisitos comunes son:

a. Consentimiento: Todas las partes involucradas deben expresar su consentimiento libre y voluntario para estar legalmente vinculadas por el contrato.

b. Capacidad legal: Las partes deben tener la capacidad legal para celebrar contratos, lo que significa que deben ser mayores de edad y estar mentalmente competentes.

c. Oferta y aceptación: Debe existir una oferta válida y una aceptación clara y sin ambigüedades de esa oferta.

d. Consideración: El contrato debe implicar un intercambio de bienes, servicios o beneficios entre las partes.

e. Forma escrita: En algunos casos, la ley puede requerir que ciertos contratos sean registrados por escrito.

f. Intención de crear un contrato legal: Las partes deben tener la intención de estar legalmente obligadas por los términos del contrato.

### 2. Firmas electrónicas:

Las firmas electrónicas son una parte esencial de los contratos electrónicos, ya que son la forma de demostrar el consentimiento de las partes y su aceptación de los términos del contrato. Una firma electrónica puede adoptar diversas formas, como escribir el nombre en un campo de firma digital, hacer clic en un botón de "aceptar" o utilizar tecnologías más avanzadas, como la firma electrónica avanzada o la firma digital.

Las firmas electrónicas son legalmente válidas en la mayoría de los países, siempre que cumplan con ciertos criterios, como estar vinculadas exclusivamente a la persona que la hace, ser única y ser capaz de identificar a la persona que firma.

225

### III. Beneficios de los Contratos Electrónicos

Los contratos electrónicos ofrecen una serie de beneficios tanto para las empresas como para los consumidores, lo que ha impulsado su adopción y uso generalizado en el comercio electrónico. Algunos de estos beneficios incluyen:

1. Eficiencia y rapidez: Los contratos electrónicos pueden ser firmados y ejecutados de manera rápida y sencilla, lo que agiliza el proceso de negociación y evita retrasos innecesarios.

2. Acceso global: Los contratos electrónicos permiten que las partes involucradas en una transacción estén ubicadas en diferentes partes del mundo, lo que facilita el comercio internacional.

3. Ahorro de costos: Los contratos electrónicos eliminan la necesidad de imprimir y almacenar documentos físicos, lo que reduce costos y es más amigable con el medio ambiente.

4. Seguridad y autenticidad: Las tecnologías de firma electrónica avanzada y criptografía garantizan la autenticidad y la integridad de los contratos electrónicos, lo que aumenta la confianza entre las partes involucradas.

5. Facilidad de almacenamiento y acceso: Los contratos electrónicos pueden almacenarse en línea y accederse en cualquier momento, lo que facilita su gestión y consulta.


### IV. Desafíos y Consideraciones Legales

Aunque los contratos electrónicos ofrecen muchas ventajas, también enfrentan ciertos desafíos y consideraciones legales que deben ser abordados para garantizar su validez y seguridad. Algunos de estos desafíos incluyen:

1. Seguridad y autenticidad: Es fundamental garantizar que las firmas electrónicas sean seguras y auténticas para evitar el riesgo de fraude o manipulación de los contratos.

2. Consentimiento informado: Las partes involucradas deben comprender plenamente los términos del contrato y otorgar su consentimiento informado para evitar futuras disputas.

3. Privacidad y protección de datos: Los contratos electrónicos a menudo implican el intercambio de información confidencial, por lo que es crucial proteger la privacidad y seguridad de los datos involucrados.

4. Jurisdicción y ley aplicable: En el comercio electrónico internacional, puede ser complicado determinar la jurisdicción y la ley aplicable en caso de disputas.

5. Cumplimiento regulatorio: Los contratos electrónicos deben cumplir con las regulaciones y leyes locales e internacionales aplicables, como la Ley de Firma Electrónica en México o el Reglamento General de Protección de Datos (GDPR) en la Unión Europea.

Para abordar estos desafíos y consideraciones legales, muchos países han adoptado leyes y regulaciones específicas que regulan los contratos electrónicos y reconocen la validez de las firmas electrónicas. Estas leyes y regulaciones buscan brindar seguridad y protección tanto a las empresas como a los consumidores que realizan transacciones en línea.

## V. Marco Legal Internacional

El comercio electrónico y los contratos electrónicos tienen un alcance global, lo que ha llevado a la necesidad de establecer un marco legal internacional para abordar los desafíos y promover la confianza en el comercio electrónico transfronterizo.

1. Convención de las Naciones Unidas sobre los Contratos de Compraventa Internacional de Mercaderías (CISG):

La CISG es un tratado internacional que tiene como objetivo unificar las reglas de derecho aplicables a los contratos de compraventa internacional de mercaderías. Fue adoptada en 1980 y ha sido ratificada por numerosos países, lo que la convierte en un marco legal importante para el comercio electrónico transfronterizo.

2. Ley Modelo de la CNUDMI sobre Comercio Electrónico

La Comisión de las Naciones Unidas para el Derecho Mercantil Internacional (CNUDMI) ha desarrollado una Ley Modelo sobre Comercio Electrónico para proporcionar una guía legal a los países en el desarrollo de sus propias leyes nacionales sobre el comercio electrónico y los contratos electrónicos.

3. Marco Regulatorio de la Unión Europea (UE)

La UE ha implementado una serie de regulaciones y directivas relacionadas con el comercio electrónico y la protección de datos, como el Reglamento de Servicios de Pago PSD2 y el Reglamento General de Protección de Datos GDPR. Estas regulaciones buscan establecer un marco legal coherente y armonizado para el comercio electrónico en los Estados miembros de la UE.

4. Marco Legal en México

En México, el comercio electrónico y los contratos electrónicos están regulados principalmente por la Ley Federal de Protección al Consumidor (LFPC) y la Ley de Firma Electrónica Avanzada (LFEA). La LFPC establece las obligaciones y derechos de las partes en las transacciones de comercio electrónico, mientras que la LFEA reconoce la validez legal de las firmas electrónicas avanzadas y su uso en contratos electrónicos.


## VI. Futuro del Comercio Electrónico y los Contratos Electrónicos

El comercio electrónico y los contratos electrónicos han experimentado un crecimiento exponencial en las últimas décadas, y se espera que esta tendencia continúe en el futuro. Algunas tendencias y desarrollos futuros incluyen:

1. Mayor adopción de la firma electrónica avanzada y blockchain: La firma electrónica avanzada y la tecnología blockchain ofrecen mayor seguridad y autenticidad a los contratos electrónicos, lo que impulsará su adopción en el futuro.

2. Inteligencia artificial en el comercio electrónico: La inteligencia artificial se utilizará cada vez más para personalizar la experiencia de compra, ofrecer recomendaciones a los consumidores y mejorar la eficiencia en las transacciones.

3. Crecimiento del comercio electrónico móvil: Con el aumento de los dispositivos móviles, se espera que el comercio electrónico móvil siga creciendo, lo que requerirá un enfoque especial en la seguridad y la facilidad de uso en dispositivos móviles.

4. Regulaciones y protección del consumidor: A medida que el comercio electrónico continúe expandiéndose, es probable que haya un aumento en las regulaciones y normativas que protejan los derechos y datos de los consumidores.

5. Comercio electrónico transfronterizo: El crecimiento del comercio electrónico transfronterizo requerirá una mayor cooperación entre países y el desarrollo de un marco legal internacional más sólido.

En conclusión, el comercio electrónico y los contratos electrónicos han cambiado la forma en que se realizan las transacciones comerciales en todo el mundo. Ofrecen una serie de ventajas para las empresas y los consumidores, pero también presentan desafíos en términos de seguridad, privacidad y cumplimiento legal. El marco legal internacional y nacional está en constante evolución para adaptarse a estos desafíos y regular adecuadamente el creciente comercio electrónico. El futuro del comercio electrónico y los contratos electrónicos se ve prometedor, y se espera que continúen siendo una parte importante de la economía global en los años venideros.

# Capítulo 20:

## Derecho de la Educación en México

El derecho a la educación es uno de los derechos fundamentales reconocidos en la Constitución Política de los Estados Unidos Mexicanos y en diversos tratados internacionales de los cuales México es parte. La educación es considerada como un pilar fundamental para el desarrollo individual y colectivo de la sociedad, así como un medio para el ejercicio pleno de otros derechos humanos. En este sentido, México cuenta con un sólido marco constitucional y jurídico que garantiza y protege el derecho a la educación, estableciendo principios y lineamientos para su organización, financiamiento y calidad.

### I. Marco Constitucional de la Educación en México:

El marco constitucional de la educación en México se encuentra principalmente en los siguientes artículos de la Constitución Política de los Estados Unidos Mexicanos:

Artículo 3: Este artículo establece el derecho de todas las personas a recibir educación. Además, reconoce la obligación del Estado de impartir educación preescolar, primaria, secundaria y media superior de manera gratuita, laica, inclusiva y obligatoria.

Artículo 31: Este artículo establece la obligación de los mexicanos de contribuir al gasto público destinado a la educación.

Artículo 73, fracción XXV: Otorga facultades al Congreso de la Unión para legislar sobre educación, incluyendo la expedición de leyes que establezcan las bases para el sistema educativo nacional.

Artículo 115, fracción II: Establece que los municipios tienen la obligación de contribuir al desarrollo de la educación.

Artículo 123, Apartado B, fracción XIII: Reconoce el derecho de los trabajadores a recibir educación primaria y secundaria.

Estos artículos constitucionales sientan las bases para la organización y regulación del sistema educativo mexicano, estableciendo principios fundamentales como la gratuidad, laicidad, inclusión y obligatoriedad de la educación.

## II. Ley General de Educación:

La Ley General de Educación es la norma principal que regula el sistema educativo en México. Esta ley establece las bases y los principios para la organización, el financiamiento, la evaluación y la calidad de la educación en el país. Fue publicada en 1993 y ha sido objeto de diversas reformas para adecuarse a las necesidades y retos de la educación en México.

Algunos puntos destacados de la Ley General de Educación son:

Niveles Educativos: La ley establece la estructura del sistema educativo, que comprende la educación inicial, preescolar, primaria, secundaria, media superior y superior.

Obligatoriedad de la Educación: La ley establece la obligatoriedad de la educación preescolar, primaria, secundaria y media superior, asegurando que todos los niños y jóvenes tengan acceso a una educación básica completa.

Equidad e Inclusión: La ley promueve la equidad y la inclusión en la educación, garantizando el acceso y permanencia en la escuela de grupos vulnerables y personas con discapacidad.

Evaluación Educativa: La ley establece mecanismos para la evaluación del sistema educativo, tanto para los estudiantes como para los docentes y las instituciones educativas, con el fin de mejorar la calidad de la educación.

Financiamiento de la Educación: La ley establece los principios y lineamientos para el financiamiento de la educación, tanto por parte del Estado como de la sociedad.

Formación y Capacitación de Docentes: La ley establece la formación y capacitación continua de los docentes, para garantizar su profesionalización y actualización pedagógica.

Participación Social: La ley reconoce la importancia de la participación de la sociedad en la planificación, ejecución y evaluación de las políticas educativas, a través de consejos de participación social.

La Ley General de Educación es complementada por leyes estatales y otras normativas que regulan aspectos específicos de la educación en cada entidad federativa de México.

III. Derecho a la Educación en Tratados Internacionales:

México es signatario de diversos tratados internacionales que reconocen y protegen el derecho a la educación como un derecho humano fundamental. Algunos de estos tratados son:

Declaración Universal de Derechos Humanos (1948): En su artículo 26 establece el derecho a la educación, declarando que la educación debe ser gratuita, al menos en los niveles elementales y fundamentales.

Convención sobre los Derechos del Niño (1989): Reconoce el derecho del niño a la educación y establece la obligación de los Estados de garantizar la educación primaria y secundaria gratuita y obligatoria.

Pacto Internacional de Derechos Económicos, Sociales y Culturales (1966): Reconoce el derecho a la educación como un derecho humano fundamental, garantizando la gratuidad y la accesibilidad de la educación.

Convención sobre la Eliminación de Todas las Formas de Discriminación contra la Mujer (1979): Reconoce el derecho de las mujeres a la educación y promueve la igualdad de oportunidades en el acceso a la educación.

Convención sobre los Derechos de las Personas con Discapacidad (2006): Reconoce el derecho de las personas con discapacidad a la educación inclusiva y de calidad.

La incorporación de estos tratados internacionales en la legislación nacional ha fortalecido el reconocimiento y protección del derecho a la educación en México, y ha impulsado la adopción de políticas y programas que promueven la equidad y la calidad en la educación.

IV. Programas y Políticas Educativas en México:

Para garantizar el derecho a la educación, México ha implementado diversos programas y políticas educativas que buscan mejorar la calidad de la educación, promover la inclusión y la equidad, y fortalecer la formación y capacitación de los docentes. Algunos de los programas y políticas más relevantes son:

Programa Nacional de Educación (PNE): Es el principal instrumento de planeación y coordinación de la política educativa en México. Define las líneas de acción y estrategias para fortalecer la calidad de la educación en todos los niveles y modalidades.

Programa de Escuelas de Tiempo Completo: Busca extender la jornada escolar en escuelas de educación básica, con el fin de enriquecer la formación académica y favorecer el desarrollo integral de los estudiantes.

Programa Nacional de Convivencia Escolar: Tiene como objetivo promover una cultura de convivencia escolar respetuosa, equitativa e inclusiva, y prevenir la violencia y el acoso escolar.

Programa de Formación y Actualización Docente: Busca fortalecer la formación y capacitación de los docentes para mejorar su desempeño pedagógico y fomentar su profesionalización.

Programa de Inclusión y Equidad Educativa: Tiene como objetivo garantizar el acceso y permanencia en la educación de grupos vulnerables, como población indígena, migrante y con discapacidad.

Programa de Fortalecimiento de la Calidad Educativa (PROFOCIE): Busca mejorar la calidad de los servicios educativos y promover la innovación pedagógica y tecnológica en las escuelas.

Estos programas y políticas reflejan el compromiso del Estado mexicano con el derecho a la educación y la mejora continua de la calidad y equidad en el sistema educativo.

V. Retos y Desafíos del Derecho a la Educación en México:

A pesar de los avances y esfuerzos realizados para garantizar el derecho a la educación en México, aún persisten diversos retos y desafíos que deben ser abordados para lograr una educación de calidad, inclusiva y equitativa para todos los mexicanos. Algunos de los principales retos son:

Desigualdad Educativa: Existe una brecha de desigualdad en el acceso a la educación de calidad entre las diferentes regiones y grupos sociales en México. Las zonas rurales y marginadas enfrentan mayores dificultades para acceder a una educación de calidad.

Rezago Educativo: Aún hay un porcentaje significativo de la población que no ha completado su educación básica, lo que limita sus oportunidades de desarrollo personal y laboral.

Calidad de la Educación: Aunque se han realizado esfuerzos para mejorar la calidad educativa, aún persisten desafíos en cuanto a la formación y capacitación de los docentes, la actualización de los contenidos curriculares y la evaluación del aprendizaje.

Inclusión y Atención a la Diversidad: A pesar de los avances en materia de inclusión educativa, aún se enfrentan desafíos en la atención a la diversidad, especialmente en el caso de estudiantes con discapacidad y población indígena.

Deserción Escolar: La deserción escolar sigue siendo un problema en el sistema educativo mexicano, especialmente en la educación media superior, lo que afecta la permanencia y conclusión de los estudios.

Violencia y Acoso Escolar: La violencia y el acoso escolar son fenómenos que afectan el derecho a la educación de los estudiantes, generando un ambiente poco propicio para el aprendizaje y el desarrollo integral.

Infraestructura Educativa: La falta de infraestructura adecuada en algunas escuelas dificulta el acceso a una educación de calidad, especialmente en áreas rurales y marginadas.

Para hacer frente a estos retos, es necesario continuar fortaleciendo el marco constitucional y jurídico de la educación, impulsar políticas y programas que promuevan la equidad y la calidad educativa, y destinar recursos suficientes para el financiamiento y mejora del sistema educativo. También es fundamental promover la participación de la sociedad civil, los docentes, los estudiantes y otros actores clave en la toma de decisiones y la implementación de políticas educativas.

En conclusión, el marco constitucional y jurídico de la educación en México establece los cimientos para garantizar el derecho a la educación de todos los mexicanos. Sin embargo, aún existen retos y desafíos que deben ser abordados para lograr una educación de calidad, inclusiva y equitativa para todos los ciudadanos. La educación es una herramienta fundamental para el desarrollo integral de las personas y el progreso de la sociedad, y su pleno ejercicio como derecho humano debe ser una prioridad para el Estado mexicano y la sociedad en su conjunto.

## MARCO LEGAL DE LA EDUCACIÓN EN MÉXICO

El marco legal de la educación en México es un conjunto de leyes, normas y disposiciones que establecen los fundamentos para la organización, operación y regulación del sistema educativo en el país. Este marco se basa en la Constitución Política de los Estados Unidos Mexicanos y se complementa con diversas leyes y reglamentos que abordan aspectos específicos de la educación. La educación en México es considerada un derecho fundamental de todos los ciudadanos y se reconoce su importancia como un medio para el desarrollo personal y colectivo, así como para el progreso y bienestar de la sociedad en su conjunto.

En este contexto, se desarrollará el marco legal de la educación en México, abordando los principales elementos constitucionales y las leyes que regulan la educación en sus distintos niveles y modalidades, así como las instituciones encargadas de su implementación y supervisión. Además, se analizarán los retos y desafíos que enfrenta el sistema educativo en el país, así como las perspectivas de mejora para garantizar una educación de calidad, inclusiva y equitativa para todos los mexicanos.

## I. Marco Constitucional de la Educación en México

El marco constitucional de la educación en México se encuentra principalmente en el artículo 3 de la Constitución Política de los Estados Unidos Mexicanos, el cual ha sido objeto de diversas reformas a lo largo de la historia del país. El artículo 3 establece el derecho de todas las personas a recibir educación, así como la obligación del Estado de impartir educación preescolar, primaria, secundaria, media superior y superior de manera gratuita, laica, incluyente y obligatoria.

El artículo 3 de la Constitución establece los siguientes principios fundamentales de la educación en México:

Gratuidad: La educación en los niveles preescolar, primaria, secundaria, media superior y superior es gratuita, lo que significa que los estudiantes tienen derecho a recibir educación sin tener que pagar colegiaturas u otros costos asociados.

Laicidad: La educación en México es laica, lo que implica que está separada de cualquier doctrina o creencia religiosa. La laicidad en la educación garantiza la neutralidad del Estado frente a las diversas opciones religiosas y culturales de la sociedad.

Obligatoriedad: La educación preescolar, primaria, secundaria y media superior son obligatorias, lo que significa que todos los niños y jóvenes en edad escolar tienen el deber de asistir a la escuela y recibir educación hasta cierto nivel.

Inclusión: La educación en México es incluyente, lo que implica que se deben implementar políticas y programas para garantizar el acceso y permanencia en la escuela de todos los niños y jóvenes, incluyendo aquellos con discapacidad o en situaciones de vulnerabilidad.

Autonomía Universitaria: El artículo 3 también reconoce la autonomía de las universidades, lo que significa que estas instituciones tienen el derecho de gobernarse a sí mismas y establecer sus planes y programas de estudio, de acuerdo con los principios constitucionales y las normas legales.

Además del artículo 3, otros artículos de la Constitución Política de los Estados Unidos Mexicanos también tienen relevancia para la educación. Por ejemplo, el artículo 31 establece la obligación de los mexicanos de contribuir al gasto público destinado a la educación, y el artículo 73, fracción XXV, otorga facultades al Congreso de la Unión para legislar sobre educación, incluyendo la expedición de leyes que establezcan las bases para el sistema educativo nacional.

## II. Leyes Federales de Educación

La Constitución Política de los Estados Unidos Mexicanos sienta las bases del sistema educativo, pero es en las leyes federales donde se encuentran las normas más detalladas que regulan los distintos aspectos de la educación en México. A continuación, se describen las principales leyes federales de educación en el país:

Ley General de Educación (LGE): Esta es la principal ley que regula el sistema educativo en México. Fue publicada en 1993 y ha sido objeto de diversas reformas para adecuarla a las necesidades y retos de la educación en el país. La LGE establece los principios y fundamentos para la organización, el financiamiento, la evaluación y la calidad de la educación en México. Algunos puntos destacados de la LGE son la obligatoriedad de la educación preescolar, primaria, secundaria y media superior, la promoción de la equidad e inclusión educativa, la formación y capacitación de docentes, y la participación social en la educación.

Ley General de Infraestructura Física Educativa (LGIFE): Esta ley establece las bases para la planeación, construcción, equipamiento, operación, conservación y mantenimiento de la infraestructura física educativa en México. Tiene como objetivo garantizar que los espacios escolares sean adecuados y seguros para el desarrollo de la educación.

Ley Reglamentaria del Artículo 3 Constitucional en Materia Educativa (LRA3CE): Esta ley regula aspectos específicos del artículo 3 constitucional, como el sistema para la carrera de los maestros, la evaluación educativa y los derechos y obligaciones de los trabajadores de la educación.

Ley para la Coordinación de la Educación Superior (LCES): Esta ley regula la coordinación y planeación de la educación superior en México. Establece los mecanismos de cooperación entre las instituciones de educación superior y promueve la calidad y pertinencia de la educación superior en el país.

Ley General de los Derechos de Niñas, Niños y Adolescentes (LGDNNA): Aunque no es una ley exclusiva de educación, la LGDNNA es relevante para el marco legal de la educación, ya que establece los derechos de los niños y adolescentes, incluyendo el derecho a la educación y la protección contra cualquier forma de violencia, maltrato o discriminación.

Estas leyes federales son complementadas por leyes estatales y otras normativas que regulan aspectos específicos de la educación en cada entidad federativa de México.

### III. Instituciones Educativas y Autoridades Responsables

El sistema educativo en México es responsabilidad compartida entre distintas instituciones y autoridades, tanto a nivel federal como estatal. A continuación, se describen las principales instituciones educativas y autoridades responsables de la educación en México:

Secretaría de Educación Pública (SEP): La SEP es la principal autoridad educativa a nivel federal. Es responsable de formular y coordinar las políticas y programas educativos en México, así como de supervisar la operación de las instituciones educativas en el país. Además, es la encargada de administrar los recursos federales destinados a la educación.

Subsecretaría de Educación Básica: Esta subsecretaría se enfoca en la educación preescolar, primaria y secundaria. Es responsable de formular y coordinar las políticas y programas educativos para estos niveles, así como de supervisar el desempeño de las instituciones educativas y los docentes.

Subsecretaría de Educación Media Superior: Esta subsecretaría se enfoca en la educación media superior, que incluye bachilleratos, preparatorias y otros niveles equivalentes. Es responsable de formular y coordinar las políticas y programas educativos para este nivel, así como de promover la vinculación con la educación superior y el mundo laboral.

Subsecretaría de Educación Superior: Esta subsecretaría se enfoca en la educación superior, que incluye universidades, institutos tecnológicos y otras instituciones de educación superior. Es responsable de formular y coordinar las políticas y programas educativos para este nivel, así como de promover la calidad y pertinencia de la educación superior en el país.

Dirección General de Educación Indígena (DGEI): Esta dirección tiene como objetivo garantizar el derecho a la educación de las comunidades indígenas en México. Es responsable de formular y coordinar las políticas y programas de educación indígena, así como de promover la inclusión y respeto de las culturas y lenguas indígenas en el sistema educativo.

Instituto Nacional para la Evaluación de la Educación (INEE): El INEE es un organismo autónomo encargado de evaluar la calidad y el desempeño del sistema educativo en México. Realiza evaluaciones a estudiantes, docentes y escuelas, con el fin de identificar áreas de mejora y fortalecer la calidad de la educación.

Además de estas instituciones, cada entidad federativa de México cuenta con su propia Secretaría de Educación, encargada de administrar la educación en el ámbito estatal y de coordinarse con la SEP para la implementación de las políticas educativas a nivel local.

## IV. Educación Inclusiva
## y Derechos Educativos de Grupos Vulnerables

La educación inclusiva es un enfoque que busca garantizar el acceso y permanencia en la escuela de todos los niños y jóvenes, incluyendo aquellos con discapacidad, migrantes, indígenas y en situaciones de vulnerabilidad. En México, se han implementado diversas políticas y programas para promover la inclusión educativa y garantizar los derechos educativos de grupos vulnerables.

Algunos de los aspectos relevantes para la educación inclusiva y los derechos educativos de grupos vulnerables son:

Educación Indígena: La educación indígena es un derecho reconocido en la Constitución y en la Ley General de Educación. Se busca promover la preservación y respeto de las culturas y lenguas indígenas, así como el acceso a una educación de calidad para las comunidades indígenas en México.

Educación para Personas con Discapacidad: La educación inclusiva para personas con discapacidad es un derecho reconocido en la Constitución y en la Convención sobre los Derechos de las Personas con Discapacidad. Se busca garantizar el acceso a una educación de calidad y ajustada a las necesidades de las personas con discapacidad, promoviendo la eliminación de barreras físicas y de aprendizaje.

Educación para Migrantes: México es un país con una alta movilidad migratoria, lo que plantea desafíos para garantizar la educación de los niños y jóvenes migrantes. Se han implementado políticas y programas para facilitar la integración educativa de los estudiantes migrantes y garantizar el reconocimiento de sus estudios en diferentes estados del país.

Educación para Grupos en Situación de Vulnerabilidad: Se han implementado programas y acciones específicas para garantizar el acceso a la educación de grupos en situación de vulnerabilidad, como niños en situación de calle, menores en conflicto con la ley y otros grupos en condiciones de desventaja.

La educación inclusiva y los derechos educativos de grupos vulnerables son temas prioritarios en la agenda educativa de México, y se busca garantizar que todos los niños y jóvenes tengan acceso a una educación de calidad, independientemente de sus circunstancias personales o sociales.

## V. Retos y Desafíos
## de la Educación en México

El sistema educativo en México enfrenta diversos retos y desafíos que limitan su capacidad para garantizar una educación de calidad, inclusiva y equitativa para todos los mexicanos. Algunos de los principales retos son:

Calidad Educativa: Aunque se han implementado políticas y programas para mejorar la calidad de la educación, aún persisten desafíos en cuanto a la formación y capacitación de los docentes, la actualización de los contenidos curriculares y la evaluación del aprendizaje.

Desigualdad Educativa: Existe una brecha de desigualdad en el acceso a la educación de calidad entre las diferentes regiones y grupos sociales en México. Las zonas rurales y marginadas enfrentan mayores dificultades para acceder a una educación de calidad.

Abandono Escolar: La deserción escolar sigue siendo un problema en el sistema educativo mexicano, especialmente en la educación media superior, lo que afecta la permanencia y conclusión de los estudios.

Infraestructura Educativa: La falta de infraestructura adecuada en algunas escuelas dificulta el acceso a una educación de calidad, especialmente en áreas rurales y marginadas.

Formación y Capacitación Docente: La formación y capacitación de los docentes es un aspecto fundamental para mejorar la calidad de la educación. Es necesario fortalecer los programas de formación docente y promover la actualización pedagógica y tecnológica de los maestros.

Participación Social: Aunque se ha avanzado en la promoción de la participación de la sociedad en la educación, es necesario seguir fomentando la participación de los padres de familia, la comunidad educativa y otros actores clave en la toma de decisiones y la implementación de políticas educativas.

## VI. Perspectivas de Mejora

Para enfrentar los retos y desafíos de la educación en México, es necesario seguir trabajando en el fortalecimiento del marco legal y en la implementación de políticas y programas que promuevan la calidad, inclusión y equidad en el sistema educativo. Algunas de las perspectivas de mejora son:

Fortalecimiento de la Formación Docente: Es necesario invertir en la formación y capacitación continua de los docentes, promoviendo la profesionalización y actualización pedagógica.

Promoción de la Investigación Educativa: La investigación educativa es fundamental para mejorar la calidad de la educación. Es necesario impulsar la generación de conocimiento y evidencia sobre las mejores prácticas en educación.

Inversión en Infraestructura Educativa: Es fundamental destinar recursos suficientes para la construcción y mantenimiento de infraestructura educativa adecuada y segura.

Promoción de la Participación Social: La participación de la sociedad en la educación es clave para el desarrollo de políticas y programas efectivos. Es necesario seguir fomentando la participación de los padres de familia, la comunidad educativa y otros actores clave en la toma de decisiones.

Fortalecimiento de la Evaluación Educativa: La evaluación del sistema educativo es fundamental para identificar áreas de mejora y tomar decisiones informadas. Es necesario seguir fortaleciendo los mecanismos de evaluación y asegurar que los resultados se utilicen para la mejora continua de la educación.

Promoción de la Equidad Educativa: Es necesario seguir implementando políticas y programas que promuevan la equidad en la educación, garantizando el acceso y permanencia en la escuela de todos los niños y jóvenes, independientemente de sus condiciones personales o sociales.

En conclusión, el marco legal de la educación en México se basa en la Constitución Política de los Estados Unidos Mexicanos y se complementa con diversas leyes federales y estatales que regulan los distintos aspectos de la educación en el país. A pesar de los avances y esfuerzos realizados, el sistema educativo en México enfrenta diversos retos y desafíos que limitan su capacidad para garantizar una educación de calidad, inclusiva y equitativa para todos los mexicanos. Para lograr una educación de calidad, es necesario seguir trabajando en el fortalecimiento del marco legal y en la implementación de políticas y programas que promuevan la calidad, inclusión y equidad en el sistema educativo. La educación es un derecho fundamental de todos los ciudadanos y su pleno ejercicio como derecho humano debe ser una prioridad para el Estado mexicano y la sociedad en su conjunto.


## DERECHOS Y OBLIGACIONES EN EL ÁMBITO EDUCATIVO

Los derechos y obligaciones en el ámbito educativo son fundamentales para garantizar una educación de calidad, inclusiva y equitativa para todos los estudiantes.

Estos derechos y obligaciones se basan en principios constitucionales, leyes educativas y tratados internacionales que reconocen el derecho a la educación como un derecho humano fundamental. A continuación, se describen los principales derechos y obligaciones en el ámbito educativo:

Derechos en el Ámbito Educativo:

Derecho a la Educación: Todos los individuos tienen derecho a recibir educación, que debe ser impartida de manera gratuita, laica, incluyente y obligatoria en los niveles establecidos por la ley.

Derecho a la Igualdad de Oportunidades: Todos los estudiantes tienen derecho a acceder a una educación de calidad sin discriminación por motivos de género, origen étnico, discapacidad, condición social, entre otros.

Derecho a la Inclusión Educativa: Las personas con discapacidad tienen derecho a recibir una educación inclusiva y ajustada a sus necesidades, que permita su participación plena en el proceso educativo.

Derecho a la No Discriminación: Se prohíbe cualquier forma de discriminación en el ámbito educativo y se promueve un ambiente respetuoso y libre de violencia.

Derecho a la Libertad de Pensamiento y Expresión: Los estudiantes tienen derecho a expresar sus ideas y opiniones libremente, siempre que respeten los derechos de los demás.

Derecho a la Privacidad: Los datos personales de los estudiantes deben ser tratados de manera confidencial y respetando su privacidad.

Derecho a la Participación: Los estudiantes tienen derecho a participar en la toma de decisiones que afecten su educación, así como en actividades y proyectos escolares.

Derecho a la Seguridad y Protección: Los estudiantes tienen derecho a estudiar en un ambiente seguro y protegido, donde se prevengan y atiendan situaciones de riesgo.

Derecho a una Educación de Calidad: Los estudiantes tienen derecho a recibir una educación de calidad que promueva su desarrollo integral, fomente el pensamiento crítico y les brinde las herramientas para enfrentar los retos del mundo actual.

Obligaciones en el Ámbito Educativo:

Obligación del Estado de Garantizar el Derecho a la Educación: El Estado tiene la obligación de garantizar el acceso a una educación de calidad para todos los ciudadanos y de proveer los recursos necesarios para el funcionamiento del sistema educativo.

Obligación de los Padres de Familia o Tutores: Los padres de familia o tutores tienen la obligación de asegurar que los niños y jóvenes en edad escolar asistan a la escuela y reciban una educación adecuada.

Obligación de los Docentes: Los docentes tienen la obligación de cumplir con su labor educativa de manera profesional, ética y comprometida, brindando una enseñanza de calidad y promoviendo el desarrollo integral de los estudiantes.

Obligación de los Estudiantes: Los estudiantes tienen la obligación de asistir a clases, participar activamente en el proceso educativo, respetar a sus compañeros y docentes, y esforzarse por alcanzar los objetivos académicos establecidos.

Obligación de las Autoridades Educativas: Las autoridades educativas tienen la obligación de planificar, coordinar y supervisar el sistema educativo, asegurando que se cumplan los principios de calidad, inclusión y equidad.

Obligación de Respetar las Normas y Reglamentos: Todos los actores del ámbito educativo, incluyendo estudiantes, docentes, padres de familia y autoridades, tienen la obligación de respetar las normas y reglamentos establecidos en el marco legal de la educación.

Obligación de Promover un Ambiente de Respeto y Tolerancia: Todos los actores del ámbito educativo tienen la obligación de promover un ambiente de respeto, tolerancia y convivencia pacífica, donde se reconozcan y valoren las diferencias individuales.

Obligación de Brindar Atención a la Diversidad: Las instituciones educativas tienen la obligación de brindar una atención adecuada a la diversidad de los estudiantes, adaptando los programas y metodologías para atender las necesidades específicas de cada uno.

## Conclusión

Los derechos y obligaciones en el ámbito educativo son fundamentales para asegurar una educación de calidad, inclusiva y equitativa para todos los estudiantes. El reconocimiento y respeto de los derechos educativos de los estudiantes, así como el cumplimiento de las obligaciones por parte de los diversos actores del sistema educativo, son elementos esenciales para lograr una educación que promueva el desarrollo integral de las personas y el progreso de la sociedad en su conjunto. Es responsabilidad de toda la sociedad, incluyendo al Estado, las instituciones educativas, los docentes, los padres de familia y los propios estudiantes, trabajar de manera colaborativa para garantizar el pleno ejercicio de estos derechos y el cumplimiento de estas obligaciones en el ámbito educativo. Solo así se podrá construir un sistema educativo que forme ciudadanos comprometidos, críticos y preparados para enfrentar los retos del mundo actual y contribuir al desarrollo de una sociedad más justa, equitativa y próspera.

## AUTONOMÍA UNIVERSITARIA Y EDUCACIÓN SUPERIOR

La autonomía universitaria es un principio fundamental que garantiza la independencia y autogestión de las instituciones de educación superior en la toma de decisiones académicas, administrativas y financieras. Es un derecho reconocido en muchos países, incluido México, y busca proteger la libertad de cátedra, la pluralidad de ideas y la calidad de la educación en el ámbito universitario.

En el caso específico de México, la autonomía universitaria está reconocida en la Constitución Política de los Estados Unidos Mexicanos, así como en diversas leyes y normativas que regulan la educación superior en el país. La autonomía universitaria se extiende a las instituciones públicas de educación superior, como las universidades y los institutos tecnológicos, y tiene como finalidad proteger su independencia y capacidad para cumplir con sus funciones educativas, de investigación y de vinculación con la sociedad.

A continuación, se exploran los aspectos más relevantes de la autonomía universitaria y su importancia en la educación superior:

I. Fundamentos de la Autonomía Universitaria en México

La autonomía universitaria en México se encuentra respaldada por la Constitución Política de los Estados Unidos Mexicanos, específicamente en el artículo tercero, fracción VII, y en el artículo 5º de la Ley Reglamentaria del Artículo 3 Constitucional en Materia de Educación.

El artículo tercero, fracción VII, establece que las universidades y las demás instituciones de educación superior gozarán de autonomía en el ejercicio de sus funciones de docencia, investigación y difusión de la cultura. Además, el artículo 5º de la Ley Reglamentaria del Artículo 3 Constitucional en Materia de Educación establece que las universidades y las demás instituciones de educación superior gozarán de plena autonomía en su régimen interno y en la designación de sus autoridades.

Estos fundamentos legales aseguran que las instituciones de educación superior en México tengan la capacidad de autogobernarse y tomar decisiones en ámbitos como la elección de sus autoridades, la elaboración de planes de estudio, la implementación de programas de investigación y la vinculación con la sociedad.

## II. Aspectos Claves de la Autonomía Universitaria

Autonomía de Gobierno: Las instituciones de educación superior tienen el derecho de elegir y designar a sus autoridades de manera autónoma, lo que incluye la elección de su rector o director general, y otros cargos de relevancia dentro de la institución.

Autonomía Académica: Las instituciones de educación superior tienen la libertad de definir sus planes y programas de estudio, así como los criterios de admisión de los estudiantes, la definición de los contenidos curriculares y la metodología de enseñanza.

Libertad de Cátedra y de Investigación: La autonomía universitaria garantiza la libertad de los docentes e investigadores para expresar y difundir sus ideas y conocimientos sin temor a represalias o censura.

Gestión Financiera: Las instituciones de educación superior tienen autonomía para administrar y gestionar sus recursos financieros, lo que les permite planificar y ejecutar proyectos que beneficien su desarrollo académico y de investigación.

Vinculación con la Sociedad: La autonomía universitaria permite que las instituciones establezcan alianzas y colaboraciones con otros actores de la sociedad, como empresas, organizaciones civiles y gobiernos, para llevar a cabo proyectos conjuntos que respondan a las necesidades y demandas de la comunidad.

Rendición de Cuentas: A pesar de su autonomía, las instituciones de educación superior también tienen la responsabilidad de rendir cuentas a la sociedad y a las autoridades correspondientes. La transparencia y la rendición de cuentas son fundamentales para mantener la confianza de la sociedad en las instituciones educativas.

## III. Importancia de la Autonomía Universitaria

La autonomía universitaria es un pilar fundamental en el sistema de educación superior, y su importancia radica en varios aspectos clave:

Garantía de Calidad Académica: La autonomía permite que las instituciones de educación superior tomen decisiones orientadas hacia la mejora de la calidad académica, el fortalecimiento de la investigación y la promoción de la excelencia educativa.

Promoción de la Libertad de Pensamiento: La autonomía universitaria asegura la libertad de cátedra y de investigación, lo que favorece el pluralismo de ideas y el desarrollo de un pensamiento crítico en el ámbito académico.

Innovación y Desarrollo: La autonomía da la libertad a las instituciones de educación superior para desarrollar programas y proyectos innovadores, adaptados a las necesidades del entorno y del contexto social y económico.

Independencia del Poder Político: La autonomía protege a las instituciones de educación superior de la influencia política, evitando la intromisión en asuntos académicos y de gestión interna.

Fortalecimiento de la Identidad Institucional: La autonomía permite a las instituciones de educación superior definir su propia identidad y valores, lo que favorece su posicionamiento y reconocimiento en la sociedad.

Contribución al Desarrollo Nacional: La autonomía universitaria permite que las instituciones de educación superior sean actores clave en el desarrollo nacional, a través de la formación de profesionales altamente capacitados y la generación de conocimiento e innovación.

IV. Retos y Desafíos de la Autonomía Universitaria

A pesar de su importancia, la autonomía universitaria también enfrenta retos y desafíos que deben ser abordados para asegurar su pleno ejercicio y preservación:

Financiamiento Suficiente: La autonomía universitaria requiere de un financiamiento adecuado para llevar a cabo sus actividades y proyectos. Garantizar recursos suficientes para la educación superior es esencial para mantener la calidad académica y el funcionamiento de las instituciones.

Transparencia y Rendición de Cuentas: Si bien la autonomía universitaria otorga independencia, también implica la responsabilidad de rendir cuentas a la sociedad y a las autoridades. Es necesario promover la transparencia y la rendición de cuentas en el uso de los recursos y en la toma de decisiones.

Inclusión y Diversidad: La autonomía universitaria debe garantizar la inclusión y la diversidad en todas sus dimensiones. Es importante que las instituciones de educación superior promuevan la equidad de género, la inclusión de personas con discapacidad y la diversidad cultural, entre otros aspectos.

Vinculación con la Sociedad: Las instituciones de educación superior deben buscar una vinculación efectiva con la sociedad, respondiendo a sus necesidades y demandas, y contribuyendo al desarrollo sostenible del país.

Autonomía Responsable: La autonomía universitaria debe ejercerse de manera responsable, considerando el impacto de las decisiones en la comunidad académica y en la sociedad en general.

## Conclusión

La autonomía universitaria es un principio fundamental que garantiza la independencia y autogestión de las instituciones de educación superior. Es un derecho reconocido en México y en muchos otros países, que busca proteger la libertad de cátedra, la pluralidad de ideas y la calidad de la educación en el ámbito universitario. La autonomía universitaria permite a las instituciones tomar decisiones académicas, administrativas y financieras de manera independiente, lo que contribuye al fortalecimiento de la calidad académica, la promoción de la libertad de pensamiento y el desarrollo de una educación superior de excelencia.

Sin embargo, la autonomía universitaria también enfrenta retos y desafíos que deben ser abordados para asegurar su pleno ejercicio y preservación. Es necesario garantizar un financiamiento suficiente para las instituciones de educación superior, promover la transparencia y la rendición de cuentas, garantizar la inclusión y diversidad en todos sus aspectos y buscar una vinculación efectiva con la sociedad. La autonomía universitaria debe ejercerse de manera responsable, considerando siempre el impacto de las decisiones en la comunidad académica y en la sociedad en general. Solo así se podrá asegurar que la autonomía universitaria cumpla con su función de proteger la libertad académica y contribuir al desarrollo integral de la educación superior en beneficio de toda la sociedad.

## POLÍTICAS EDUCATIVAS Y CALIDAD DE LA EDUCACIÓN

Las políticas educativas juegan un papel crucial en la búsqueda de la mejora de la calidad de la educación. Estas políticas son el conjunto de estrategias, programas y medidas que los gobiernos y las instituciones educativas implementan para lograr objetivos específicos en el ámbito educativo. El objetivo principal de las políticas educativas es garantizar una educación de calidad, inclusiva y equitativa para todos los estudiantes, proporcionándoles las herramientas necesarias para su desarrollo integral y para enfrentar los retos del mundo actual.

A continuación, se exploran los principales aspectos relacionados con las políticas educativas y su impacto en la calidad de la educación:

## I. Elementos Claves de las Políticas Educativas

Acceso a la Educación: Las políticas educativas deben asegurar el acceso a la educación para todos los niños y jóvenes, eliminando barreras económicas, geográficas, culturales o de otro tipo que puedan dificultar su ingreso y permanencia en el sistema educativo.

Equidad e Inclusión: Es fundamental que las políticas educativas promuevan la equidad e inclusión, garantizando que todos los estudiantes tengan igualdad de oportunidades para acceder a una educación de calidad, sin importar su origen étnico, género, situación socioeconómica o discapacidad.

Calidad Académica: Las políticas educativas deben enfocarse en mejorar la calidad académica, promoviendo la formación y capacitación de docentes, actualizando los planes y programas de estudio, e implementando evaluaciones para medir el desempeño de los estudiantes y de las instituciones educativas.

Formación Docente: La formación y capacitación de los docentes es un aspecto fundamental en la mejora de la calidad de la educación. Las políticas educativas deben invertir en programas de formación continua para que los docentes estén actualizados en metodologías pedagógicas y tecnologías educativas.

Recursos e Infraestructura: Las políticas educativas deben asegurar que las instituciones educativas cuenten con los recursos y la infraestructura adecuada para brindar una educación de calidad. Esto incluye contar con materiales didácticos, tecnología, espacios adecuados y entornos seguros para el aprendizaje.

Innovación Educativa: La innovación en la educación es clave para adaptarse a las necesidades cambiantes de la sociedad y del mercado laboral. Las políticas educativas deben promover la incorporación de nuevas tecnologías y metodologías de enseñanza para mejorar la experiencia educativa.

Evaluación y Seguimiento: Las políticas educativas deben incluir sistemas de evaluación y seguimiento para medir el impacto de las acciones implementadas y ajustar las estrategias en función de los resultados obtenidos.

## II. Impacto de las Políticas Educativas en la Calidad de la Educación

Las políticas educativas bien diseñadas y correctamente implementadas pueden tener un impacto significativo en la calidad de la educación. Algunos de los efectos positivos que pueden lograr son:

Mejora del Rendimiento Académico: Las políticas educativas que enfocan en la formación y capacitación docente, la actualización curricular y la implementación de

247

estrategias de apoyo a los estudiantes, pueden mejorar el rendimiento académico y el logro de aprendizaje.

Reducción de la Desigualdad: Las políticas educativas orientadas a la equidad e inclusión pueden contribuir a reducir las brechas de desigualdad en el acceso y calidad de la educación, favoreciendo a los grupos más vulnerables y marginados.

Incremento de la Permanencia Escolar: Políticas que abordan factores como la deserción escolar, el trabajo infantil y la falta de recursos económicos para la educación pueden contribuir a incrementar la permanencia escolar de los estudiantes.

Formación de Ciudadanos Críticos y Participativos: Las políticas educativas que promueven una educación orientada hacia el desarrollo integral de los estudiantes, fomentando habilidades como el pensamiento crítico, la resolución de problemas y la participación ciudadana, pueden formar ciudadanos comprometidos y activos en la sociedad.

Adaptación a las Demandas del Mundo Laboral: Políticas que incentivan la vinculación entre la educación y el sector productivo, así como la formación en competencias laborales demandadas por el mercado, pueden mejorar la empleabilidad de los egresados.

### III. Retos y Desafíos de las Políticas Educativas

A pesar de su importancia, la implementación efectiva de políticas educativas presenta diversos retos y desafíos:

Financiamiento Insuficiente: El financiamiento adecuado es esencial para llevar a cabo políticas educativas efectivas. La falta de recursos puede limitar la implementación de programas y proyectos.

Complejidad del Sistema Educativo: El sistema educativo es complejo y multifacético, lo que puede dificultar la implementación de políticas a gran escala y requerir una coordinación eficiente entre diferentes niveles y actores educativos.

Resistencia al Cambio: La implementación de políticas educativas a menudo enfrenta resistencia, ya sea de actores internos o externos al sistema educativo.

Falta de Evaluación y Seguimiento: La ausencia de sistemas de evaluación y seguimiento efectivos puede dificultar la medición del impacto real de las políticas implementadas y su adecuada corrección.

Contexto Socioeconómico y Cultural: El contexto socioeconómico y cultural de cada región puede influir en la efectividad de las políticas educativas, lo que requiere adaptaciones y enfoques específicos según las necesidades locales.

## Conclusión:

Las políticas educativas son herramientas fundamentales para garantizar una educación de calidad, inclusiva y equitativa. Estas políticas deben abordar diversos aspectos, como el acceso a la educación, la equidad e inclusión, la calidad académica, la formación docente, los recursos e infraestructura, la innovación educativa y la evaluación y seguimiento. Cuando se implementan de manera efectiva, las políticas educativas pueden tener un impacto positivo en el rendimiento académico, la reducción de la desigualdad, el aumento de la permanencia escolar, la formación de ciudadanos críticos y participativos, y la adaptación a las demandas del mundo laboral.

Sin embargo, la implementación efectiva de políticas educativas también enfrenta desafíos como el financiamiento insuficiente, la complejidad del sistema educativo, la resistencia al cambio, la falta de evaluación y seguimiento y el contexto socioeconómico y cultural. Superar estos retos requiere de una visión integral, una planificación adecuada y la colaboración de todos los actores involucrados en el ámbito educativo, incluyendo al gobierno, las instituciones educativas, los docentes, los padres de familia y la sociedad en su conjunto. Solo así se podrá avanzar hacia una educación de calidad y equitativa, que brinde oportunidades de desarrollo y crecimiento a todos los estudiantes y contribuya al progreso y bienestar de la sociedad en su conjunto.

# Capítulo 21:

## Derecho Notarial en México

El Derecho Notarial en México es una rama del derecho que regula la función y actuación de los notarios públicos, quienes son profesionales del derecho investidos de fe pública para otorgar y dar autenticidad a documentos y actos jurídicos. La figura del notario público desempeña un papel fundamental en la sociedad mexicana, ya que su intervención da certeza jurídica, seguridad y legalidad a diversos actos y contratos que involucran a personas físicas y morales.

En este extenso análisis, se abordarán diversos aspectos del Derecho Notarial en México, incluyendo su definición, función, regulación legal, requisitos para ser notario, atribuciones y competencias, así como su relevancia en el sistema jurídico y su relación con otros profesionales del derecho.

I. Definición y Función del Notario Público

El notario público es un profesional del derecho, licenciado en derecho con especialización notarial, investido de fe pública por el Estado mexicano para dar autenticidad y certeza jurídica a diversos actos y contratos. Su principal función es redactar, autorizar y dar fe de actos y negocios jurídicos, que van desde contratos de compraventa, testamentos, poderes, hasta la constitución de sociedades, entre otros.

La actuación del notario público está basada en principios como la imparcialidad, la objetividad, la legalidad, la confidencialidad y la responsabilidad. Su función es de interés público, y su intervención es garantía de seguridad y validez legal en los actos en los que interviene.

II. Marco Legal del Derecho Notarial en México

El marco legal del Derecho Notarial en México está establecido principalmente en la Constitución Política de los Estados Unidos Mexicanos y en la Ley del Notariado, así como en otros ordenamientos jurídicos que regulan la actuación y atribuciones de los notarios públicos.

El artículo 27 de la Constitución Política de los Estados Unidos Mexicanos establece la facultad del Congreso de la Unión y de los estados para legislar sobre el régimen de propiedad de la tierra y el otorgamiento de títulos de propiedad, lo cual incluye la figura del notario público como responsable de dar autenticidad a los actos de compraventa y transmisión de bienes inmuebles.

En cuanto a la Ley del Notariado, esta regula la función notarial y establece los requisitos y procedimientos para ser notario, las obligaciones y responsabilidades del notario público, así como las tarifas y aranceles que pueden cobrar por sus servicios.

III. Requisitos para Ser Notario Público en México

Para ser notario público en México, se deben cumplir una serie de requisitos establecidos por la Ley del Notariado y las normativas estatales. Algunos de los requisitos comunes incluyen:

Ser Ciudadano Mexicano por Nacimiento: El aspirante a notario público debe ser ciudadano mexicano de nacimiento, es decir, haber nacido en territorio mexicano.

Licenciatura en Derecho con Especialización Notarial: Se requiere contar con una licenciatura en derecho y haber concluido estudios de especialización notarial, los cuales se obtienen a través de cursos y programas académicos específicos.

Examen de Oposición: Los aspirantes a notarios públicos deben pasar un examen de oposición, el cual evalúa sus conocimientos en materia notarial y su capacidad para ejercer la función notarial.

Experiencia Profesional: Se exige una cierta cantidad de años de experiencia profesional en el ejercicio del derecho, que varía según la entidad federativa.

Acreditar Solvencia Moral y Económica: Los aspirantes deben acreditar su solvencia moral y económica, mediante la presentación de diversos documentos y referencias.

Ser Propuesto por el Ejecutivo Estatal: El gobernador del estado, previa consulta con la Legislatura estatal, propone al aspirante que considere más apto para ocupar el cargo de notario público.

Investidura Notarial: Una vez que el aspirante ha cumplido con todos los requisitos y ha sido propuesto por el gobernador, recibe la investidura notarial y es nombrado notario público por el Ejecutivo Estatal.

Es importante mencionar que la cantidad de notarías en cada entidad federativa está limitada y es regulada por las leyes estatales. Esto significa que no cualquier abogado puede obtener el nombramiento de notario público, ya que el número de plazas disponibles es limitado.

251

IV. Atribuciones y Competencias del Notario Público

El notario público tiene diversas atribuciones y competencias que le confiere su carácter de fedatario público. Algunas de sus principales funciones incluyen:

Autorización de Escrituras Públicas: El notario público tiene la facultad de redactar y autorizar escrituras públicas, que son documentos de carácter legal que dan fe de un acto o contrato celebrado entre dos o más partes.

Testimonios y Copias Certificadas: El notario puede extender testimonios o copias certificadas de los documentos que ha autorizado, los cuales tienen plena validez legal y se utilizan como pruebas en juicios y procedimientos legales.

Protocolización de Documentos: El notario está facultado para protocolizar documentos, es decir, incorporarlos a un registro público conocido como protocolo notarial, lo que les confiere autenticidad y validez legal.

Aceptación y Protocolización de Testamentos: El notario tiene la atribución de aceptar y protocolizar testamentos, asegurando que estos cumplan con los requisitos legales para su validez.

Protocolización de Actos de Sociedades: El notario puede protocolizar actas y acuerdos de sociedades, asegurando su legalidad y validez ante terceros.

Asesoría Legal: El notario público puede brindar asesoría legal a las partes involucradas en un acto o contrato, garantizando que estas entiendan plenamente las consecuencias jurídicas del acto que están realizando.

Fe Pública: El notario público es considerado un fedatario público, lo que implica que sus actuaciones tienen fe pública y son reconocidas como válidas por las autoridades y la sociedad en general.

V. Importancia del Notario Público en el Sistema Jurídico

El notario público desempeña un papel fundamental en el sistema jurídico mexicano, ya que su intervención garantiza la legalidad, autenticidad y seguridad de diversos actos y contratos. Algunos aspectos que destacan su importancia son:

Seguridad Jurídica: La intervención del notario público en la redacción y autorización de documentos y actos jurídicos proporciona seguridad jurídica a las partes involucradas, ya que se asegura de que el acto se ajuste a la ley y tenga validez legal.

Prevención de Conflictos: El notario público puede brindar asesoría legal a las partes, lo que ayuda a prevenir conflictos futuros y a asegurarse de que las partes comprendan plenamente las consecuencias de sus actos.

Validación de Documentos: Los documentos autorizados por un notario público tienen un valor probatorio mayor ante los tribunales y las autoridades, lo que facilita su reconocimiento y validez legal.

Agente de Fe Pública: El notario público es considerado un agente de fe pública, lo que confiere autenticidad y validez a sus actuaciones y a los documentos que autoriza.

Contribución a la Economía: Los notarios públicos también tienen un papel relevante en la economía, ya que intervienen en diversos actos y contratos relacionados con bienes inmuebles, empresas y sociedades, lo que contribuye al desarrollo económico del país.

Agilización de Trámites: La intervención del notario público en la autenticación de documentos y actos jurídicos agiliza muchos trámites y procedimientos legales, evitando largos procesos judiciales.

VI. Relación del Notario Público con Otros Profesionales del Derecho

El notario público trabaja en estrecha relación con otros profesionales del derecho, como abogados, jueces y autoridades administrativas. Su función complementa la de estos profesionales, ya que otorga autenticidad y certeza a los actos y contratos que estos realizan.

Es común que los abogados remitan a sus clientes a un notario público para que este dé fe de un acto o contrato, asegurándose de que esté correctamente redactado y tenga validez legal. Por su parte, los jueces y tribunales también pueden requerir la intervención de un notario público para certificar documentos o actas que formen parte de un juicio o procedimiento legal.

Además, los notarios públicos deben mantener una comunicación constante con las autoridades administrativas y registrales, ya que sus actuaciones y documentos tienen repercusiones en diversos registros públicos, como el Registro Público de la Propiedad y del Comercio.

VII. Responsabilidades y Obligaciones del Notario Público

El notario público tiene una serie de responsabilidades y obligaciones legales que deben cumplir en el ejercicio de su función. Algunas de las principales son:

Imparcialidad: El notario público debe actuar con imparcialidad y objetividad en su función, evitando cualquier conflicto de interés que pueda afectar su actuación.

Confidencialidad: El notario está obligado a guardar confidencialidad sobre los actos y contratos que autoriza, protegiendo la privacidad de las partes involucradas.

Legalidad: El notario debe asegurarse de que los actos y contratos que autoriza se ajusten a la ley y cumplan con todos los requisitos legales.

Resguardo de Documentos: El notario público debe guardar y resguardar adecuadamente los documentos y actas que protocoliza, garantizando su conservación y disponibilidad para consulta.

Protección de los Derechos de las Partes: El notario público debe asegurarse de que las partes involucradas en un acto o contrato comprendan plenamente las consecuencias jurídicas del mismo, protegiendo sus derechos y asegurando su consentimiento libre e informado.

Registro de Actos: El notario debe llevar un registro detallado de todos los actos y contratos que autoriza, en el protocolo notarial correspondiente.

Cobro de Tarifas Reguladas: El notario público debe cobrar las tarifas y aranceles establecidos por la ley por sus servicios, evitando cualquier cobro indebido o ilegal.

Actualización Profesional: El notario debe mantenerse actualizado en materia jurídica y notarial, participando en programas de formación continua y capacitación.

VIII. Notarías Públicas y su Distribución en México

El número de notarías públicas en México está regulado por las leyes estatales, y cada entidad federativa tiene una cantidad limitada de notarías, distribuidas en función de su población y necesidades específicas. Las notarías públicas pueden ser asignadas a través de diferentes mecanismos, como concursos de oposición o por designación directa del gobernador del estado.

La distribución de las notarías en México puede variar en función del estado y la ciudad. En algunas ciudades más grandes y pobladas, puede haber un mayor número de notarías, mientras que en áreas rurales o menos pobladas, la cantidad de notarías puede ser menor.

IX. Retos y Desafíos del Derecho Notarial en México

El Derecho Notarial en México enfrenta diversos retos y desafíos, algunos de los cuales incluyen:

Corrupción y Prácticas Indebidas: La corrupción y las prácticas indebidas en el ejercicio de la función notarial son un problema que afecta la imagen y credibilidad de esta figura profesional. Es importante fortalecer los mecanismos de supervisión y control para prevenir y combatir estas prácticas.

Acceso a la Notaría Pública: El acceso a una notaría pública puede ser limitado en algunas zonas rurales o comunidades marginadas, lo que dificulta el acceso a la justicia y a servicios notariales para la población que vive en estas áreas.

Digitalización y Tecnología: La digitalización y el avance tecnológico plantean nuevos retos para el Derecho Notarial, ya que se deben adaptar los procedimientos y protocolos tradicionales para el uso de herramientas digitales y la firma electrónica.

Desarrollo Profesional: Es importante promover el desarrollo profesional y la especialización de los notarios, a través de programas de formación continua y capacitación en áreas específicas del derecho.

Transparencia y Rendición de Cuentas: Fortalecer la transparencia y la rendición de cuentas en la función notarial es fundamental para garantizar la legalidad y la ética en el ejercicio de esta profesión.

Conclusión:

El Derecho Notarial en México es una importante rama del derecho que regula la función de los notarios públicos y otorga seguridad jurídica y confianza en los actos y contratos que se realizan ante su intervención. Los notarios públicos desempeñan un papel fundamental en la sociedad al brindar autenticidad y validez legal a los documentos y actos que protocolizan.


## FUNCIONES Y RESPONSABILIDADES DEL NOTARIO

El notario público en México es un profesional del derecho investido de fe pública para dar autenticidad y certeza jurídica a diversos actos y contratos. Su función es de gran relevancia en la sociedad mexicana, ya que su intervención garantiza la seguridad y validez de los documentos y actos jurídicos que protocoliza. En este extenso análisis, se abordarán en detalle las funciones y responsabilidades del notario público en México, destacando su importancia en el sistema jurídico y su papel en la protección de los derechos de las personas y empresas.

## I. Definición y Funciones del Notario Público en México

El notario público en México es un profesional del derecho, licenciado en derecho con especialización notarial, que ha sido investido de fe pública por el Estado para dar autenticidad a diversos actos y contratos. Su función principal es redactar, autorizar y dar fe de documentos conocidos como escrituras públicas, que son instrumentos legales que dan fe de los actos y acuerdos celebrados entre dos o más personas físicas o morales.

Las funciones del notario público en México son diversas y se encuentran reguladas por la Ley del Notariado y otras normativas jurídicas. Algunas de las principales funciones del notario público en México son:

1. Autorización de Escrituras Públicas: Una de las funciones fundamentales del notario público es autorizar escrituras públicas. Estas escrituras dan fe de actos y contratos de gran importancia, como compraventas, donaciones, constitución de sociedades, testamentos, poderes notariales, hipotecas, entre otros. El notario público debe redactar la escritura de manera clara y precisa, asegurándose de que refleje fielmente la voluntad de las partes y cumpla con todos los requisitos legales.

2. Aceptación y Protocolización de Testamentos: El notario público en México tiene la atribución de aceptar y protocolizar testamentos, asegurando que estos cumplan con los requisitos legales para su validez. La protocolización de testamentos es de vital importancia en la transmisión ordenada del patrimonio y en la protección de los derechos sucesorios.

3. Fe Pública y Autenticación: El notario público es un fedatario público, lo que significa que sus actuaciones tienen fe pública y son reconocidas como válidas por las autoridades y la sociedad en general. Su intervención otorga autenticidad y certeza jurídica a los actos y documentos que protocoliza.

4. Protocolización de Documentos: El notario público tiene la facultad de protocolizar documentos, es decir, incorporarlos a un registro público conocido como protocolo notarial. La protocolización confiere autenticidad y validez legal a los documentos, lo que los convierte en prueba fehaciente de los actos jurídicos realizados. Los documentos protocolizados pueden incluir escrituras, actas, acuerdos, testamentos, entre otros.

5. Legalización de Firmas y Documentos: El notario público en México puede legalizar firmas y documentos, certificando su autenticidad y validez legal. Esto es especialmente útil en el ámbito internacional, para documentos que deben surtir efectos en otros países.

6. Asesoramiento Legal: El notario público tiene la obligación de brindar asesoramiento legal a las partes involucradas en un acto o contrato, garantizando que comprendan plenamente las implicaciones jurídicas de sus decisiones. Su función es asegurar que las partes otorguen su consentimiento libre e informado.

7. Redacción de Actas Notariales: El notario público tiene la facultad de levantar actas notariales, que son documentos que dan fe de hechos o situaciones que han sido presenciados por el notario. Estas actas tienen valor probatorio y se utilizan como pruebas en diversos procedimientos legales.

8. Custodia de Documentos: El notario público está obligado a guardar y custodiar adecuadamente los documentos que protocoliza, asegurando su integridad y resguardo. Esto garantiza que los documentos puedan ser consultados y utilizados en el futuro, si es necesario.

## II. Responsabilidades del Notario Público en México

La función notarial en México es de interés público, y el notario público asume una serie de responsabilidades en el ejercicio de su labor. Algunas de las principales responsabilidades del notario público en México son:

1. Imparcialidad y Objetividad: El notario público debe actuar con imparcialidad y objetividad en su función, evitando cualquier conflicto de interés que pueda afectar su actuación.

2. Confidencialidad: El notario está obligado a guardar confidencialidad sobre los actos y contratos que autoriza, protegiendo la privacidad de las partes involucradas.

3. Legalidad: El notario debe asegurarse de que los actos y contratos que autoriza se ajusten a la ley y cumplan con todos los requisitos legales.

4. Protección de los Derechos de las Partes: El notario público debe asegurarse de que las partes involucradas en un acto o contrato comprendan plenamente las consecuencias jurídicas del mismo, protegiendo sus derechos y asegurando su consentimiento libre e informado.

5. Registro y Conservación de Documentos: El notario público tiene la obligación de registrar y conservar adecuadamente los documentos que protocoliza, asegurando su integridad y disponibilidad para consulta.

6. Prevención de Fraudes: El notario público debe tomar medidas para prevenir fraudes y actos ilícitos, verificando la identidad y capacidad de las partes y asegurándose de que los documentos sean auténticos.

7. Legalización y Certificación de Firmas: El notario público debe legalizar y certificar firmas y documentos, asegurando su autenticidad y validez legal.

8. Cobro de Tarifas Reguladas: El notario público debe cobrar las tarifas y aranceles establecidos por la ley por sus servicios, evitando cualquier cobro indebido o ilegal.

### III. Requisitos para Ser Notario Público en México

Para ejercer como notario público en México, es necesario cumplir con una serie de requisitos establecidos por la Ley del Notariado y otras normativas jurídicas. Algunos de los requisitos comunes para ser notario público en México son:

1. Ciudadanía Mexicana: El aspirante a notario público debe ser ciudadano mexicano por nacimiento o naturalización.

2. Licenciatura en Derecho: Se requiere contar con una licenciatura en derecho, obtenida de una institución educativa reconocida por las autoridades competentes.

3. Especialización Notarial: El aspirante debe contar con estudios de especialización notarial, que pueden ser programas académicos específicos o postgrados en materia notarial.

4. Examen de Oposición: Los aspirantes a notario público deben pasar un examen de oposición, que evalúa sus conocimientos en materia notarial y su capacidad para ejercer la función.

5. Experiencia Profesional: Es común que se exija una cierta cantidad de años de experiencia profesional en el ejercicio del derecho, que varía según la legislación de cada estado.

6. Solvencia Moral y Económica: Los aspirantes deben acreditar su solvencia moral y económica, mediante la presentación de documentos y referencias.

7. Designación o Nombramiento: La designación o nombramiento como notario público puede ser realizado por el gobierno federal o estatal, según corresponda.

### IV. Control y Supervisión del Notariado en México

El notariado en México está sujeto a control y supervisión para asegurar el cumplimiento de la ley y la ética en el ejercicio de la función notarial. Los notarios públicos están regulados por la Ley del Notariado y otras normativas jurídicas, y deben acatar los lineamientos establecidos por los organismos reguladores.

En México, existen organismos encargados de supervisar y controlar el ejercicio del notariado, como la Dirección General de Notarías, que es una dependencia del gobierno federal. Además, cada estado cuenta con su propia legislación notarial y su órgano regulador.

Los notarios públicos están sujetos a diversas obligaciones y deberes de reporte, como la presentación de informes periódicos sobre su actividad notarial y el pago de impuestos y derechos correspondientes.

## V. Notarías Públicas y su Distribución en México

La cantidad de notarías públicas en México está regulada por las leyes estatales, y cada entidad federativa tiene una cantidad limitada de notarías, distribuidas en función de su población y necesidades específicas. Las notarías públicas pueden ser asignadas a través de diferentes mecanismos, como concursos de oposición o por designación directa del gobierno estatal.

La distribución de las notarías en México puede variar en función del estado y la ciudad. En algunas ciudades más grandes y pobladas, puede haber un mayor número de notarías, mientras que en áreas rurales o menos pobladas, la cantidad de notarías puede ser menor.

## VI. Retos y Desafíos del Notariado en México

El notariado en México enfrenta diversos retos y desafíos en el contexto actual, entre los que se pueden mencionar:

1. Tecnología y Digitalización: La era digital y el avance tecnológico plantean nuevos retos para el notariado. Es necesario adaptar los procedimientos notariales a las herramientas digitales y garantizar la seguridad y autenticidad de los documentos electrónicos.

2. Prevención de Fraudes: La prevención de fraudes y actos ilícitos es un desafío constante para el notariado. Los notarios públicos deben implementar medidas de seguridad y verificar adecuadamente la identidad y capacidad de las partes.

3. Acceso a la Justicia: El acceso a la justicia es un desafío en muchas regiones, especialmente en zonas rurales o de escasos recursos. Es importante promover medidas que faciliten el acceso a servicios notariales para toda la población.

4. Ética y Transparencia: Garantizar la ética y la transparencia en el ejercicio del notariado es esencial para mantener la confianza de la sociedad en esta figura profesional. Es necesario implementar mecanismos de supervisión y rendición de cuentas efectivos.

5. Internacionalización: El notariado debe enfrentar el desafío de la internacionalización, especialmente en un mundo globalizado. Los notarios públicos deben estar preparados para asesorar y autenticar documentos que surtan efectos en otros países.

## Conclusión

El notario público en México desempeña un papel fundamental en la sociedad y en el sistema jurídico, garantizando la seguridad y validez de los actos y contratos que protocoliza. Sus funciones y responsabilidades están reguladas por la Ley del Notariado y otras normativas jurídicas, y su actuación está sujeta a control y supervisión para asegurar el cumplimiento de la ley y la ética.

Los notarios públicos en México son profesionales del derecho con especialización notarial, y para ejercer como tal, deben cumplir con una serie de requisitos establecidos por la legislación. Su función es de interés público, y su intervención brinda autenticidad y certeza jurídica a los documentos y actos que protocoliza.

A pesar de los retos y desafíos que enfrenta el notariado en el contexto actual, su relevancia en el sistema jurídico y su contribución a la seguridad jurídica y al desarrollo económico son innegables. La ética, la transparencia y el compromiso con la protección de los derechos de las partes son valores fundamentales en la función notarial en México.

## DOCUMENTOS NOTARIALES Y ESCRITURACIÓN

En México, los documentos notariales y la escrituración juegan un papel fundamental en el ámbito legal y en la protección de los derechos de las personas y empresas. La función notarial se encarga de dar autenticidad y certeza jurídica a diversos actos y contratos, mientras que la escrituración es el proceso mediante el cual se redactan y autorizan las escrituras públicas que dan fe de dichos actos. En este análisis, se abordarán en detalle los documentos notariales, el proceso de escrituración, su importancia y su relevancia en el sistema jurídico mexicano.

### I. Documentos Notariales en México

Los documentos notariales en México son aquellos que son redactados y autorizados por un notario público. Estos documentos tienen fe pública y son reconocidos como válidos por las autoridades y la sociedad en general. Algunos de los principales documentos notariales en México son:

1. Escrituras Públicas: Las escrituras públicas son documentos notariales que dan fe de actos y contratos de gran importancia, como compraventas, donaciones, constitución de sociedades, testamentos, poderes notariales, hipotecas, entre otros. Estas escrituras son redactadas por el notario público y deben cumplir con todos los requisitos legales para su validez.

2. Testamentos: Los testamentos son documentos notariales en los cuales una persona expresa su última voluntad en relación con el destino de sus bienes y derechos después de su fallecimiento. Los testamentos notariales tienen una mayor validez y seguridad jurídica que los testamentos privados.

3. Poderes Notariales: Los poderes notariales son documentos en los que una persona otorga facultades a otra para actuar en su nombre y representarla en determinados actos jurídicos. Estos poderes son otorgados mediante escritura pública y tienen una mayor validez y reconocimiento legal.

4. Actas Notariales: Las actas notariales son documentos que dan fe de hechos o situaciones que han sido presenciados por el notario público. Estas actas tienen valor probatorio y se utilizan como pruebas en diversos procedimientos legales.

5. Protocolizaciones: La protocolización es el acto mediante el cual se incorporan documentos a un registro público conocido como protocolo notarial. La protocolización confiere autenticidad y validez legal a los documentos.

## II. Proceso de Escrituración en México

La escrituración es el proceso mediante el cual se redactan y autorizan las escrituras públicas que dan fe de los actos y contratos realizados entre las partes. Este proceso es llevado a cabo por el notario público y consta de varias etapas:

1. Solicitud de Escrituración: El proceso de escrituración comienza con la solicitud de las partes interesadas de realizar una operación o contrato específico, como una compraventa o una constitución de sociedad.

2. Redacción del Proyecto de Escritura: Una vez que se ha realizado la solicitud, el notario público procede a redactar el proyecto de escritura, en el cual se plasman los términos y condiciones del acto o contrato.

3. Revisión de Documentación: El notario público revisa la documentación necesaria para la escritura, como identificaciones oficiales de las partes, comprobantes de propiedad, poderes notariales, entre otros.

4. Firma de la Escritura: Una vez que el proyecto de escritura ha sido revisado y aprobado por las partes, se procede a la firma de la escritura por parte de todos los involucrados.

5. Autorización Notarial: Con la firma de las partes, el notario público procede a autorizar la escritura, dando fe pública de su contenido y asegurándose de que cumpla con todos los requisitos legales.

6. Inscripción en Registros Públicos: Finalmente, la escritura es inscrita en los registros públicos correspondientes, como el Registro Público de la Propiedad, para que tenga efectos frente a terceros.

### III. Importancia de los Documentos Notariales y Escrituración

Los documentos notariales y el proceso de escrituración son de gran importancia en el sistema jurídico mexicano por varias razones:

1. Seguridad Jurídica: Los documentos notariales brindan seguridad jurídica a las partes, ya que tienen fe pública y son reconocidos como válidos por las autoridades. Esto asegura que los actos y contratos sean legales y vinculantes.

2. Protección de los Derechos: Los documentos notariales protegen los derechos de las partes involucradas en los actos y contratos, asegurando que se respeten sus intereses y voluntades.

3. Prueba Fehaciente: Los documentos notariales son pruebas fehacientes de los actos y contratos realizados, lo que facilita su reconocimiento y validez en caso de controversia o disputa.

4. Formalidad y Legalidad: La escrituración por un notario público asegura que los actos y contratos se realicen de manera formal y legal, cumpliendo con todos los requisitos establecidos por la ley.

5. Acceso a Créditos: Muchas instituciones financieras requieren escrituras públicas para otorgar créditos hipotecarios u otros préstamos, lo que facilita el acceso al crédito para las personas y empresas.

6. Certidumbre para Inversionistas: La existencia de escrituras públicas y documentos notariales brinda certidumbre a los inversionistas extranjeros, ya que pueden confiar en la legalidad y validez de los actos y contratos en México.

## IV. Tarifas y Honorarios en la Escrituración

Los notarios públicos en México cobran tarifas y honorarios por sus servicios en la escrituración y autorización de documentos notariales. Estas tarifas están reguladas por la Ley del Notariado y pueden variar según el tipo de acto o contrato, el monto involucrado y la entidad federativa.

Las tarifas notariales incluyen el costo de los servicios del notario público, así como los gastos de escrituración, impuestos y derechos que deben pagarse para inscribir la escritura en los registros públicos correspondientes.

Es importante mencionar que las tarifas notariales son establecidas por ley y deben ser transparentes y claras para las partes involucradas. Los notarios públicos están obligados a proporcionar información detallada sobre las tarifas y honorarios que cobrarán por sus servicios.

## V. Conclusión

Los documentos notariales y la escrituración en México son fundamentales para garantizar la seguridad jurídica, proteger los derechos de las partes y facilitar la realización de actos y contratos legales. El notario público desempeña un papel crucial en este proceso, dando fe pública y autenticidad a los documentos que protocoliza. La existencia de escrituras públicas y documentos notariales brinda certidumbre y confianza en el sistema jurídico mexicano, tanto para los ciudadanos como para los inversionistas nacionales e internacionales. La regulación de las tarifas y honorarios notariales garantiza la transparencia y la equidad en el acceso a los servicios notariales en todo el país.


## TESTAMENTOS Y SUCESIONES

Los testamentos y sucesiones son temas de gran importancia en el Derecho Notarial Mexicano, ya que abordan la planificación y transmisión del patrimonio de una persona fallecida a sus herederos. Los testamentos son documentos notariales mediante los cuales una persona deja constancia de su última voluntad en relación con sus bienes y derechos. Por otro lado, las sucesiones se refieren al proceso mediante el cual se realiza la distribución de los bienes de una persona fallecida entre sus herederos legales o testamentarios. En este análisis, abordaremos en detalle los testamentos, los tipos de testamentos en México, los requisitos para su validez, las sucesiones y su importancia en el Derecho Notarial Mexicano.

# I. Testamentos
## en el Derecho Notarial Mexicano

El testamento es un acto jurídico de gran importancia que permite a una persona disponer de sus bienes y derechos para después de su muerte. En el Derecho Notarial Mexicano, los testamentos son documentos notariales que se rigen por las leyes federales y locales, dependiendo de la entidad federativa donde se otorguen.

1. Importancia de Otorgar un Testamento

El testamento es una herramienta esencial para la planificación patrimonial y sucesoria, ya que permite a una persona determinar cómo se distribuirán sus bienes y derechos después de su fallecimiento. Al otorgar un testamento, una persona puede evitar conflictos entre sus herederos y asegurarse de que sus deseos sean respetados.

2. Tipos de Testamentos en México

En México, existen varios tipos de testamentos que una persona puede otorgar, entre ellos se encuentran:

a) Testamento Público Abierto: Es el más común y se otorga ante un notario público y dos testigos. El notario redacta el testamento conforme a las voluntades del testador y da fe de su contenido.

b) Testamento Público Cerrado: El testador escribe o dicta su testamento y lo presenta en un sobre cerrado al notario público, acompañado de tres testigos que den fe de su identidad. El notario sólo da fe de la autenticidad del sobre y no conoce el contenido hasta después del fallecimiento del testador.

c) Testamento Ológrafo: Es aquel que es escrito de puño y letra por el testador, sin intervención de un notario o testigos. Para que tenga validez, debe estar firmado y fechado por el testador. Este tipo de testamento presenta mayores riesgos de impugnación y dificultades para su validación.

d) Testamento Militar: Es otorgado por militares en campaña o en operaciones de guerra, y se rige por leyes especiales.

e) Testamento Marítimo: Es otorgado por personas que se encuentran a bordo de una embarcación y se rige por leyes especiales.

3. Requisitos para la Validez del Testamento

Para que un testamento sea válido en el Derecho Notarial Mexicano, debe cumplir con ciertos requisitos establecidos por la ley. Algunos de los requisitos comunes son:

a) Capacidad del Testador: El testador debe ser una persona mayor de edad y tener capacidad legal para disponer de sus bienes. Las personas que padecen enfermedades mentales o que no se encuentran en pleno uso de sus facultades mentales no pueden otorgar un testamento válido.

b) Voluntad Libre y Espontánea: El testamento debe ser otorgado libre y espontáneamente, sin presiones o coacciones de terceros.

c) Formalidades de Otorgamiento: El testamento público abierto y cerrado debe ser otorgado ante un notario público y dos testigos. En el caso del testamento ológrafo, debe estar escrito de puño y letra del testador y estar firmado y fechado por él.

d) Capacidad de los Testigos: Los testigos que intervienen en la firma del testamento deben ser mayores de edad, gozar de pleno uso de sus facultades mentales y no tener ningún interés en la sucesión del testador.

e) Contenido Claro y Preciso: El testamento debe contener disposiciones claras y precisas sobre la distribución de los bienes y derechos del testador, así como la designación de los herederos y legatarios.

4. Revocación y Modificación del Testamento

El testamento es un acto revocable y modificable, lo que significa que el testador puede cambiar sus disposiciones en cualquier momento mientras esté vivo. Para revocar o modificar un testamento, el testador debe otorgar un nuevo testamento que deje sin efecto el anterior o que modifique las disposiciones que considere necesarias.

## II. Sucesiones
## en el Derecho Notarial Mexicano

La sucesión es el proceso mediante el cual se realiza la distribución de los bienes y derechos de una persona fallecida entre sus herederos legales o testamentarios. En el Derecho Notarial Mexicano, la sucesión puede ser intestada, cuando no existe un testamento válido, o testamentaria, cuando existe un testamento que rige la distribución de los bienes.

1. Sucesión Intestada

En la sucesión intestada, la ley establece un orden de prelación para determinar quiénes son los herederos legales de la persona fallecida. En caso de que el fallecido no haya otorgado un testamento válido o no haya dejado disposiciones para la distribución de sus bienes, la ley determinará la forma en que se distribuirán sus bienes.

El orden de prelación establecido por la ley es el siguiente:

a) Descendientes: En primer lugar, heredarán los hijos del fallecido y sus descendientes en línea recta, como nietos, bisnietos, etc.

b) Ascendientes: Si el fallecido no tiene descendientes, heredarán sus padres y, en su caso, los abuelos.

c) Cónyuge: En caso de que el fallecido no tenga descendientes ni ascendientes, heredará el cónyuge.

d) Parientes Colaterales: Si el fallecido no tiene descendientes, ascendientes ni cónyuge, heredarán sus hermanos y demás parientes colaterales hasta el cuarto grado.

e) El Estado: En caso de que el fallecido no tenga ningún pariente que pueda heredar, los bienes pasarán al Estado.

2. Sucesión Testamentaria

En la sucesión testamentaria, la distribución de los bienes se realiza conforme a las disposiciones establecidas en el testamento del fallecido. El testamento puede designar a los herederos y legatarios específicos, así como establecer las condiciones y modalidades para la distribución de los bienes.

Para que el testamento tenga efecto, debe cumplir con los requisitos de validez establecidos por la ley. En caso de que exista más de un testamento, se considerará válido el más reciente, y éste revocará y dejará sin efecto los testamentos anteriores.

3. Proceso de Sucesión

El proceso de sucesión comienza con el fallecimiento del titular de los bienes. A partir de ese momento, se inicia el proceso para determinar la existencia de un testamento y, en su caso, su validez.

Si el fallecido dejó un testamento, éste se presenta ante el notario público para su apertura y lectura. En el caso del testamento público abierto y cerrado, el notario procede a dar fe de su contenido y a realizar el inventario de los bienes del fallecido.

En el caso del testamento ológrafo, los herederos deben presentarlo ante el notario para su protocolización y validación. Es importante mencionar que el testamento ológrafo presenta mayores riesgos de impugnación y dificultades para su validación, ya que puede ser objeto de falsificación o disputas.

Una vez que se ha determinado la validez del testamento o, en su caso, que la sucesión es intestada, se procede a realizar el inventario y avalúo de los bienes del fallecido. El notario público es el encargado de llevar a cabo este proceso, en el cual se determina el valor de los bienes y se identifican a los herederos y legatarios.

Posteriormente, se realiza la distribución de los bienes entre los herederos y legatarios de acuerdo con las disposiciones establecidas en el testamento o, en su caso, en la ley. Esta distribución se realiza mediante la escrituración de los bienes a favor de los herederos y legatarios.

4. Importancia de las Sucesiones en el Derecho Notarial Mexicano

Las sucesiones son de gran importancia en el Derecho Notarial Mexicano por varias razones:

a) Protección del Patrimonio: Las sucesiones permiten la protección del patrimonio de una persona fallecida y su distribución entre sus herederos o legatarios, asegurando que sus bienes sean aprovechados y preservados de acuerdo con sus deseos.

b) Evitar Conflictos: La existencia de un testamento o la determinación clara de los herederos en una sucesión intestada ayuda a evitar conflictos y disputas entre los familiares y terceros interesados.

c) Certidumbre Jurídica: La sucesión notarial brinda certidumbre jurídica y seguridad en la distribución de los bienes, evitando problemas futuros y protegiendo los derechos de los herederos.

d) Facilitar la Escrituración: La sucesión notarial facilita el proceso de escrituración de los bienes a favor de los herederos, lo que permite una transferencia rápida y eficiente de la propiedad.

### III. Conclusion

En conclusión, los testamentos y sucesiones son temas de gran relevancia en el Derecho Notarial Mexicano, ya que abordan la planificación y transmisión del patrimonio de una persona fallecida a sus herederos. Los testamentos son documentos notariales mediante los cuales una persona deja constancia de su última voluntad en relación con sus bienes y derechos. Los tipos de testamentos en México incluyen el testamento público abierto, cerrado, ológrafo, militar y marítimo. Para que un testamento sea válido, debe cumplir con requisitos como la capacidad del testador, la voluntad libre y espontánea, las formalidades de otorgamiento, el contenido claro y preciso, entre otros.

Por otro lado, las sucesiones se refieren al proceso mediante el cual se realiza la distribución de los bienes y derechos de una persona fallecida entre sus herederos legales o testamentarios. En la sucesión intestada, la ley establece un orden de prelación para determinar quiénes son los herederos legales. En la sucesión testamentaria, la distribución de los bienes se realiza conforme a las disposiciones establecidas en el testamento del fallecido.

Las sucesiones son de gran importancia en el Derecho Notarial Mexicano porque permiten la protección del patrimonio, evitan conflictos, brindan certidumbre jurídica y facilitan la escrituración de los bienes a favor de los herederos. Los notarios públicos juegan un papel fundamental en este proceso, ya que son los encargados de otorgar y dar fe de los testamentos y de llevar a cabo la escrituración de los bienes en el marco de las sucesiones. En general, los testamentos y sucesiones son herramientas esenciales para la planificación patrimonial y sucesoria, y su correcto otorgamiento y ejecución son fundamentales para garantizar la seguridad jurídica y la protección de los derechos de las partes involucradas.

## FE PÚBLICA Y LEGALIZACIÓN DE DOCUMENTOS

La fe pública y la legalización de documentos son dos conceptos fundamentales en el Derecho Notarial y Derecho Registral Mexicano. La fe pública se refiere a la capacidad que tienen los notarios públicos de dar autenticidad y validez a los actos y documentos que presencian y autorizan. Por otro lado, la legalización de documentos es un proceso mediante el cual se verifica la autenticidad de un documento emitido en otro país, con el fin de que tenga validez y eficacia en México.

En este análisis, exploraremos en detalle el significado y la importancia de la fe pública en el Derecho Notarial y Registral Mexicano, así como los requisitos y procedimientos para la legalización de documentos y su relevancia en el ámbito jurídico y comercial en México.

### I. Fe Pública en el Derecho Notarial

### y Derecho Registral Mexicano

1. Definición de Fe Pública

La fe pública es una atribución conferida a los notarios públicos y oficiales del Registro Público de la Propiedad en México, mediante la cual se les otorga la capacidad de dar autenticidad y validez a los actos y documentos que presencian y autorizan. Es decir, su intervención garantiza la confianza y seguridad en los actos y contratos en los que participan, y su fe es reconocida tanto por las partes involucradas como por las autoridades.

2. Función y Características de la Fe Pública Notarial y Registral

La fe pública notarial y registral se caracteriza por varios aspectos fundamentales:

a) Imparcialidad: Los notarios y funcionarios registrales deben actuar de manera imparcial y objetiva en el ejercicio de su función, sin favorecer a ninguna de las partes involucradas.

b) Legalidad: La actuación de los notarios y funcionarios registrales se basa en el marco legal vigente y en las disposiciones normativas aplicables.

c) Autenticidad y Validez: La fe pública notarial y registral confiere autenticidad y validez legal a los actos y documentos en los que intervienen, lo que les otorga fuerza probatoria ante terceros y en juicio.

d) Responsabilidad: Los notarios y funcionarios registrales son responsables de sus actuaciones, por lo que deben cerciorarse de que los actos que autoricen cumplan con los requisitos legales y sean consentidos libremente por las partes.

3. Atribuciones y Competencias de los Notarios Públicos

Las atribuciones y competencias de los notarios públicos en México son amplias y diversas. Algunas de sus principales funciones son:

a) Autorización de Escrituras Públicas: Los notarios públicos tienen la facultad de redactar, autorizar y dar fe de escrituras públicas, que son documentos de carácter legal que dan fe de un acto o contrato celebrado entre dos o más partes.

b) Testimonios y Copias Certificadas: Los notarios pueden extender testimonios o copias certificadas de los documentos que han autorizado, los cuales tienen plena validez legal y se utilizan como pruebas en juicios y procedimientos legales.

c) Protocolización de Documentos: Los notarios están facultados para protocolizar documentos, es decir, incorporarlos a un registro público conocido como protocolo notarial, lo que les confiere autenticidad y validez legal.

d) Aceptación y Protocolización de Testamentos: Los notarios tienen la atribución de aceptar y protocolizar testamentos, asegurando que estos cumplan con los requisitos legales para su validez.

e) Protocolización de Actos de Sociedades: Los notarios pueden protocolizar actas y acuerdos de sociedades, asegurando su legalidad y validez ante terceros.

4. Relevancia de la Fe Pública Notarial en el Ámbito Jurídico y Comercial

La fe pública notarial juega un papel fundamental en el ámbito jurídico y comercial en México. Algunas de sus principales contribuciones son:

a) Seguridad Jurídica: La intervención del notario público en la redacción y autorización de documentos y actos jurídicos proporciona seguridad jurídica a las partes involucradas, ya que se asegura de que el acto se ajuste a la ley y tenga validez legal.

b) Prevención de Conflictos: El notario público puede brindar asesoría legal a las partes, lo que ayuda a prevenir conflictos futuros y a asegurarse de que las partes comprendan plenamente las consecuencias de sus actos.

c) Validación de Documentos: Los documentos autorizados por un notario público tienen un valor probatorio mayor ante los tribunales y las autoridades, lo que facilita su reconocimiento y validez legal.

d) Agente de Fe Pública: El notario público es considerado un agente de fe pública, lo que implica que sus actuaciones tienen fe pública y son reconocidas como válidas por las autoridades y la sociedad en general.

e) Contribución a la Economía: Los notarios públicos también tienen un papel relevante en la economía, ya que intervienen en diversos actos y contratos relacionados con bienes inmuebles, empresas y sociedades, lo que contribuye al desarrollo económico del país.

## II. Legalización de Documentos en el Derecho Notarial y Derecho Registral Mexicano

1. Concepto de Legalización de Documentos

La legalización de documentos es un procedimiento mediante el cual se verifica la autenticidad de un documento público o privado emitido en otro país, con el fin de que tenga validez y eficacia en México. Este proceso es necesario para asegurar que los documentos emitidos en el extranjero tengan los mismos efectos legales en México que tendrían en su país de origen.

2. Tipos de Legalización de Documentos

En el ámbito internacional, existen dos tipos de legalización de documentos:

a) Apostilla: La apostilla es un procedimiento de legalización simplificado que se aplica a los documentos públicos emitidos en países que son parte del Convenio de La Haya de 1961. La apostilla consiste en una certificación que se adjunta al documento y que confirma la autenticidad de la firma y la calidad del funcionario que lo emitió.

b) Legalización Consular: En el caso de los países que no son parte del Convenio de La Haya, se requiere la legalización consular, que implica la certificación del documento por parte del consulado o embajada mexicana en el país de origen del documento.

3. Requisitos y Procedimientos para la Legalización de Documentos

Para obtener la legalización de un documento extranjero en México, se deben seguir los siguientes pasos:

a) Obtener el Documento Original: El interesado debe obtener el documento original emitido en el país extranjero que desea legalizar.

b) Traducción al Español: Si el documento está en un idioma distinto al español, debe ser traducido por un perito traductor certificado en México.

c) Apostilla o Legalización Consular: Si el país emisor del documento es parte del Convenio de La Haya, se debe obtener la apostilla en el país de origen. Si no es parte del Convenio, se debe obtener la legalización consular en el consulado o embajada mexicana correspondiente.

d) Legalización ante la Secretaría de Relaciones Exteriores (SRE): Una vez que se tiene la apostilla o la legalización consular, el documento debe ser presentado ante la SRE para su legalización y registro.

e) Registro en el Registro Público o Notaría: Finalmente, el documento legalizado debe ser presentado ante un notario público o un registro público para su registro y protocolización en México.

4. Importancia de la Legalización de Documentos en el Derecho Notarial y Registral

La legalización de documentos es de vital importancia en el Derecho Notarial y Derecho Registral Mexicano porque garantiza la autenticidad y validez de los documentos emitidos en otros países. Esto permite que dichos documentos sean reconocidos y tengan efectos legales en México, facilitando trámites y procedimientos legales para los ciudadanos y empresas que requieren la utilización de documentos extranjeros.

La legalización de documentos es especialmente relevante en transacciones comerciales internacionales, contratos con empresas extranjeras, trámites de adopción internacional, entre otros. También es fundamental en el ámbito del Derecho Inmobiliario, donde la legalización de documentos relacionados con propiedades extranjeras es esencial para realizar compraventas, hipotecas, y otros actos relacionados con bienes raíces.

### III. Conclusión

En conclusión, la fe pública y la legalización de documentos son dos conceptos fundamentales en el Derecho Notarial y Derecho Registral Mexicano. La fe pública notarial otorgada a los notarios públicos y funcionarios registrales es una garantía de seguridad y legalidad en los actos y contratos en los que intervienen, brindando confianza a las partes y a las autoridades.

Por otro lado, la legalización de documentos es un proceso necesario para asegurar la autenticidad y validez de documentos emitidos en otros países, permitiendo que tengan efectos legales en México. Ambos conceptos son esenciales para garantizar la certeza jurídica y la protección de los derechos de los ciudadanos y empresas en el ámbito nacional e internacional.

La función notarial y registral de dar fe pública y legalizar documentos es crucial para mantener el orden y la seguridad jurídica en la sociedad mexicana, facilitando el desarrollo económico y las relaciones comerciales internacionales.

En resumen, la fe pública y la legalización de documentos son pilares fundamentales del Derecho Notarial y Derecho Registral en México, que contribuyen a la protección de los derechos de los ciudadanos y al fortalecimiento del sistema jurídico y económico del país. Su correcta aplicación y cumplimiento son esenciales para garantizar la confianza y seguridad en las relaciones jurídicas y comerciales tanto a nivel nacional como internacional.

### FUNCION Y COMPETENCIA DEL NOTARIO PUBLICO EN EL DERECHO AGRARIO MEXICANO

El Derecho Agrario en México es una rama del derecho que se encarga de regular y proteger los aspectos relacionados con la tenencia de la tierra, la propiedad ejidal y comunal, así como los derechos de los ejidatarios y comuneros. En este contexto, el notario público juega un papel fundamental al brindar fe pública y autenticidad a los actos y contratos agrarios, asegurando la legalidad y seguridad jurídica en las operaciones agrarias.

En este análisis, exploraremos en detalle la función y competencia del notario público en el Derecho Agrario Mexicano, destacando su relevancia en la compra-venta de ejidos y comunidades, protocolización de actas y acuerdos agrarios, así como su intervención en asuntos de sucesiones y división de tierras. Además, examinaremos los requisitos y procedimientos que deben cumplir los notarios públicos al realizar actos agrarios.

## I. Función del Notario Público
## en el Derecho Agrario Mexicano

1. Definición de Notario Público

El notario público es un profesional del derecho investido de fe pública por el Estado mexicano para dar autenticidad y certeza jurídica a diversos actos y contratos. Su función es de interés público y tiene la capacidad de redactar, autorizar y dar fe de actos jurídicos, incluyendo aquellos relacionados con el Derecho Agrario.

2. Relevancia del Notario Público en el Derecho Agrario

En el ámbito del Derecho Agrario, el notario público desempeña un papel crucial al brindar seguridad jurídica y autenticidad a los actos agrarios. Su intervención es fundamental para garantizar que los contratos de compra-venta de ejidos y comunidades, la protocolización de actas y acuerdos agrarios, así como los actos sucesorios y de división de tierras, cumplan con los requisitos legales y tengan validez ante terceros y las autoridades.

## II. Competencia del Notario Público
## en el Derecho Agrario Mexicano

1. Compra-Venta de Ejidos y Comunidades

Una de las principales competencias del notario público en el Derecho Agrario Mexicano es la autorización y protocolización de contratos de compra-venta de ejidos y comunidades. Estos actos son de suma importancia, ya que implican la transmisión de derechos sobre tierras agrícolas y deben cumplir con los requisitos establecidos en la Ley Agraria y otras disposiciones aplicables.

El notario público debe cerciorarse de que el contrato de compra-venta cumpla con los siguientes aspectos:

a) Legalidad: Verificar que el ejido o comunidad cuente con la capacidad legal para llevar a cabo la venta de tierras y que el acto no contravenga la normativa agraria.

b) Consentimiento de la Asamblea: En el caso de los ejidos y comunidades, la venta de tierras debe ser aprobada por la Asamblea General de sus integrantes, por lo que el notario debe verificar que el acuerdo de venta haya sido adoptado conforme a la ley y los estatutos internos.

c) Respeto a Derechos Agrarios: Asegurarse de que no existan conflictos de posesión o de derechos agrarios sobre las tierras objeto de la venta, y que se respeten los derechos de terceros.

d) Registro Público: Protocolizar el contrato de compra-venta en el Registro Público Agrario para que tenga plena validez legal y oponibilidad ante terceros.

2. Protocolización de Actas y Acuerdos Agrarios

El notario público también tiene la competencia de protocolizar actas y acuerdos agrarios que se lleven a cabo en los ejidos y comunidades. Estos actos pueden incluir asuntos relacionados con la distribución y adjudicación de tierras, acuerdos entre comuneros o ejidatarios, y resoluciones de la Asamblea General, entre otros.

La protocolización de actas y acuerdos agrarios tiene el propósito de darles autenticidad y validez jurídica, además de permitir su inscripción en el Registro Público Agrario para que sean oponibles a terceros.

3. Sucesiones y División de Tierras

En el ámbito de las sucesiones y la división de tierras agrarias, el notario público juega un papel relevante al autorizar y protocolizar los actos jurídicos relacionados con la transmisión de derechos agrarios. Esto incluye la elaboración de testamentos agrarios y la partición de tierras entre los herederos o copropietarios.

El notario debe asegurarse de que los actos sucesorios y de división de tierras cumplan con los requisitos establecidos en la Ley Agraria y otros ordenamientos aplicables, garantizando la validez y legalidad de los mismos.

### III. Requisitos y Procedimientos
### en Actos Agrarios Notariales

1. Requisitos para el Notario Público:

Para ejercer la función notarial en el ámbito del Derecho Agrario, el notario público debe cumplir con los mismos requisitos que se aplican a los notarios en general, además de tener conocimientos específicos sobre la normativa agraria y las particularidades de los actos agrarios.

Los requisitos para ser notario público incluyen:

a) Ser ciudadano mexicano por nacimiento.

b) Tener más de 25 años de edad.

c) Contar con título de licenciado en derecho y haber concluido los estudios de especialización notarial.

d) Aprobar el examen de oposición para notario público.

e) Cumplir con los requisitos de solvencia moral y económica.

f) Ser propuesto por el Ejecutivo Estatal y ser nombrado por la Secretaría de Gobernación.

2. Procedimientos en Actos Agrarios Notariales:

En el caso de los actos agrarios notariales, el procedimiento general incluye los siguientes pasos:

a) Identificación de las Partes: El notario público debe identificar a las partes involucradas en el acto agrario y cerciorarse de su capacidad legal para llevar a cabo dicho acto.

b) Asesoría Jurídica: Brindar asesoría jurídica a las partes, explicando las implicaciones legales del acto agrario y asegurándose de que estén plenamente informadas antes de proceder.

c) Redacción del Documento: El notario redacta el documento que contiene el acto agrario, asegurándose de incluir todas las cláusulas y términos necesarios para su validez y eficacia.

d) Aprobación y Firma: Las partes involucradas aprueban y firman el documento en presencia del notario público, quien da fe de la autenticidad de las firmas.

e) Protocolización: Una vez que el acto agrario ha sido autorizado y firmado, el notario lo protocoliza, lo que implica su registro en el protocolo notarial correspondiente.

f) Registro en el Registro Público Agrario: Para que el acto agrario tenga plena validez y oponibilidad ante terceros, debe ser registrado en el Registro Público Agrario.

## IV. Importancia de la Función y Competencia del Notario Público en el Derecho Agrario Mexicano

La función y competencia del notario público en el Derecho Agrario Mexicano son de vital importancia para asegurar la legalidad y seguridad jurídica en los actos agrarios. Su intervención proporciona certeza a las partes involucradas y garantiza que los actos de compra-venta, protocolización de actas y acuerdos, y actos sucesorios y de división de tierras cumplan con los requisitos legales y tengan efectos jurídicos válidos.

La autorización y protocolización de los actos agrarios por parte del notario público contribuye a prevenir conflictos y disputas legales en el ámbito agrario, facilitando la resolución de controversias y promoviendo la estabilidad en las relaciones de propiedad y tenencia de la tierra.

Además, la intervención del notario público en los actos agrarios brinda confianza a los inversionistas y promueve el desarrollo económico del sector agrario, al generar seguridad jurídica para las transacciones de tierras y los proyectos agroindustriales.

## V. Retos y Desafíos del Notario Público en el Derecho Agrario Mexicano

El ejercicio de la función notarial en el ámbito del Derecho Agrario en México enfrenta diversos retos y desafíos, entre los que destacan:

1. Conocimiento Especializado

Uno de los principales desafíos para el notario público en el Derecho Agrario es contar con conocimientos especializados en esta materia. Los actos agrarios tienen particularidades y requisitos legales específicos que deben ser comprendidos y aplicados correctamente por el notario. Por lo tanto, es fundamental que los notarios públicos se capaciten y actualicen constantemente en el ámbito del Derecho Agrario.

2. Resolución de Conflictos Agrarios

El notario público puede enfrentar desafíos al resolver conflictos agrarios, especialmente en situaciones de disputa sobre la propiedad o tenencia de la tierra. En estos casos, el notario debe actuar de manera imparcial y objetiva, asegurándose de aplicar la ley de manera justa y equitativa.

3. Acceso a la Justicia

El acceso a la justicia en el ámbito agrario puede ser limitado en algunas regiones rurales o comunidades indígenas. Los notarios públicos deben trabajar en colaboración con las autoridades agrarias y otras instancias para garantizar que los servicios notariales estén disponibles y sean accesibles para todas las personas, independientemente de su ubicación geográfica.

## 4. Modernización Tecnológica

La modernización tecnológica representa un reto para los notarios públicos en general, incluyendo aquellos que trabajan en el ámbito del Derecho Agrario. La implementación de herramientas tecnológicas puede mejorar la eficiencia y la calidad de los servicios notariales, pero también requiere capacitación y adaptación por parte de los notarios.

## VI. Conclusión:

En conclusión, la función y competencia del notario público en el Derecho Agrario Mexicano son fundamentales para garantizar la legalidad, seguridad jurídica y certeza en los actos agrarios. Su intervención en la compra-venta de ejidos y comunidades, la protocolización de actas y acuerdos agrarios, así como en los actos sucesorios y de división de tierras, contribuye a promover el desarrollo económico y social del sector agrario, al mismo tiempo que protege los derechos de los ejidatarios, comuneros y demás actores involucrados.

El notario público, como profesional del derecho investido de fe pública, desempeña un papel crucial en el ámbito agrario al brindar certeza y seguridad jurídica en los actos agrarios, así como en la resolución de conflictos y controversias que puedan surgir en este campo.

Sin embargo, es importante destacar que el ejercicio de la función notarial en el Derecho Agrario también enfrenta desafíos, como la necesidad de contar con conocimientos especializados, la resolución de conflictos agrarios y el acceso a la justicia en zonas rurales.

En este sentido, es fundamental que los notarios públicos estén comprometidos con la capacitación y actualización constante en el ámbito del Derecho Agrario, y trabajen en conjunto con las autoridades agrarias y otras instancias para asegurar que los servicios notariales sean accesibles y de calidad para toda la población.

El Derecho Agrario en México es una rama del derecho que regula los aspectos relacionados con la propiedad y tenencia de la tierra, así como los derechos y obligaciones de los ejidatarios, comuneros y demás actores involucrados en el sector agrario. En este contexto, el notario público desempeña una función esencial al brindar fe pública y autenticidad a los actos agrarios, asegurando la legalidad y seguridad jurídica en estas operaciones.

En conclusión, el notario público en el Derecho Agrario Mexicano tiene un papel vital en la protección de los derechos y el desarrollo del sector agrario, a través de su intervención en actos de compra-venta de ejidos y comunidades, protocolización de actas y acuerdos agrarios, así como en asuntos de sucesiones y división de tierras. Su función como profesional del derecho investido de fe pública aporta confianza y certeza a las partes involucradas y contribuye al crecimiento y estabilidad del ámbito agrario en México. Sin embargo, también enfrenta retos y desafíos, como la necesidad de especialización y el acceso a la justicia en áreas rurales. Con una continua capacitación y adaptación a las nuevas tecnologías, el notario público puede seguir desempeñando un papel crucial en el Derecho Agrario Mexicano y en la promoción del desarrollo y bienestar en el sector agrario del país.

## SIMILITUDES Y DIFERIENCIAS ENTRE EL NOTARIO PUBLICO Y EL COMISARIO EJIDAL EN EL DERECHO AGRARIO MEXICANO

El Derecho Agrario en México es una rama del derecho que regula la tenencia de la tierra, la propiedad ejidal y comunal, así como los derechos y obligaciones de los ejidatarios y comuneros. En este contexto, tanto el Notario Público como el Comisario Ejidal juegan roles importantes, aunque con funciones y responsabilidades distintas. A continuación, analizaremos las diferencias y similitudes entre estas dos figuras en el Derecho Agrario Mexicano.

### Notario Público en el Derecho Agrario Mexicano:

Definición y Función: El Notario Público es un profesional del derecho investido de fe pública por el Estado para dar autenticidad y certeza jurídica a diversos actos y contratos. Su función es de interés público y tiene la capacidad de redactar, autorizar y dar fe de actos jurídicos, incluyendo aquellos relacionados con el Derecho Agrario.

Competencia: El Notario Público tiene competencia en todo el territorio nacional y puede ejercer en cualquier estado de la República Mexicana. Su actuación está regulada por la Ley del Notariado y debe seguir los lineamientos establecidos para su función.

Actos Agrarios: En el ámbito agrario, el Notario Público tiene la competencia para autorizar y protocolizar diversos actos, como la compra-venta de ejidos y comunidades, la protocolización de actas y acuerdos agrarios, así como actos sucesorios y de división de tierras.

278

Seguridad Jurídica: Su intervención proporciona seguridad jurídica y certeza a los actos agrarios, garantizando que cumplan con los requisitos legales y tengan efectos jurídicos válidos.

### Comisario Ejidal en el Derecho Agrario Mexicano:

Definición y Función: El Comisario Ejidal es un miembro del Comisariado Ejidal, el cual es el órgano de representación de los ejidatarios. Su función es de carácter interno y se encarga de la administración y representación del ejido ante las autoridades agrarias y otras instancias.

Competencia: El Comisario Ejidal tiene competencia únicamente en el ámbito del ejido al que pertenece, ya que su función es representar a la comunidad de ejidatarios.

Actos Agrarios: El Comisario Ejidal tiene atribuciones relacionadas con la administración y representación del ejido, como la participación en la Asamblea General para la toma de decisiones, la representación del ejido ante las autoridades agrarias, y la gestión de trámites y asuntos agrarios internos.

Seguridad Jurídica: Si bien el Comisario Ejidal representa los intereses del ejido y vela por el cumplimiento de las disposiciones agrarias, su intervención no brinda la misma seguridad jurídica que la de un Notario Público, ya que su función es de carácter interno y no otorga fe pública.

### Similitudes entre el Notario Público y el Comisario Ejidal en el Derecho Agrario Mexicano:

Relación con el Derecho Agrario: Ambas figuras están vinculadas al Derecho Agrario Mexicano, aunque desempeñan roles y funciones distintas. El Notario Público interviene en la autorización y protocolización de actos agrarios para brindar seguridad jurídica y certeza, mientras que el Comisario Ejidal representa al ejido en asuntos internos de administración y representación.

Importancia en el Ámbito Agrario: Tanto el Notario Público como el Comisario Ejidal tienen una relevancia significativa en el ámbito agrario mexicano. El Notario Público garantiza la legalidad y seguridad jurídica en los actos agrarios, lo que promueve el desarrollo y la inversión en el sector agrario. Por su parte, el Comisario Ejidal representa a la comunidad de ejidatarios en la toma de decisiones y gestiona los asuntos internos del ejido, contribuyendo a la gobernabilidad y buen funcionamiento del mismo.

Contribución al Desarrollo Económico: Tanto el Notario Público como el Comisario Ejidal contribuyen al desarrollo económico del país en el ámbito agrario. El Notario

Público facilita las transacciones de compra-venta de tierras, lo que promueve la inversión y el desarrollo de proyectos agroindustriales. El Comisario Ejidal, por su parte, representa los intereses de la comunidad de ejidatarios, asegurando la protección y uso adecuado de los recursos del ejido.

Responsabilidades Éticas y Legales: Tanto el Notario Público como el Comisario Ejidal tienen responsabilidades éticas y legales en el ejercicio de sus funciones. El Notario Público debe actuar con imparcialidad y objetividad, asegurando que los actos que autoriza cumplan con los requisitos legales. El Comisario Ejidal, por su parte, debe velar por los intereses de la comunidad de ejidatarios y tomar decisiones en beneficio del ejido.

### Diferencias entre el Notario Público y el Comisario Ejidal en el Derecho Agrario Mexicano:

Función y Competencia: La principal diferencia entre el Notario Público y el Comisario Ejidal es su función y competencia. Mientras que el Notario Público es un profesional del derecho con competencia nacional para autorizar y protocolizar diversos actos, el Comisario Ejidal es un representante del ejido con competencia interna limitada al ámbito de la comunidad de ejidatarios.

Jurisdicción: El Notario Público tiene competencia en todo el territorio nacional, lo que significa que puede ejercer en cualquier estado de la República Mexicana. Por otro lado, el Comisario Ejidal tiene competencia únicamente en el ejido al que pertenece, ya que su función es representar a la comunidad de ejidatarios de manera interna.

Autenticidad y Validez: La intervención del Notario Público brinda autenticidad y validez legal a los actos agrarios que autoriza y protocoliza, ya que es un fedatario público investido de fe pública por el Estado. En cambio, el Comisario Ejidal representa al ejido en asuntos internos y su intervención no otorga la misma seguridad jurídica y validez legal que la del Notario Público.

Ámbito de Actuación: El Notario Público tiene competencia en diversos actos y contratos, incluyendo los actos agrarios, en todo el territorio nacional. Por su parte, el Comisario Ejidal tiene atribuciones relacionadas con la administración y representación del ejido, pero su actuación está limitada al ámbito interno del ejido al que pertenece.

### Conclusión:

En conclusión, el Notario Público y el Comisario Ejidal son figuras importantes en el Derecho Agrario Mexicano, aunque con funciones y competencias distintas. Mientras que el Notario Público es un profesional del derecho investido de fe pública con competencia nacional para autorizar y protocolizar diversos actos agrarios, el Comisario Ejidal es un representante del ejido con competencia interna limitada al ámbito de la comunidad de ejidatarios.

El Notario Público brinda seguridad jurídica y certeza a los actos agrarios que autoriza, contribuyendo al desarrollo económico del sector agrario al facilitar las transacciones de compra-venta de tierras y proyectos agroindustriales. Por su parte, el Comisario Ejidal representa los intereses de la comunidad de ejidatarios, asegurando la protección y uso adecuado de los recursos del ejido y contribuyendo a la gobernabilidad del mismo.

Aunque son diferentes en su función y competencia, ambas figuras son importantes en el ámbito agrario mexicano y juegan roles cruciales en la protección de los derechos y el desarrollo del sector agrario en el país. Su actuación ética y responsable es fundamental para asegurar el buen funcionamiento del sistema agrario y promover el bienestar de las comunidades rurales.

# Capítulo 22:

## Derecho Tributario en México

El Derecho Tributario en México es una rama del derecho que regula las relaciones jurídicas derivadas de la recaudación de impuestos y contribuciones por parte del Estado. Es una disciplina fundamental para el funcionamiento del Estado y el desarrollo del país, ya que la recaudación de ingresos fiscales es esencial para financiar el gasto público y los servicios que ofrece el gobierno a la sociedad.

El sistema tributario mexicano está compuesto por una amplia variedad de impuestos y contribuciones, que se aplican a diferentes actividades económicas y a diversos sectores de la población. La regulación y aplicación de los impuestos se rige por principios constitucionales y legales, que buscan asegurar la equidad, legalidad y eficiencia en la recaudación de ingresos fiscales.

En este extenso análisis, se abordarán diferentes aspectos del Derecho Tributario en México, incluyendo los fundamentos legales, los principios tributarios, los principales impuestos y contribuciones, la administración tributaria, los derechos y obligaciones de los contribuyentes, las facultades de las autoridades fiscales, así como los retos y desafíos que enfrenta el sistema tributario mexicano.

### I. Fundamentos Legales del Derecho Tributario en México

El Derecho Tributario en México tiene sus bases en la Constitución Política de los Estados Unidos Mexicanos y en diversas leyes y reglamentos que regulan la recaudación de impuestos y contribuciones. Algunos de los fundamentos legales más importantes son los siguientes:

Constitución Política de los Estados Unidos Mexicanos: La Constitución establece las bases del sistema tributario mexicano y en ella se prevén las facultades del Congreso de la Unión para legislar en materia de impuestos y contribuciones.

Ley del Impuesto sobre la Renta (LISR): Esta ley regula el impuesto que se aplica a las personas físicas y morales que obtienen ingresos en México. La LISR establece las tasas impositivas, las deducciones permitidas y las obligaciones de los contribuyentes en materia de declaración y pago de impuestos.

Ley del Impuesto al Valor Agregado (LIVA): Esta ley regula el impuesto que se aplica al consumo de bienes y servicios en México. La LIVA establece la tasa general del impuesto, las exenciones y los casos en que se puede acreditar el impuesto pagado.

Ley del Impuesto Especial sobre Producción y Servicios (LIEPS): Esta ley regula el impuesto que se aplica a ciertos productos y servicios, como tabacos, bebidas alcohólicas, combustibles y bebidas azucaradas, entre otros.

Ley del Impuesto sobre la Renta del Sector Agropecuario (LISAR): Esta ley regula el impuesto que se aplica a los ingresos derivados de actividades agropecuarias.

Ley Federal de Derechos: Esta ley regula las contribuciones que se pagan por servicios o actos de autoridad, como la expedición de pasaportes, registros públicos, entre otros.

Código Fiscal de la Federación (CFF): Este código establece las disposiciones generales en materia fiscal, así como los procedimientos y facultades de las autoridades fiscales para la recaudación y fiscalización de los impuestos y contribuciones.

Leyes Estatales y Municipales: Además de las leyes federales, cada estado y municipio tiene su propia legislación en materia de impuestos y contribuciones, lo que añade complejidad al sistema tributario mexicano.

## II. Principios del Derecho Tributario en México

El Derecho Tributario en México se rige por una serie de principios fundamentales que buscan garantizar la justicia y equidad en la recaudación de impuestos y contribuciones. Algunos de los principios más importantes son los siguientes:

Principio de Legalidad: Este principio establece que los impuestos y contribuciones deben estar establecidos por ley y que ninguna autoridad puede imponerlos o modificarlos sin fundamento legal.

Principio de Equidad: Este principio busca que los impuestos se distribuyan de manera justa y equitativa, de acuerdo con la capacidad económica de los contribuyentes.

Principio de Proporcionalidad: Este principio establece que los impuestos deben guardar una proporción razonable con los ingresos o bienes gravados.

Principio de Generalidad: Este principio establece que los impuestos deben aplicarse de manera general y no discriminatoria, es decir, que deben afectar a todas las personas o actividades en igualdad de condiciones.

Principio de No Confiscatoriedad: Este principio busca que los impuestos no sean excesivos o confiscatorios, es decir, que no se llegue a despojar a los contribuyentes de la mayoría de sus bienes o ingresos.

Principio de Eficiencia: Este principio busca que el sistema tributario sea eficiente en la recaudación de ingresos fiscales, sin generar cargas administrativas excesivas para los contribuyentes o para las autoridades fiscales.

Principio de Simplicidad: Este principio busca que el sistema tributario sea sencillo y comprensible, evitando complejidades y excesivas regulaciones que dificulten su cumplimiento.

Principio de Certeza Jurídica: Este principio busca que las disposiciones fiscales sean claras y precisas, de manera que los contribuyentes puedan conocer sus derechos y obligaciones de manera clara.

### III. Principales Impuestos y Contribuciones en México

El sistema tributario mexicano está compuesto por una amplia variedad de impuestos y contribuciones, que se aplican a diferentes actividades económicas y a diversos sectores de la población. Algunos de los principales impuestos y contribuciones en México son los siguientes:

Impuesto sobre la Renta (ISR): Es un impuesto que se aplica a las personas físicas y morales que obtienen ingresos en México. Las tasas impositivas varían de acuerdo con los niveles de ingreso y el tipo de contribuyente.

Impuesto al Valor Agregado (IVA): Es un impuesto que se aplica al consumo de bienes y servicios en México. La tasa general del IVA es del 16%, pero existen tasas reducidas y exenciones para ciertos productos y servicios.

Impuesto Especial sobre Producción y Servicios (IEPS): Es un impuesto que se aplica a ciertos productos y servicios, como tabacos, bebidas alcohólicas, combustibles y bebidas azucaradas, entre otros.

Impuesto Sobre la Renta del Sector Agropecuario (ISRA): Es un impuesto que se aplica a los ingresos derivados de actividades agropecuarias.

Impuesto a los Depósitos en Efectivo (IDE): Es un impuesto que se aplica a los depósitos en efectivo que superen cierto monto mensual.

Impuesto Predial: Es un impuesto que se aplica a la propiedad de bienes inmuebles, como terrenos y construcciones.

Impuesto Sobre Nómina: Es un impuesto que se aplica a los salarios y remuneraciones pagados por las empresas a sus empleados.

Contribuciones al Seguro Social: Son contribuciones que se pagan para financiar el sistema de seguridad social, incluyendo la salud y la jubilación.

Derechos por Servicios y Actos de Autoridad: Son contribuciones que se pagan por servicios o actos de autoridad, como la expedición de pasaportes, registros públicos, entre otros.

## IV. Administración Tributaria en México

La administración tributaria en México está a cargo del Servicio de Administración Tributaria (SAT), que es una dependencia de la Secretaría de Hacienda y Crédito Público (SHCP). El SAT tiene la responsabilidad de recaudar los impuestos y contribuciones, así como de fiscalizar el cumplimiento de las obligaciones fiscales por parte de los contribuyentes.

El SAT cuenta con amplias facultades para llevar a cabo la fiscalización y revisión de las declaraciones de los contribuyentes, así como para exigir el cumplimiento de las obligaciones fiscales. Entre las facultades del SAT se encuentran:

Verificar la Exactitud de las Declaraciones: El SAT tiene la facultad de verificar la exactitud y veracidad de las declaraciones presentadas por los contribuyentes, así como de requerir información y documentación adicional para comprobar los datos declarados.

Auditar a los Contribuyentes: El SAT puede realizar auditorías fiscales a los contribuyentes, lo que implica una revisión exhaustiva de sus libros y registros contables, así como de sus operaciones financieras y comerciales.

Exigir el Pago de Impuestos Adeudados: El SAT puede exigir el pago de impuestos y contribuciones que no han sido pagados o que han sido pagados de manera incorrecta.

Aplicar Sanciones: El SAT puede aplicar sanciones y multas a los contribuyentes que incumplan con sus obligaciones fiscales, así como a aquellos que presenten información falsa o engañosa.

Realizar Embargos y Ejecutar Créditos Fiscales: El SAT puede embargar los bienes de los contribuyentes que no paguen sus impuestos adeudados, así como ejecutar créditos fiscales a través de procedimientos judiciales.

Celebrar Convenios de Colaboración: El SAT puede celebrar convenios de colaboración con otras dependencias gubernamentales, instituciones financieras y organismos internacionales, para mejorar la fiscalización y el intercambio de información fiscal.

## V. Derechos y Obligaciones de los Contribuyentes

Los contribuyentes en México tienen una serie de derechos y obligaciones establecidos en la Constitución y en el Código Fiscal de la Federación. Algunos de los derechos más importantes son:

Derecho a la Legalidad: Los contribuyentes tienen el derecho a que se les apliquen las disposiciones fiscales de manera objetiva y equitativa, de acuerdo con la capacidad económica de cada uno.

Derecho a la Igualdad: Los contribuyentes tienen el derecho a ser tratados en igualdad de condiciones, sin discriminación o trato diferenciado por parte de las autoridades fiscales.

Derecho a la Certeza Jurídica: Los contribuyentes tienen el derecho a conocer sus derechos y obligaciones fiscales de manera clara y precisa.

Derecho a la Privacidad: Los contribuyentes tienen el derecho a que su información fiscal sea tratada de manera confidencial y protegida contra el uso indebido.

Derecho a la Defensa: Los contribuyentes tienen el derecho a presentar pruebas y argumentos en su defensa, en caso de que sean objeto de una revisión o auditoría fiscal.

Derecho a la Devolución de Impuestos: Los contribuyentes tienen el derecho a solicitar la devolución de impuestos pagados en exceso o de manera indebida.

Por otro lado, los contribuyentes también tienen una serie de obligaciones, entre las que destacan:

Obligación de Presentar Declaraciones Fiscales: Los contribuyentes están obligados a presentar declaraciones fiscales en los plazos y formas establecidos por las autoridades fiscales.

Obligación de Pagar Impuestos: Los contribuyentes deben pagar los impuestos y contribuciones correspondientes en los plazos establecidos.

Obligación de Conservar y Presentar Documentación: Los contribuyentes deben conservar y presentar la documentación que respalde las operaciones y transacciones realizadas.

Obligación de Permitir Fiscalización: Los contribuyentes están obligados a permitir la fiscalización y revisión de sus libros y registros contables, así como de sus operaciones financieras y comerciales.

Obligación de Colaborar con las Autoridades Fiscales: Los contribuyentes deben colaborar con las autoridades fiscales en la revisión y fiscalización de sus declaraciones y operaciones.

## VI. Facultades de las Autoridades Fiscales

Las autoridades fiscales en México, especialmente el SAT, cuentan con amplias facultades para llevar a cabo la recaudación de impuestos y la fiscalización de los contribuyentes. Algunas de las principales facultades son:

Facultades de Verificación: El SAT puede llevar a cabo visitas de verificación y revisión a los contribuyentes, para comprobar la exactitud y veracidad de las declaraciones presentadas.

Facultades de Fiscalización: El SAT puede realizar auditorías fiscales a los contribuyentes, para revisar sus libros y registros contables, así como sus operaciones financieras y comerciales.

Facultades de Cobro: El SAT puede exigir el pago de impuestos adeudados y aplicar embargos y ejecutar créditos fiscales a los contribuyentes que no cumplan con sus obligaciones fiscales.

Facultades de Requerimiento de Información: El SAT puede requerir a los contribuyentes información y documentación adicional para comprobar los datos declarados.

Facultades de Fiscalización Electrónica: El SAT cuenta con herramientas de fiscalización electrónica, que le permiten revisar la información fiscal de los contribuyentes de manera remota.

Facultades de Intercambio de Información: El SAT puede intercambiar información fiscal con otras dependencias gubernamentales, instituciones financieras y organismos internacionales, para mejorar la fiscalización y el cumplimiento tributario.

## VII. Retos y Desafíos del Derecho Tributario en México

El Derecho Tributario en México enfrenta diversos retos y desafíos, que requieren de una constante actualización y mejora del sistema tributario.

Algunos de los principales retos son:

Evasión y Elusión Fiscal: La evasión y elusión fiscal son prácticas comunes que afectan la recaudación de impuestos y contribuciones en México. Es necesario implementar medidas y herramientas para combatir estas prácticas y aumentar la cultura fiscal en la sociedad.

Simplificación del Sistema Tributario: El sistema tributario mexicano es complejo y contiene numerosos impuestos y contribuciones, lo que dificulta su cumplimiento y fiscalización. Es necesario simplificar el sistema y reducir la carga administrativa para los contribuyentes.

Economía Informal: La economía informal es una problemática que afecta la recaudación de impuestos y contribuciones en México. Es necesario implementar políticas y programas que fomenten la formalización de las actividades económicas.

Fomento de la Formalidad: Es necesario promover la formalización de las actividades económicas y el registro de los contribuyentes, para aumentar la base tributaria y fortalecer la recaudación de ingresos fiscales.

Implementación de Tecnología y Digitalización: La implementación de tecnología y la digitalización de los procesos tributarios pueden mejorar la eficiencia y la transparencia en la recaudación y fiscalización de impuestos.

Equidad y Progresividad en la Tributación: Es necesario promover una mayor equidad en la distribución de la carga tributaria, de manera que los impuestos se apliquen de manera proporcional a la capacidad económica de los contribuyentes.

Combate a la Corrupción: La corrupción es un problema que afecta la fiscalización y el cumplimiento tributario. Es necesario fortalecer los mecanismos de control y supervisión para prevenir y combatir la corrupción en la administración tributaria.

Conclusión:

El Derecho Tributario en México es una disciplina fundamental para el funcionamiento del Estado y el desarrollo del país. A través de la recaudación de impuestos y contribuciones, se financian los gastos públicos y se ofrecen servicios esenciales a la sociedad. El sistema tributario mexicano está compuesto por una amplia variedad de impuestos y contribuciones, que se aplican a diferentes actividades económicas y a diversos sectores de la población.

El Derecho Tributario en México se rige por principios constitucionales y legales, que buscan asegurar la equidad, legalidad y eficiencia en la recaudación de ingresos fiscales. Los contribuyentes en México tienen derechos y obligaciones establecidos en la Constitución y en el Código Fiscal de la Federación, y las autoridades fiscales cuentan con amplias facultades para llevar a cabo la recaudación y fiscalización de los impuestos.

El sistema tributario mexicano enfrenta diversos retos y desafíos, como la evasión y elusión fiscal, la economía informal, la complejidad del sistema tributario y la falta de cultura fiscal en la sociedad. Es necesario implementar políticas y programas que fomenten la formalización de las actividades económicas, simplifiquen el sistema tributario y promuevan la cultura fiscal en la sociedad. Asimismo, la implementación de tecnología y la digitalización de los procesos tributarios pueden mejorar la eficiencia y la transparencia en la recaudación y fiscalización de impuestos.

En conclusión, el Derecho Tributario en México es una disciplina compleja y dinámica, que requiere de una constante actualización y mejora para asegurar la equidad y eficiencia en la recaudación de impuestos y contribuciones, y para contribuir al desarrollo económico y social del país.

## MARCO LEGAL DEL SISTEMA TRIBUTARIO MEXICANO

El sistema tributario mexicano está sustentado en un sólido marco constitucional y legal que establece los principios, fundamentos y regulaciones relacionados con la recaudación de impuestos y contribuciones en el país. Este marco garantiza la equidad, legalidad y eficiencia en la recaudación de ingresos fiscales, y establece los derechos y obligaciones tanto de los contribuyentes como de las autoridades fiscales.

### I. Marco Constitucional del Sistema Tributario Mexicano

La Constitución Política de los Estados Unidos Mexicanos (CPEUM) es el documento fundamental que establece la estructura y funcionamiento del Estado mexicano, incluyendo el sistema tributario. El Título VI de la Constitución, denominado "De las Partes Integrantes de la Federación y del Territorio Nacional", es donde se establecen los principales preceptos relativos a la tributación.

1. Facultades de Hacienda Pública: El Artículo 31 de la CPEUM establece las facultades del Congreso de la Unión para crear contribuciones y establecer las bases

para su recaudación. También se establece que la Federación, los estados y los municipios tendrán a su cargo la recaudación y administración de las contribuciones que les correspondan, de acuerdo con las leyes que establezcan las respectivas legislaturas.

2. Prohibición de Cargos y Contribuciones Confiscatorias: El Artículo 31 también prohíbe la imposición de cargas y contribuciones confiscatorias.

3. Equidad en la Contribución al Gasto Público: El Artículo 31 establece el principio de proporcionalidad en la contribución de los ciudadanos al gasto público.

4. Prohibición de Gravar Bienes de Uso Público: El Artículo 31 prohíbe la imposición de impuestos a bienes de uso público.

5. Prohibición de Exenciones a Particulares: El Artículo 28 de la CPEUM establece la prohibición de exenciones a particulares en beneficio de una persona, clase o grupo específico.

6. Derecho de Petición: El Artículo 8 de la CPEUM garantiza el derecho de los ciudadanos a presentar peticiones a las autoridades, incluyendo las autoridades fiscales, para que respondan a ellas en el plazo y términos que establezcan las leyes.

7. Protección de Datos Personales: El Artículo 16 de la CPEUM garantiza la protección de datos personales y establece los principios para su tratamiento y resguardo.

8. Amparo Fiscal: El Artículo 103 de la CPEUM establece el derecho de toda persona a promover el juicio de amparo contra actos que violen sus garantías individuales, incluyendo actos fiscales.

## II. Código Fiscal de la Federación (CFF)

El Código Fiscal de la Federación es la ley fundamental que regula los procedimientos y normas en materia tributaria en México. En él se establecen las obligaciones y derechos de los contribuyentes, así como las facultades y atribuciones de las autoridades fiscales. El CFF se compone de varios títulos y capítulos que abarcan diversas materias fiscales.

1. Título I: Disposiciones Generales: Este título establece las definiciones y principios generales aplicables en materia fiscal.

2. Título II: De las Obligaciones de los Contribuyentes: En este título se establecen las obligaciones de los contribuyentes, incluyendo la presentación de declaraciones, el pago de impuestos y la conservación y presentación de documentación.

3. Título III: De las Facultades de las Autoridades Fiscales: Este título regula las facultades y atribuciones de las autoridades fiscales para llevar a cabo la fiscalización, revisión y cobro de impuestos.

4. Título IV: De las Infracciones y Delitos Fiscales: En este título se establecen las infracciones y delitos fiscales, así como las sanciones aplicables a los contribuyentes que incurran en estas conductas.

5. Título V: Del Procedimiento Administrativo en Materia Fiscal: Este título regula el procedimiento administrativo que deben seguir las autoridades fiscales para llevar a cabo la fiscalización, revisión y cobro de impuestos, así como los derechos y garantías de los contribuyentes durante este proceso.

6. Título VI: De los Recursos Administrativos: En este título se establecen los recursos administrativos que pueden interponer los contribuyentes contra actos de las autoridades fiscales que consideren violatorios de sus derechos.

7. Título VII: De las Medidas de Apremio: Este título regula las medidas de apremio que pueden aplicar las autoridades fiscales para asegurar el cobro de impuestos adeudados.

8. Título VIII: Del Procedimiento Contencioso Administrativo: En este título se establece el procedimiento contencioso administrativo que deben seguir los contribuyentes para impugnar los actos de las autoridades fiscales ante los tribunales administrativos.

### III. Leyes y Reglamentos Específicos de Impuestos

Además del Código Fiscal de la Federación, existen leyes y reglamentos específicos que regulan cada uno de los impuestos y contribuciones en México. Algunas de las leyes y reglamentos más relevantes son:

1. Ley del Impuesto Sobre la Renta (LISR): Regula el impuesto sobre la renta, que se aplica a los ingresos y utilidades obtenidos por personas físicas y morales.

2. Ley del Impuesto al Valor Agregado (LIVA): Regula el impuesto al valor agregado, que se aplica a la venta de bienes y prestación de servicios.

3. Ley Especial del Impuesto Sobre Producción y Servicios (IEPS): Regula el impuesto sobre producción y servicios, que se aplica a la producción y venta de ciertos bienes y servicios.

4. Ley del Impuesto Empresarial a Tasa Única (IETU): Regula el impuesto empresarial a tasa única, que se aplica a las personas morales residentes en México por la obtención de ingresos en el ejercicio de una actividad empresarial.

5. Ley del Impuesto Especial sobre Producción y Servicios a las Gasolinas y Diesel: Regula el impuesto especial aplicable a las gasolinas y diesel.

6. Ley Federal de Derechos (LFD): Regula los derechos que se cobran por el uso o aprovechamiento de bienes del dominio público, así como por la prestación de servicios públicos.

7. Ley Aduanera: Regula los impuestos y contribuciones que se aplican a la importación y exportación de mercancías.

## IV. Reglamentos y Disposiciones Técnicas

Además de las leyes específicas, existen reglamentos y disposiciones técnicas que complementan la legislación fiscal y establecen los procedimientos y formas para el cumplimiento de las obligaciones fiscales. Algunos de los reglamentos más relevantes son:

1. Reglamento del Código Fiscal de la Federación: Desarrolla y complementa las disposiciones del Código Fiscal de la Federación, estableciendo los procedimientos y formas para el cumplimiento de las obligaciones fiscales.

2. Reglamentos Específicos de Impuestos: Existen reglamentos específicos para cada impuesto, que detallan las disposiciones particulares y procedimientos aplicables a cada uno.

3. Normas y Procedimientos Técnicos del Servicio de Administración Tributaria (SAT): El SAT emite normas y procedimientos técnicos que establecen los requisitos y estándares para la presentación de declaraciones y documentación fiscal, así como para la fiscalización y revisión de los contribuyentes.

## V. Autoridades Fiscales en México

El Sistema Tributario Mexicano está administrado por diversas autoridades fiscales a nivel federal y estatal, encargadas de la recaudación, fiscalización y administración de los impuestos y contribuciones. Las principales autoridades fiscales en México son:

1. Secretaría de Hacienda y Crédito Público (SHCP): Es la máxima autoridad en materia fiscal a nivel federal y tiene la responsabilidad de formular y ejecutar la política económica y financiera del país.

2. Servicio de Administración Tributaria (SAT): Es un órgano desconcentrado de la SHCP encargado de la recaudación, fiscalización y cobro de impuestos y contribuciones federales.

3. Procuraduría de la Defensa del Contribuyente (PRODECON): Es una institución autónoma encargada de la defensa y protección de los derechos de los contribuyentes en sus relaciones con las autoridades fiscales.

4. Secretarías de Finanzas Estatales: A nivel estatal, las secretarías de finanzas tienen la responsabilidad de administrar los ingresos y gastos públicos en cada entidad federativa, así como la recaudación y fiscalización de los impuestos estatales y locales.

## VI. Principales Derechos y Obligaciones de los Contribuyentes

El marco constitucional y legal del sistema tributario mexicano establece los derechos y obligaciones de los contribuyentes en relación con la recaudación de impuestos y contribuciones. Algunos de los principales derechos y obligaciones son:

1. Derechos de los Contribuyentes:

a. Derecho a la Legalidad: Los contribuyentes tienen derecho a que las autoridades fiscales actúen conforme a la ley y respeten sus derechos en el ejercicio de sus facultades.

b. Derecho a la Información: Los contribuyentes tienen derecho a recibir información clara y oportuna sobre sus obligaciones fiscales y los procedimientos para cumplirlas.

c. Derecho a la Defensa: Los contribuyentes tienen derecho a presentar pruebas y argumentos en su defensa ante las autoridades fiscales, así como a ser asistidos por un representante legal.

d. Derecho a la Privacidad: Los contribuyentes tienen derecho a que sus datos personales sean tratados de manera confidencial y protegidos contra el uso indebido.

e. Derecho a la Presunción de Inocencia: Los contribuyentes tienen derecho a que se les presuma inocentes mientras no se demuestre lo contrario en un procedimiento administrativo o judicial.

**f. Derecho a la Prueba: Los contribuyentes tienen derecho a presentar pruebas y evidencias que apoyen su situación fiscal y demuestren el cumplimiento de sus obligaciones.

g. Derecho a la Notificación: Los contribuyentes tienen derecho a ser notificados de cualquier acto o resolución que les afecte en sus derechos o intereses.

2. Obligaciones de los Contribuyentes:

a. Pago de Impuestos: Los contribuyentes tienen la obligación de pagar los impuestos y contribuciones que les correspondan, en los plazos y términos establecidos por la ley.

b. Presentación de Declaraciones: Los contribuyentes deben presentar las declaraciones fiscales correspondientes a sus ingresos y actividades económicas, proporcionando información veraz y completa.

c. Conservación de Documentos: Los contribuyentes deben conservar los documentos y comprobantes fiscales que respalden sus operaciones y actividades durante los plazos establecidos por la ley.

d. Colaboración con las Autoridades Fiscales: Los contribuyentes deben colaborar con las autoridades fiscales en los procedimientos de fiscalización y proporcionar la información y documentación que les sea requerida.

e. Cumplimiento de Requisitos Técnicos: Los contribuyentes deben cumplir con los requisitos y estándares técnicos establecidos por el SAT para la presentación de declaraciones y documentación fiscal.

## VII. Incentivos y Estímulos Fiscales

El marco legal del sistema tributario mexicano también incluye incentivos y estímulos fiscales para fomentar el cumplimiento de las obligaciones fiscales y promover actividades económicas específicas. Algunos de los incentivos y estímulos fiscales más comunes son:

1. Deducciones Fiscales: Los contribuyentes pueden deducir ciertos gastos y costos relacionados con sus actividades económicas para reducir su base gravable y el monto de impuesto a pagar.

2. Estímulos para Inversiones: El gobierno puede otorgar estímulos fiscales a empresas que realicen inversiones en ciertas áreas o sectores de la economía.

3. Créditos Fiscales: Los contribuyentes pueden obtener créditos fiscales que se restan directamente del impuesto a pagar, reduciendo así su carga tributaria.

4. Zonas Económicas Especiales: Se pueden establecer zonas económicas especiales donde se otorgan beneficios fiscales y arancelarios para incentivar el desarrollo económico y social.

## VIII. Retos y Perspectivas del Sistema Tributario Mexicano

A pesar de contar con un marco constitucional y legal sólido, el sistema tributario mexicano enfrenta diversos retos y desafíos que deben abordarse para lograr una mayor eficiencia y equidad en la recaudación de impuestos.

1. Economía Informal: La economía informal es un reto importante para el sistema tributario mexicano, ya que muchas personas y empresas operan fuera del ámbito formal y evaden el pago de impuestos.

2. Evasión y Elusión Fiscal: La evasión y elusión fiscal son prácticas comunes en México, lo que afecta la recaudación de ingresos fiscales y genera desigualdad en el cumplimiento de las obligaciones fiscales.

3. Simplificación Fiscal: El sistema tributario mexicano es complejo y burocrático, lo que dificulta el cumplimiento de las obligaciones fiscales para muchos contribuyentes. Es necesario implementar medidas de simplificación y digitalización para facilitar el cumplimiento de las obligaciones fiscales.

4. Reducción de la Dependencia Petrolera: La economía mexicana ha dependido históricamente de los ingresos petroleros, lo que ha generado una alta volatilidad en la recaudación de impuestos. Es necesario diversificar las fuentes de ingresos fiscales para reducir la dependencia del petróleo.

5. Combate a la Corrupción: La corrupción en el ámbito fiscal es un problema que afecta la recaudación de impuestos y socava la confianza de los contribuyentes en el sistema. Es fundamental implementar medidas de transparencia y combate a la corrupción en la administración tributaria.

6. Estímulo a la Formalidad: Es necesario implementar políticas y programas que incentiven la formalización de la economía y promuevan el cumplimiento de las obligaciones fiscales.

7. Equidad Fiscal: El sistema tributario debe ser equitativo y progresivo, garantizando que los impuestos se distribuyan de manera justa y que los contribuyentes de mayores ingresos paguen una proporción adecuada de impuestos.

8. Fortalecimiento del Procedimiento Contencioso Administrativo: Es fundamental fortalecer el procedimiento contencioso administrativo para que los contribuyentes tengan acceso a una justicia fiscal pronta y expedita.

En conclusión, el marco constitucional y legal del sistema tributario mexicano establece los principios, fundamentos y regulaciones necesarios para garantizar una recaudación de impuestos eficiente, equitativa y justa. Sin embargo, es necesario abordar los retos y desafíos mencionados para lograr una mayor eficacia en la recaudación de ingresos fiscales y promover el cumplimiento voluntario de las obligaciones tributarias. El fortalecimiento de la transparencia, la simplificación fiscal y el combate a la evasión y elusión fiscal son algunas de las medidas que pueden contribuir a mejorar el sistema tributario en México y generar un ambiente propicio para el desarrollo económico y social del país.

## OBLIGACIONES FISCALES DE LOS CONTRIBUYENTES

Las obligaciones fiscales son los deberes y responsabilidades que tienen los contribuyentes frente a las autoridades fiscales para cumplir con el pago de impuestos y contribuciones. En México, al igual que en otros países, los contribuyentes tienen diversas obligaciones fiscales que deben cumplir de manera periódica y en los plazos establecidos por la ley.

A continuación, se describen algunas de las principales obligaciones fiscales de los contribuyentes en México:

1. Registro ante el Servicio de Administración Tributaria (SAT): Los contribuyentes deben registrarse ante el SAT para obtener su Registro Federal de Contribuyentes (RFC), que es un número de identificación fiscal único. El RFC se utiliza para realizar trámites fiscales y presentar declaraciones ante las autoridades.

2. Pago de Impuestos: Los contribuyentes deben pagar los impuestos y contribuciones que les correspondan de acuerdo con su situación fiscal. Algunos de los impuestos más comunes son el Impuesto Sobre la Renta (ISR), el Impuesto al Valor Agregado (IVA) y el Impuesto Especial sobre Producción y Servicios (IEPS).

3. Presentación de Declaraciones: Los contribuyentes deben presentar declaraciones fiscales en las que informen sobre sus ingresos, gastos, deducciones y otros aspectos relevantes para el cálculo de los impuestos. La periodicidad de las declaraciones varía dependiendo del tipo de contribuyente y del impuesto correspondiente.

4. Conservación de Documentos: Los contribuyentes deben conservar los documentos y comprobantes fiscales que respalden sus operaciones y actividades durante un período de tiempo determinado. Estos documentos son necesarios para cumplir con las obligaciones fiscales y en caso de ser requeridos por las autoridades.

5. Facturación Electrónica: Los contribuyentes que realicen operaciones de compraventa de bienes y prestación de servicios deben emitir comprobantes fiscales digitales por internet (CFDI) de acuerdo con los requisitos y formatos establecidos por el SAT.

6. Pago de Retenciones y Contribuciones de Terceros: Algunos contribuyentes tienen la obligación de retener impuestos a terceros, como los trabajadores (ISR) o proveedores (IVA). También deben enterar las retenciones y contribuciones a las autoridades en los plazos correspondientes.

7. Inscripción en el Registro Federal de Contribuyentes de Entidades No Lucrativas: Las entidades no lucrativas, como asociaciones civiles y fundaciones, deben inscribirse en un registro especial del SAT para obtener su RFC y cumplir con sus obligaciones fiscales.

8. Declaración Anual: Los contribuyentes deben presentar una declaración anual en la que resumen y ajustan sus ingresos y deducciones del año fiscal. Esta declaración debe presentarse en el mes de abril del año siguiente al que corresponde la declaración.

9. Pagos Provisionales: Algunos contribuyentes deben realizar pagos provisionales de impuestos a lo largo del año, basados en estimaciones de sus ingresos y gastos. Estos pagos se realizan mensual o trimestralmente, dependiendo del tipo de contribuyente y del régimen fiscal al que esté sujeto.

10. Cumplir con Obligaciones Específicas: Algunos sectores económicos y actividades tienen obligaciones fiscales específicas, como los regímenes especiales para pequeños contribuyentes, las empresas maquiladoras, las operaciones con bienes raíces, entre otros.

Es importante destacar que el incumplimiento de las obligaciones fiscales puede llevar a sanciones y multas por parte de las autoridades fiscales. También puede generar intereses y recargos por pagos fuera de plazo. Por lo tanto, es fundamental que los contribuyentes estén al tanto de sus obligaciones fiscales y cumplan con ellas de manera oportuna y correcta.

Beneficios del Cumplimiento Fiscal

Cumplir con las obligaciones fiscales no solo es una responsabilidad legal, sino que también trae consigo algunos beneficios para los contribuyentes. Algunos de los beneficios del cumplimiento fiscal son:

1. Legalidad y Certidumbre: Cumplir con las obligaciones fiscales da certeza jurídica a los contribuyentes, ya que evita problemas legales y sanciones por parte de las autoridades fiscales.

2. Acceso a Créditos y Financiamiento: Los contribuyentes que cumplen con sus obligaciones fiscales tienen más posibilidades de acceder a créditos y financiamiento, ya que demuestran solidez financiera y capacidad de pago.

3. Certeza Patrimonial: Cumplir con las obligaciones fiscales ayuda a mantener un registro claro y ordenado de las operaciones y actividades económicas, lo que brinda certeza sobre el patrimonio y las operaciones de los contribuyentes.

4. Deducciones y Beneficios Fiscales: Al cumplir con las obligaciones fiscales, los contribuyentes pueden acceder a deducciones y beneficios fiscales legítimos que les permiten reducir su carga tributaria.

5. Imagen y Reputación: Cumplir con las obligaciones fiscales contribuye a una imagen positiva y una buena reputación tanto para personas físicas como para empresas.

En conclusión, las obligaciones fiscales son un conjunto de deberes y responsabilidades que los contribuyentes deben cumplir para pagar los impuestos y contribuciones correspondientes. El cumplimiento de estas obligaciones es fundamental para mantener la legalidad y la certidumbre en las actividades económicas, así como para acceder a beneficios fiscales y evitar sanciones y multas por parte de las autoridades fiscales. Es responsabilidad de cada contribuyente conocer y cumplir con sus obligaciones fiscales de manera adecuada y oportuna. En caso de dudas o dificultades, es recomendable buscar asesoría de expertos en materia fiscal para asegurarse de cumplir con las disposiciones legales vigentes.

## PROCEDIMIENTO DE FISCALIZACIÓN Y SANCIONES TRIBUTARIAS

El procedimiento de fiscalización y las sanciones tributarias son herramientas que utilizan las autoridades fiscales para verificar el cumplimiento de las obligaciones fiscales por parte de los contribuyentes y para garantizar el correcto ingreso de impuestos y contribuciones. En México, este procedimiento está regulado por diversas leyes y normativas, y su objetivo principal es asegurar que todos los contribuyentes cumplan con sus responsabilidades fiscales de manera oportuna y correcta. A continuación, se describe el procedimiento de fiscalización y las sanciones tributarias en México:

## I. Procedimiento de Fiscalización

El procedimiento de fiscalización es el proceso mediante el cual las autoridades fiscales verifican la información y documentación de los contribuyentes para determinar si han cumplido con sus obligaciones fiscales. Este procedimiento puede llevarse a cabo de forma aleatoria o a partir de un análisis de riesgos fiscales que identifique a los contribuyentes con mayores posibilidades de incumplimiento.

El procedimiento de fiscalización puede comprender varias etapas, que incluyen:

1. Notificación: La autoridad fiscal notifica al contribuyente que ha sido seleccionado para una fiscalización y le informa sobre los aspectos que serán revisados.

2. Auditoría: La autoridad fiscal realiza una auditoría detallada de la información y documentación del contribuyente, con el fin de verificar el cumplimiento de sus obligaciones fiscales.

3. Requerimientos de Información: Durante la auditoría, la autoridad fiscal puede solicitar al contribuyente información y documentación adicional que respalde sus declaraciones y operaciones.

4. Visitas a Domicilio: En algunos casos, la autoridad fiscal puede realizar visitas a los domicilios del contribuyente para corroborar la información y verificar la existencia de activos y operaciones.

5. Conclusiones y Resultados: Una vez finalizada la auditoría, la autoridad fiscal emite un informe con las conclusiones y resultados de la fiscalización. Si se detectan inconsistencias o incumplimientos, se determina el monto de los impuestos y contribuciones que el contribuyente debe pagar.

## II. Sanciones Tributarias

Las sanciones tributarias son las penalidades que se aplican a los contribuyentes que incumplen con sus obligaciones fiscales. Estas sanciones tienen como objetivo incentivar el cumplimiento voluntario y correcto de las obligaciones fiscales, y también compensar los daños causados al erario público por el incumplimiento.

Las sanciones tributarias pueden ser de diferentes tipos y grados, y se clasifican en:

1. Sanciones por Infracciones: Son aquellas sanciones que se aplican cuando los contribuyentes cometen infracciones fiscales, como presentar declaraciones con información incorrecta, omitir el pago de impuestos o no proporcionar la información requerida por la autoridad.

2. Sanciones por Delitos Fiscales: Son aquellas sanciones que se aplican cuando los contribuyentes cometen delitos fiscales, como la defraudación fiscal, la emisión de facturas falsas o la simulación de operaciones.

3. Sanciones por Omisión de Pagos: Son aquellas sanciones que se aplican cuando los contribuyentes no realizan el pago de impuestos en los plazos establecidos.

4. Sanciones por Inexactitud en Declaraciones: Son aquellas sanciones que se aplican cuando los contribuyentes presentan declaraciones con información inexacta o errónea.

5. Multas: Las multas son sanciones económicas que se aplican a los contribuyentes como consecuencia de su incumplimiento. El monto de las multas puede variar dependiendo del tipo de incumplimiento y la gravedad de la falta.

6. Embargo de Bienes: En casos de incumplimiento grave, la autoridad fiscal puede proceder al embargo de bienes del contribuyente para garantizar el pago de los impuestos y contribuciones adeudados.

### III. Procedimiento de Impugnación de Sanciones

Los contribuyentes tienen derecho a impugnar las sanciones que les sean impuestas por las autoridades fiscales. Para ello, existen procedimientos de impugnación y recursos legales que pueden seguirse, tales como:

1. Recurso de Revocación: El contribuyente puede presentar un recurso de revocación ante la propia autoridad que impuso la sanción. En este recurso, el contribuyente puede argumentar y presentar pruebas para demostrar que la sanción fue impuesta de manera incorrecta o injusta.

2. Juicio Contencioso Administrativo: Si el contribuyente no está de acuerdo con la resolución del recurso de revocación, puede acudir al Tribunal Federal de Justicia Administrativa para presentar un juicio contencioso administrativo y obtener una revisión judicial de su caso.

3. Amparo: Si el contribuyente considera que sus derechos fundamentales fueron vulnerados durante el procedimiento de fiscalización o en la imposición de la sanción, puede presentar un juicio de amparo ante los tribunales judiciales federales.

Es importante destacar que, durante el procedimiento de fiscalización y en la imposición de sanciones, los contribuyentes tienen derechos que deben ser respetados por las autoridades fiscales. Estos derechos incluyen el derecho a la audiencia, el derecho a ser informado adecuadamente sobre las acciones de la autoridad, el derecho a presentar pruebas y argumentos, y el derecho a la defensa legal.

En conclusión, el procedimiento de fiscalización y las sanciones tributarias son herramientas fundamentales para garantizar el cumplimiento de las obligaciones fiscales en México. Las autoridades fiscales utilizan estos mecanismos para verificar la información de los contribuyentes y para asegurar que todos cumplan con sus responsabilidades fiscales de manera correcta y oportuna. Sin embargo, los contribuyentes también tienen derechos para impugnar las sanciones que consideren injustas o incorrectas, a través de recursos legales como el recurso de revocación, el juicio contencioso administrativo y el amparo. El respeto a los derechos de los contribuyentes y el cumplimiento voluntario de las obligaciones fiscales son fundamentales para mantener un sistema tributario justo y equitativo en México.

## RECURSOS Y MEDIOS DE DEFENSA EN MATERIA FISCAL

El sistema fiscal en México cuenta con diversos mecanismos de control y fiscalización para asegurar el cumplimiento de las obligaciones tributarias por parte de los contribuyentes. Sin embargo, también se reconocen los derechos de los contribuyentes a defenderse y impugnar las decisiones de las autoridades fiscales cuando consideren que han sido afectados de manera injusta o incorrecta.

Los recursos y medios de defensa en materia fiscal son los mecanismos legales a través de los cuales los contribuyentes pueden impugnar actos, resoluciones o determinaciones de las autoridades fiscales. Estos recursos están diseñados para proteger los derechos de los contribuyentes y garantizar que el proceso de fiscalización sea justo y transparente. A continuación, se describen los principales recursos y medios de defensa en materia fiscal en el Derecho Tributario Mexicano:

I. Recurso de Revocación

El Recurso de Revocación es un medio de defensa que los contribuyentes pueden presentar ante la propia autoridad fiscal que emitió el acto o resolución que se desea impugnar. Este recurso permite a los contribuyentes argumentar y presentar pruebas para demostrar que la resolución de la autoridad fiscal es incorrecta o injusta.

El Recurso de Revocación debe presentarse dentro de los 15 días hábiles siguientes a la notificación del acto o resolución que se impugna. La autoridad fiscal tiene un plazo de hasta 3 meses para resolver el recurso, aunque este plazo puede prorrogarse hasta por 3 meses adicionales en casos excepcionales.

Si la autoridad fiscal resuelve en sentido favorable al contribuyente, el acto o resolución impugnada quedará revocado y se procederá a emitir una nueva resolución. Sin embargo, si la autoridad confirma su resolución original, el contribuyente puede acudir a otros medios de defensa.

## II. Juicio Contencioso Administrativo

El Juicio Contencioso Administrativo es un medio de defensa que los contribuyentes pueden utilizar para impugnar las resoluciones definitivas de las autoridades fiscales que afecten sus derechos. Este juicio se presenta ante el Tribunal Federal de Justicia Administrativa (TFJA), un órgano jurisdiccional especializado en materia administrativa y fiscal.

El Juicio Contencioso Administrativo debe presentarse dentro de los 45 días siguientes a la notificación de la resolución definitiva de la autoridad fiscal. En este juicio, el contribuyente puede argumentar y presentar pruebas para demostrar que la resolución de la autoridad es contraria a derecho o que afecta sus derechos de manera injusta.

El TFJA resolverá el juicio de manera imparcial y objetiva, tomando en cuenta las pruebas y argumentos presentados por ambas partes. Si el TFJA considera que la resolución de la autoridad fiscal es incorrecta, la revocará y emitirá una nueva resolución. Sin embargo, si el TFJA confirma la resolución de la autoridad fiscal, el contribuyente puede acudir a otros medios de defensa.

## III. Amparo

El Amparo es un medio de defensa constitucional que los contribuyentes pueden utilizar para impugnar actos de autoridad que violen sus derechos fundamentales, incluyendo los actos fiscales. El Amparo se presenta ante los tribunales judiciales federales y su objetivo es proteger los derechos constitucionales de los ciudadanos frente a actos arbitrarios o ilegales de las autoridades.

Para presentar un Amparo, el contribuyente debe demostrar que el acto fiscal viola sus derechos fundamentales garantizados por la Constitución, como el derecho a la legalidad, la igualdad, la propiedad y el debido proceso. El Amparo debe presentarse dentro de los 15 días siguientes a la notificación del acto que se impugna.

El Amparo puede ser solicitado en dos etapas: la etapa de suspensión y la etapa de fondo. La etapa de suspensión busca que el acto impugnado no surta efectos mientras se resuelve el juicio de amparo. Si se concede la suspensión, el acto fiscal quedará suspendido hasta que se resuelva el amparo.

En la etapa de fondo, el tribunal analizará el caso y decidirá si el acto fiscal es inconstitucional o viola los derechos fundamentales del contribuyente. Si el tribunal considera que el acto es inconstitucional, lo declarará inválido y ordenará a la autoridad que emita una nueva resolución.

Es importante destacar que los recursos y medios de defensa en materia fiscal son fundamentales para garantizar un sistema tributario justo y equitativo. Estos mecanismos permiten a los contribuyentes defender sus derechos y cuestionar las decisiones de las autoridades fiscales cuando consideren que han sido afectados de manera injusta o incorrecta. Además, promueven la transparencia y la legalidad en el proceso de fiscalización y contribuyen a fortalecer el Estado de Derecho en México.

## PROCURADURIA DE LA DEFENSA DEL CONTRIBUYENTE (PRODECON)

La PRODECON, siglas que corresponden a la Procuraduría de la Defensa del Contribuyente, es una institución en México encargada de proteger los derechos de los contribuyentes y promover el cumplimiento voluntario de sus obligaciones fiscales. Fue creada con el propósito de garantizar un equilibrio en las relaciones entre el Estado y los contribuyentes, ofreciendo una instancia de asesoría, representación y defensa gratuita para aquellos que enfrentan problemas o discrepancias con las autoridades fiscales.

### I. Antecedentes y Fundación de la PRODECON

La creación de la PRODECON se estableció mediante la Ley del Servicio de Administración Tributaria (SAT) en México, la cual fue publicada en el Diario Oficial de la Federación el 31 de diciembre de 2005 y entró en vigor el 1 de enero de 2006.

La PRODECON fue concebida como una institución autónoma y descentralizada del Servicio de Administración Tributaria (SAT), con el objetivo de brindar asesoría y defensa a los contribuyentes ante cualquier acto de las autoridades fiscales que afecte sus derechos.

### II. Funciones y Objetivos de la PRODECON

La PRODECON tiene diversas funciones y objetivos que buscan proteger los derechos de los contribuyentes y promover la cultura de la legalidad y el cumplimiento voluntario de las obligaciones fiscales. Algunas de sus principales funciones y objetivos son:

1. Asesoría y Orientación: Brindar asesoría y orientación a los contribuyentes en materia fiscal, a fin de que conozcan sus derechos y obligaciones y puedan tomar decisiones informadas respecto a sus asuntos fiscales.

2. Representación Legal: Representar a los contribuyentes ante las autoridades fiscales en caso de controversias o discrepancias, a fin de defender sus derechos y garantizar un proceso de fiscalización justo y transparente.

3. Medios de Defensa: Impulsar y patrocinar los medios de defensa que permitan a los contribuyentes impugnar actos o resoluciones de las autoridades fiscales que afecten sus derechos.

4. Conciliación y Mediación: Promover la conciliación y mediación entre los contribuyentes y las autoridades fiscales como una vía para resolver conflictos de manera ágil y eficiente.

5. Investigación y Recomendaciones: Realizar investigaciones sobre casos de violaciones a los derechos de los contribuyentes y emitir recomendaciones para mejorar la actuación de las autoridades fiscales.

6. Promoción de Derechos Humanos: Fomentar el respeto a los derechos humanos de los contribuyentes en el ámbito fiscal y defender la legalidad y justicia en la aplicación de las leyes fiscales.

7. Educación y Capacitación: Promover la educación y capacitación en materia fiscal, tanto para los contribuyentes como para las autoridades fiscales, con el objetivo de fomentar el cumplimiento voluntario y la cultura de la legalidad.

## III. Estructura y Organización de la PRODECON

La PRODECON está conformada por un Procurador, quien es el titular de la institución, y por un Consejo Consultivo que se encarga de asesorar al Procurador en la toma de decisiones y en la definición de políticas institucionales.

Además, la PRODECON cuenta con diferentes áreas de atención y defensa, las cuales se distribuyen a nivel nacional para brindar servicio a los contribuyentes en todas las entidades federativas de México.

## IV. Principios Rectores de la PRODECON

Para cumplir con sus funciones y objetivos, la PRODECON se rige por una serie de principios rectores que guían su actuación. Algunos de estos principios son:

1. Independencia: La PRODECON actúa con autonomía e independencia respecto de las autoridades fiscales, garantizando su imparcialidad y objetividad en la defensa de los derechos de los contribuyentes.

2. Legalidad: La PRODECON se rige por el principio de legalidad en todas sus acciones, respetando las leyes y normativas que regulan la materia fiscal.

3. Eficiencia y Transparencia: La PRODECON busca ofrecer servicios eficientes y transparentes a los contribuyentes, asegurando la pronta resolución de sus problemas y la rendición de cuentas en su actuación.

4. Accesibilidad: La PRODECON busca facilitar el acceso de los contribuyentes a sus servicios, brindando atención en todas las entidades federativas y promoviendo la accesibilidad a través de medios electrónicos y digitales.

## V. Casos de Intervención de la PRODECON

La PRODECON interviene en una amplia gama de casos en los que los contribuyentes enfrentan problemas o discrepancias con las autoridades fiscales. Algunos ejemplos de casos en los que la PRODECON puede intervenir son:

1. Revisiones Fiscales: Cuando un contribuyente es objeto de una revisión o fiscalización por parte de las autoridades fiscales y considera que esta es injusta o afecta sus derechos.

2. Requerimientos de Información: Cuando las autoridades fiscales solicitan información o documentación al contribuyente y este considera que los requerimientos son excesivos o desproporcionados.

3. Sanciones Fiscales: Cuando un contribuyente es objeto de sanciones o multas por parte de las autoridades fiscales y considera que estas no son justificadas o que se han cometido errores en su imposición.

4. Devoluciones y Compensaciones: Cuando un contribuyente solicita la devolución o compensación de impuestos y las autoridades fiscales no resuelven su solicitud de manera oportuna o adecuada.

5. Inconformidades con Resoluciones Fiscales: Cuando un contribuyente recibe una resolución fiscal desfavorable y considera que esta es incorrecta o contraria a derecho.

## VI. Limitaciones de la PRODECON

Aunque la PRODECON desempeña un papel fundamental en la protección de los derechos de los contribuyentes, es importante mencionar que esta institución tiene ciertas limitaciones en su alcance y actuación. Algunas de las limitaciones más importantes son:

1. No es un Órgano Jurisdiccional: La PRODECON no es un órgano jurisdiccional, por lo que no puede emitir resoluciones vinculantes o ejecutivas como un tribunal. Su función es más bien de mediación y defensoría ante las autoridades fiscales.

2. No Representa a las Autoridades Fiscales: Aunque la PRODECON representa y defiende los derechos de los contribuyentes, no representa ni defiende los intereses de las autoridades fiscales. Su función es velar por los derechos de los contribuyentes, no por los intereses del Estado.

3. Casos de Competencia Exclusiva: La PRODECON no puede intervenir en todos los casos fiscales, ya que existen ciertos casos que están reservados a la competencia exclusiva de los tribunales fiscales y de la justicia administrativa.

## VII. Importancia de la PRODECON

La PRODECON desempeña un papel crucial en el sistema fiscal de México, ya que contribuye a equilibrar las relaciones entre el Estado y los contribuyentes, garantizando un trato justo y equitativo para los ciudadanos en materia fiscal. Su existencia es fundamental para proteger los derechos de los contribuyentes, promover la cultura de la legalidad y el cumplimiento voluntario, y fortalecer la confianza en el sistema tributario.

En resumen, la PRODECON es una institución clave en el Derecho Tributario Mexicano, cuyo objetivo es proteger los derechos de los contribuyentes y promover la justicia y equidad en el sistema fiscal. Su función de asesoría, representación y defensa gratuita para los contribuyentes es de vital importancia para asegurar un sistema tributario transparente y eficiente, que promueva el cumplimiento voluntario de las obligaciones fiscales y respete los derechos de los ciudadanos.

# Capítulo 23:

## Derecho Económico

El Derecho Económico en México es una rama del derecho que regula las relaciones jurídicas vinculadas con la actividad económica y comercial del país. Esta disciplina se encarga de establecer las normas y principios que rigen la producción, distribución, intercambio y consumo de bienes y servicios, así como las políticas económicas y fiscales implementadas por el Estado para promover el desarrollo y el crecimiento económico.

En este extenso análisis, se abordarán diversos aspectos del Derecho Económico en México, incluyendo su marco constitucional y legal, las políticas económicas implementadas a lo largo de la historia del país, la regulación de los mercados y la competencia, el comercio internacional y los tratados comerciales, así como los retos y perspectivas para el futuro del Derecho Económico en México.

### I. Marco Constitucional y Legal del Derecho Económico en México

El marco constitucional del Derecho Económico en México está establecido principalmente en la Constitución Política de los Estados Unidos Mexicanos, que contiene diversos artículos relacionados con la economía y la política económica del país. Entre los principios fundamentales que rigen la economía mexicana se encuentran la libre concurrencia, la promoción del desarrollo económico y social, la protección al medio ambiente, la defensa de los consumidores y la regulación del comercio exterior.

En cuanto al marco legal, el Derecho Económico en México se encuentra regulado por una amplia gama de leyes y reglamentos que abarcan diversos aspectos de la actividad económica. Algunas de las leyes más importantes que regulan esta materia son la Ley de Inversión Extranjera, la Ley Federal de Competencia Económica, la Ley Federal del Consumidor, la Ley General de Sociedades Mercantiles, la Ley Aduanera, la Ley de Comercio Exterior, entre otras.

### II. Políticas Económicas en México

A lo largo de la historia de México, se han implementado diferentes políticas económicas con el objetivo de promover el desarrollo y el crecimiento económico del país. Estas políticas han sido influenciadas por diversos factores, como los ciclos económicos internacionales, los cambios en el sistema político y las crisis económicas y financieras.

Uno de los momentos más significativos en la política económica de México fue la nacionalización de la industria petrolera en 1938, lo que llevó a la creación de Petróleos Mexicanos (Pemex) como una empresa estatal encargada de la exploración, producción y comercialización de hidrocarburos.

Otro hecho importante fue la implementación del modelo de desarrollo estabilizador en la década de 1950, que buscaba mantener una estabilidad macroeconómica mediante la regulación de precios y salarios y el control del tipo de cambio. Posteriormente, en la década de 1980, México adoptó políticas de apertura económica y liberalización comercial, que llevaron a la firma de tratados de libre comercio con diferentes países y regiones, como el Tratado de Libre Comercio de América del Norte (TLCAN) y el Tratado de Libre Comercio con la Unión Europea.

En las últimas décadas, México ha seguido una política de apertura y liberalización económica, fomentando la inversión extranjera y buscando una mayor integración en la economía global. Sin embargo, también ha enfrentado desafíos importantes, como la desigualdad económica y social, la informalidad laboral, la corrupción y la inseguridad.

### III. Regulación de Mercados y Competencia Económica

El Derecho Económico en México incluye la regulación de los mercados y la competencia económica, con el objetivo de promover la libre concurrencia, prevenir prácticas anticompetitivas y proteger los derechos de los consumidores.

En México, la Ley Federal de Competencia Económica (LFCE) es la principal normativa que regula la competencia económica y combate las prácticas monopolísticas. Esta ley establece las facultades y atribuciones de la Comisión Federal de Competencia Económica (COFECE), un organismo autónomo encargado de investigar y sancionar prácticas anticompetitivas y concentraciones económicas que puedan afectar el funcionamiento de los mercados.

Además, la LFCE prohíbe prácticas como los acuerdos entre competidores, el abuso de posición dominante y las fusiones o adquisiciones que puedan reducir la competencia en el mercado. También establece mecanismos para proteger los derechos de los consumidores y prevenir la publicidad engañosa o falsa.

## IV. Comercio Internacional y Tratados Comerciales

El comercio internacional juega un papel fundamental en la economía de México, ya que el país es uno de los principales exportadores e importadores a nivel mundial. Desde la década de 1980, México ha buscado una mayor apertura económica y una mayor integración en la economía global, lo que ha llevado a la firma de diversos tratados y acuerdos comerciales con otros países y regiones.

El Tratado de Libre Comercio de América del Norte (TLCAN), firmado en 1994 entre México, Estados Unidos y Canadá, fue uno de los acuerdos más importantes para la economía mexicana. Este tratado permitió el libre comercio de bienes y servicios entre los tres países, promoviendo la inversión y el desarrollo económico en la región.

En 2020, el TLCAN fue reemplazado por el Tratado entre México, Estados Unidos y Canadá (T-MEC), que mantiene los principios fundamentales del acuerdo anterior, pero también incluye nuevas disposiciones relacionadas con el comercio digital, el medio ambiente, los derechos laborales y la propiedad intelectual.

México también ha firmado tratados de libre comercio con otros países y regiones, como la Unión Europea, Japón, Israel, y varios países de América Latina y el Caribe. Estos tratados han abierto oportunidades para las exportaciones mexicanas y han facilitado el acceso a nuevos mercados para los productos y servicios nacionales.

## V. Retos y Perspectivas del Derecho Económico en México

El Derecho Económico en México enfrenta diversos retos y desafíos, algunos de los cuales son:

1. Desigualdad Económica y Social: México enfrenta una gran desigualdad económica y social, lo que representa un reto importante para el Derecho Económico. Es necesario implementar políticas que promuevan una distribución más equitativa de la riqueza y el acceso a oportunidades económicas para todos los ciudadanos.

2. Informalidad Laboral: Una gran parte de la economía mexicana opera en la informalidad, lo que implica que los trabajadores no cuentan con prestaciones sociales ni protección laboral. El Derecho Económico debe buscar incentivar la formalización de la economía y promover el empleo digno y seguro.

3. Corrupción y Prácticas Anticompetitivas: La corrupción y las prácticas anticompetitivas representan un obstáculo para el desarrollo económico y la competencia en el país. El Derecho Económico debe fortalecer los mecanismos de supervisión y sanción para prevenir estas prácticas y proteger la libre concurrencia en los mercados.

4. Desafíos del Comercio Internacional: México debe enfrentar los retos del comercio internacional, como la competencia global, la volatilidad de los mercados internacionales y las tensiones comerciales entre países. El Derecho Económico debe buscar una mayor diversificación de los mercados y una mayor integración en las cadenas de valor globales.

En cuanto a las perspectivas del Derecho Económico en México, es fundamental seguir trabajando en la promoción de una economía más abierta, competitiva e incluyente. La implementación adecuada de las políticas económicas, la regulación efectiva de los mercados y la promoción del comercio internacional son aspectos clave para lograr un desarrollo sostenible y equitativo en el país.

## Conclusión:

El Derecho Económico en México es una rama del derecho fundamental para el desarrollo y crecimiento del país. A través de su marco constitucional y legal, se establecen los principios y normas que rigen la actividad económica y comercial, así como las políticas implementadas por el Estado para promover el desarrollo económico y social.

La regulación de los mercados y la competencia económica, así como el comercio internacional y los tratados comerciales, son aspectos fundamentales del Derecho Económico en México, que contribuyen a promover la libre concurrencia, proteger los derechos de los consumidores y fomentar el crecimiento económico.

Sin embargo, México enfrenta desafíos importantes en materia económica, como la desigualdad, la informalidad laboral, la corrupción y los desafíos del comercio internacional. Para hacer frente a estos retos, es fundamental fortalecer el marco jurídico y las políticas económicas del país, buscando siempre un desarrollo equitativo, sostenible e incluyente.

El Derecho Económico en México tiene un papel crucial en la construcción de una economía próspera y justa para todos los ciudadanos. A través de la implementación de políticas adecuadas y la protección de la competencia en los mercados, se puede promover un desarrollo económico sólido y sostenible, que beneficie a toda la sociedad. En este sentido, es necesario seguir trabajando en la mejora del marco legal y en la promoción de una cultura de legalidad y cumplimiento de las obligaciones económicas, para alcanzar un crecimiento económico sostenible y equitativo en México.

## MARCO LEGAL Y CONSTITUCIONAL DEL DERECHO ECONOMICO EN MEXICO

El marco legal y constitucional del Derecho Económico en México se encuentra establecido en la Constitución Política de los Estados Unidos Mexicanos y en diversas leyes y reglamentos que regulan la actividad económica y comercial del país. En este apartado, se abordarán los principales aspectos del marco legal y constitucional del Derecho Económico en México.

### I. Constitución Política de los Estados Unidos Mexicanos

La Constitución Política de los Estados Unidos Mexicanos es la ley fundamental del país y establece los principios y valores que rigen la vida política, social y económica de México. En materia económica, la Constitución contiene diversos artículos que establecen los fundamentos del Derecho Económico en el país. Algunos de los artículos más relevantes son los siguientes:

1. Artículo 25: Este artículo establece que el Estado tiene la responsabilidad de planear, conducir, coordinar y orientar la actividad económica nacional para lograr un desarrollo equitativo y sostenible. Asimismo, señala que el Estado promoverá el crecimiento económico y el empleo, así como el acceso a la propiedad de la tierra y el fomento de la inversión productiva.

2. Artículo 26: Este artículo establece que el Estado mantendrá un régimen de libertad de comercio y promoverá el desarrollo económico y social mediante la concurrencia de la iniciativa privada, social y pública. Asimismo, señala que el Estado protegerá los derechos de los consumidores y evitará los monopolios.

3. Artículo 27: Este artículo establece que la propiedad de las tierras y aguas comprendidas dentro de los límites del territorio nacional corresponde originariamente a la Nación, quien tiene el derecho de transmitir el dominio de ellas a particulares, constituyendo la propiedad privada. Asimismo, señala que el Estado tiene la facultad de expedir leyes para el aprovechamiento, protección y conservación de los recursos naturales.

4. Artículo 28: Este artículo prohíbe las prácticas monopólicas y los monopolios, estableciendo que la Ley castigará severamente, incluso con la pena de prisión, las violaciones a esta disposición.

5. Artículo 73, fracción XVI: Esta fracción establece que el Congreso de la Unión tiene la facultad de expedir leyes en materia de comercio exterior, inversión extranjera y operaciones cambiarias.

## II. Leyes y Reglamentos del Derecho Económico en México

Además de la Constitución, el Derecho Económico en México se encuentra regulado por un conjunto de leyes y reglamentos que abarcan diversos aspectos de la actividad económica y comercial. Algunas de las leyes más relevantes en esta materia son las siguientes:

1. Ley General de Sociedades Mercantiles: Esta ley regula la constitución y funcionamiento de las sociedades mercantiles en México, estableciendo los requisitos y procedimientos para su constitución, operación y disolución.

2. Ley Federal del Trabajo: Esta ley regula las relaciones laborales entre empleadores y trabajadores, estableciendo los derechos y obligaciones de ambas partes, así como las condiciones de trabajo y la protección laboral.

3. Ley Federal de Competencia Económica: Esta ley regula la competencia económica en México y combate las prácticas monopólicas y anticompetitivas. Establece las facultades de la Comisión Federal de Competencia Económica (COFECE) para investigar y sancionar prácticas que afecten la libre concurrencia en los mercados.

4. Ley de Inversión Extranjera: Esta ley regula la inversión extranjera en México, estableciendo los requisitos y procedimientos para la entrada y operación de inversionistas extranjeros en el país.

5. Ley de Comercio Exterior: Esta ley regula el comercio exterior de México, estableciendo las normas y procedimientos para la importación y exportación de bienes y servicios.

6. Ley Aduanera: Esta ley regula el funcionamiento de las aduanas en México, estableciendo las normas y procedimientos para el despacho de mercancías y el control de las fronteras.

7. Ley del Impuesto al Valor Agregado (IVA): Esta ley establece las disposiciones para el cobro y pago del IVA, un impuesto que grava el valor agregado en las ventas de bienes y servicios.

8. Ley del Impuesto Sobre la Renta (ISR): Esta ley establece las disposiciones para el cobro y pago del ISR, un impuesto que grava los ingresos de las personas y empresas.

### III. Instituciones y Organismos Reguladores

En México, existen diversas instituciones y organismos que tienen la función de regular y supervisar la actividad económica y comercial del país. Algunas de las instituciones más relevantes en el ámbito del Derecho Económico son las siguientes:

1. Secretaría de Economía: Es la dependencia del Poder Ejecutivo Federal encargada de formular y conducir las políticas de comercio exterior, inversión extranjera, competencia económica y desarrollo industrial en México.

2. Comisión Federal de Competencia Económica (COFECE): Es un órgano autónomo encargado de promover, proteger y garantizar la libre concurrencia y competencia en los mercados en México. Tiene la facultad de investigar y sancionar prácticas monopólicas y anticompetitivas.

3. Banco de México: Es el banco central de México, encargado de regular la emisión de moneda y la política monetaria del país, con el objetivo de mantener la estabilidad del poder adquisitivo de la moneda nacional.

4. Comisión Nacional para la Protección y Defensa de los Usuarios de Servicios Financieros (CONDUSEF): Es un órgano encargado de proteger y defender los derechos de los usuarios de servicios financieros, promoviendo la transparencia y la adecuada prestación de servicios en el sector financiero.

5. Comisión Nacional Bancaria y de Valores (CNBV): Es un órgano regulador encargado de supervisar y regular a las instituciones financieras en México, con el objetivo de garantizar la solidez y estabilidad del sistema financiero.

6. Instituto Nacional de Estadística y Geografía (INEGI): Es el organismo encargado de recopilar y publicar información estadística y geográfica del país, incluyendo datos económicos y sociales que son fundamentales para la toma de decisiones en materia económica.

### IV. Organismos Internacionales

México es miembro de diversos organismos internacionales que tienen un impacto significativo en el Derecho Económico del país. Algunos de los organismos más relevantes son:

1. Organización Mundial del Comercio (OMC): México es miembro de la OMC, una organización internacional que establece reglas y normas para el comercio entre los países miembros. La OMC promueve el libre comercio y busca reducir barreras arancelarias y no arancelarias que afecten el intercambio de bienes y servicios entre los países.

2. Organización para la Cooperación y el Desarrollo Económico (OCDE): México es miembro de la OCDE, una organización internacional que promueve políticas económicas, sociales y ambientales que mejoren el bienestar de las personas en los países miembros.

3. Alianza del Pacífico: México es miembro de la Alianza del Pacífico, un mecanismo de integración económica y comercial entre México, Colombia, Perú y Chile, que busca fomentar el comercio y la inversión entre los países miembros.

4. Foro de Cooperación Económica Asia-Pacífico (APEC): México es miembro de APEC, una organización que busca promover el crecimiento económico, la cooperación y la integración entre los países de la región de Asia-Pacífico.

## V. Desarrollo y Perspectivas del Derecho Económico en México

El Derecho Económico en México ha experimentado importantes avances en las últimas décadas, con la apertura de la economía al comercio internacional y la implementación de políticas que promueven la competencia y la inversión.

En la actualidad, México se enfrenta a diversos desafíos económicos, como la desigualdad, la informalidad laboral, la corrupción y la pobreza. Para hacer frente a estos retos, es necesario seguir fortaleciendo el marco legal y las instituciones que regulan la actividad económica y comercial del país.

El desarrollo del Derecho Económico en México está estrechamente vinculado con la búsqueda de un desarrollo económico sostenible, equitativo e incluyente. Para lograr este objetivo, es fundamental seguir trabajando en la promoción de políticas que fomenten la competitividad, la innovación y la diversificación de la economía mexicana.

El Derecho Económico en México también debe adaptarse a los cambios tecnológicos y los retos del comercio internacional. El avance de la tecnología y la digitalización de la economía plantean nuevos desafíos en términos de regulación y protección de los derechos de los consumidores y los usuarios de servicios financieros.

En cuanto a las perspectivas del Derecho Económico en México, se espera que siga siendo una herramienta fundamental para promover el desarrollo económico y social del país. La implementación de políticas económicas adecuadas, la regulación efectiva de los mercados y la promoción del comercio internacional son aspectos clave para lograr un crecimiento económico sostenible y equitativo en México.

En conclusión, el Derecho Económico en México juega un papel fundamental en la promoción de un desarrollo económico sostenible y equitativo en el país. A través de su marco legal y constitucional, se establecen los principios y normas que rigen la actividad económica y comercial, así como las políticas implementadas por el Estado para promover el desarrollo económico y social. Sin embargo, México enfrenta desafíos importantes en materia económica, como la desigualdad, la informalidad laboral, la corrupción y los desafíos del comercio internacional. Para hacer frente a estos retos, es fundamental fortalecer el marco jurídico y las políticas económicas del país, buscando siempre un desarrollo equitativo, sostenible e incluyente. En este sentido, es necesario seguir trabajando en la mejora del marco legal y en la promoción de una cultura de legalidad y cumplimiento de las obligaciones económicas, para alcanzar un crecimiento económico sostenible y equitativo en México.

## POLITICA ECONOMICA Y DESARROLLO EN MEXICO

La política económica y el desarrollo en México han sido temas centrales en la agenda del país a lo largo de su historia. Durante décadas, México ha experimentado diversos modelos y estrategias económicas con el objetivo de promover el crecimiento económico, reducir la pobreza y mejorar el bienestar de la población. En este extenso análisis, se abordarán los principales aspectos de la política económica y el desarrollo en México, desde sus inicios hasta la actualidad.

### I. Antecedentes Históricos de la Política Económica en México

La política económica en México ha evolucionado a lo largo del tiempo, reflejando los cambios políticos, sociales y económicos del país. En sus inicios, México adoptó un modelo económico basado en el liberalismo, promoviendo la apertura comercial, la inversión extranjera y la exportación de productos agrícolas y materias primas.

Sin embargo, a principios del siglo XX, México experimentó una serie de transformaciones políticas y sociales, incluyendo la Revolución Mexicana de 1910. Durante este periodo, se impulsaron reformas en materia agraria y se establecieron los cimientos de la política económica de corte nacionalista que prevaleció durante gran parte del siglo XX.

### II. Modelo de Desarrollo Estabilizador

A partir de la década de 1940 y hasta la década de 1970, México adoptó el llamado "Modelo de Desarrollo Estabilizador". Este modelo se caracterizó por una política económica de industrialización y sustitución de importaciones, buscando reducir la dependencia de bienes extranjeros y promover la producción nacional.

Durante este periodo, se implementaron políticas de protección a la industria nacional, como aranceles y barreras comerciales, así como la creación de empresas paraestatales en sectores estratégicos como el petróleo y la energía eléctrica.

### III. Crisis de la Deuda y Ajustes Estructurales

A finales de la década de 1970 y principios de la década de 1980, México enfrentó una crisis económica y una severa crisis de deuda externa. La incapacidad para pagar la deuda generó una serie de ajustes estructurales impuestos por los organismos internacionales, como el Fondo Monetario Internacional (FMI) y el Banco Mundial.

Estos ajustes incluyeron políticas de liberalización económica, reducción del gasto público y apertura comercial. Se llevó a cabo una serie de privatizaciones de empresas estatales y se eliminaron barreras arancelarias para facilitar el comercio internacional.

### IV. Tratado de Libre Comercio de América del Norte (TLCAN)

En 1994, México firmó el Tratado de Libre Comercio de América del Norte (TLCAN) junto con Estados Unidos y Canadá. Este acuerdo comercial buscaba aumentar la integración económica de los tres países y promover el libre comercio.

El TLCAN tuvo un impacto significativo en la economía mexicana, al facilitar el acceso a los mercados internacionales y atraer inversión extranjera directa. Sin embargo, también generó efectos negativos en algunos sectores, como la agricultura y la industria nacional, que enfrentaron una mayor competencia de productos importados.

### V. Modelo Neoliberal y Política Económica Actual

A partir de la década de 1990, México adoptó un modelo económico neoliberal, caracterizado por la apertura comercial, la liberalización financiera y la reducción del papel del Estado en la economía. Esta política económica ha sido continuada por diferentes gobiernos a lo largo de los años.

Entre las principales reformas neoliberales en México se encuentran la privatización de empresas estatales, la apertura de sectores estratégicos a la inversión extranjera, la desregulación de mercados y la búsqueda de la estabilidad macroeconómica.

### VI. Desafíos Actuales en la Política Económica y el Desarrollo

México enfrenta diversos desafíos en materia de política económica y desarrollo. Algunos de los principales son los siguientes:

1. Desigualdad y Pobreza: A pesar del crecimiento económico experimentado en las últimas décadas, México sigue enfrentando altos niveles de desigualdad y pobreza. La brecha entre ricos y pobres continúa siendo amplia, lo que representa un reto importante para la política económica y el desarrollo inclusivo.

2. Informalidad Laboral: Una gran parte de la población en México trabaja en la economía informal, lo que implica una falta de acceso a prestaciones sociales y condiciones laborales precarias. La formalización del empleo es un desafío clave para mejorar las condiciones de vida de la población.

3. Crecimiento Económico Sostenible: Aunque México ha experimentado un crecimiento económico constante en las últimas décadas, es importante impulsar un crecimiento sostenible que no solo sea impulsado por la exportación de materias primas y manufacturas, sino que también promueva la innovación y el desarrollo tecnológico.

4. Dependencia del Petróleo: México ha sido históricamente dependiente de los ingresos petroleros, lo que lo ha vuelto vulnerable a las fluctuaciones del mercado internacional del petróleo. Diversificar la economía y reducir la dependencia del petróleo son desafíos importantes para fortalecer la estabilidad económica del país.

5. Corrupción y Transparencia: La corrupción en México es un problema sistémico que afecta tanto al sector público como al privado. La transparencia y el combate a la corrupción son fundamentales para mejorar la eficiencia y la confianza en las instituciones económicas y gubernamentales.

VII. Políticas y Estrategias para el Desarrollo Económico

Para abordar los desafíos económicos y promover un desarrollo económico sostenible e incluyente, México ha implementado diversas políticas y estrategias. Algunas de las más importantes son:

1. Política Industrial: El gobierno mexicano ha implementado políticas industriales que buscan fomentar la competitividad y la diversificación de la economía. Se han impulsado programas de apoyo a la innovación y el desarrollo tecnológico, así como incentivos para atraer inversiones en sectores estratégicos.

2. Política Social: Para reducir la desigualdad y la pobreza, se han implementado programas sociales de transferencias de ingresos, acceso a servicios de salud y educación, así como proyectos de desarrollo comunitario en zonas marginadas.

3. Infraestructura y Conectividad: Se han realizado importantes inversiones en infraestructura, como carreteras, puertos, aeropuertos y telecomunicaciones, con el objetivo de mejorar la conectividad y facilitar el comercio y la movilidad de bienes y personas.

4. Fomento a la Educación y la Capacitación: El fortalecimiento de la educación y la capacitación de la fuerza laboral es fundamental para aumentar la productividad y la competitividad de la economía. Se han implementado programas de becas, capacitación y educación técnica para mejorar las habilidades y la empleabilidad de la población.

5. Política Fiscal y Tributaria: La política fiscal desempeña un papel clave en la recaudación de recursos para financiar el gasto público en áreas como infraestructura, salud, educación y programas sociales. La promoción de una política tributaria justa y progresiva es fundamental para reducir la desigualdad y garantizar el acceso a servicios públicos de calidad.

## VIII. Perspectivas Futuras

El futuro de la política económica y el desarrollo en México dependerá en gran medida de la capacidad del país para abordar los desafíos y aprovechar las oportunidades que surjan en el contexto nacional e internacional.

Es importante seguir impulsando políticas que promuevan la competitividad y la innovación, así como fomentar la diversificación de la economía y la atracción de inversiones en sectores estratégicos.

Asimismo, es necesario seguir trabajando en la reducción de la desigualdad y la pobreza, mediante políticas sociales efectivas y programas de desarrollo que beneficien a las comunidades más vulnerables.

La implementación de políticas ambientales y de sostenibilidad también será un factor determinante para garantizar un desarrollo económico a largo plazo que sea respetuoso con el medio ambiente y que promueva un desarrollo sustentable.

En conclusión, la política económica y el desarrollo en México han experimentado diversos cambios a lo largo de la historia del país. Desde su independencia, México ha buscado modelos y estrategias económicas que promuevan el crecimiento económico, la reducción de la pobreza y el bienestar de la población. A lo largo del tiempo, México ha enfrentado desafíos importantes, como la desigualdad, la informalidad laboral, la dependencia del petróleo y la corrupción, que han requerido de políticas y estrategias específicas para abordarlos. En la actualidad, México sigue enfrentando retos económicos significativos, pero también tiene grandes oportunidades para promover un desarrollo económico sostenible, equitativo e incluyente. La implementación de políticas que promuevan la competitividad, la diversificación económica, la inversión en infraestructura y el fortalecimiento del capital humano serán fundamentales para alcanzar un desarrollo económico sostenible y mejorar el bienestar de la población. Asimismo, el combate a la corrupción, la promoción de la transparencia y la promoción de una política tributaria justa y progresiva serán elementos clave para fortalecer el marco legal y institucional que regula la economía mexicana y garantizar un desarrollo económico sostenible y equitativo en el país.

## REGULACION Y COMPETENCIA EN LOS MERCADOS

La regulación y la competencia en los mercados son dos aspectos fundamentales para el funcionamiento adecuado de la economía y la protección de los intereses de los consumidores. La regulación busca establecer normas y reglas que rijan el comportamiento de las empresas y los actores económicos, mientras que la competencia se refiere a la interacción de las empresas en el mercado, donde se busca que exista un ambiente competitivo que favorezca la eficiencia y la innovación.

En este análisis, exploraremos en detalle el papel de la regulación y la competencia en los mercados, su importancia, los objetivos que persiguen y cómo se aplican en el contexto de la economía mexicana.

### I. Importancia de la Regulación en los Mercados

La regulación en los mercados es esencial para establecer las reglas del juego y garantizar que las empresas y los actores económicos actúen de manera ética y en cumplimiento de las leyes. Entre las principales razones por las que la regulación es importante, se encuentran las siguientes:

1. Protección del Consumidor: La regulación busca proteger los derechos e intereses de los consumidores, asegurando que reciban bienes y servicios de calidad, seguros y que cumplan con las especificaciones y garantías establecidas.

2. Prevención del Abuso de Poder de Mercado: La regulación evita que las empresas o grupos de empresas adquieran un poder excesivo en el mercado, lo que podría llevar a prácticas anticompetitivas, como fijación de precios monopolísticos o prácticas de discriminación.

3. Promoción de la Competencia: La regulación busca crear un ambiente competitivo y equitativo que fomente la entrada de nuevas empresas al mercado y la innovación, lo que beneficia a los consumidores en términos de variedad y precios.

319

4. Estabilidad Económica: La regulación busca mantener la estabilidad económica y financiera, evitando la aparición de crisis y asegurando la integridad del sistema financiero.

5. Protección del Medio Ambiente y Recursos Naturales: La regulación también puede incluir normas ambientales para proteger el medio ambiente y los recursos naturales de prácticas contaminantes o explotadoras.

## II. Objetivos de la Regulación en los Mercados

Los objetivos de la regulación en los mercados pueden variar según el contexto y las necesidades específicas de cada país. Sin embargo, algunos de los objetivos comunes son los siguientes:

1. Protección del Consumidor: Garantizar que los bienes y servicios que se ofrecen en el mercado cumplan con estándares de calidad y seguridad, y que los consumidores estén protegidos de prácticas engañosas o fraudulentas.

2. Promoción de la Competencia: Fomentar la competencia en el mercado para evitar monopolios o prácticas anticompetitivas, lo que contribuye a la eficiencia económica y beneficia a los consumidores.

3. Estabilidad y Seguridad Financiera: Regular los mercados financieros para asegurar la estabilidad y la solidez del sistema financiero y proteger a los inversionistas y ahorristas.

4. Protección del Medio Ambiente y Recursos Naturales: Establecer normas ambientales y de uso de recursos naturales para proteger el medio ambiente y asegurar la sostenibilidad a largo plazo.

5. Estabilidad Macroeconómica: La regulación también puede incluir políticas y medidas para mantener la estabilidad macroeconómica, como el control de la inflación y el equilibrio fiscal.

## III. Regulación y Competencia en el Derecho Económico Mexicano

En México, la regulación y la competencia en los mercados son aspectos fundamentales en el marco del Derecho Económico. La Ley Federal de Competencia Económica (LFCE) y la Comisión Federal de Competencia Económica (COFECE) son los principales órganos encargados de la promoción y protección de la competencia en el país.

La LFCE tiene como objetivo principal promover y garantizar la libre competencia y la concurrencia en el mercado, prevenir y eliminar prácticas monopólicas y garantizar la competencia en beneficio de los consumidores. Esta ley establece los procedimientos para investigar y sancionar prácticas anticompetitivas, como la colusión entre empresas o el abuso de posición dominante en el mercado.

La COFECE es un órgano autónomo y descentralizado del gobierno federal, encargado de aplicar y hacer cumplir la LFCE. Entre sus principales funciones se encuentran la investigación de prácticas anticompetitivas, la emisión de resoluciones y sanciones, así como la promoción de la competencia en distintos sectores de la economía.

En México, también existe regulación en otros sectores de la economía, como el sector financiero, el sector energético, el sector de las telecomunicaciones y el sector de la salud, entre otros. Las autoridades reguladoras en estos sectores tienen como objetivo promover la competencia y garantizar la eficiencia y la calidad de los servicios ofrecidos.

IV. Instrumentos de Regulación en México

En el marco del Derecho Económico en México, existen diversos instrumentos de regulación utilizados para promover la competencia y proteger a los consumidores. Algunos de los más relevantes son:

1. Análisis de Concentraciones: La COFECE realiza análisis de concentraciones para evaluar el impacto que una fusión o adquisición de empresas pueda tener en la competencia del mercado. En caso de que la operación afecte la competencia, la COFECE puede imponer condiciones o negar la operación.

2. Investigaciones de Prácticas Monopólicas: La COFECE investiga y sanciona a empresas que llevan a cabo prácticas monopólicas, como la colusión para fijar precios o el reparto de mercado.

3. Estímulos a la Competencia: La COFECE también promueve la competencia mediante la emisión de opiniones técnicas para la creación de regulaciones y políticas públicas que favorezcan la competencia en distintos sectores.

4. Facilitación de Denuncias: La COFECE tiene un programa de denuncias anónimas que permite a los ciudadanos y empresas denunciar prácticas anticompetitivas.

V. Relación entre Regulación y Competencia

La relación entre regulación y competencia es estrecha y se complementan entre sí. La regulación busca establecer las normas y reglas que rigen el comportamiento de las empresas en el mercado, mientras que la competencia se refiere a la interacción de las empresas en el mercado en función de la libre entrada y salida, la oferta y la demanda, y la existencia de múltiples competidores.

La regulación es necesaria para prevenir prácticas anticompetitivas y proteger a los consumidores de abusos de poder de mercado. Por ejemplo, la regulación puede establecer límites a la concentración de mercado o prohibir prácticas colusorias.

Por otro lado, la competencia es esencial para asegurar que los mercados funcionen de manera eficiente y en beneficio de los consumidores. La competencia promueve la innovación, la eficiencia y la reducción de precios, ya que las empresas buscan mejorar sus productos y servicios para ganar la preferencia de los consumidores.

La regulación y la competencia deben trabajar en conjunto para lograr un equilibrio entre la protección de los intereses de los consumidores y la promoción de la competencia. Es importante que la regulación no sea excesiva o distorsione la competencia, ya que esto puede limitar la entrada de nuevos competidores y reducir los incentivos para la innovación.

En el caso de México, la LFCE y la COFECE tienen como objetivo principal promover la competencia en los mercados y prevenir prácticas anticompetitivas. La COFECE cuenta con amplios poderes para investigar y sancionar a empresas que incurren en prácticas monopólicas o colusorias, lo que contribuye a promover un ambiente de competencia sano y equitativo.

## VI. Desafíos y Perspectivas Futuras

En el contexto de la economía mexicana, existen algunos desafíos y perspectivas futuras en relación con la regulación y la competencia en los mercados:

1. Combate a la Corrupción: Uno de los desafíos más importantes es el combate a la corrupción, tanto en el ámbito público como en el privado. La corrupción puede distorsionar la competencia y afectar negativamente el ambiente de negocios en el país.

2. Fomento de la Competencia en Sectores Estratégicos: Es importante seguir promoviendo la competencia en sectores estratégicos de la economía, como el energético, el de las telecomunicaciones y el financiero, para mejorar la eficiencia y la calidad de los servicios.

3. Promoción de la Innovación: Fomentar la innovación es clave para mejorar la competitividad de la economía mexicana. Es necesario que la regulación no limite la entrada de nuevos competidores y promueva un ambiente propicio para la innovación y el desarrollo tecnológico.

4. Atención a la Economía Informal: La economía informal es un desafío importante en México, ya que puede afectar la competencia en algunos sectores y reducir la recaudación fiscal. Es necesario implementar políticas que fomenten la formalización de la economía.

5. Coordinación entre Autoridades Reguladoras: La coordinación entre las diferentes autoridades reguladoras es fundamental para asegurar un enfoque integral en la promoción de la competencia y la protección de los intereses de los consumidores.

## VII. Conclusiones

La regulación y la competencia son aspectos fundamentales para el funcionamiento adecuado de los mercados y la protección de los consumidores en México. La regulación busca establecer las reglas del juego y garantizar que las empresas actúen de manera ética y en cumplimiento de las leyes, mientras que la competencia promueve la eficiencia y la innovación en los mercados.

La LFCE y la COFECE son los principales instrumentos de regulación y promoción de la competencia en México. La COFECE tiene amplios poderes para investigar y sancionar prácticas anticompetitivas, lo que contribuye a promover un ambiente de competencia sano y equitativo.

Sin embargo, existen desafíos importantes que deben enfrentarse, como el combate a la corrupción, la promoción de la innovación y el fomento de la competencia en sectores estratégicos. Es fundamental que la regulación y la competencia trabajen en conjunto para lograr un equilibrio entre la protección de los consumidores y la promoción de la competencia.

En el futuro, es importante seguir fortaleciendo la regulación y la competencia en los mercados mexicanos para promover un desarrollo económico sostenible, eficiente e inclusivo. La coordinación entre las diferentes autoridades reguladoras y el combate a la corrupción serán aspectos clave para lograr este objetivo. Además, es necesario seguir impulsando políticas que fomenten la formalización de la economía y promuevan la innovación y la competencia en todos los sectores.

## COMERCIO INTERNACIONAL Y TRATADOS COMERCIALES

El comercio internacional y los tratados comerciales son aspectos fundamentales para la economía de un país y su inserción en el contexto global. En el caso de México, el comercio internacional ha sido una parte integral de su desarrollo económico, siendo un país con una larga tradición en la apertura a los mercados internacionales. En este análisis, abordaremos en detalle qué es el comercio internacional, su importancia para México, los principales tratados comerciales que ha suscrito el país y sus beneficios y desafíos.

## I. Comercio Internacional: Concepto y Fundamentos

El comercio internacional se refiere al intercambio de bienes, servicios y capitales entre países y regiones del mundo. Es una parte esencial de la economía global y está impulsado por la especialización y ventajas comparativas de cada país en la producción de determinados bienes y servicios.

La teoría económica del comercio internacional se basa en los fundamentos de la ventaja comparativa propuestos por el economista británico David Ricardo en el siglo XIX. Según esta teoría, los países deben especializarse en la producción de aquellos bienes y servicios en los que tienen una ventaja comparativa, es decir, en los que pueden producir de manera más eficiente en términos de costos. Luego, pueden intercambiar estos bienes y servicios con otros países que también se han especializado en la producción de otros bienes y servicios en los que tienen ventaja comparativa.

El comercio internacional permite a los países acceder a una mayor variedad de bienes y servicios a precios competitivos, lo que mejora el bienestar de los consumidores y la eficiencia económica en general. Además, facilita la transferencia de tecnología, el acceso a nuevos mercados y la diversificación de las fuentes de ingresos.

## II. Importancia del Comercio Internacional para México

El comercio internacional ha sido históricamente de gran importancia para México debido a su posición geográfica estratégica y su integración con las economías de América del Norte y América Latina. Algunos de los factores que resaltan su relevancia son:

1. Tratados Comerciales: México ha sido un actor activo en la firma de tratados comerciales bilaterales y multilaterales. Estos acuerdos permiten el acceso preferencial a mercados extranjeros y brindan certidumbre a los inversionistas y exportadores mexicanos.

2. Diversificación de Mercados: Gracias a los tratados comerciales, México ha logrado diversificar sus mercados de exportación, reduciendo su dependencia de un solo mercado y mitigando el impacto de posibles crisis económicas en un país en particular.

3. Atracción de Inversiones Extranjeras: La apertura comercial de México y sus tratados han atraído inversiones extranjeras directas, ya que empresas internacionales ven en el país una plataforma atractiva para la producción y exportación de bienes.

4. Desarrollo de la Industria Exportadora: El comercio internacional ha impulsado el desarrollo de una industria exportadora en México, permitiendo que las empresas nacionales se conviertan en actores globales y competitivos.

5. Crecimiento Económico: La integración de México en la economía mundial ha sido un factor clave en su crecimiento económico, al fomentar la especialización productiva y la atracción de inversión extranjera.

### III. Principales Tratados Comerciales de México

México ha sido un país activo en la firma de tratados comerciales y acuerdos de libre comercio con diversas naciones y regiones. Algunos de los principales tratados comerciales en los que México participa son:

1. Tratado de Libre Comercio de América del Norte (TLCAN): Firmado en 1994 entre México, Estados Unidos y Canadá, el TLCAN fue uno de los acuerdos más importantes para México, ya que eliminó barreras arancelarias y facilitó el comercio y la inversión entre los tres países. En 2020, el TLCAN fue reemplazado por el T-MEC (Tratado entre México, Estados Unidos y Canadá), que incluye actualizaciones y nuevas disposiciones.

2. Acuerdo de Asociación Transpacífico (TPP): Si bien originalmente incluía a 12 países, el acuerdo se redujo a 11 después de la salida de Estados Unidos. El TPP es un acuerdo de gran alcance que busca facilitar el comercio y la inversión en la región Asia-Pacífico.

3. Acuerdo de Libre Comercio con la Unión Europea: México y la Unión Europea firmaron un acuerdo de libre comercio en 2000, que ha permitido el acceso preferencial a los mercados de ambas partes y ha fomentado la inversión y el intercambio de bienes y servicios.

4. Acuerdo de Asociación Económica con Japón: Este acuerdo, firmado en 2004, ha permitido aumentar el comercio y la inversión entre México y Japón, además de fomentar la cooperación en temas económicos y tecnológicos.

5. Tratado de Libre Comercio con el Triángulo Norte de Centroamérica: México tiene un acuerdo de libre comercio con Guatemala, El Salvador y Honduras, lo que ha fortalecido las relaciones comerciales entre estos países.

### IV. Beneficios del Comercio Internacional para México

El comercio internacional ha traído consigo diversos beneficios para México, algunos de los cuales son:

1. Crecimiento Económico: El comercio internacional ha sido un motor clave para el crecimiento económico de México, al permitir que las empresas exporten sus productos a mercados extranjeros y atraigan inversión extranjera.

2. Generación de Empleo: La expansión del comercio internacional ha llevado a la creación de empleos en sectores exportadores, lo que contribuye al desarrollo económico y social del país.

3. Mayor Competitividad: La apertura comercial ha obligado a las empresas mexicanas a volverse más competitivas para enfrentar la competencia global, lo que ha llevado a mejoras en la calidad de los productos y servicios ofrecidos.

4. Diversificación de la Economía: El comercio internacional ha permitido que México diversifique su economía, reduciendo la dependencia de ciertos sectores y mercados.

5. Acceso a Tecnología e Innovación: El comercio internacional ha facilitado el acceso de México a tecnologías y conocimientos innovadores, lo que ha contribuido a la modernización de la economía.

## V. Desafíos y Perspectivas Futuras

A pesar de los beneficios del comercio internacional, México también enfrenta desafíos en este ámbito, que deben abordarse para lograr un desarrollo económico más equitativo y sostenible:

1. Dependencia de Estados Unidos: México tiene una fuerte dependencia del mercado estadounidense, lo que lo hace vulnerable a los cambios en las políticas comerciales y económicas de ese país.

2. Desigualdad Económica: El comercio internacional ha beneficiado principalmente a ciertas regiones y sectores de la economía mexicana, lo que ha exacerbado la desigualdad económica y social en el país.

3. Protección del Medio Ambiente: El comercio internacional puede tener un impacto negativo en el medio ambiente debido a la explotación de recursos naturales y las emisiones de carbono asociadas al transporte de mercancías.

4. Competencia Desleal: La competencia global puede llevar a prácticas desleales de comercio, como el dumping (venta de productos a precios inferiores a su costo de producción), lo que afecta a la industria local.

5. Desafíos Tecnológicos: La digitalización y la automatización están transformando la economía mundial, lo que presenta desafíos para México en términos de adaptación y capacitación de la fuerza laboral.

## VI. Conclusión

El comercio internacional ha sido una parte fundamental del desarrollo económico de México, permitiendo su inserción en la economía global y facilitando el acceso a nuevos mercados y tecnologías. Los tratados comerciales han sido una herramienta clave para fomentar el comercio y la inversión, y han contribuido al crecimiento económico del país.

Sin embargo, el comercio internacional también presenta desafíos, como la dependencia de ciertos mercados y la desigualdad económica. Es fundamental que México continúe trabajando en políticas que promuevan la diversificación económica, la protección del medio ambiente y la inclusión social para garantizar un desarrollo económico sostenible y equitativo en el futuro.

Además, es necesario que México esté atento a los cambios en el panorama internacional, como la creciente digitalización y automatización de la economía, para poder adaptarse y aprovechar las oportunidades que estos cambios presentan.

En conclusión, el comercio internacional seguirá siendo un pilar fundamental para el desarrollo económico de México, y es importante que el país siga trabajando en políticas y estrategias que fomenten la competitividad, la inclusión y la sostenibilidad para asegurar un crecimiento económico sólido y equitativo en el futuro.

## Capítulo 24:

## Derecho Bancario y Financiero en México

El Derecho Bancario y Financiero en México es una rama del derecho que regula las actividades del sector bancario y financiero del país. Comprende un conjunto de normas y regulaciones que buscan garantizar la estabilidad y el funcionamiento adecuado de las instituciones financieras, proteger los intereses de los usuarios y clientes de los servicios financieros, y promover la transparencia y la confianza en el sistema financiero. En este análisis, exploraremos en detalle el marco legal y regulatorio del Derecho Bancario y Financiero en México, las principales instituciones financieras que operan en el país, los productos y servicios financieros que ofrecen, así como los retos y desafíos que enfrenta esta industria en el contexto económico actual.

### I. Marco Legal y Regulatorio del Derecho Bancario y Financiero en México

El marco legal y regulatorio del Derecho Bancario y Financiero en México está compuesto por un conjunto de leyes y regulaciones que establecen las bases para el funcionamiento y la supervisión de las instituciones financieras. Algunas de las leyes más importantes que rigen este sector son:

1. Ley de Instituciones de Crédito: Esta ley regula la organización y funcionamiento de las instituciones de crédito en México, como bancos, sociedades financieras, casas de bolsa, entre otras. Establece los requisitos para su autorización y operación, así como las obligaciones y responsabilidades que deben cumplir.

2. Ley del Mercado de Valores: Esta ley regula el mercado de valores en México y establece las normas para la emisión, oferta y colocación de valores, así como para la operación de bolsas de valores y casas de bolsa.

3. Ley para Regular las Agrupaciones Financieras: Esta ley regula la constitución y funcionamiento de las agrupaciones financieras, que son entidades formadas por la asociación de varias instituciones financieras con el fin de realizar operaciones conjuntas.

4. Ley de Protección y Defensa al Usuario de Servicios Financieros: Esta ley tiene como objetivo proteger los derechos e intereses de los usuarios de servicios financieros y establece los mecanismos para resolver controversias entre los usuarios y las instituciones financieras.

5. Ley de Ahorro y Crédito Popular: Esta ley regula las actividades de las cooperativas de ahorro y préstamo, que son instituciones financieras que operan con la participación de sus socios y que tienen como objetivo fomentar el ahorro y proporcionar créditos.

6. Ley para Regular las Actividades de las Sociedades Cooperativas de Ahorro y Préstamo: Esta ley regula las actividades de las sociedades cooperativas de ahorro y préstamo, que son instituciones financieras que operan bajo un esquema de cooperativa y que se enfocan en el ahorro y el crédito.

7. Ley de Ahorro y Crédito Popular: Esta ley regula las actividades de las sociedades financieras comunitarias, que son instituciones financieras que operan en comunidades rurales y marginadas con el objetivo de promover el desarrollo económico y social de estas comunidades.

## II. Instituciones Financieras en México

En México, existen diversas instituciones financieras que ofrecen una amplia gama de productos y servicios a los usuarios y clientes. Algunas de las principales instituciones financieras en el país son:

1. Bancos Comerciales: Son instituciones de crédito que captan recursos del público y los colocan en forma de créditos o inversiones. Los bancos comerciales ofrecen una variedad de productos y servicios, como cuentas de ahorro y cheques, préstamos, tarjetas de crédito, entre otros.

2. Sociedades Financieras de Objeto Múltiple (SOFOM): Son entidades financieras que pueden realizar diversas operaciones de crédito y financiamiento, como préstamos, arrendamientos financieros, factoraje, entre otros.

3. Casas de Bolsa: Son instituciones financieras autorizadas para operar en el mercado de valores, ofreciendo servicios de intermediación en la compra y venta de valores, así como asesoría en inversiones.

4. Aseguradoras y Afores: Las aseguradoras ofrecen servicios de seguros, mientras que las Administradoras de Fondos para el Retiro (Afores) administran los fondos de ahorro para el retiro de los trabajadores.

5. Sociedades de Inversión: Son instituciones de inversión colectiva que captan recursos de diversos inversionistas para invertir en una cartera diversificada de valores.

## III. Productos y Servicios Financieros

El sector bancario y financiero en México ofrece una amplia gama de productos y servicios para satisfacer las necesidades financieras de las personas y las empresas. Algunos de los productos y servicios más comunes son:

1. Cuentas Bancarias: Las cuentas de ahorro y cheques permiten a los clientes guardar y administrar su dinero de forma segura, así como realizar operaciones bancarias como transferencias y pagos de servicios.

2. Créditos y Préstamos: Los bancos y otras instituciones financieras ofrecen créditos y préstamos para diversos propósitos, como créditos hipotecarios, préstamos personales, créditos automotrices, entre otros.

3. Tarjetas de Crédito y Débito: Las tarjetas de crédito permiten a los usuarios hacer compras a crédito y pagarlas posteriormente, mientras que las tarjetas de débito están vinculadas a una cuenta bancaria y permiten hacer pagos directos.

4. Seguros: Las aseguradoras ofrecen una variedad de seguros, como seguros de vida, seguros de autos, seguros de salud, seguros de hogar, entre otros, para proteger a los clientes ante diversos riesgos.

5. Inversiones: Las opciones de inversión incluyen la compra de acciones en la bolsa de valores, fondos de inversión, certificados de depósito, entre otros.

## IV. Retos y Desafíos
## del Derecho Bancario y Financiero en México

El Derecho Bancario y Financiero en México enfrenta diversos retos y desafíos en el contexto económico actual. Algunos de los principales son:

1. Inclusión Financiera: A pesar de los avances en los últimos años, todavía existe una parte significativa de la población que no tiene acceso a servicios financieros. El reto es promover la inclusión financiera y asegurar que más personas puedan acceder a productos y servicios financieros básicos.

2. Regulación y Supervisión: La regulación y supervisión efectiva del sector financiero es fundamental para garantizar la estabilidad y la integridad del sistema. Es necesario mantener una regulación actualizada y robusta que se adapte a las cambiantes condiciones económicas y tecnológicas.

3. Ciberseguridad: Con el aumento de las transacciones y operaciones financieras en línea, la ciberseguridad se ha convertido en un desafío importante para el sector financiero. Es necesario implementar medidas efectivas para proteger la información y los activos financieros de los clientes y las instituciones.

4. Educación Financiera: La educación financiera es clave para que los usuarios y clientes de servicios financieros puedan tomar decisiones informadas y responsables sobre sus finanzas. Es necesario promover la educación financiera desde una edad temprana y brindar información clara y accesible sobre los productos y servicios financieros.

## Competencia y Consolidación:

El sector financiero en México es altamente competitivo, lo que ha llevado a una consolidación en la industria con la adquisición y fusión de instituciones financieras.

En cuanto a las perspectivas futuras, se espera que el sector bancario y financiero en México continúe creciendo y evolucionando en línea con los avances tecnológicos y las demandas del mercado. La adopción de tecnologías financieras (fintech) y la digitalización de los servicios financieros seguirán siendo tendencias importantes en la industria.

## V. Conclusiones

El Derecho Bancario y Financiero en México es una rama del derecho que juega un papel fundamental en la regulación y supervisión del sector bancario y financiero del país. El marco legal y regulatorio establece las bases para el funcionamiento adecuado de las instituciones financieras y busca proteger los intereses de los usuarios y clientes de los servicios financieros. En un contexto económico en constante evolución, el sector bancario y financiero enfrenta diversos retos y desafíos, como promover la inclusión financiera, fortalecer la ciberseguridad y fomentar la educación financiera. Sin embargo, con una regulación efectiva y una supervisión adecuada, el sector financiero en México continuará siendo un motor clave para el desarrollo económico del país.

## REGULACIÓN DEL SISTEMA BANCARIO EN MÉXICO

La regulación del sistema bancario en México es de vital importancia para garantizar la estabilidad y solidez del sistema financiero, así como para proteger los intereses de los usuarios y clientes de los servicios bancarios. El marco regulatorio del sistema bancario en México se basa en una serie de leyes y normativas que establecen los requisitos para la operación de las instituciones bancarias, así como las facultades y responsabilidades de las autoridades encargadas de su supervisión. En este análisis, se explorará en detalle la regulación del sistema bancario en México, abarcando las principales leyes y organismos regulatorios, así como los mecanismos de supervisión y control que se aplican para asegurar el adecuado funcionamiento del sector bancario.

## I. Marco Legal y Normativo del Sistema Bancario en México

El sistema bancario en México está regulado por una serie de leyes y normativas que establecen los lineamientos y requisitos para la operación de las instituciones bancarias. Algunas de las principales leyes que rigen el sistema bancario en México son:

1. Ley de Instituciones de Crédito (LIC): Esta ley es la base del marco regulatorio del sistema bancario en México. Establece los requisitos para la autorización y funcionamiento de las instituciones de crédito, incluyendo bancos, sociedades financieras, entre otros. También establece las facultades y obligaciones de la Comisión Nacional Bancaria y de Valores (CNBV), el organismo encargado de la supervisión y control de las instituciones de crédito.

2. Ley para la Transparencia y Ordenamiento de los Servicios Financieros (LTOSF): Esta ley tiene como objetivo proteger los derechos de los usuarios de servicios financieros y promover la transparencia en la prestación de los servicios bancarios. Establece la obligación de las instituciones financieras de proporcionar información clara y veraz a sus clientes, así como mecanismos para resolver controversias entre los usuarios y las instituciones financieras.

3. Ley del Banco de México: Esta ley regula la organización y funcionamiento del Banco de México, que es el banco central de México. El Banco de México tiene la función de emitir la moneda nacional, regular el valor de la misma y establecer la política monetaria para mantener la estabilidad del poder adquisitivo de la moneda.

4. Ley de Protección y Defensa al Usuario de Servicios Financieros (LPDUSF): Esta ley tiene como objetivo proteger los derechos de los usuarios de servicios financieros, incluyendo a los clientes de las instituciones bancarias. Establece los mecanismos para resolver controversias entre los usuarios y las instituciones financieras, y promueve la transparencia en la prestación de los servicios financieros.

5. Ley del Mercado de Valores: Aunque esta ley no es exclusivamente para el sistema bancario, regula el mercado de valores en México y establece las normas para la emisión, oferta y colocación de valores, así como para la operación de bolsas de valores y casas de bolsa, que son entidades financieras que operan en el mercado de valores.

6. Ley de Ahorro y Crédito Popular (LACP): Esta ley regula las actividades de las cooperativas de ahorro y préstamo, que son instituciones financieras que operan con la participación de sus socios y que tienen como objetivo fomentar el ahorro y proporcionar créditos.

7. Ley para Regular las Actividades de las Sociedades Cooperativas de Ahorro y Préstamo (LRASCAP): Esta ley regula las actividades de las sociedades cooperativas de ahorro y préstamo, que son instituciones financieras que operan bajo un esquema de cooperativa y que se enfocan en el ahorro y el crédito.

Estas leyes establecen los requisitos y obligaciones que deben cumplir las instituciones bancarias, así como los derechos y protecciones de los usuarios y clientes de los servicios bancarios. También definen las atribuciones y facultades de las autoridades encargadas de la supervisión y regulación del sistema bancario.

## II. Autoridades Regulatorias del Sistema Bancario en México

La regulación del sistema bancario en México es responsabilidad de diversas autoridades que supervisan y controlan el funcionamiento de las instituciones bancarias. Algunas de las principales autoridades regulatorias del sistema bancario en México son:

1. Comisión Nacional Bancaria y de Valores (CNBV): La CNBV es el principal organismo regulador del sistema bancario en México. Es un órgano desconcentrado de la Secretaría de Hacienda y Crédito Público (SHCP) y tiene la responsabilidad de supervisar y regular a las instituciones de crédito y a otras entidades financieras. La CNBV tiene facultades para autorizar el funcionamiento de las instituciones de crédito, así como para supervisar su operación y verificar el cumplimiento de las normas y regulaciones aplicables.

2. Banco de México (Banxico): El Banco de México es el banco central de México y tiene la responsabilidad de emitir la moneda nacional, regular el valor de la misma y establecer la política monetaria para mantener la estabilidad del poder adquisitivo de la moneda. Aunque el Banxico no es una autoridad reguladora del sistema bancario en sí, juega un papel importante en la estabilidad y el funcionamiento del sistema financiero.

3. Secretaría de Hacienda y Crédito Público (SHCP): La SHCP es la dependencia del gobierno federal encargada de la política fiscal y financiera del país. A través de la SHCP, el gobierno establece las políticas económicas y fiscales que afectan al sistema bancario y financiero.

4. Procuraduría Federal del Consumidor (Profeco): Aunque no es una autoridad reguladora del sistema bancario en sí, la Profeco tiene la responsabilidad de proteger

los derechos de los consumidores de servicios financieros y de promover la transparencia en la prestación de los servicios bancarios.

5. Comisión Nacional para la Protección y Defensa de los Usuarios de Servicios Financieros (CONDUSEF): La CONDUSEF es un organismo público descentralizado con autonomía técnica y operativa, que tiene como objetivo proteger y defender los derechos de los usuarios de servicios financieros, incluyendo a los clientes de las instituciones bancarias. La CONDUSEF proporciona información y asesoría a los usuarios, y también tiene facultades para recibir y resolver quejas y reclamaciones.

### III. Supervisión y Control del Sistema Bancario en México

La supervisión y control del sistema bancario en México es una tarea conjunta de las autoridades regulatorias mencionadas anteriormente. Estas autoridades tienen facultades para supervisar las operaciones de las instituciones bancarias, verificar el cumplimiento de las normas y regulaciones, y tomar medidas correctivas en caso de detectar irregularidades o incumplimientos.

1. Supervisión Prudencial: La supervisión prudencial se enfoca en la solvencia y estabilidad de las instituciones bancarias. La CNBV es la principal autoridad encargada de la supervisión prudencial y realiza evaluaciones periódicas de la situación financiera y operativa de las instituciones de crédito. También evalúa la calidad de los activos, los niveles de capitalización y otros indicadores de solvencia para asegurarse de que las instituciones bancarias mantengan niveles adecuados de capital y liquidez.

2. Supervisión de Conducta: La supervisión de conducta se enfoca en la protección de los derechos y los intereses de los clientes y usuarios de los servicios bancarios. La CONDUSEF y la Profeco son las principales autoridades encargadas de la supervisión de conducta. Estas autoridades reciben y atienden las quejas y reclamaciones de los usuarios, y también realizan acciones de promoción y educación financiera para empoderar a los clientes y usuarios de servicios financieros.

3. Control y Sanciones: En caso de detectar irregularidades o incumplimientos por parte de las instituciones bancarias, las autoridades reguladoras tienen facultades para aplicar sanciones y medidas correctivas. Estas sanciones pueden incluir multas, suspensiones temporales de operaciones, o incluso la revocación de la autorización para operar.

### IV. Políticas y Medidas para la Estabilidad Financiera

El sistema bancario en México está sujeto a políticas y medidas que buscan garantizar su estabilidad y solidez. Estas políticas incluyen:

1. Reservas Obligatorias: El Banco de México puede establecer reservas obligatorias que las instituciones de crédito deben mantener como garantía para asegurar su solvencia y estabilidad financiera.

2. Política Monetaria: El Banco de México establece la política monetaria del país, que tiene como objetivo mantener la estabilidad del poder adquisitivo de la moneda y controlar la inflación. A través de la política monetaria, el Banco de México puede ajustar las tasas de interés y la oferta de dinero en circulación para influir en la actividad económica y el comportamiento de los precios.

3. Política Cambiaria: El Banco de México también es responsable de establecer la política cambiaria del país, que regula el tipo de cambio entre la moneda nacional y otras monedas extranjeras.

4. Evaluación de Riesgos: La CNBV y otras autoridades reguladoras evalúan periódicamente los riesgos que enfrenta el sistema bancario, incluyendo riesgos de crédito, riesgos operativos, riesgos de liquidez y riesgos sistémicos. Estas evaluaciones permiten identificar posibles vulnerabilidades y tomar medidas preventivas para evitar problemas futuros.

## V. Conclusiones

La regulación del sistema bancario en México es fundamental para garantizar la estabilidad y solidez del sistema financiero, así como para proteger los intereses de los usuarios y clientes de los servicios bancarios. El marco legal y normativo establece los requisitos y obligaciones que deben cumplir las instituciones bancarias, así como los derechos y protecciones de los usuarios y clientes. Las autoridades regulatorias, encabezadas por la CNBV, tienen la responsabilidad de supervisar y controlar el funcionamiento de las instituciones bancarias, y también aplicar sanciones y medidas correctivas en caso de detectar irregularidades o incumplimientos.

En un contexto económico en constante cambio, la regulación del sistema bancario debe adaptarse y evolucionar para enfrentar nuevos retos y desafíos. Algunos de los principales retos incluyen promover la inclusión financiera, fortalecer la ciberseguridad, fomentar la educación financiera y asegurar la estabilidad del sistema bancario ante posibles crisis económicas. Con una regulación efectiva y una supervisión adecuada, el sistema bancario en México continuará siendo un pilar fundamental para el desarrollo económico y social del país.

## CONTRATOS Y OPERACIONES BANCARIAS

Los contratos y operaciones bancarias en México juegan un papel fundamental en el funcionamiento del sistema financiero y en la economía del país. Estos contratos y operaciones permiten que las instituciones bancarias brinden una amplia gama de servicios financieros a sus clientes, tales como préstamos, créditos, depósitos, inversiones, entre otros. En este análisis, se abordarán los principales tipos de contratos y operaciones bancarias en México, así como sus características, regulación y relevancia en el contexto económico del país.

### I. Contratos Bancarios en México

Los contratos bancarios son acuerdos jurídicos celebrados entre las instituciones bancarias y sus clientes para regular la prestación de servicios financieros. Estos contratos establecen los derechos y obligaciones de ambas partes y fijan los términos y condiciones bajo los cuales se llevarán a cabo las operaciones financieras.

Algunos de los principales contratos bancarios en México son:

1. Contrato de Depósito Bancario: Es el contrato en el cual una persona entrega dinero u otros bienes a una institución bancaria para su custodia y resguardo. La institución bancaria se obliga a conservar los bienes depositados y a restituirlos al cliente cuando este lo requiera.

2. Contrato de Crédito o Préstamo: Es el contrato mediante el cual una institución bancaria concede un préstamo o crédito a un cliente, quien se compromete a devolver el monto prestado en un plazo determinado y a pagar los intereses correspondientes.

3. Contrato de Tarjeta de Crédito: Es el contrato mediante el cual una institución bancaria otorga una línea de crédito a un cliente para que este pueda realizar compras o retiros de efectivo hasta un límite establecido. El cliente se compromete a pagar las deudas generadas por el uso de la tarjeta de crédito en los plazos acordados.

4. Contrato de Inversión: Es el contrato mediante el cual una institución bancaria administra y gestiona los recursos financieros de un cliente, con el propósito de generar rendimientos a través de inversiones en instrumentos financieros.

5. Contrato de Fideicomiso: Es el contrato mediante el cual una institución bancaria, en calidad de fiduciario, administra y gestiona los bienes y recursos de un cliente, en beneficio de uno o varios beneficiarios.

## II. Regulación de los Contratos Bancarios en México

La regulación de los contratos bancarios en México está establecida en la Ley de Instituciones de Crédito (LIC), la cual regula la actividad de las instituciones bancarias en el país. La LIC establece los derechos y obligaciones de las partes en los contratos bancarios, así como los mecanismos de protección y defensa de los usuarios de servicios financieros.

En cuanto a los contratos de tarjetas de crédito, la LIC establece la obligación para las instituciones bancarias de proporcionar información clara y veraz sobre las comisiones, intereses, plazos y condiciones del crédito. También prohíbe prácticas abusivas o engañosas en la oferta de tarjetas de crédito y establece límites a las tasas de interés que se pueden cobrar.

Para los contratos de depósito bancario, la LIC establece la obligación de las instituciones bancarias de conservar los bienes depositados y restituirlos al cliente cuando este lo requiera. También establece los mecanismos para la protección de los depósitos, como el seguro de depósito que cubre hasta cierto monto los depósitos de los clientes en caso de quiebra o liquidación de la institución bancaria.

En el caso de los contratos de crédito o préstamo, la LIC establece los requisitos y condiciones para la concesión de créditos, incluyendo la evaluación de la capacidad de pago del cliente, la tasa de interés y los plazos de pago.

## III. Operaciones Bancarias en México

Las operaciones bancarias son las actividades que llevan a cabo las instituciones bancarias en el marco de sus funciones y servicios financieros. Estas operaciones son fundamentales para la intermediación financiera y para el desarrollo de la economía del país.

Algunas de las principales operaciones bancarias en México son:

1. Otorgamiento de Créditos: Las instituciones bancarias conceden créditos a sus clientes, tanto a personas físicas como a empresas, para financiar diferentes necesidades, como la adquisición de bienes y servicios, la inversión en proyectos productivos o la consolidación de deudas.

2. Captación de Depósitos: Las instituciones bancarias captan recursos de sus clientes mediante el contrato de depósito bancario, donde los clientes entregan dinero u otros bienes a la institución para su resguardo y custodia.

3. Inversiones y Gestión de Recursos: Las instituciones bancarias ofrecen servicios de inversión, donde gestionan y administran los recursos financieros de sus clientes para obtener rendimientos a través de la inversión en instrumentos financieros.

4. Servicios de Pagos: Las instituciones bancarias ofrecen servicios de pagos, como la emisión de cheques, transferencias electrónicas, pago de servicios y tarjetas de crédito, que facilitan las transacciones financieras de los clientes.

5. Compra y Venta de Divisas: Las instituciones bancarias también ofrecen servicios de compra y venta de divisas, lo que permite a los clientes realizar operaciones en monedas extranjeras.

## IV. Regulación de las Operaciones Bancarias en México

La regulación de las operaciones bancarias en México está a cargo de la Comisión Nacional Bancaria y de Valores (CNBV), que es la autoridad encargada de supervisar y regular el sistema bancario del país.

La CNBV se encarga de velar por el cumplimiento de las disposiciones legales y normativas que regulan las operaciones bancarias, asegurando que las instituciones bancarias operen de manera segura y confiable, protegiendo los intereses de los clientes y usuarios de los servicios financieros.

La regulación de las operaciones bancarias incluye aspectos como la transparencia en la oferta de productos y servicios financieros, la prevención de prácticas abusivas o engañosas, la protección de los datos y la privacidad de los clientes, y la promoción de la educación financiera.

Además de la CNBV, otras autoridades reguladoras también intervienen en la regulación de las operaciones bancarias en México. Por ejemplo, el Banco de México regula la política monetaria y cambiaria del país, y la Comisión Nacional para la Protección y Defensa de los Usuarios de Servicios Financieros (CONDUSEF) se encarga de proteger los derechos de los usuarios y clientes de los servicios financieros.

## V. Tecnología y Banca Digital en México

En los últimos años, la tecnología ha revolucionado la industria bancaria, dando lugar a la banca digital o electrónica. Las instituciones bancarias han adoptado nuevas tecnologías para ofrecer servicios financieros a través de plataformas en línea y aplicaciones móviles, lo que ha facilitado y agilizado el acceso a los servicios financieros para los clientes.

La banca digital permite a los clientes realizar operaciones bancarias desde cualquier lugar y en cualquier momento, como consultar saldos, hacer transferencias, pagar servicios, solicitar créditos y realizar inversiones, entre otras opciones. Además, la banca digital ha abierto nuevas oportunidades para la inclusión financiera, llegando a segmentos de la población que antes no tenían acceso a servicios bancarios.

Sin embargo, el avance de la tecnología también ha planteado nuevos desafíos en cuanto a la ciberseguridad y la protección de los datos de los clientes. Las instituciones bancarias deben garantizar la seguridad de las transacciones y la confidencialidad de la información de sus clientes, implementando medidas de seguridad y protección de datos.

## VI. Conclusiones

Los contratos y operaciones bancarias en México son fundamentales para el funcionamiento del sistema financiero y para el desarrollo de la economía del país. Estos contratos regulan las relaciones entre las instituciones bancarias y sus clientes, estableciendo los derechos y obligaciones de ambas partes. Por su parte, las operaciones bancarias son las actividades que realizan las instituciones bancarias en el marco de sus funciones y servicios financieros.

La regulación de los contratos y operaciones bancarias en México está a cargo de la Comisión Nacional Bancaria y de Valores (CNBV), que vela por el cumplimiento de las disposiciones legales y normativas que rigen la actividad bancaria en el país. La CNBV tiene como objetivo proteger los intereses de los clientes y usuarios de los servicios financieros, asegurando que las instituciones bancarias operen de manera segura, confiable y transparente.

La tecnología ha tenido un impacto significativo en la industria bancaria, dando lugar a la banca digital o electrónica, que ha transformado la manera en que los clientes acceden y utilizan los servicios financieros. La banca digital ha facilitado el acceso a los servicios bancarios, agilizando las operaciones y abriendo nuevas oportunidades para la inclusión financiera.

En conclusión, los contratos y operaciones bancarias en México son piezas clave para el desarrollo del sistema financiero y para el impulso de la economía del país. La regulación y supervisión efectiva de estas actividades son fundamentales para garantizar la estabilidad y confianza en el sistema financiero, así como para proteger los intereses de los clientes y usuarios de los servicios bancarios. Con la evolución de la tecnología y la banca digital, el panorama de los servicios financieros en México seguirá transformándose, lo que requerirá una continua adaptación y mejora de la regulación y la supervisión bancaria.

# MERCADO DE VALORES Y REGULACIÓN FINANCIERA

El mercado de valores y la regulación financiera juegan un papel crucial en el sistema financiero de cualquier país, incluyendo México. El mercado de valores es un componente fundamental del sistema financiero, ya que es el lugar donde se lleva a cabo la compraventa de instrumentos financieros, como acciones, bonos, derivados y otros valores. Por otro lado, la regulación financiera es el conjunto de normas y leyes que supervisan y controlan las actividades del sector financiero, asegurando la protección de los inversionistas, la transparencia de los mercados y la estabilidad financiera del país.

En este análisis, abordaremos el mercado de valores en México, su funcionamiento, los principales participantes, así como la regulación financiera y las instituciones encargadas de supervisar y regular dicho mercado.

## I. Mercado de Valores en México

El mercado de valores en México es un componente importante del sistema financiero del país y juega un papel fundamental en el financiamiento de empresas y en la inversión de los recursos de los ahorradores. Este mercado se encuentra regulado y supervisado por la Comisión Nacional Bancaria y de Valores (CNBV) y la Bolsa Mexicana de Valores (BMV).

1. Funcionamiento del Mercado de Valores:

El mercado de valores en México funciona como un mecanismo para la compraventa de instrumentos financieros, permitiendo que las empresas y el gobierno obtengan financiamiento a través de la emisión de acciones y bonos, y que los inversionistas puedan adquirir estos instrumentos para obtener rendimientos.

Las operaciones en el mercado de valores se llevan a cabo a través de intermediarios financieros, como casas de bolsa y sociedades de inversión, que actúan como intermediarios entre los emisores y los inversionistas. Estos intermediarios ofrecen servicios de asesoría y ejecución de órdenes de compra y venta de valores.

El mercado de valores en México se compone de dos segmentos principales: el mercado de deuda y el mercado de capitales. El mercado de deuda está conformado por la emisión y negociación de bonos y otros instrumentos de deuda, mientras que el mercado de capitales se refiere a la emisión y negociación de acciones de empresas.

2. Participantes del Mercado de Valores:

Los principales participantes del mercado de valores en México son:

- Emisores: Son las empresas o el gobierno que emiten valores en el mercado para obtener financiamiento. Los emisores pueden ser empresas que buscan financiar su crecimiento o proyectos, o el gobierno que busca financiar sus programas y proyectos.

- Inversionistas: Son las personas o instituciones que compran valores en el mercado. Los inversionistas pueden ser personas físicas, fondos de inversión, fondos de pensiones, entre otros.

- Intermediarios Financieros: Son las casas de bolsa, sociedades de inversión y otras instituciones financieras autorizadas que actúan como intermediarios en la compraventa de valores.

- Bolsa Mexicana de Valores (BMV): Es la institución encargada de facilitar y supervisar la negociación de valores en el mercado, proporcionando la infraestructura y la plataforma electrónica para llevar a cabo las operaciones.

- Comisión Nacional Bancaria y de Valores (CNBV): Es la autoridad reguladora y supervisora del mercado de valores en México. La CNBV es responsable de velar por el cumplimiento de las normas y leyes que regulan el mercado y proteger los intereses de los inversionistas.

## II. Regulación Financiera en México

La regulación financiera en México está a cargo de diversas instituciones y autoridades, cada una con funciones específicas para supervisar y regular diferentes aspectos del sistema financiero. Algunas de las principales instituciones y autoridades son:

1. Comisión Nacional Bancaria y de Valores (CNBV): Es la autoridad responsable de supervisar y regular a las instituciones de crédito, como bancos y sociedades financieras, así como a las casas de bolsa, sociedades de inversión y otras entidades financieras.

2. Banco de México (Banxico): Es el banco central de México y tiene como principal objetivo mantener la estabilidad del poder adquisitivo de la moneda. Además, Banxico también es responsable de regular el sistema de pagos y de actuar como prestamista de última instancia.

3. Secretaría de Hacienda y Crédito Público (SHCP): Es la autoridad encargada de formular la política financiera y fiscal del país. La SHCP también supervisa y regula a las instituciones de banca de desarrollo y a otras entidades financieras.

4. Comisión Nacional para la Protección y Defensa de los Usuarios de Servicios Financieros (CONDUSEF): Es la autoridad encargada de proteger los derechos de los usuarios de servicios financieros y de promover la educación financiera en el país.

5. Comisión Nacional de Seguros y Fianzas (CNSF): Es la autoridad encargada de supervisar y regular a las instituciones de seguros y fianzas en México.

### III. Regulación del Mercado de Valores en México

La regulación del mercado de valores en México es responsabilidad de la CNBV, que se encarga de supervisar y regular a las instituciones y participantes del mercado. La CNBV tiene como objetivo principal proteger los intereses de los inversionistas y mantener la integridad y transparencia del mercado.

Algunas de las principales funciones y atribuciones de la CNBV en relación con el mercado de valores son:

- Autorizar la operación de casas de bolsa y otras instituciones financieras que participan en el mercado de valores.

- Supervisar y vigilar a las instituciones financieras para asegurar su adecuado funcionamiento y cumplimiento de las normas.
- Regular la información financiera y contable que deben presentar las empresas que cotizan en bolsa.

- Vigilar y sancionar prácticas fraudulentas y manipulación de precios en el mercado.

- Promover la educación financiera entre los inversionistas y el público en general.

### IV. Mercado de Valores Mexicano: Retos y Perspectivas

El mercado de valores en México ha experimentado un crecimiento significativo en los últimos años, atrayendo a inversionistas nacionales e internacionales. Sin embargo, también enfrenta algunos retos y desafíos que deben ser abordados para fortalecer su desarrollo y promover una mayor participación de los inversionistas.

Algunos de los retos y perspectivas del mercado de valores mexicano son:

1. Fomentar la Inversión y la Participación de los Inversionistas: A pesar de los avances, aún existe un bajo porcentaje de la población que invierte en el mercado de valores. Es necesario fomentar la cultura financiera y promover la inversión entre los mexicanos, ofreciendo más opciones y facilidades para invertir.

2. Impulsar la Inclusión Financiera: Es importante ampliar la inclusión financiera en México, permitiendo que más personas tengan acceso a los servicios financieros y al mercado de valores. La banca digital y las plataformas en línea pueden ser herramientas clave para lograr este objetivo.

3. Fortalecer la Regulación y Supervisión: La CNBV y otras autoridades reguladoras deben continuar fortaleciendo la regulación y supervisión del mercado de valores para proteger a los inversionistas y mantener la transparencia y la integridad del mercado.

4. Promover la Emisión de Valores por Empresas Mexicanas: Es necesario fomentar la emisión de valores por parte de empresas mexicanas, lo que les permitirá obtener financiamiento para su crecimiento y expansión. La Bolsa Mexicana de Valores juega un papel fundamental en este aspecto al promover y facilitar la entrada de empresas al mercado.

5. Atraer Inversión Extranjera: El mercado de valores mexicano también debe trabajar en atraer inversión extranjera, promoviendo la confianza y ofreciendo un marco regulatorio claro y estable.

Conclusión:

El mercado de valores y la regulación financiera desempeñan un papel fundamental en el sistema financiero de México. El mercado de valores proporciona una plataforma para la inversión y el financiamiento de empresas, mientras que la regulación financiera asegura la estabilidad y la transparencia del mercado.

La Comisión Nacional Bancaria y de Valores (CNBV) juega un papel clave en la regulación y supervisión del mercado de valores, protegiendo los intereses de los inversionistas y promoviendo un entorno seguro y transparente para las operaciones financieras.

Aunque el mercado de valores mexicano ha experimentado un crecimiento significativo en los últimos años, aún enfrenta desafíos en términos de inclusión financiera y participación de los inversionistas. Sin embargo, con el fortalecimiento de la regulación y la promoción de la inversión y la emisión de valores por parte de empresas mexicanas, el mercado de valores en México tiene un gran potencial para seguir creciendo y contribuyendo al desarrollo económico del país.

## PROTECCIÓN AL CONSUMIDOR FINANCIERO

La protección al consumidor financiero es un conjunto de normas y medidas destinadas a salvaguardar los derechos e intereses de los usuarios de servicios y productos financieros. En México, al igual que en muchos otros países, la protección al consumidor financiero es de vital importancia para asegurar que los clientes de instituciones financieras estén debidamente informados, tengan acceso a servicios transparentes y justos, y estén protegidos contra prácticas abusivas o engañosas por parte de las entidades financieras.

En este análisis, exploraremos la importancia de la protección al consumidor financiero, las instituciones y leyes que rigen este campo en México, y las principales medidas que se implementan para asegurar una adecuada protección a los consumidores financieros.

### I. Importancia de la Protección al Consumidor Financiero

La protección al consumidor financiero es esencial para garantizar la confianza y estabilidad del sistema financiero en un país. Cuando los consumidores tienen la certeza de que sus derechos están protegidos y de que pueden hacer valer sus reclamaciones de manera efectiva, se sienten más seguros para utilizar los servicios y productos financieros disponibles.

Además, la protección al consumidor financiero es una herramienta importante para prevenir y evitar abusos y malas prácticas por parte de las instituciones financieras. Al establecer reglas claras y transparentes, se promueve una mayor competencia en el mercado y se desincentivan prácticas engañosas que puedan perjudicar a los consumidores.

Una adecuada protección al consumidor financiero también contribuye a una mayor inclusión financiera, ya que las personas se sienten más motivadas a utilizar servicios financieros cuando tienen la seguridad de que están protegidas y de que los productos que utilizan son justos y transparentes.

### II. Marco Legal de la Protección al Consumidor Financiero en México

En México, la protección al consumidor financiero está regida por diversas leyes y regulaciones que buscan asegurar que los usuarios de servicios y productos financieros sean tratados de manera justa y transparente. Algunas de las principales leyes y organismos que rigen la protección al consumidor financiero en México son:

1. Ley para la Transparencia y Ordenamiento de los Servicios Financieros (Ley Fintech): Esta ley tiene como objetivo promover la transparencia, proteger los

derechos de los usuarios y prevenir prácticas abusivas en las operaciones y servicios financieros.

2. Ley de Protección y Defensa al Usuario de Servicios Financieros (Ley de Condusef): Esta ley establece los derechos y obligaciones de los usuarios de servicios financieros y crea a la Comisión Nacional para la Protección y Defensa de los Usuarios de Servicios Financieros (CONDUSEF), una institución encargada de proteger los intereses de los consumidores financieros y de recibir y resolver sus reclamaciones.

3. Ley de Instituciones de Crédito (LIC): Esta ley establece las normas y regulaciones que deben cumplir las instituciones de crédito, como bancos y sociedades financieras, para proteger los intereses de los usuarios de servicios financieros.

4. Ley del Mercado de Valores (LMV): Esta ley regula el mercado de valores en México y establece normas para proteger a los inversionistas y asegurar la transparencia y buen funcionamiento del mercado.

5. Comisión Nacional Bancaria y de Valores (CNBV): Esta institución es responsable de supervisar y regular a las instituciones financieras en México, asegurando que cumplan con las leyes y regulaciones que protegen a los consumidores financieros.

III. Medidas de Protección al Consumidor Financiero en México

Para proteger los derechos de los consumidores financieros, en México se implementan diversas medidas y mecanismos, entre los cuales destacan:

1. Educación Financiera: La educación financiera es fundamental para empoderar a los consumidores y ayudarles a tomar decisiones informadas sobre su dinero. En México, se promueve la educación financiera a través de programas y campañas que buscan mejorar la comprensión de los consumidores sobre los productos y servicios financieros disponibles.

2. Transparencia en la Información: Las instituciones financieras están obligadas a proporcionar información clara, completa y comprensible sobre sus productos y servicios, incluyendo costos, tasas de interés, comisiones y condiciones.

3. Derecho a la Información: Los consumidores financieros tienen derecho a recibir información oportuna y adecuada sobre los productos y servicios que utilizan, así como a realizar consultas y recibir respuestas claras y precisas a sus preguntas.

4. Prohibición de Prácticas Engañosas: Las instituciones financieras están prohibidas de realizar prácticas engañosas o abusivas que puedan perjudicar a los consumidores,

como ofrecer productos con condiciones poco claras o realizar cambios unilaterales en los contratos.

5. Atención a Reclamaciones: Las instituciones financieras deben contar con mecanismos eficientes para recibir y resolver las reclamaciones de los consumidores de manera rápida y justa.

6. Protección de Datos Personales: Las instituciones financieras deben proteger la información personal de sus clientes y utilizarla solo para los fines para los cuales fue proporcionada.

### IV. Retos y Perspectivas de la Protección al Consumidor Financiero

A pesar de los avances en la protección al consumidor financiero en México, aún existen desafíos que deben ser abordados para fortalecer la protección de los consumidores. Algunos de estos desafíos son:

1. Educación Financiera: Aunque se han realizado esfuerzos para promover la educación financiera, aún existe una brecha en el nivel de conocimiento financiero de la población. Es necesario continuar promoviendo la educación financiera y brindar más herramientas y recursos para que los consumidores puedan tomar decisiones financieras informadas.

2. Acceso a Servicios Financieros: A pesar de los avances en inclusión financiera, todavía hay poblaciones en México que no tienen acceso a servicios financieros formales. Es necesario buscar formas de aumentar la inclusión financiera y ofrecer servicios asequibles y accesibles para todos.

3. Tecnología Financiera: El avance de la tecnología ha traído consigo nuevos desafíos en la protección al consumidor financiero, especialmente en el ámbito de las fintech y los servicios financieros digitales. Es necesario actualizar las regulaciones y adaptarlas a las nuevas tecnologías para proteger adecuadamente a los consumidores en este entorno.

4. Procesos de Reclamación más Eficientes: Aunque se han implementado mecanismos para atender las reclamaciones de los consumidores, aún existen quejas sobre la lentitud y complejidad de los procesos de reclamación. Es importante mejorar la eficiencia y la efectividad de estos mecanismos para garantizar una respuesta rápida y justa a los consumidores.

### Conclusión

La protección al consumidor financiero es esencial para asegurar la confianza y la estabilidad del sistema financiero en México. Las leyes y regulaciones que rigen esta materia, así como las instituciones encargadas de su implementación, juegan un papel fundamental en la protección de los derechos e intereses de los consumidores financieros.

A través de medidas como la educación financiera, la transparencia en la información, la prohibición de prácticas engañosas y la atención a reclamaciones, se busca garantizar que los consumidores financieros estén debidamente informados, tengan acceso a servicios justos y transparentes, y estén protegidos contra prácticas abusivas o engañosas por parte de las instituciones financieras.

Sin embargo, aún existen desafíos que deben ser abordados para fortalecer la protección de los consumidores, como mejorar la educación financiera, aumentar la inclusión financiera y adaptar las regulaciones a los avances tecnológicos. Con un enfoque continuo en la protección al consumidor financiero, México puede seguir avanzando hacia un sistema financiero más justo, transparente y confiable para todos sus ciudadanos.

## TRIBUNALES COMPETENTES
## EN MATERIA DE DERECHO BANCARIO EN MEXICO

En México, existen varios tribunales competentes en materia de Derecho Bancario que tienen la facultad de resolver controversias relacionadas con asuntos financieros y bancarios. Estos tribunales se encargan de resolver conflictos entre instituciones financieras y sus clientes, así como de garantizar el cumplimiento de las leyes y regulaciones que rigen el sistema bancario en el país. A continuación, se describen los principales tribunales competentes en materia de Derecho Bancario en México:

1. Juzgados de Distrito en Materia Civil y Mercantil: Los juzgados de distrito son tribunales federales con competencia en materia civil y mercantil. Tienen jurisdicción para conocer y resolver litigios relacionados con contratos bancarios, préstamos, créditos, ejecuciones hipotecarias, entre otros asuntos de naturaleza bancaria. Estos juzgados tienen competencia para resolver controversias entre particulares y también en juicios donde el Estado es parte.

2. Tribunales Unitarios de Circuito en Materia Civil y Mercantil: Los tribunales unitarios de circuito son órganos jurisdiccionales federales con competencia regional. Conocen de los juicios de amparo que se promueven contra actos de autoridades administrativas y judiciales en materia civil y mercantil. En el ámbito bancario, pueden resolver asuntos relacionados con medidas cautelares, nulidades de actos administrativos y otras cuestiones legales relevantes.

3. Sala Especializada en Materia de Comercio Exterior del Tribunal Federal de Justicia Fiscal y Administrativa: Esta sala es parte del Tribunal Federal de Justicia Fiscal y Administrativa y tiene competencia para resolver asuntos relacionados con comercio exterior y aduanas. En materia bancaria, esta sala podría conocer de controversias relacionadas con operaciones de comercio exterior que involucren a instituciones financieras.

4. Comisión Nacional para la Protección y Defensa de los Usuarios de Servicios Financieros (CONDUSEF): Aunque la CONDUSEF no es un tribunal, es una institución federal encargada de recibir y resolver quejas y reclamaciones de los usuarios de servicios financieros, incluidos los bancarios. Tiene la facultad de mediar entre los usuarios y las instituciones financieras para lograr una solución justa y equitativa en las controversias.

5. Comisión Nacional Bancaria y de Valores (CNBV): La CNBV es la autoridad regulatoria que supervisa y regula a las instituciones financieras en México. Aunque no es un tribunal, tiene la facultad de imponer sanciones administrativas a las instituciones financieras en caso de incumplimiento de las leyes y regulaciones bancarias.

6. Arbitraje: Además de los tribunales mencionados, en México también es común que las instituciones financieras incluyan cláusulas de arbitraje en sus contratos con los clientes. En caso de controversia, el arbitraje puede ser una vía para resolver el conflicto de manera más rápida y eficiente, evitando el proceso judicial.

Es importante destacar que la competencia de los tribunales puede variar dependiendo de la naturaleza y cuantía del asunto, así como de si se trata de un conflicto entre particulares o si el Estado es parte en el juicio. En todos los casos, es recomendable contar con el asesoramiento de abogados especializados en Derecho Bancario para garantizar una adecuada representación y defensa de los intereses de las partes involucradas.

# CAPITULO 25:

## DERECHO AGRARIO MEXICANO

El Derecho Agrario Mexicano es una rama del derecho que regula las relaciones jurídicas relacionadas con la tenencia, uso y aprovechamiento de la tierra y los recursos naturales en el ámbito rural. Tiene como objetivo principal garantizar el desarrollo sustentable del sector agropecuario, proteger los derechos de los trabajadores del campo y fomentar la producción agrícola y ganadera en México.

Para comprender la importancia y la evolución del Derecho Agrario Mexicano, es necesario revisar su origen histórico y el contexto social, económico y político en el que se ha desarrollado. A lo largo de la historia de México, la tierra ha sido un elemento central en la vida de las comunidades rurales, y su distribución y acceso han sido temas de gran relevancia.

Origen Histórico y Evolución del Derecho Agrario Mexicano:

El Derecho Agrario Mexicano tiene sus raíces en la época prehispánica, donde existían diversas formas de organización social y tenencia de la tierra, como la propiedad comunal y el sistema de milpas. Durante la colonia, los españoles impusieron un sistema de propiedad privada y concentraron la tierra en pocas manos, lo que generó desigualdades y conflictos agrarios.

Con la independencia de México en 1821, se promulgaron diversas leyes y decretos que buscaban establecer la propiedad privada de la tierra y estimular su aprovechamiento productivo. Sin embargo, la concentración de la tierra en manos de unas pocas élites se mantuvo, lo que provocó tensiones sociales y conflictos agrarios a lo largo del siglo XIX.

En 1910, estalló la Revolución Mexicana, un movimiento social y político que buscaba la transformación del país y la redistribución de la tierra. La Constitución de 1917, promulgada como resultado de la Revolución, estableció importantes principios agrarios, como la garantía de restitución de tierras a los pueblos y comunidades que habían sido despojados, y la posibilidad de expropiar tierras improductivas para su distribución entre campesinos sin tierra.

Principios del Derecho Agrario Mexicano:

El Derecho Agrario Mexicano se rige por una serie de principios fundamentales que buscan garantizar la justicia, la equidad y el desarrollo rural sustentable. Algunos de los principales principios del Derecho Agrario Mexicano son:

Función Social de la Propiedad: La tierra debe tener una función social que beneficie a la comunidad y al desarrollo del sector agropecuario. En caso de que la tierra no cumpla con su función social, puede ser objeto de expropiación o de otras medidas de redistribución.

Garantía de Restitución de Tierras a Pueblos y Comunidades: La Constitución establece que las tierras que hayan sido despojadas a pueblos y comunidades deben ser restituidas en forma de propiedad comunal o ejidal.

Protección a la Propiedad Privada: Si bien se busca garantizar la función social de la tierra, también se reconoce el derecho a la propiedad privada. La Constitución establece que nadie puede ser privado de su propiedad, salvo por causa de utilidad pública y mediante indemnización.

Prohibición del Latifundio: El latifundio, que es la concentración excesiva de tierras en manos de unas pocas personas o empresas, está prohibido en la Constitución.

Participación de los Trabajadores del Campo: Se busca garantizar la participación de los trabajadores del campo en la toma de decisiones relacionadas con el uso y aprovechamiento de la tierra.

Fomento a la Producción Agrícola y Ganadera: Se promueve el desarrollo del sector agropecuario a través de incentivos y programas de apoyo a los productores rurales.

Protección al Medio Ambiente: El desarrollo rural debe ser sustentable y respetuoso con el medio ambiente.

Resolución Pacífica de Conflictos Agrarios: Se promueve la resolución pacífica de los conflictos agrarios, evitando la violencia y la confrontación.

Instituciones y Organismos Agrarios:

Para la implementación y regulación del Derecho Agrario Mexicano, existen diversas instituciones y organismos encargados de supervisar el cumplimiento de las leyes y promover el desarrollo rural. Algunas de las principales instituciones agrarias en México son:

Secretaría de Agricultura y Desarrollo Rural (SADER): Es la dependencia del gobierno federal encargada de formular y ejecutar las políticas públicas relacionadas con el desarrollo rural, la producción agropecuaria y la agricultura.

Procuraduría Agraria: Es un órgano desconcentrado de la Secretaría de Gobernación encargado de proteger los derechos agrarios de los campesinos y comunidades rurales. Su función principal es mediar en los conflictos agrarios y promover la regularización de la tenencia de la tierra.

Registro Agrario Nacional (RAN): Es un organismo descentralizado de la SADER que tiene como objetivo mantener y actualizar el registro de la propiedad agraria, así como llevar a cabo la titulación de tierras ejidales y comunales.

Comisión Nacional para el Desarrollo de los Pueblos Indígenas (CDI): Aunque no es específicamente una institución agraria, la CDI tiene un papel importante en la promoción del desarrollo rural y la protección de los derechos de los pueblos indígenas, quienes en muchos casos son propietarios de tierras comunales y ejidales.

Tenencia de la Tierra en México:

En México, la tenencia de la tierra se puede clasificar en tres categorías principales: propiedad privada, propiedad ejidal y propiedad comunal.

Propiedad Privada: La propiedad privada es aquella que está registrada a nombre de una persona física o moral en el Registro Público de la Propiedad. Los propietarios privados tienen derecho a utilizar, aprovechar y disponer de la tierra de acuerdo con las leyes y regulaciones.

Propiedad Ejidal: La propiedad ejidal se refiere a las tierras que son propiedad de un núcleo agrario, que es una comunidad de campesinos que trabajan en común la tierra. La propiedad ejidal no se puede vender ni hipotecar, ya que su destino es para beneficio de la comunidad.

Propiedad Comunal: La propiedad comunal se refiere a las tierras que son propiedad de un pueblo o comunidad indígena, y su uso y aprovechamiento están regulados por usos y costumbres.

Problemas y Desafíos del Derecho Agrario Mexicano:

El Derecho Agrario Mexicano enfrenta diversos problemas y desafíos que han dificultado su aplicación efectiva y han generado conflictos en el campo. Algunos de los principales problemas son:

Desigualdad en la Distribución de la Tierra: Aunque la Constitución establece el principio de la función social de la propiedad, la concentración de la tierra en manos de grandes empresas y latifundistas persiste en algunas regiones del país.

Conflictos Agrarios: Los conflictos agrarios entre comunidades, ejidatarios y empresas privadas han sido un problema recurrente en México. La falta de claridad en la titularidad de la tierra y la falta de resolución de conflictos han generado tensiones sociales y económicas.

Falta de Financiamiento para el Desarrollo Rural: Muchos productores rurales enfrentan dificultades para acceder a financiamiento para mejorar sus técnicas de producción y adquirir insumos agrícolas. La falta de créditos y apoyos financieros limita el desarrollo del sector agropecuario.

Desafíos Ambientales: El uso intensivo de la tierra y los recursos naturales en el campo han generado desafíos ambientales, como la deforestación, la degradación del suelo y la contaminación del agua. Es necesario promover prácticas agrícolas sostenibles y respetuosas con el medio ambiente.

Falta de Acceso a la Justicia: Muchos campesinos y comunidades rurales enfrentan dificultades para acceder a la justicia y defender sus derechos agrarios. La falta de recursos y la distancia a los tribunales dificultan el acceso a la justicia en zonas rurales remotas.

## Conclusiones:

El Derecho Agrario Mexicano es una rama del derecho de gran relevancia en el país, ya que regula las relaciones jurídicas relacionadas con la tenencia y uso de la tierra en el ámbito rural. A lo largo de la historia, ha habido avances significativos en la protección de los derechos de los trabajadores del campo y en la promoción del desarrollo rural sustentable. Sin embargo, también persisten desafíos importantes, como la desigualdad en la distribución de la tierra, los conflictos agrarios y la falta de financiamiento para el desarrollo rural.

Para enfrentar estos desafíos, es necesario continuar fortaleciendo el marco legal y las instituciones agrarias en México, promoviendo la participación de los trabajadores del campo en la toma de decisiones y fomentando prácticas agrícolas sostenibles y respetuosas con el medio ambiente. También es fundamental promover el acceso a la justicia en zonas rurales y garantizar el respeto de los derechos humanos de los campesinos y comunidades rurales. Con un enfoque integral y participativo, es posible avanzar hacia un desarrollo rural justo, equitativo y sostenible en México.

# MARCO LEGAL Y CONSTITUCIONAL
# DEL DERECHO AGRARIO EN MEXICO

El marco legal y constitucional del Derecho Agrario en México se encuentra establecido principalmente en la Constitución Política de los Estados Unidos Mexicanos y en diversas leyes y reglamentos que regulan la tenencia de la tierra, los derechos agrarios y el desarrollo rural en el país. A continuación, se detallan los principales elementos del marco legal y constitucional del Derecho Agrario en México:

1. Constitución Política de los Estados Unidos Mexicanos (CPEUM): La Constitución Política de México es el documento fundamental que rige la vida política y jurídica del país. En su artículo 27, se establecen las bases del régimen de propiedad de la tierra y se reconocen los derechos agrarios. Algunos de los aspectos más relevantes son:

a. Reconocimiento de los ejidos y comunidades como sujetos agrarios, con derechos colectivos sobre la tierra y recursos naturales.

b. Derecho a la propiedad privada y social de la tierra, así como a la expropiación con fines de utilidad pública y de interés social.

c. Facultad del Estado para fomentar el desarrollo rural y la distribución equitativa de la tierra.

2. Ley Agraria: La Ley Agraria es una de las principales leyes que regula el Derecho Agrario en México. Esta ley establece las normas y procedimientos para la tenencia de la tierra, la regularización de los núcleos agrarios, la creación y funcionamiento de ejidos y comunidades, así como los derechos y obligaciones de los sujetos agrarios. También establece las bases para la creación de unidades de producción rural y la protección de los derechos agrarios.

3. Ley General de Desarrollo Rural Sustentable: Esta ley establece las bases para el desarrollo rural sustentable en México, promoviendo la productividad agrícola y ganadera, la conservación del medio ambiente, la participación social en el desarrollo rural y la promoción de actividades económicas y sociales en el ámbito rural.

4. Ley General de Bienes Nacionales: Esta ley regula el uso, control y disposición de los bienes nacionales, incluyendo los terrenos baldíos y los recursos naturales ubicados en ellos.

5. Ley de Desarrollo Agrario: Esta ley establece las bases para el desarrollo agrario, la regularización de la tenencia de la tierra, la distribución de la tierra, la solución de conflictos agrarios y la protección de los derechos agrarios.

353

6. Ley Orgánica de la Procuraduría Agraria: La Procuraduría Agraria es un órgano descentralizado del gobierno federal encargado de la protección y defensa de los derechos agrarios. La Ley Orgánica de la Procuraduría Agraria establece las atribuciones y funciones de este organismo, así como los mecanismos de atención y solución de conflictos agrarios.

7. Ley Federal de Reforma Agraria: Esta ley regula los procedimientos de reforma agraria y la distribución de la tierra en el país, con el fin de garantizar la justicia social y la equidad en la tenencia de la tierra.

8. Reglamento de la Ley Agraria: Este reglamento complementa las disposiciones de la Ley Agraria y establece los procedimientos y trámites administrativos para la regularización de la tenencia de la tierra y la protección de los derechos agrarios.

9. Reglamento de la Procuraduría Agraria: Este reglamento establece el funcionamiento y la organización de la Procuraduría Agraria, así como los procedimientos para la solución de conflictos agrarios y la protección de los derechos agrarios.

10. Normatividad Estatal: Además de las leyes y reglamentos federales, cada estado de la República Mexicana cuenta con su propia legislación agraria, que regula aspectos específicos relacionados con la tenencia de la tierra y los derechos agrarios dentro de su territorio.

11. Tratados Internacionales: México también ha suscrito diversos tratados internacionales en materia agraria y de desarrollo rural, que buscan promover el comercio agrícola, la conservación del medio ambiente y el desarrollo sostenible en el sector rural.

Es importante mencionar que el marco legal y constitucional del Derecho Agrario en México está sujeto a cambios y reformas periódicas para adaptarse a las necesidades y retos del sector agrario y rural del país. Estas leyes y regulaciones buscan garantizar la justicia social, la equidad y el desarrollo sustentable en el campo mexicano, protegiendo los derechos de los campesinos y comunidades rurales y promoviendo el crecimiento económico y social del sector agrario.


## ANTECEDENTES HISTÓRICOS Y EVOLUCIÓN DEL DERECHO AGRARIO MEXICANO

El Derecho Agrario Mexicano tiene sus raíces en la época prehispánica, donde las civilizaciones indígenas desarrollaron diversas formas de organización social y tenencia de la tierra. La tierra era considerada un bien común y su distribución se realizaba de manera colectiva, con el objetivo de garantizar la subsistencia y el bienestar de las comunidades.

Con la llegada de los españoles a América en el siglo XVI, se impuso un nuevo sistema de propiedad privada de la tierra, basado en el régimen de encomiendas y en la concentración de grandes extensiones de tierra en manos de unos pocos conquistadores y colonizadores. Este sistema provocó la desposesión de las comunidades indígenas y la pérdida de sus derechos ancestrales sobre la tierra.

Durante la colonia, la corona española estableció diversas leyes y regulaciones para el manejo de la tierra y la promoción de la producción agrícola. Se crearon los ejidos, que eran parcelas de tierra destinadas a la producción agrícola y ganadera, y se fomentó la producción de cultivos comerciales como el trigo, el maíz y la caña de azúcar.

Tras la independencia de México en 1821, se promulgaron diversas leyes agrarias que buscaban fomentar el desarrollo del sector agrícola y la producción de alimentos. Sin embargo, la distribución desigual de la tierra y la concentración de la propiedad en manos de grandes terratenientes continuaron siendo problemas persistentes.

Durante el siglo XIX, se llevaron a cabo diversas reformas agrarias que buscaban resolver los problemas de la tenencia de la tierra y la desigualdad en el campo. Una de las reformas más importantes fue la Ley Lerdo de 1856, que buscaba abolir el sistema de bienes comunales y expropiar las tierras de la Iglesia y los pueblos indígenas para su venta y distribución entre los campesinos. Sin embargo, esta ley tuvo consecuencias negativas para las comunidades indígenas y campesinas, ya que muchos de ellos perdieron sus tierras y se vieron obligados a venderlas a bajos precios.

Con la promulgación de la Constitución de 1917, tras la Revolución Mexicana, se establecieron importantes principios agrarios que buscaban garantizar la justicia social en el campo y la redistribución de la tierra. El artículo 27 de la Constitución estableció la propiedad ejidal y comunal como formas de propiedad reconocidas por el Estado, y estableció que las tierras podrían ser expropiadas en caso de utilidad pública.

En la década de 1930, durante el gobierno del presidente Lázaro Cárdenas, se llevó a cabo la expropiación petrolera y la distribución de tierras a través de la reforma agraria. Se creó el Banco Nacional de Crédito Ejidal y se impulsaron programas de desarrollo agrícola y ganadero. Durante este período, se distribuyeron millones de hectáreas de tierra a los campesinos y se crearon numerosos ejidos y comunidades agrarias.

En la década de 1960, se implementó el Programa Nacional de Solidaridad, que buscaba modernizar el campo y mejorar las condiciones de vida de los campesinos. Se crearon nuevos programas de desarrollo rural, se fomentó la inversión en infraestructura agrícola y se promovió la participación de los campesinos en la toma de decisiones.

En la década de 1990, se llevaron a cabo reformas en el sector agrario que buscaban impulsar la competitividad y la productividad del campo. Se promulgó la Ley Agraria de 1992, que estableció un nuevo marco legal para la tenencia de la tierra y la regulación de la propiedad ejidal y comunal. También se creó el Programa de Certificación de Derechos Ejidales y Titulación de Solares (PROCEDE), que buscaba otorgar certeza jurídica a los derechos de propiedad de los ejidatarios y comuneros.

En la actualidad, el Derecho Agrario Mexicano continúa evolucionando para enfrentar los desafíos del siglo XXI, como el cambio climático, la escasez de recursos naturales y la globalización económica. Se buscan nuevas formas de desarrollo rural sustentable que promuevan la inclusión social, la equidad de género y el respeto al medio ambiente.

El Derecho Agrario Mexicano es una rama del derecho que tiene una gran relevancia en la vida de millones de personas que viven en el campo. A través de sus leyes y regulaciones, se busca garantizar el acceso a la tierra, la justicia social y el desarrollo sostenible en el ámbito rural. A lo largo de la historia, ha habido avances significativos en la protección de los derechos de los campesinos y en la promoción del desarrollo rural, pero también persisten desafíos importantes que requieren de la participación activa de todos los actores involucrados para lograr un campo más justo, equitativo y próspero para todos.

## PRINCIPIOS Y FUNDAMENTOS DEL DERECHO AGRARIO MEXICANO

El Derecho Agrario Mexicano se fundamenta en una serie de principios y fundamentos que buscan regular y proteger los derechos y relaciones jurídicas que surgen en el ámbito agrario. Estos principios y fundamentos son pilares esenciales para garantizar la justicia social, la equidad y el desarrollo sostenible en el sector rural de México. A continuación, se desarrollan algunos de los principios y fundamentos más relevantes del Derecho Agrario Mexicano:

Principio de Justicia Social: El principio de justicia social es uno de los pilares fundamentales del Derecho Agrario Mexicano. Este principio busca promover la equidad en el acceso, uso y distribución de la tierra, asegurando que las políticas agrarias y agrícolas estén orientadas hacia el beneficio de las comunidades rurales y los pequeños productores. Asimismo, busca garantizar el acceso a la tierra y a los recursos naturales a quienes tradicionalmente han sido excluidos o marginados.

Principio de Función Social de la Propiedad: De acuerdo con este principio, la propiedad de la tierra debe cumplir una función social, es decir, debe ser utilizada de manera productiva y en beneficio de la sociedad en su conjunto. La Ley Agraria establece que la propiedad de la tierra estará sujeta a las limitaciones y obligaciones que imponga el interés social y la utilidad pública.

Principio de Prioridad del Ejido y la Comunidad: El artículo 27 de la Constitución Política de los Estados Unidos Mexicanos establece que en la distribución y tenencia de la tierra, se dará preferencia a los núcleos de población ejidal y comunal. Este principio busca proteger los derechos de los ejidatarios y comuneros sobre la tierra y promover su desarrollo económico y social.

Principio de Sustentabilidad y Conservación Ambiental: El Derecho Agrario Mexicano también se fundamenta en el principio de sustentabilidad y conservación ambiental. Esto implica que las políticas agrarias y agrícolas deben tomar en cuenta la preservación de los recursos naturales y el medio ambiente, garantizando el desarrollo sostenible de las actividades agrícolas y ganaderas.

Principio de Participación y Consulta: El derecho de participación y consulta es fundamental en el ámbito agrario. Se busca que los campesinos y las comunidades rurales tengan voz y voto en las decisiones que afecten sus derechos y sus tierras. Además, se busca promover la participación activa de los sujetos agrarios en la toma de decisiones y la gestión de los recursos naturales.

Principio de Certidumbre Jurídica: La certidumbre jurídica es esencial para garantizar la seguridad y estabilidad en las relaciones agrarias. Los sujetos agrarios deben contar con certeza respecto a sus derechos y obligaciones, así como a los procedimientos y trámites legales que deben seguir para el acceso a la tierra y la regularización de su tenencia.

Principio de Respeto a los Derechos Humanos: El Derecho Agrario Mexicano se rige por el respeto a los derechos humanos de los campesinos y las comunidades rurales. Se busca evitar cualquier forma de discriminación y promover la igualdad de oportunidades en el acceso a la tierra y los recursos naturales.

Principio de Seguridad Alimentaria: El Derecho Agrario Mexicano tiene como objetivo garantizar la seguridad alimentaria de la población. Se busca promover una producción agrícola y ganadera suficiente y diversificada, que asegure el abastecimiento de alimentos para toda la población.

Principio de Desarrollo Rural Integral: El desarrollo rural integral es una meta importante del Derecho Agrario Mexicano. Se busca promover el desarrollo económico, social y cultural de las comunidades rurales, a través de la implementación de políticas y programas que impulsen la infraestructura, la educación, la salud y el acceso a servicios básicos.

Principio de Respeto a la Autonomía de los Sujetos Agrarios: Los sujetos agrarios, como ejidos y comunidades, tienen autonomía para decidir sobre el uso y destino de sus tierras, siempre que se respeten las leyes y normas establecidas en materia agraria.

Principio de Equidad de Género: El Derecho Agrario Mexicano también busca promover la equidad de género en el acceso y control de los recursos naturales y la tierra. Se busca garantizar que las mujeres tengan igualdad de oportunidades y participación en las actividades agrícolas y ganaderas.

Evolución Histórica del Derecho Agrario Mexicano:

La evolución del Derecho Agrario Mexicano ha estado influenciada por diversos factores históricos y sociales. A lo largo de los años, ha habido distintos momentos clave en la regulación de la tenencia de la tierra y los derechos agrarios en México:

Reforma Agraria de 1915: Uno de los momentos más trascendentales en la historia del Derecho Agrario Mexicano fue la promulgación de la Ley Agraria de 1915, durante el gobierno de Venustiano Carranza. Esta ley buscaba llevar a cabo la reforma agraria y la distribución de tierras a los campesinos y trabajadores del campo, con el fin de eliminar el latifundismo y garantizar la justicia social en el ámbito rural.

CREA (Comisión de Regularización de la Propiedad Agraria): En 1934, durante el gobierno de Lázaro Cárdenas, se creó la CREA, cuyo objetivo era regularizar la tenencia de la tierra y otorgar títulos de propiedad a los campesinos. Esta comisión fue un paso importante hacia la regularización de la propiedad agraria en México.

Reforma Constitucional de 1992: En 1992, se llevó a cabo una reforma constitucional que modificó el artículo 27 de la Constitución, ampliando los derechos de los ejidatarios y comuneros, y permitiendo la posibilidad de vender o rentar la tierra.

Reforma al Artículo 27 de la Constitución en 1992: En 1992, se llevó a cabo una reforma al artículo 27 de la Constitución, eliminando la restricción de que los ejidos y comunidades solo podían tener la tierra en usufructo. Con esta reforma, se permitió la venta, arrendamiento y cualquier otra forma de enajenación de la tierra ejidal y comunal, lo que marcó un cambio significativo en la tenencia de la tierra en México.

Ley Agraria de 1992: Como consecuencia de la reforma constitucional de 1992, se promulgó una nueva Ley Agraria que estableció los lineamientos y procedimientos para la enajenación y regularización de la tierra ejidal y comunal. Esta ley también buscaba promover la inversión y el desarrollo en el sector agropecuario.

Programa Nacional de Certificación de Derechos Ejidales y Titulación de Solares Urbanos (PROCEDE): A partir de 1993, se implementó el PROCEDE, un programa que tenía como objetivo llevar a cabo la certificación de derechos ejidales y la titulación de solares urbanos, con el fin de otorgar seguridad jurídica a los poseedores de la tierra.

Creación de la Procuraduría Agraria: En 1996, se creó la Procuraduría Agraria, un órgano descentralizado del gobierno federal encargado de la protección y defensa de los derechos agrarios. La Procuraduría Agraria brinda asesoría legal a los sujetos agrarios y resuelve conflictos relacionados con la tenencia de la tierra.

Reforma de 2014: En 2014, se llevó a cabo una reforma constitucional en materia de Derechos Humanos, en la cual se incluyó el derecho a la alimentación como un derecho fundamental. Esta reforma buscaba reforzar la protección de los derechos de los campesinos y promover la seguridad alimentaria en el país.

Ley de Desarrollo Rural Sustentable: En 2018, se promulgó la Ley de Desarrollo Rural Sustentable, la cual busca promover el desarrollo integral de las comunidades rurales, impulsando la productividad agrícola y ganadera, así como la protección del medio ambiente.

## Conclusión:

El Derecho Agrario Mexicano es una rama del derecho que se enfoca en regular la tenencia de la tierra y los derechos agrarios en el ámbito rural de México. A lo largo de la historia, ha experimentado diversos cambios y reformas para adaptarse a las necesidades y retos del sector agrario. Los principios y fundamentos que lo sustentan buscan garantizar la justicia social, la equidad, la seguridad jurídica y el desarrollo sostenible en el campo mexicano.

Desde la promulgación de la Ley Agraria de 1915 hasta las reformas constitucionales y legales más recientes, el Derecho Agrario Mexicano ha evolucionado para promover la regularización de la tierra, la protección de los derechos de los campesinos y comunidades rurales, y la promoción de un desarrollo rural integral y sustentable.

Sin embargo, aún existen desafíos importantes en el ámbito agrario mexicano, como la concentración de la tierra, la pobreza rural, el acceso limitado a recursos y servicios, y los efectos del cambio climático en la agricultura. Es fundamental seguir trabajando en políticas y programas que impulsen la equidad, el desarrollo económico y social, la preservación del medio ambiente y la seguridad alimentaria en el campo mexicano.

El Derecho Agrario Mexicano juega un papel clave en la construcción de un país más justo y equitativo, donde los derechos de los campesinos y comunidades rurales sean respetados y protegidos, y donde el desarrollo rural sea sostenible y sustentable. Con el compromiso de las autoridades, los actores sociales y la sociedad en su conjunto, es posible avanzar hacia un campo mexicano más próspero, productivo y justo para todos.

## ESTRUCTURA INSTITUCIONAL DEL DERECHO AGRARIO MEXICANO

El Derecho Agrario Mexicano cuenta con una estructura institucional que tiene como objetivo principal la protección y regulación de los derechos agrarios, así como el fomento y desarrollo del sector agrario y rural en el país. Esta estructura se compone de diversas instituciones y organismos que trabajan de manera coordinada para llevar a cabo estas funciones y garantizar el acceso a la tierra, la justicia agraria y el desarrollo sostenible en el campo mexicano.

A continuación, se detallan las principales instituciones que conforman la estructura institucional del Derecho Agrario Mexicano:

**1. Secretaría de Agricultura y Desarrollo Rural (SADER):** La Secretaría de Agricultura y Desarrollo Rural es la institución gubernamental encargada de formular y ejecutar las políticas públicas relacionadas con el desarrollo agropecuario, rural y pesquero en México. Tiene la responsabilidad de promover el crecimiento del sector agrícola y ganadero, así como de impulsar la producción sustentable y competitiva en el campo mexicano.

Entre sus funciones destacan la formulación de programas de apoyo y fomento al campo, el impulso a la investigación agrícola y ganadera, la promoción de la agroindustria, la asistencia técnica a los productores y la gestión de recursos para el desarrollo rural.

**2. Procuraduría Agraria (PA):** La Procuraduría Agraria es un órgano descentralizado del gobierno federal cuya misión principal es la protección y defensa de los derechos agrarios de los campesinos y comunidades rurales. Es la encargada de mediar y resolver los conflictos agrarios que puedan surgir entre los sujetos agrarios, así como de brindar asesoría y orientación legal a los mismos.

Esta institución también tiene como función la regularización de la tenencia de la tierra y la promoción de la conciliación entre los sujetos agrarios, para garantizar la paz y el orden en el ámbito rural. Además, trabaja en la promoción de la justicia agraria y en la difusión de los derechos agrarios entre la población rural.

**3. Registro Agrario Nacional (RAN):** El Registro Agrario Nacional es el organismo encargado de llevar a cabo el registro de las propiedades rurales en México. Su función principal es inscribir y mantener actualizada la información de los núcleos agrarios, ejidos y comunidades, así como de las unidades de producción rural y de los contratos agrarios.

El RAN es un instrumento fundamental para garantizar la seguridad jurídica de la tenencia de la tierra, ya que a través de este registro se establece la legalidad y legitimidad de los derechos agrarios de los campesinos y comunidades rurales.

**4. Procuradurías Agrarias Estatales (PAEs):** Además de la Procuraduría Agraria a nivel federal, cada estado de la República Mexicana cuenta con una Procuraduría Agraria Estatal, cuya función es brindar atención y asesoría legal a los sujetos agrarios a nivel local. Las PAEs trabajan de manera coordinada con la Procuraduría Agraria para mediar y resolver los conflictos agrarios que se presenten en cada entidad federativa.

**5. Tribunal Agrario:** El Tribunal Agrario es un órgano jurisdiccional que tiene la responsabilidad de resolver los conflictos agrarios que no pueden ser solucionados por vía administrativa. Este tribunal está conformado por magistrados agrarios y se encuentra dividido en salas regionales y salas unitarias, dependiendo de la complejidad y magnitud de los casos.

Su función esencial es garantizar el acceso a la justicia agraria y asegurar que los derechos agrarios de los campesinos y comunidades rurales sean respetados y protegidos.

**6. Consejo Nacional Agropecuario (CNA):** El Consejo Nacional Agropecuario es una organización gremial que representa los intereses del sector agropecuario en México. Está integrado por diversas organizaciones y asociaciones de productores agrícolas, ganaderos y agroindustriales.

El CNA juega un papel importante en la promoción de políticas públicas y programas de apoyo al campo, así como en la defensa de los intereses del sector ante las autoridades gubernamentales.

**7. Secretarías de Desarrollo Rural Estatales:** Cada estado de la República Mexicana cuenta con una Secretaría de Desarrollo Rural, cuya función es promover y coordinar el desarrollo rural y agropecuario a nivel local. Estas secretarías trabajan en conjunto con la SADER y otras instituciones para implementar programas y proyectos que impulsen el crecimiento y la productividad del campo en cada entidad federativa.

**8. Comisión Nacional de Zonas Áridas (CONAZA):** La Comisión Nacional de Zonas Áridas tiene como objetivo el desarrollo integral y sustentable de las zonas áridas y semiáridas del país. Trabaja en la implementación de programas y proyectos que promuevan la conservación del suelo y agua, así como el aprovechamiento racional de los recursos naturales en estas regiones.

**9. Comisión Nacional Forestal (CONAFOR):** La Comisión Nacional Forestal es el organismo encargado de promover la conservación, protección y desarrollo sustentable de los recursos forestales en México. Su función es impulsar la reforestación, la conservación de los bosques y la restauración de áreas degradadas.

**10. Instituciones Financieras Rurales:** Dentro de la estructura institucional del Derecho Agrario Mexicano también se encuentran las instituciones financieras rurales, como el Banco Nacional de Crédito Rural (Banrural) y el Fondo de Garantía y Fomento para la Agricultura, Ganadería y Avicultura (Fogain).

Estas instituciones tienen como objetivo principal proporcionar financiamiento y crédito a los productores agrícolas y ganaderos, así como fomentar el desarrollo de proyectos agropecuarios y agroindustriales en el campo mexicano.

**11. Organismos No Gubernamentales (ONGs) y Organizaciones Campesinas:** Además de las instituciones gubernamentales, existen diversas organizaciones no gubernamentales y organizaciones campesinas que también juegan un papel relevante en la estructura institucional del Derecho Agrario Mexicano. Estas organizaciones trabajan en la defensa de los derechos agrarios y en la promoción del desarrollo rural y agropecuario en el país.

En conclusión, la estructura institucional del Derecho Agrario Mexicano está conformada por diversas instituciones y organismos que trabajan de manera coordinada para proteger y regular los derechos agrarios, así como para promover el desarrollo sustentable y equitativo del sector agrario y rural en México. Esta estructura es fundamental para garantizar la seguridad jurídica de la tenencia de la tierra, el acceso a la justicia agraria y el impulso al desarrollo económico y social del campo mexicano. El trabajo conjunto entre las instituciones gubernamentales, las organizaciones campesinas y las instituciones financieras rurales es clave para lograr un desarrollo sostenible y equitativo en el campo mexicano y para asegurar el bienestar de los campesinos y comunidades rurales.

## PROBLEMÁTICAS Y RETOS ACTUALES
## EN EL DERECHO AGRARIO MEXICANO

El Derecho Agrario Mexicano enfrenta diversas problemáticas y retos en la actualidad, que requieren de una atención y soluciones adecuadas para garantizar la protección de los derechos agrarios, el desarrollo sustentable del sector agrícola y el bienestar de las comunidades rurales. A continuación, se presentan algunas de las principales problemáticas y retos actuales:

**1. Tenencia de la Tierra y Regularización Agraria:** Uno de los principales retos en el Derecho Agrario Mexicano es la regularización de la tenencia de la tierra en el campo. Existen aún numerosos núcleos agrarios y comunidades rurales que no cuentan con títulos de propiedad o que enfrentan problemas de sobreposición de derechos agrarios.

La falta de regularización puede dar lugar a conflictos agrarios, invasiones de tierras y disputas por la propiedad, lo que afecta la seguridad jurídica de los campesinos y limita el acceso a créditos y apoyos gubernamentales para el desarrollo agrícola.

**2. Desigualdad en la Distribución de la Tierra:** Otra problemática importante es la desigualdad en la distribución de la tierra en el país. A pesar de las reformas agrarias realizadas en el pasado, aún existe una concentración de la propiedad de la tierra en manos de grandes empresas agroindustriales, mientras que pequeños productores y comunidades rurales tienen acceso limitado a recursos productivos.

Esta desigualdad limita las oportunidades de desarrollo y generación de ingresos para los pequeños agricultores y campesinos, lo que perpetúa la pobreza en el campo.

**3. Cambio Climático y Sustentabilidad Ambiental:** El cambio climático representa un desafío importante para el sector agrícola, ya que afecta la disponibilidad de recursos naturales, como el agua y el suelo, así como la productividad de los cultivos y la crianza de ganado.

Es necesario promover prácticas agrícolas y ganaderas sustentables que reduzcan la emisión de gases de efecto invernadero y la degradación ambiental, así como impulsar la adopción de tecnologías agrícolas resistentes al cambio climático.

**4. Acceso a Créditos y Financiamiento:** El acceso a créditos y financiamiento sigue siendo un reto para muchos pequeños productores agrícolas y comunidades rurales. Las instituciones financieras rurales tienen un papel fundamental en el apoyo al desarrollo agrícola, pero es necesario fortalecer su capacidad de otorgar créditos a tasas accesibles y con plazos adecuados.

Asimismo, se requiere promover esquemas de microfinanciamiento y de inclusión financiera que faciliten el acceso al crédito a los pequeños productores y que fomenten el desarrollo de proyectos agropecuarios sustentables.

**5. Desarrollo Tecnológico y Capacitación:** La adopción de tecnologías modernas y la capacitación técnica son fundamentales para mejorar la productividad agrícola y la competitividad del sector.

Es necesario promover la investigación y el desarrollo tecnológico en el campo, así como brindar capacitación y asistencia técnica a los productores para que puedan adoptar prácticas agrícolas innovadoras y mejorar la calidad de sus productos.

**6. Seguridad Alimentaria y Soberanía Alimentaria:** La seguridad alimentaria y la soberanía alimentaria son retos importantes en un contexto de crecimiento demográfico y cambios en los patrones de consumo.

Es necesario fomentar la producción de alimentos de manera sostenible y fortalecer la infraestructura agrícola para garantizar el abastecimiento de alimentos de calidad y a precios accesibles.

**7. Comercio Internacional y Acuerdos Comerciales:** El sector agrícola en México enfrenta desafíos en el contexto de la globalización y los acuerdos comerciales internacionales.

Es necesario diseñar políticas que protejan a los productores nacionales frente a la competencia externa, al mismo tiempo que se promueve la apertura de nuevos mercados para los productos agrícolas mexicanos.

**8. Desarrollo Rural Integral:** El desarrollo rural integral implica abordar de manera integral las diversas problemáticas que afectan al campo, incluyendo aspectos económicos, sociales, ambientales y culturales.

Es necesario implementar políticas y programas que promuevan el desarrollo de la infraestructura rural, la diversificación económica, el acceso a servicios básicos y el fortalecimiento de las capacidades de las comunidades rurales.

**9. Inclusión de Jóvenes y Mujeres en el Campo:** Es importante fomentar la participación activa de los jóvenes y las mujeres en el sector agrícola, ya que representan un potencial importante para el desarrollo del campo mexicano.

Es necesario promover oportunidades de capacitación, financiamiento y acceso a recursos para que los jóvenes y las mujeres puedan emprender proyectos agropecuarios y contribuir al desarrollo rural.

**10. Fortalecimiento de la Institucionalidad Agraria:** Para hacer frente a las problemáticas y retos del Derecho Agrario Mexicano, es fundamental fortalecer la institucionalidad agraria y mejorar la coordinación entre las diversas instituciones y organismos que conforman la estructura institucional del sector.

Es necesario contar con instituciones eficientes, transparentes y con capacidad de respuesta para atender las demandas y necesidades de los sujetos agrarios y garantizar el acceso a la justicia agraria.

En conclusión, el Derecho Agrario Mexicano enfrenta diversos desafíos en la actualidad, que van desde la regularización de la tenencia de la tierra hasta la promoción de un desarrollo rural integral y sustentable. Para hacer frente a estas problemáticas, es necesario implementar políticas y programas que promuevan la inclusión, la equidad y el desarrollo sostenible en el campo mexicano, garantizando la protección de los derechos agrarios y el bienestar de las comunidades rurales. El trabajo conjunto entre el gobierno, las instituciones agrarias y la sociedad civil es fundamental para lograr un desarrollo agrícola justo, equitativo y sostenible en México.

## DERECHO PROCESAL AGRARIO EN MEXICO

El Derecho Procesal Agrario Mexicano es una rama especializada del Derecho que regula los procedimientos y juicios relacionados con los conflictos agrarios y agrícolas en el país. Este campo del Derecho busca garantizar la justicia y la equidad en las relaciones agrarias, protegiendo los derechos de los sujetos agrarios y promoviendo la solución pacífica de los conflictos que surgen en el ámbito rural.

Para comprender el Derecho Procesal Agrario Mexicano, es fundamental analizar su origen histórico, su marco legal, los principales actores que intervienen en los procesos agrarios y los procedimientos judiciales y extrajudiciales que se utilizan para resolver los conflictos en el campo. En este extenso análisis, se abordarán cada uno de estos aspectos con el fin de proporcionar una visión completa y detallada del Derecho Procesal Agrario en México.

### 1. Origen e Historia
### del Derecho Procesal Agrario en México:

El Derecho Procesal Agrario en México tiene sus raíces en la época prehispánica, cuando las comunidades indígenas establecían sus propios mecanismos de resolución de conflictos agrarios basados en usos y costumbres. Con la llegada de los españoles, se introdujeron las instituciones jurídicas del Derecho Romano y Canónico, pero se mantuvo la importancia de los usos y costumbres en las relaciones agrarias.

Durante el periodo colonial y el México independiente, se promulgaron diversas leyes y códigos agrarios para regular la tenencia de la tierra y los conflictos agrarios. Sin embargo, fue hasta la Revolución Mexicana de 1910 cuando se dio un impulso significativo a la legislación agraria con la promulgación de la Ley Agraria de 1915 y la creación del ejido como forma de propiedad comunal de la tierra.

Posteriormente, en la década de 1930, se creó la Procuraduría Agraria, que se convirtió en la institución encargada de mediar y resolver los conflictos agrarios en el país. En la década de 1990, con la reforma al artículo 27 constitucional, se estableció la figura de la propiedad privada de la tierra, lo que llevó a una serie de reformas al Derecho Agrario para adaptarlo a la nueva realidad del campo mexicano.

## 2. Marco Legal
## del Derecho Procesal Agrario en México:

El marco legal del Derecho Procesal Agrario en México está conformado por diversas leyes y reglamentos que regulan los procedimientos y juicios relacionados con los conflictos agrarios y agrícolas.

Algunas de las leyes más relevantes en esta materia son:

**La Ley Agraria:** Esta ley regula la tenencia de la tierra, los derechos y obligaciones de los sujetos agrarios, los procedimientos de dotación y titulación de tierras ejidales y comunales, y los procedimientos para la resolución de conflictos agrarios.

**La Ley Agraria de Desarrollo Rural Sustentable:** Esta ley establece los mecanismos para promover el desarrollo rural y sustentable en el campo mexicano, así como para impulsar la inversión en el sector agropecuario.

**La Ley de Amparo Agrario:** Esta ley regula los juicios de amparo que se promueven contra actos de autoridades agrarias que violen los derechos de los sujetos agrarios.

**La Ley Federal de Procedimiento Contencioso Administrativo:** Esta ley regula los procedimientos judiciales que se siguen ante los tribunales agrarios para resolver los conflictos agrarios.

Además de estas leyes, existen diversos reglamentos y acuerdos que complementan el marco legal del Derecho Procesal Agrario en México.

## 3. Principios y Fundamentos
## del Derecho Procesal Agrario Mexicano:

El Derecho Procesal Agrario en México se rige por una serie de principios y fundamentos que buscan garantizar la justicia y la equidad en los procedimientos y juicios agrarios. Algunos de los principios más relevantes son:

**Principio de Gratuitidad:** Los procedimientos agrarios son gratuitos para los sujetos agrarios, lo que garantiza el acceso a la justicia sin importar la situación económica de las partes.

**Principio de Oralidad:** Los procedimientos agrarios son de carácter oral, lo que implica que las partes presentan sus argumentos y pruebas de manera verbal ante los tribunales agrarios.

**Principio de Economía Procesal:** Los procedimientos agrarios se llevan a cabo de manera ágil y eficiente, buscando evitar dilaciones innecesarias y garantizar una pronta y expedita justicia.

**Principio de Inmediatez:** Los tribunales agrarios deben resolver los conflictos agrarios de manera inmediata y en un plazo razonable, para evitar la prolongación innecesaria de los juicios.

**Principio de Conciliación:** Se busca fomentar la solución pacífica de los conflictos agrarios a través de la conciliación entre las partes, evitando llegar a la vía judicial si es posible.

**Principio de Legalidad:** Los procedimientos agrarios se rigen por el principio de legalidad, lo que implica que los tribunales deben aplicar la ley de manera estricta y garantizar el respeto a los derechos de las partes.

**Principio de Igualdad:** Todas las partes en un procedimiento agrario deben ser tratadas con igualdad y sin discriminación, garantizando el acceso a la justicia en condiciones de igualdad.

## 4. Estructura Institucional
## del Derecho Procesal Agrario Mexicano:

La estructura institucional del Derecho Procesal Agrario en México está conformada por diversas instituciones y órganos que tienen atribuciones específicas para resolver los conflictos agrarios y agrícolas. Algunas de las instituciones más relevantes son:

**Procuraduría Agraria:** Es la institución encargada de mediar y resolver los conflictos agrarios entre los sujetos agrarios, así como de proteger y defender los derechos de los campesinos y ejidatarios.

**Tribunales Agrarios:** Son los órganos judiciales encargados de resolver los conflictos agrarios y agrícolas a través de procedimientos judiciales.

**Secretaría de Desarrollo Agrario, Territorial y Urbano (SEDATU):** Es la institución encargada de formular y ejecutar las políticas de desarrollo agrario, así como de impulsar la regularización de la tenencia de la tierra.

**Comisión Nacional de Zonas Áridas (CONAZA):** Es la institución encargada de promover el desarrollo sustentable de las zonas áridas y semiáridas del país, así como de apoyar a los productores agrícolas en estas regiones.

**Instituto Nacional de Investigaciones Forestales, Agrícolas y Pecuarias (INIFAP):** Es la institución encargada de realizar investigaciones científicas en el sector agropecuario y forestal, con el fin de mejorar la productividad y la sustentabilidad en el campo.

**Comisión Nacional de Bienes Comunales (CONABIO):** Es la institución encargada de proteger y conservar los bienes comunales y ejidales, así como de promover el desarrollo sustentable en estas áreas.

## 5. Problemáticas y Retos Actuales en el Derecho Procesal Agrario Mexicano:

El Derecho Procesal Agrario en México enfrenta diversas problemáticas y retos que requieren atención y soluciones adecuadas. Algunas de las principales problemáticas son:

**Conflictos Agrarios:** Aún persisten conflictos agrarios en diversas regiones del país, relacionados con la tenencia de la tierra, la delimitación de territorios ejidales y comunales, y los límites de propiedad.

**Inequidad en el Acceso a la Justicia:** Muchos campesinos y comunidades indígenas enfrentan barreras para acceder a la justicia, como la falta de recursos económicos, la lejanía de los tribunales agrarios y la falta de información sobre sus derechos.

**Despojo de Tierras:** Existen casos de despojo de tierras ejidales y comunales por parte de empresas y grandes proyectos de desarrollo, lo que vulnera los derechos de las comunidades rurales.

**Falta de Regularización de la Tenencia de la Tierra:** Aún hay áreas rurales en las que la tenencia de la tierra no está regularizada, lo que dificulta el acceso a programas de desarrollo y financiamiento para los productores agrícolas.

**Deterioro Ambiental:** La explotación intensiva de los recursos naturales en el campo puede tener impactos negativos en el medio ambiente, como la deforestación y la contaminación de los recursos hídricos.

**Cambios en el Uso de Suelo:** La conversión de tierras agrícolas en áreas urbanas o industriales afecta la disponibilidad de tierras para la producción de alimentos y puede provocar la pérdida de tierras comunales y ejidales.

**Falta de Tecnología y Capacitación:** Muchos productores agrícolas carecen de acceso a tecnología moderna y capacitación adecuada, lo que limita su productividad y competitividad en el mercado.

**Migración Rural:** La falta de oportunidades económicas en el campo impulsa la migración de la población rural a las ciudades en busca de mejores condiciones de vida, lo que puede tener impactos negativos en las comunidades rurales.

Para enfrentar estas problemáticas y retos, es fundamental fortalecer el marco legal y la institucionalidad del Derecho Procesal Agrario en México, así como promover la participación activa de los sujetos agrarios en la toma de decisiones y en la resolución de conflictos. Además, se requiere impulsar políticas públicas que fomenten el desarrollo sustentable del campo, promoviendo la producción agrícola sustentable, la conservación del medio ambiente y el acceso equitativo a los recursos naturales.

Conclusión:

El Derecho Procesal Agrario Mexicano es una rama especializada del Derecho que regula los procedimientos y juicios relacionados con los conflictos agrarios y agrícolas en el país. Este campo del Derecho busca garantizar la justicia y la equidad en las relaciones agrarias, protegiendo los derechos de los sujetos agrarios y promoviendo la solución pacífica de los conflictos que surgen en el ámbito rural.

El marco legal del Derecho Procesal Agrario en México está conformado por diversas leyes y reglamentos que regulan los procedimientos y juicios relacionados con los conflictos agrarios y agrícolas. Algunas de las leyes más relevantes en esta materia son la Ley Agraria, la Ley Agraria de Desarrollo Rural Sustentable y la Ley de Amparo Agrario, entre otras.

El Derecho Procesal Agrario en México se rige por una serie de principios y fundamentos que buscan garantizar la justicia y la equidad en los procedimientos y juicios agrarios. Algunos de los principios más relevantes son el principio de gratuidad, de oralidad, de economía procesal, de inmediatez, de conciliación, de legalidad y de igualdad, entre otros.

La estructura institucional del Derecho Procesal Agrario en México está conformada por diversas instituciones y órganos que tienen atribuciones específicas para resolver los conflictos agrarios y agrícolas. Algunas de las instituciones más relevantes son la Procuraduría Agraria, los Tribunales Agrarios, la SEDATU, la CONAZA, el INIFAP y la CONABIO, entre otras.

El Derecho Procesal Agrario en México enfrenta diversas problemáticas y retos que requieren atención y soluciones adecuadas. Algunas de las principales problemáticas son los conflictos agrarios, la inequidad en el acceso a la justicia, el despojo de tierras, la falta de regularización de la tenencia de la tierra, el deterioro ambiental, los cambios en el uso de suelo, la falta de tecnología y capacitación, y la migración rural, entre otras.

Para enfrentar estas problemáticas y retos, es fundamental fortalecer el marco legal y la institucionalidad del Derecho Procesal Agrario en México, así como promover la participación activa de los sujetos agrarios en la toma de decisiones y en la resolución de conflictos. Además, se requiere impulsar políticas públicas que fomenten el desarrollo sustentable del campo, promoviendo la producción agrícola sustentable, la conservación del medio ambiente y el acceso equitativo a los recursos naturales. Solo a través de un esfuerzo conjunto y coordinado será posible alcanzar una verdadera justicia agraria y promover el desarrollo integral del sector rural en México.

## Reflexiones finales
## del Derecho Mexicano

### Perspectivas y Retos del Derecho Mexicano

Las perspectivas y retos del derecho mexicano son una combinación de factores que impactan la evolución y desarrollo del sistema legal en México. A continuación, se presentan algunas de las perspectivas y retos clave:

Perspectivas:

Derechos Humanos: La protección y promoción de los derechos humanos siguen siendo una perspectiva importante en el derecho mexicano. Existe un enfoque creciente en garantizar la igualdad, la no discriminación y el acceso a la justicia para todos los ciudadanos.

Justicia Penal Acusatoria: La implementación y consolidación del sistema de justicia penal acusatorio en México es una perspectiva que busca agilizar los procesos judiciales, asegurar el debido proceso y reducir la impunidad.

Derecho Ambiental: En vista del aumento de la conciencia ambiental, se espera que el derecho ambiental adquiera mayor relevancia en México. La regulación de temas como el cambio climático, la conservación de recursos naturales y la responsabilidad ambiental serán áreas importantes a abordar.

Tecnología y Derecho: La transformación digital y el avance tecnológico plantean la perspectiva de incorporar nuevas regulaciones y enfoques legales en áreas como la protección de datos, el ciberdelito, el comercio electrónico y la inteligencia artificial.

Retos:

Corrupción y Impunidad: La corrupción y la impunidad son retos persistentes en el sistema legal mexicano. La falta de confianza en las instituciones y la aplicación selectiva de la ley dificultan el acceso a una justicia imparcial.

Sobrecarga Judicial: El sistema judicial mexicano a menudo enfrenta una carga excesiva de casos, lo que puede resultar en retrasos y falta de eficiencia en la administración de justicia.

Desigualdad Social: La desigualdad socioeconómica en México afecta el acceso a la justicia y la protección de los derechos de todos los ciudadanos por igual. Garantizar una distribución equitativa de la justicia es un desafío constante.

Violencia y Delincuencia: La lucha contra la violencia y la delincuencia organizada es un reto significativo. La seguridad pública y la aplicación efectiva de la ley son esenciales para garantizar un entorno seguro y estable para todos los ciudadanos.

Actualización Legal: El derecho mexicano debe mantenerse actualizado para abordar cuestiones emergentes, como la tecnología, los nuevos modelos de negocio y las tendencias legales internacionales, a fin de evitar lagunas legales y conflictos.

Educación Jurídica: Garantizar una educación jurídica de calidad es crucial para formar abogados y jueces capaces de aplicar y adaptar las leyes a las necesidades cambiantes de la sociedad.

En resumen, las perspectivas y retos del derecho mexicano reflejan un panorama complejo en el que se busca fortalecer la justicia, los derechos humanos y la legalidad, mientras se enfrentan desafíos históricos y contemporáneos que requieren una atención continua y un enfoque colaborativo entre los diversos actores involucrados en el sistema legal.

**Tendencias y desafíos actuales del Derecho Mexicano**

Las tendencias y desafíos actuales del Derecho Mexicano reflejan el entorno legal y social en constante evolución. Aquí te presento algunas de las tendencias y desafíos más destacados:

Tendencias:

Tecnología y Derecho Digital: La adopción de tecnologías como la inteligencia artificial, la blockchain y el comercio electrónico está transformando la forma en que se abordan cuestiones legales, como la protección de datos, la ciberseguridad y la regulación de plataformas en línea.

Derechos Humanos y Diversidad: Existe un enfoque creciente en la protección de los derechos humanos y la promoción de la igualdad y diversidad en todas las áreas del derecho, incluyendo la igualdad de género, los derechos de la comunidad LGBT+, y la inclusión de personas con discapacidades.

Sostenibilidad y Medio Ambiente: La preocupación por el medio ambiente y la sostenibilidad está impulsando la legislación y regulación en áreas como el cambio climático, la protección de ecosistemas y la responsabilidad ambiental de las empresas.

Justicia Transicional: La búsqueda de justicia en casos de violencia, crímenes de lesa humanidad y desapariciones forzadas ha llevado a la atención en la justicia transicional, buscando equilibrar la necesidad de justicia con la reconciliación y la reconstrucción de sociedades.

Acceso a la Justicia: Se busca mejorar el acceso a la justicia para todos los ciudadanos, especialmente para aquellos que enfrentan barreras económicas, geográficas o sociales. La implementación de mecanismos alternativos de resolución de disputas y la simplificación de procedimientos judiciales son parte de esta tendencia.

## Desafíos:

Corrupción y Estado de Derecho: La lucha contra la corrupción y el fortalecimiento del estado de derecho siguen siendo desafíos fundamentales en México. La falta de confianza en las instituciones y la impunidad obstaculizan la efectividad del sistema legal.

Violencia y Crimen Organizado: La persistente violencia y el crimen organizado presentan un desafío para el sistema de justicia penal. La coordinación entre las autoridades y la protección de los derechos de las víctimas son áreas que requieren atención.

Derechos Indígenas: Garantizar el respeto y la protección de los derechos de las comunidades indígenas en México es un desafío en curso, incluyendo la consulta previa, la preservación de sus territorios y la promoción de sus tradiciones y cultura.

Retrocesos en Derechos Reproductivos: Existen desafíos en la protección de los derechos reproductivos y sexuales de las mujeres en medio de discusiones y legislaciones que buscan limitar el acceso al aborto y otros servicios de salud sexual y reproductiva.

Desigualdad y Pobreza: La desigualdad socioeconómica persistente en México afecta la igualdad en el acceso a la justicia. Las personas con recursos limitados enfrentan dificultades para acceder a representación legal y recursos judiciales.

Armonización Legal Internacional: México se enfrenta al desafío de armonizar su marco legal con acuerdos y tratados internacionales en áreas como el comercio, los derechos humanos y el medio ambiente, a fin de cumplir con sus compromisos internacionales.

En resumen, el Derecho Mexicano enfrenta una serie de tendencias y desafíos que reflejan la necesidad de adaptarse a un entorno en constante cambio, garantizando la justicia, la protección de los derechos humanos y la promoción del Estado de Derecho en beneficio de todos los ciudadanos.

### Justicia y acceso a la justicia en México

La justicia y el acceso a la justicia son elementos fundamentales en cualquier sociedad y sistema legal, incluyendo México. Sin embargo, en México, como en muchos otros lugares, existen desafíos significativos en cuanto a la realización plena de la justicia y el acceso equitativo a ella. Aquí hay algunas consideraciones clave sobre este tema:

Desafíos en la Justicia:

Impunidad: Uno de los desafíos más notorios es la impunidad. Muchos crímenes y violaciones de derechos quedan sin castigo debido a fallas en la investigación, corrupción y debilidades en el sistema judicial.

Retrasos en los Procesos: La sobrecarga de casos y la falta de recursos pueden llevar a retrasos significativos en los procesos judiciales. Esto puede afectar negativamente a las partes involucradas y debilitar la confianza en el sistema.

Corrupción: La corrupción en el sistema judicial es un problema persistente. Puede afectar la imparcialidad de las decisiones judiciales y socavar la confianza de la ciudadanía en la administración de justicia.

Acceso Desigual a la Representación Legal: Muchas personas, especialmente aquellas de bajos recursos, tienen dificultades para acceder a representación legal adecuada. Esto puede llevar a un trato desigual ante la ley y limitar su capacidad para defender sus derechos.

Acceso a la Justicia:

Barreras Económicas: Los costos asociados con la búsqueda de justicia, como los honorarios de abogados y las tasas judiciales, pueden ser prohibitivos para muchas personas, lo que limita su acceso a la justicia.

Barreras Geográficas: En un país tan vasto como México, el acceso a la justicia puede ser complicado para aquellos que viven en áreas remotas o rurales, donde las instalaciones judiciales pueden ser limitadas.

Desconocimiento de los Derechos: Muchas personas no están completamente informadas sobre sus derechos legales y cómo acceder al sistema judicial para buscar remedio en caso de injusticias.

Idioma y Cultura: Para las comunidades indígenas y aquellos que hablan lenguas distintas al español, las barreras lingüísticas y culturales pueden dificultar la comprensión y participación en los procesos legales.

Esfuerzos para Mejorar la Justicia y el Acceso:

Reformas Legales: México ha implementado reformas en su sistema legal, como la transición al sistema penal acusatorio y la creación de instancias como la Comisión Nacional de los Derechos Humanos (CNDH) para fortalecer la protección de los derechos humanos.

Programas de Asistencia Legal: Se han desarrollado programas y servicios de asistencia legal gratuita o a bajo costo para personas de bajos recursos, con el objetivo de mejorar el acceso a la justicia.

Medios Alternos de Solución de Controversias: Se promueve la utilización de mediación y otros métodos alternativos para resolver conflictos de manera más rápida y menos adversarial.

Promoción de la Educación Legal: Se busca mejorar la comprensión de los derechos legales entre la población a través de programas de educación legal y campañas de sensibilización.

En definitiva, la justicia y el acceso a la justicia en México enfrentan desafíos complejos, pero también se están implementando esfuerzos para mejorar la situación y garantizar que todos los ciudadanos tengan la oportunidad de acceder a un sistema legal equitativo y efectivo.

## Derecho comparado y globalización jurídica

En México, el derecho comparado y la globalización jurídica tienen un impacto significativo en el desarrollo y la evolución del sistema legal del país. Aquí te presento cómo se manifiestan estos conceptos en el contexto mexicano:

Derecho Comparado en México:

Influencia en la Legislación: México ha tomado inspiración de sistemas legales de otros países al momento de reformar su legislación. Por ejemplo, la adopción del sistema penal acusatorio en 2008 se basó en modelos de otros países y fue influenciada por las mejores prácticas internacionales en justicia penal.

Referencias Jurisprudenciales: Los tribunales mexicanos a menudo citan decisiones de cortes extranjeras en sus argumentaciones, especialmente cuando se enfrentan a cuestiones legales novedosas o complejas.

Educación Jurídica: Las universidades y escuelas de derecho en México pueden incluir cursos de derecho comparado para exponer a los estudiantes a diferentes enfoques legales y fomentar un entendimiento más amplio del sistema legal mexicano.

Globalización Jurídica en México:

Tratados y Acuerdos Internacionales: México es parte de numerosos tratados y acuerdos internacionales que impactan diversos aspectos legales, como el comercio, los derechos humanos y el medio ambiente. Estos acuerdos pueden influir en la formulación de leyes y políticas nacionales.

Derecho Internacional Privado: La creciente interconexión global significa que las disputas legales que involucran a ciudadanos o empresas mexicanas en el extranjero, y viceversa, a menudo requieren la aplicación de normas de derecho internacional privado.

Inversión Extranjera: Las leyes y regulaciones en México pueden ser influenciadas por la inversión extranjera y los estándares internacionales para garantizar la competitividad y la atracción de inversiones.

Derechos Humanos: México ha ratificado tratados internacionales de derechos humanos y se encuentra sujeto a la supervisión de órganos internacionales, lo que puede llevar a cambios en la legislación y prácticas para cumplir con los estándares internacionales.

Propiedad Intelectual y Comercio: La globalización ha llevado a México a adoptar regulaciones y normas en áreas como la propiedad intelectual y el comercio internacional, en cumplimiento con acuerdos como el Tratado entre México, Estados Unidos y Canadá (T-MEC).

En resumen, tanto el derecho comparado como la globalización jurídica desempeñan un papel fundamental en la evolución del sistema legal mexicano. México está en constante interacción con otros sistemas legales y adopta enfoques internacionales en diversas áreas para adaptarse a las dinámicas globales y garantizar la protección de los derechos y el desarrollo económico en un mundo cada vez más interconectado.

**Propuestas de reforma y desarrollo del Derecho Mexicano**

Existen varias propuestas de reforma y desarrollo del Derecho Mexicano para abordar los retos y mejorar diversos aspectos del sistema legal en el país. A continuación, se presentan algunas áreas clave en las que se podrían proponer reformas:

1. Reformas en el Sistema de Justicia:

Agilización de Procesos: Implementar medidas para reducir los retrasos y la sobrecarga en los tribunales, mejorando la eficiencia y rapidez de los procesos judiciales.

Justicia Penal: Continuar fortaleciendo y consolidando el sistema penal acusatorio, enfocándose en la prevención de la impunidad y la mejora de la atención a víctimas.

2. Fortalecimiento del Estado de Derecho:

Lucha contra la Corrupción: Implementar medidas más rigurosas para prevenir y sancionar la corrupción en todas las instancias gubernamentales y judiciales.

Independencia Judicial: Reforzar la independencia del poder judicial para garantizar que las decisiones judiciales se tomen de manera imparcial y sin influencias externas.

3. Derechos Humanos:

Protección Integral: Fortalecer la protección de los derechos humanos de todos los ciudadanos, incluyendo grupos en situación de vulnerabilidad como indígenas, mujeres y personas LGBT+.

Mecanismos de Rendición de Cuentas: Establecer mecanismos más efectivos para responsabilizar a los responsables de violaciones a los derechos humanos, tanto en el ámbito público como privado.

4. Reformas Sociales y Ambientales:

Derecho Ambiental: Fortalecer la legislación ambiental y promover prácticas sostenibles para abordar los desafíos del cambio climático y la conservación de los recursos naturales.

377

Derechos Laborales y Sociales: Actualizar y fortalecer las leyes laborales y sociales para garantizar condiciones de trabajo justas y proteger los derechos de los trabajadores.

## 5. Tecnología y Derecho Digital:

Protección de Datos: Implementar regulaciones más sólidas para proteger los datos personales y la privacidad en el entorno digital.

Delitos Cibernéticos: Establecer leyes que aborden los delitos cibernéticos y el uso indebido de la tecnología, protegiendo a los ciudadanos y empresas.

## 6. Acceso a la Justicia:

Asistencia Legal: Ampliar el acceso a la asistencia legal gratuita o a bajo costo para aquellos que no pueden costear representación legal.

Mecanismos Alternativos: Promover y facilitar el uso de mecanismos alternativos de resolución de disputas, como la mediación y el arbitraje, para agilizar la resolución de conflictos.

## 7. Educación Jurídica y Profesionalización:

Formación Jurídica: Mejorar la calidad de la educación jurídica para garantizar que los abogados y jueces estén bien preparados para enfrentar los desafíos actuales y futuros.

Actualización Continua: Establecer requisitos de educación continua para profesionales del derecho, asegurando que se mantengan al tanto de los cambios en la legislación y las prácticas legales.

Estas son solo algunas propuestas generales, y cada una requeriría un análisis detallado y un proceso de consulta y discusión para su implementación efectiva. Las reformas en el derecho mexicano deben ser diseñadas de manera integral, con la participación de expertos, académicos, abogados, ONG's y otros actores involucrados e interesados en el sistema legal.

Del autor: Sergio Fabián Pérez Sevilla, es originario de la ciudad de Guadalajara, Jalisco, México.

Estudió la carrera de ABOGADO en la Benemérita Universidad de Guadalajara. Realizó prácticas profesionales y servicio social en la Dirección de Asuntos Jurídicos y Dictamen Legislativo del H. Congreso del Estado de Jalisco. Cuenta además con el Diplomado "EL JUICIO DE AMPARO" y con el Diplomado "LA SUPREMA CORTE Y LOS DERECHOS HUMANOS", ambos impartidos y avalados por la Suprema Corte de Justicia de la Nación. También cursó el DIPLOMADO INTERNACIONAL EN CULTURA DE PAZ Y GESTIÓN DE PAZ VINCULATIVA, así como el DIPLOMADO EN TÉCNICAS DE LITIGACIÓN EN JUICIOS ORALES, ambos impartidos y avalados por el Gobierno de Guadalajara, Jalisco, México. También cuenta con una CERTIFICACIÓN INTERNACIONAL COMO ESPECIALISTA EN CULTURA DE PAZ Y GESTIÓN DE PAZ VINCULATIVA, avalado por el Centro de Estudios en Estrategia y Políticas Públicas CEEYPP, de Buenos Aires, Argentina.

Actualmente es Maestrante de la MAESTRÍA en PEDAGOGÍA E INNOVACIÓN, en el Centro Educativo Valles Virtual "CEVvi" de San Juanito de Escobedo, Jalisco, en el grupo de Guadalajara, Jalisco, México. Bajo la coordinación del Maestro Sergio Victoria.

www.ingramcontent.com/pod-product-compliance
Lightning Source LLC
Chambersburg PA
CBHW072344290526
45794CB00001B/11